not only passion

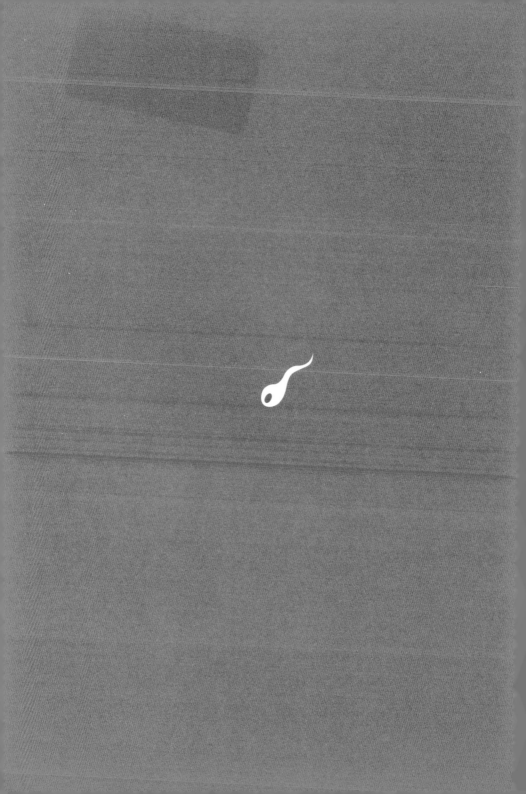

not only passion

THE TRUTH

n Uncomfortable Book About Relationships

Neil Strauss

尼爾‧史特勞斯——著 李建興——譯

巴妹達人 終極版

定人生下半場

dala sex 035

把妹達人完結篇：搞定人生下半場
THE TRUTH：An Uncomfortable Book About Relationships

大辣

作者：尼爾‧史特勞斯（Neil Strauss）
譯者：李建興
責任編輯：洪雅雯
審校：曾寶瑩
美術設計：楊啓巽工作室
內文排版：盧美瑾工作室
總編輯：黃健和
企宣：張敏慧‧關婷勻

法律顧問：董安丹律師、顧慕堯律師
出版：大辣出版股份有限公司
　　　台北市105022南京東路四段25號11F
　　　www.dalapub.com
　　　Tel：（02）2718-2698 Fax：（02）2514-8670
　　　service@dalapub.com
發行：大塊文化出版股份有限公司
　　　台北市105022南京東路四段25號11F
　　　www.locuspublishing.com
　　　Tel：（02）8712-3898 Fax：（02）8712-3897
　　　讀者服務專線：0800-006689
　　　郵撥帳號：18955675
　　　戶名：大塊文化出版股份有限公司
　　　locus@locuspublishing.com
台灣地區總經銷：大和書報圖書股份有限公司
　　　地址：242新北市新莊區五工五路2號
　　　Tel：（02）8990-2588 Fax：（02）2990-1658
　　　製版：瑞豐實業股份有限公司
　　　初版一刷：2016年9月
　　　初版三刷：2021年6月
　　　定價：新台幣 450元

把妹達人完結篇：搞定人生下半場/ 尼爾.史特勞斯（Neil Strauss）著；李建興 譯.
-- 初版. -- 臺北市：大辣出版：大塊文化發行, 2016.09　面；15x21公分. -- (dala sex；35)
譯自：The truth : an uncomfortable book about relationships
ISBN 978-986-6634-61-1(平裝)　　1.兩性關係　　　544.7　　　105008714

THE TRUTH

n Uncomfortable Book About Relationships

公開聲明 FULL DISCLOSURE

本書涵蓋大約四年期間，其中大多數時間我的人生宛如雲霄飛車，必須為很多人匿名，尤其那些毀掉家屬人生的男人和被我毀掉人生的女人。為了濃縮到可以出版的篇幅，降低複雜性，探討人際關係的真相，並維持匿名性，書中事件、個人、地點和情況皆經過更改、刪除、組合或簡化，某些足以辨識人的細節，包括姓名都已修改。如果你看到這本書覺得好像寫的是你自己，再想想。

你的經歷和書中大多數人一樣：「你偷腥，然後被抓包了。」

插畫作者是Bernard Chang，其他那些真的很醜的，就是我畫的。

致我的父母。

聽說父母的愛是無條件的。

希望你們看過這本書之後仍然如此。

人類天生就互相需要。

但他們沒有學會如何相處。

PEOPLE ARE MADE TO NEED EACH OTHER.

BUT THEY HAVEN'T LEARNED HOW TO LIVE

WITH EACH OTHER.

——《*佩特拉的苦淚*》萊納‧法斯賓達，德國導演，1945-1982

（*The Bitter Tears of Petra von Kant*，Rainer Werner Fassbinder）

警告WARNING

接下來的內容含有英語中最嚇人最猥褻的字眼：*承諾*。具體上是指那種經常發生在愛情與性交前後的承諾。

缺乏承諾、太多承諾、思慮不周的承諾，對承諾的誤解，曾經導致殺人、自殺、戰爭，還有很多哀傷。

承諾也造就了這本書，試圖找出關於情感與婚姻，許多人一再犯錯的地方——以及是否有更好的生活、愛人與做愛的方式。

然而，這不是為了報導目的而進行的旅程。這是痛苦誠實地回顧，因為我自身行為而遭遇的人生危機。就像大多數個人經歷，從一個黑暗、困惑與愚蠢的地方開始。

因此，我必須分享很多我並不引以為榮的事情——和一些我覺得應該比實際上更加後悔的事。因為，很不幸，我不是這個故事中的英雄。我是個壞蛋。

給英格麗的警語

如果妳在看這本書，

請停止。

不要翻頁。

英格麗：

如果是妳，真的，別看了。

妳不是該去看email之類的嗎？或是去看行為好像人類的萌貓影片？

很爆笑喔～

或許妳該看看。反正這本書寫得不是很好。

我寫的其他書好多了。去看那些吧。

說真的，別再看下去了。這是妳的最後機會。

Contents

你看不到

發給你的底牌

每個家庭都有見不得人的祕密。

你可能知道自家人的祕密。你甚至可能就是這個祕密。或者你可能認為你家不一樣，是個例外，你是父母完美又沒有家族黑暗祕密的幸運兒。若是如此，那是你找得還不夠仔細。

在大半個人生，我也相信我是普通人之一。但後來我找到了正確的門路。

那是在我爸的房間裡。門是白色的，沿著外緣的油漆剝落，銅製門把被我爸的大手摸得光亮。我轉動門把，大膽地希望找到一些A片，手摸在我爸摸過的地方。

我在青少年末期仍是處男，父母出門了，強烈地渴望在真實生活中碰不到的女性肌膚。以前我在老爸的雜誌堆裡發現過《花花公子》（Playboy）和《閣樓》（Penthouse）雜誌，所以合理假設在房間深處有更高階形式的色情：會動的那種，真正的A片！

在他的櫃子後方，幾排多年來洗得褪色、有花押字口袋的藍色混紡棉襯衫底下，我發現了三個裝VHS錄影帶的棕色雜貨紙袋。我坐在地上仔細檢視每一捲，小心地按照取出的相反順序放回去。

沒有標示為A片的帶子，但我知道我爸在我媽身邊不會這麼笨。所以我挑出所有無標示的帶子。因為我沒有自己的電視，我把帶子拿到客廳，有台小電視和錄放影機，那是某個老伯送的舊禮物。

我感覺自己快要爆炸了。

我放入第一捲帶子，失望地發現是錄自公共電視的迪吉·葛拉斯彼（Dizzy Gillespie）爵士音樂會。我按快轉鍵，希望那只是兩個妙齡金髮妞場景的掩護。但接下來是《Newhart》影集，然後是《名作劇場》（Masterpiece Theatre）。特別不適合打手槍。

下一捲帶子錄的是《費城故事》（*The Philadelphia Story*），然後一場網球賽，然後只有雜訊。

我放入第三捲帶子，看著它緩緩沉入機器中。按下播放，我一看到帶子上的東西，興奮感瞬間蒸發，皮膚發涼，對我爸的溫馴被動商人印象永遠改變。

我根本不知道這個世界上存在著我看到的影像。

突然間，彷彿意外拉開劇場帷幕露出道具，我發現我家的真相跟門面非常不同。

「答應我你不會告訴任何人，連你弟弟和老爸都不行，」我問她我發現的東西時，我媽命令我。

「我保證。」我答應她。

那天我發現老爸的祕密生活之後，我從來沒告訴過任何人。

意思是，直到那個祕密變成強酸，腐蝕了我的男女關係。直到它直接燒穿我的是非感，讓我孤獨受人鄙視。直到我進了精神治療機構，他們告訴我為了自己的理智、自由和幸福，我必須打破承諾透露帶子的內容。

於是我面臨一個決定：我願意保護父母到什麼程度？背叛我的親生父母或背叛自己何者較好？

每個人在人生的某個階段都必須作這個決定。

大多數人作了錯誤決定。

或許令尊過著雙面生活。或許是令堂。或許其中一人私下是同性戀、或變裝癖、或有外遇、或嫖妓、或上脫衣舞店、或看網路A片、或就是不愛配偶。或許兩人都是。或許不是你父母，而是你或你的情人。

但是在某處，一定有鬼。那隻鬼有武器。它會搞爛你的人生。

偷腥

INFIDELITY

STAGE I

受傷的小孩 Wounded Child

控制我們的,是我們不了解的事。

WHAT WE DO NOT KNOW, CONTROLS US.

——詹姆士 · 霍里斯《土星的陰影下》

(James Hollis,*Under Saturn's Shadow*)

1

飛機上我的走道對面有個黑髮瘦妹。她可能十七到廿三歲。她長得很好看，深色眼線、假睫毛、後腰有個圓形小刺青、戴粉紅耳機，不時嘟嘴好像在對老爸生氣，但是會跟任何像她老爸的混蛋上床。

我旁邊是個中年婦人，戴著仿冒名牌巨大墨鏡，穿著露出蒼白乳溝的背心裙。對話二十分鐘後，只要航空公司的毛毯遮掩得好，或許我能摸到裡面去。

我前面是個醜陋的紅髮瘦妹。可能是酒鬼。不是我的菜，但我願意。

我腦子裡有張地圖。在地圖上，有個LED小燈泡標示出每個魅力及格或稍微性感的女人坐在哪裡。飛機到達巡航高度之前，我已經想出接近每個人把她剝光的辦法，想像她的吹簫技巧，在廁所、或租車、或當晚她的臥室裡上她。

夠了！最後一次我允許自己屈服於肉慾，最後一次我樂於跟新女人上床。我完全失去理智。我被每個人吸引。倒不是史無前例啦，而是這次內心深處作痛——在我的認同、我的身分、我的生存理由的核心。

我什麼也沒帶，沒電腦、沒手機、沒有科技玩具。我要去的地方不准帶這些。跟自己的思想獨處感覺很解脫——大多數時候我在掙扎是否跟前述可能，是我右邊那排的未成年少女、或前方的麻臉紅髮妹搭訕。

飛機停在空橋後，一個眼鏡男站起來走向走道。他上下打量那個黑髮妹。他沒向她搭訕；他盯著太久錯過了時機。他在捕捉影像，烙印在記憶中以備稍後有機會時使用。

我幹嘛忍受這種事？我猜想。這是正常的男性行為。那傢伙可能比

我還遜。

我走過航廈時，從口袋裡掏出一張折疊的紙：*你一出關司機就會跟你會合。他會貼著D字貼紙，以免透露你要去的地方。*

突然，有個廿幾歲男生——至少六呎高、健壯、方下巴，基本上跟我的鏡中形象相反——在我面前愣住。他目瞪口呆，好像見鬼了。我知道接下來會怎樣，我想擺脫他。他不是我的司機。

「歐買尬，你是不是……」

不知何故，他似乎說不出後半句。我等著他說出來，但是沒有動靜。

「是啊，」我告訴他。

一陣沉默。

「呃，幸會。我得去找朋友了。」幹，這是謊話。我發過誓不再說謊的。有時候謊話脫口而出比實話輕鬆多了。

「我看過你的書，」他說。

「最近嗎？」我忍不住問。丟下對我有興趣的人不是我的強項。所以我才來這裡。加上說謊問題。

「不是，三年前。」

「很好啊。」他看起來不像需要我建議的人。

「因為你我才認識我老婆。我很感激你。」

「很好啊，」我又說。我想像過跟人結婚，跟她度過下半輩子，不准再上別人，她老化失去性慾，我還是無法上其他人。我接下來的話脫口而出：「你幸福嗎？」

「是啊，很幸福，」他說，「真的。我在伊拉克當兵時看了《把妹達人》（*The Game*），真的很有幫助。」

「你們打算生小孩嗎？」我不確定我在幹嘛。我想是企圖嚇他。我希望他露出一絲恐懼或猶豫或懷疑，向我自己證明我沒瘋。

「其實我老婆快要生兒子了，」他說，「我飛回家來看她。」

他的答案打中我的痛腳：我的自尊。看看我，無法維持戀情建立家庭，這傢伙看過我寫的把妹書，三年後他的人生都搞定了。

我告辭丟下他呆站著，他無疑在想，尼爾比我想像得矮多了。

在安檢門外面，我看到一個夾雜白髮、有D字貼紙的男子。他一定看過各種人下飛機，半死、半醉或努力假裝他們是正常的人，我想，就像我現在這樣。

我感覺像個冒牌貨。有些人必須來這家初級精神醫院，是因為他們不說謊會死。他們會酗酒、或吸食、或注射毒品到死。

我只是背著女朋友偷腥而已。

2

洛杉磯，六個月前

聽說當你認識某人有一見鍾情的感覺，趕快掉頭就跑。其實那是你的失調碰上了他們的失調。你內心的受傷小孩認出了對方內心的受傷小孩，雙方都希望用燒傷他們的同一把火獲得療癒。

童話故事中，愛情像天雷地火。在現實生活，閃電是會傷人的。甚至可能殺人。

我女朋友坐在我們住的賓館地上，收拾行李準備今天陪我去芝加

哥。今天是她生日。她要去見我的家人。

我看著她，欣賞她裡裡外外每一吋。「我好興奮，寶貝，」英格麗說。她歡喜萬分，每天早上把我拉出黑暗的自我世界。她在墨西哥出生，爸爸是德國人，不知何故流落到美國，看起來像個嬌小的俄國金髮妹。她簡直是四大自然元素的化身：火的激烈、土的力量、水的戲謔、風的溫柔。

「我知道。我也是。」

我努力甩掉腦中昨晚的事。完全沒留下證據：我確認過了、我洗了澡、我檢查過車子裡、我檢查過每件衣物上有沒有殘留頭髮，唯一無法清洗的是我的良心。

「我該帶這些鞋子嗎？」

「才五天而已。妳需要幾雙啊？」

有時候我很煩，她準備出門要這麼久，即使最短的旅行她需要打包的大量衣服，她的高跟鞋害我們上街時走不了幾個街區。但內心深處，我愛她的女人味。我很邋遢，她給了我優雅。昨晚我告訴她我得去見合作寫過書的音樂人瑪莉蓮·曼森（Marilyn Manson），談新的計畫，我看著她的褐綠色眼睛深處，看到了愛、快樂、純真與安詳。

但我還是說謊了。

「昨晚怎麼樣？」她邊問邊用力拉上她行李箱側面的拉鍊。

「有點令人洩氣。我們沒完成多少工作。」那還用說。

看她把嬌小、自信的手放在爆滿的行李箱上拚命合上兩排拉鍊齒，我忍不住想到兩個分開的生命被硬湊在一起——和如果任何要素爆開移位，一切會如何開始脫軌。

「唉，寶貝，如果你想要，上了飛機可以睡在我腿上。」

她在重演她母親和偷腥父親的關係。我在重演我爸的祕密性生活。我們在重複世世代代說謊、偷腥的混蛋，和相信他們可憐笨蛋遺傳下來的模式。

「謝謝，」我跟她說，「我愛妳。」至少我想我愛她。但如果你剛和她朋友在教堂停車場嘿咻，六小時後的現在向她說謊，可能真的愛她嗎？我腦中充滿了愧疚，我已經搞不清楚了。不知怎地，我懷疑。

男人一生中總有些時候看看周圍，發現他把一切搞得亂七八糟。他給自己挖了個深得爬不出來，根本不知道哪邊才是往上的大坑。

對我而言這個坑就是，一直都是，男女關係。不只因為我背叛了英格麗，也因為又一個童話故事正在悲慘結局的邊緣，岌岌可危。

上一個童話故事結果是，我的前女友帶著槍把自己關在公寓裡，大喊說她要把自己的腦漿灑在牆上，不讓我參加她的葬禮。

但這次不一樣。英格麗不瘋狂，她不嫉妒、她不控制人、她從不給我戴綠帽，而且有才華又獨立，白天在房地產公司上班，晚上設計泳裝。是我自己把它毀了。

那是因為我是矛盾心態之王。

單身時，我想要談戀愛。交到女友時，我又懷念單身。最糟的是，當戀情結束，我的情人找到別人，我無比後悔，也搞不清楚我想要什麼。

我經歷這種循環夠多次，知道再這樣下去，我會孤獨終老：沒老婆、沒小孩、沒家人。我死後會過好幾星期臭味變濃才被人發現。我花了一輩子累積的一切東西都會被當垃圾丟掉，讓別人搬進我浪費的空間。我不會留下任何東西，連債務也沒有。

但替代方案是什麼？

我認識的大多數已婚者似乎沒有比較快樂。有一天我在《滾石》（*Rolling Stone*）雜誌寫過專文的演員奧蘭多‧布魯上門拜訪。當時，他娶了世界最成功最美麗的女人之一，維多莉亞祕密超級名模米蘭達‧可兒（Miranda Kerr），讓他成為地球上最受羨慕的男人。結果他一開口說什麼，「我不知道婚姻是否值得？我不知道大家為何結婚？我是說，我想要浪漫，也想要跟某人廝守，但我就是不認為可行。」

我另一個已婚朋友也好不到哪裡去。有些人似乎很滿足，但是試探之後，他們承認覺得失望。有幾個人出軌發洩，也有人強忍，很多人向命運被動投降，還有些人活在否定中。連少數再婚幸福的朋友也承認，壓力大時，至少偷腥過一次。

我們期待愛情永遠持續。但是百分之五十婚姻和超過百分之六十再婚以離婚收場。已婚者之中，僅百分之三十八真的自稱在這個狀態下幸福。百分之九十的夫婦表示生第一個小孩之後婚姻滿足感減退。說到這個，超過百分之三小孩其實不是他們父親的親生骨肉。*

很不幸，情況只會更糟。拜科技之賜，現在我們有人類史上最多的約會和約砲選擇，無數焦急的男女就在電腦或手機的彼端，讓忠誠——甚至一開始作出承諾——更加困難。在最近的皮尤研究機構（Pew Research）民調中，四成的人認為婚姻是過時的制度。

那麼，或許問題不在我身上。或許我一直想要屈服於一種過時又不自然的社會規範，它並不真正平等地符合——從來沒有——男女雙方的需要。

---

*這些東西和本書中其他事實的來源都可以在www.neilstrauss.com/thetruth網站找到

所以我在這兒，準備回芝加哥，滿懷愧疚與困惑，一腳踏在我迄今最佳的戀情中，一腳在外面，懷疑著：終生對一個人守貞算是自然嗎？若是如此，我怎麼維持熱情和浪漫不隨時間褪色？或者一夫一妻制有沒有替代方案，能帶來更好的男女關係和更大的幸福？

　　幾年前，我寫了本叫做《把妹達人》的書，內容是我加入把妹達人的地下社群尋找當時禍害我孤獨人生的最大問題的答案：為什麼我喜歡的女人都不喜歡我？

　　在底下的書中，我嘗試解決一個困難得多的人生兩難：她也喜歡我，之後我該怎麼做？

　　就像愛情本身，通往此題答案之路絕不會有邏輯。我不忠的意外後果終究帶我來到自由愛情公社，到現代的後宮，遇到科學家、換妻者、性冷感者、女術士、性虐待族、過氣童星、神蹟治療師、殺人兇手，還有最嚇人的，我老媽。它會挑戰然後推翻我以為我對男女關係——和我自己所知的一切。

　　如果你有興趣為自己從這場歷險中多學一點，請注意最讓你興奮、或反感的字眼和概念。每個本能反應都有一個故事。這是關於你的本質、相信什麼的故事。因為，十之八九，我們最抗拒的東西正是我們需要的。我們最怕失去的東西正是我們最需要放棄的。

　　至少，我的狀況是如此。

　　這是發現我焦急、死抱、捍衛、被害，甚至被愛的每個真相，皆屬謬誤的故事。

　　斟酌之下，故事從現代精神療養院裡開始，在我違背醫療建議逃走之前……

3

身穿綠色護士服的毛茸茸男子接過我的行李，拙劣地戴上一雙乳膠手套，開始搜索違禁品。

「我們這裡不准帶書進來。」

我去過唯一會扣押書籍的地方是北韓。拿走書本是獨裁者們和不希望大家有獨立思想的技倆。連監獄的受刑人都可以帶書。

但這是我的懲罰，我告訴自己，我是來重新訓練的，學習如何當個正派的人。我傷害過很多人。我活該來到這家醫院，這所監獄，這間療養院，無法拒絕的軟弱男女們的復健之家。

這裡專治各種成癮症：酒精、毒品、性愛、食物，甚至健身。任何事物過量都可能有害。連愛情也是。

他們的專長是愛情成癮（love addiction）。

但我不是愛情癮患者。我希望我是。聽起來比較容易被社會接受。天堂或許有個特殊位子給愛情癮者，跟其他殉道者在一起。

助理挑出我的指甲剪、鑷子、刮鬍刀和刀片放進一個牛皮紙袋。「這些也不能帶進來。」

「我可以先刮個鬍子嗎？今天早上我沒時間刮。」

「新來的接受自殺監視的三天內不能使用刮鬍刀。然後，你需要你的精神醫師批准。」

「可是用指甲剪怎麼可能自殺？」我不是很擅長守規則。那是我來的另一個理由。「我的還沒有附銼刀呢。」

他不吭聲。

用規則解決不了大多數問題，就像用法律條文一樣。它太缺乏彈

性了。一定會崩潰。常識才有彈性。我顯然進了一個缺乏常識的地方。「如果我要自殺，我會用我的皮帶，但你沒有拿走。」

我微笑著說，表示我沒有生氣。我只想讓他知道這個體制行不通。他上下打量我，不發一語，然後在我的檔案夾寫了些東西。我永遠拿不回刮鬍刀了。

「跟我來，」一名綠罩衫女子堅持——精瘦又強健，雜亂的金髮和曬傷的皮膚。她自我介紹是醫療技師，帶我來到一間密室。

她把血壓計套到我手臂上。「接下來三天我們每天必須測量你的數據四次，」她說。她眼神呆滯，講話像機器人。她每天就做這種事。

「為什麼？」我問。太多疑問了。我看得出他們這邊不喜歡發問。但我只是想要了解。這跟我以為應有的事態發展不一樣。我以前去復健所探望跟我合作寫過書的搖滾吉他手時，那邊似乎介於鄉村俱樂部和研習營之間。

「我們有很多人打退堂鼓，我們想要確保他們不會出問題，」她解釋。她聽我的脈搏，告訴我，我的血壓偏高。

我想跟她說，他媽的當然高了。我這輩子從來沒這麼彆扭過。你們拿走我的全部東西還表現得好像我快掛了。不嘿咻又不會要我的命。

但我保持沉默。我屈服。像個高明的騙子。

她給我一個呼叫器要我隨時帶著，以備護理站要找我。然後她在我面前塞過來一份又一份表格——病患權益、隱私、義務，還有規則。更多該死的規則。有一段禁止我和任何病患、護士或員工嘿咻。下一段說病患不能穿比基尼、背心或短褲——必須隨時穿胸罩。

「所以我得戴胸罩嗎？」我開玩笑說，再次徒勞地想要凸顯他們的規則有多愚蠢。

「這有點蠢，」護士退讓說，「但我們這邊有性成癮者。」

她嘲弄又恐懼地說出這幾個字，彷彿這些性成癮者不是普通病患而是應該提防的噁心性侵者。突然間我發現酒鬼和毒蟲比起我都差得遠了：他們只傷害他們自己的身體。我則是想要別人的身體。我是最惡劣的。別的成癮者在復健所找不到毒品，但這裡有對我的誘惑，到處都是。任何在調情距離內的人都得提高警覺，免得我盯上她們。

「你有任何自殺想法嗎？」她問。

「沒有。」

她點擊電腦上的格子，出現一份標題叫*不自殺承諾（Promise Not to Commit Suicide）*的表格。

她塞給我一個小數位墊和光筆，叫我在表格上簽名。

「如果我自殺你們會怎麼辦？因為說謊把我趕出去？」

她不說話，但我注意到她食指的指甲掐著拇指。我想我惹毛她了。我問題太多了。該死的問題。他們不喜歡被問。因為問題很強大：正確的問題可以揭露體制的缺陷。

但我嘆氣。我又屈服。像個高明的騙子。

她看看電腦上我的檔案，顯然看到了令她驚訝的東西，然後把螢幕轉開背著我迅速輸入幾個字。我才來十五分鐘，而且表現想必相對良好，卻已經闖禍了。我無所謂，因為我痛恨整個過程。重點不是幫我改善，是保護他們自己以免挨告，讓他們可以告訴被害者家屬，「呃，他答應過我們不會上吊。看，我們這邊有他的簽名，如果他說謊不是我們的錯。」

「你有任何殺人想法嗎？」她問。

「沒有。」在這一刻，我有了殺人想法。這就好像說，「不要想到

一隻粉紅大象。」

她繼續問下一題。「你的毛病是什麼？」

「偷腥。」

她沒說話。我斟酌這個字。聽起來很遜。我在該死的精神醫院只因為我無法向新的誘惑說不。所以我補充了另一個來的理由：「我想還有學習如何建立健康的兩性關係吧。」

我想到英格麗，我傷了她的心，她朋友威脅要宰了我，她除了愛我沒做錯任何事。

護士抬頭面對我。這是她第一次作眼神接觸。我感覺她軟化了。我不再是個變態。我說出了魔法字：*兩性關係（relationship）*。

她嘴唇張開變濕；她整個神態都變了。她真的想幫我。「當然，」她說，「第一步就是找個健康的人交往。」

「我已經找到了，」我嘆道，「她完全健康。所以我才發現是我的問題。」

她同情地微笑，繼續看我的入院檔案。我問她是否認為我真的有成癮症。「我不是癮症專家，」她說，「但如果你在感情中偷腥，如果你上色情網站，或如果你會自慰，那就是性癮。」

她拉開抽屜，拿出一張紅紙，用黑色馬克筆寫上我的名字和姓氏第一個字母，然後放進一個小塑膠袋串上一長條白線。這是我見過最醜的項鍊了。

「你在紅二，」她說，「你必須隨時戴著名牌。」

「紅二是什麼意思？」

「標籤用顏色編碼。紅色是性成癮症。紅二組接受治療的醫師是」——她頓一下露出短暫不安的微笑，「蓋兒。」

我看不出她的表情是恐懼還是惋惜，但不知何故這個名字讓我嚇得起雞皮疙瘩。

　　她又從地上拿起一大塊海報板豎在桌上，面向我。上面有八個大字：

喜悅JOY

痛苦PAIN

愛LOVE

憤怒ANGER

激情PASSION

恐懼FEAR

愧疚GUILT

羞恥SHAME

　　「這叫做回報（check-in），」她說，「你每天必須回報四次，告知你感受到的情緒。你現在體驗到的是哪個？」

　　我掃瞄板子尋找渾身發麻、完全一文不值、困惑至極、強烈後悔、痛恨規則又挫折、想跳起來跑掉，改名叫雷克斯，永久遷居紐西蘭的衝動。

　　「我在表上找不到我的情緒。」

　　「這是八種基本情緒，」她用熟練的耐性解釋，「每種情緒都屬於其中一個類型。所以選擇你現在感覺最接近的。」

　　我不懂。我感覺這好像某人瞎掰的。隨心所欲。讓我覺得……

　　「憤怒。」

　　她輸入我的檔案。我現在正式入院了。我感到另一種情緒浮現。

「愧疚和恥辱有什麼差別？」我問。

「愧疚是關於你的行為。恥辱是關於你的本質。」

「還有恥辱。」很多恥辱。

她帶我回到櫃台，在此我看到一個女人手臂上打著藍色玻璃纖維固定，被帶出護理站：又一個新來的。她膚色雪白，藍黑色頭髮，身上很多穿孔，臉色好像誘殺男人的吸血鬼。我立刻被吸引了。

從另一個方向，有個更吸引人的女子，金色長髮從粉紅棒球帽裡流瀉出來，閒晃到櫃台。她穿著緊身黑T恤凸顯出身上每一條曲線。我照例想著每個男人會想的事。如果不想這些事情何必有青春期？這時如果不感受到大腦內側視前區的神經受體被化學物質所引爆，驅使我上前行動，幹嘛要有睪酮素？

「妳是為什麼進來的？」我問金髮女。她的標籤是藍色。

「愛情癮，」她回答。

太好了。我問她想不想吃晚餐。

回報：愧疚。

還有，激情。

4

我的室友脖子上也掛著紅標籤。我一走進門，他上下打量我，我全身立刻感到自慚形穢。他膚色黝黑又健美；我不是。他的臉有稜有角；我柔軟又虛弱。如果他的T恤可信的話，他是足球錦標賽中的最有價值球員；我在學校的運動隊伍一向最後被挑到。

「我是亞當，」他用力跟我握手說。他講話很自信；我的聲音緊張又急促。

「尼爾。」我縮回手來，「你是為什麼進來的？」我故作輕鬆地問。如果我長得像亞當，我在高中會有女朋友——或至少某種性接觸——或許就不會對街上、飛機上、復健所裡、我的五十碼範圍內每個女人流口水了。我會有點該死的自尊。

「尼爾，我告訴你吧。」他坐到自己床上嘆氣，「我來的原因跟你，跟每個男人一樣：我被逮到了。」

或許我還是不會有自尊。突然間，我喜歡他。他講的是人話。

房間很陽春：三個小床位，三個附鎖衣櫥，三個廉價塑膠鬧鐘。亞當自述經歷時我占了一張床和一個櫃子。床很低矮，他的膝蓋幾乎頂到胸口。

亞當活像從五○年代雜誌刮鬍水廣告中跳出來的工作努力、敬畏上帝、愛國的美國男人。娶了大學女友，在帕沙迪納（Pasadena）買了棟小房子，賣保險，有兩個小孩和一隻狗，星期天上教堂。

「但是我老婆，」他說，「她不照顧自己。她整天在屋裡發懶什麼也不做。我下班回家，她就坐在那兒看雜誌。我會問她想不想聽我今天經歷的五分鐘版，她會說，『不用，謝謝。』她甚至沒做晚餐給孩子吃。」他雙手托著下巴，用可能完美的運動員肺臟深呼吸一下。「倒不是我要她當完美主婦什麼的，但是我累壞了。所以我會給大家做晚餐，她也不收拾。你知道嗎，尼爾，我每天下午打給她說我愛她。我送她花。我費盡工夫向她表示我在乎。」

「但你是真在乎或只是盡義務？」

「就是這樣。」他焦急地扭轉婚戒，「我踢足球也幫忙經營地方聯

盟，有個女人開始在某隊當教練，我們之間有點感覺。或許過了七個月才發生事情，但是當時，我跟你說，尼爾，我不是開玩笑的，那是我生平最爽的性愛。那是真正的激情，發展成真正的愛情。但是我老婆雇了私家偵探，一切就結束了。」

或許婚姻就像買房子：你打算在那裡過一輩子，但有時候你想搬家——或至少在飯店住一晚。「所以如果你跟另一個女人這麼開心，對老婆又這麼不滿，為何不乾脆離婚？」

「沒那麼容易。我跟老婆有成熟穩固的關係。而且我們有小孩，你得為他們著想。」他推開床墊站起來。「我們去慢跑繼續聊吧？」

我看著他的腿，簡直是超級基因庫產品，可能有個只在他射門得分時才愛他的嚴格老爸。我要花四步才趕得上他一步。

「不用了。我晚餐約了人。」

「那，晚點見。」他開始走出房間，又轉回來。「有人警告過你蓋兒的事嗎？」

「蓋兒？」然後我想起來。

「她管裡我們的小組。真正的母老虎。你會懂的。」

亞當走掉——健康、完整、又淒慘。

在販賣部，沒有糖或咖啡因，只有不會讓人興奮的食物。角落的桌上，七個飲食失調的女人跟諮詢師坐在一起，以確保她們吃下指定的熱量不會在廁所拉肚子。

迄今我沒看到紅標籤的女人。顯然，女人有飲食失調，男人有性愛成癮（sex addiction）。我猜兩者有同樣的執迷：女人的身材。

我在愛情癮者旁邊坐下，她和櫃台那個摔斷手臂的吸血鬼在一起。

原來她們是室友。愛情癮者自我介紹叫做凱莉；吸血鬼叫唐恩，是酒鬼和嚴重毒蟲。每當唐恩需要無糖甜點或無咖啡因咖啡，凱莉就幫她買，直到鄰桌那個諮詢師走過來。

「別幫別人買食物，」他責備她，「那是互相依賴，違反這裡的規則。不准照顧人！懂嗎？」

他離開後，凱莉無助地看看我。「可是她手斷了啊！不然我該怎麼辦？」

「妳在助長我的骨折癮，」唐恩開玩笑說。我們彷彿一切正常般大笑。但是這時，我低頭看到大紅標籤像個《紅字》*在我的胸口晃蕩。我開始迷惑、緊張，猜想她們是否注意到了，這裡有這麼多人可聊，我卻選了她們——最年輕、最迷人，我最不該坐一起的兩個。

如果她們還不知道這張紅標籤是什麼意思，她們很快就會懂：躲遠點。這傢伙是個變態。

5

接待區外的布告板上，有張當晚舉行的十二步驟聚會清單：匿名酗酒者、匿名吸毒者、匿名性愛成癮者、匿名暴食者、匿名賭徒、匿名冰毒吸食者、匿名相互依賴者。各種功能失調的選單。

我從來沒參加過這些聚會，所以我選了最切身的：匿名性與愛成癮者（Sex and Love Addicts Anonymous）。在病患交誼廳，這裡主要是當

---

*譯注：《Scarlet Letter》典故出自霍桑的小說，美國殖民時期給被判通姦罪者佩戴的恥辱標記

作桌上拼圖遊戲的儲放處，讓強迫性神經官能症病患們忙著浪費他們的生命。房間遠端一圈沙發和椅子裡，有三男三女，包括凱莉，領隊是個憂鬱但尊貴的白髮男士，身前打開一份資料夾。他看起來像陷入困境的新聞主播。

「我是查爾斯，我是有創傷後壓力症候群和強迫性神經官能症的相互依賴憂鬱性癮者，」他告訴整組人。

「嗨，查爾斯。」

「我十年前接受過性癮治療，兩個月前獲釋。因為我有這個毛病不想要養小孩，我和老婆放棄了生小孩的機會。現在我們都太老了，我真的很後悔。我很怕她來參加家庭周，因為我不想失去她。」

講完之後，他看向凱莉。她換上了另一件緊身T恤。上面印著「受損商品」。

「我是凱莉，我是愛情癮兼創傷倖存者。」

「嗨，凱莉。」

「我今天剛來。我這兩年在追求一個根本對我沒興趣的虐待狂。如果男人給我一丁點注意力，我就會迷上。我不覺得自己漂亮，我以為他是個挑戰。因為我太想要讚許和愛情，我會太快上床——很多時候我根本不應該的。」

我來不及阻止這個念頭閃過：這些小組是認識女人的好地方。凱莉正坐在這裡透露她如何誘惑的策略。低自尊的男人最愛的莫過於不知道自己是漂亮的美女了。

我得控制我的腦子。我想這就是我來的理由。

接著是個五十出頭的男士：灰髮灰鬍、小肚子、紅臉頰，像個瘦版有性癮的聖誕老人。他盯著自己的肚子，緩慢不情願地說他的經歷。

「我一開始只是上脫衣舞店，但後來我去墨西哥提瓦納發現了一家妓院，開始猛往那邊跑。」

他像抽菸似的吸飽空氣，發出我聽過最慘的嘆息。「我患了性病，」他暫停，彷彿在考慮是否把故事講完，然後緊閉眼睛片刻再左右搖頭。「我還沒有告訴我老婆。」他等待反應，但現場安靜到聽得見針頭落地。「我想，我會叫她來參加家庭周再告訴她吧。廿五年的婚姻，搭起的紙牌屋要崩塌了。」

他看起來好像上了斷頭台，在等刀片落下。這裡似乎沒人太在意偷腥，只在乎被逮。很多男人抱頭自殺而非挺身面對自己私底下所作所為的後果。

但是後果很少是死亡、暴力或監獄。後果是其他人會知情，他們會產生他無法控制的感受和情緒。聖誕老人的老婆不會宰了他。她只會真的真的真的很火大。說謊就是控制別人的現實，認為他們不知道的事實就不會傷害你。

突然間我發現每個人都看著我。

「我是尼爾。」

「嗨，尼爾。」他們平淡地回答。

這時我猶豫了。如果我坦承是性癮者，可能毀掉把到凱莉的機會。

但我就是來毀掉把到凱莉的機會的。我是來毀掉跟每個人的機會的。如果我在復健所嘿咻，那我就真的完蛋了。

但姑且不論凱莉，我算是性癮者嗎？我是該死的男人。男人都喜歡嘿咻。那是我們的天性。周末夜在酒吧裡讓美女穿上緊身服，就像把生肉丟進狼窩裡。

但是我在交往中吃肉。而且我說謊傷害了愛我或曾經愛我的人——

我不確定是哪種了。我猜成癮就會這樣：太想要某種東西，願意傷害別人去取得。

「我是性與愛情成癮者。」

好吧，我淡化了一點。

人人傾聽，沒人批判。他們都有自己的問題。「我沒想到我會來這裡。但我作了些壞決定，欺騙我愛的女人。所以我猜我是來查明為什麼我做出那種事、傷害她這麼深。因為我想要跟她擁有一份健康認真的關係。我不想最後因為我偷腥毀掉婚姻、讓小孩受創傷。」

聖誕老人搖頭，眼眶泛淚。

我停住。我決定不提內心掙扎的另一個選擇：直接說，「管他的，這是我的天性。」不再進入一夫一妻的戀情，自由地隨時跟我想要的人交往。

從青少年期，我們就被訓練成男人──被我們的朋友、文化和生物學訓練──去欲求女人。期待我們一旦結婚就永遠關閉似乎不合理，腿很長、奶很軟，永遠可是很長的時間。

大家都分享之後，查爾斯問有沒有第一次參加的人。我舉手，他傳過來一個硬幣給我。我看過毒蟲朋友因為清醒獲得這種硬幣，寶貝得像奧運金牌似的。現在我也有了。我看著它。這對我毫無意義，只是今天我成為他們一員了。清醒了一天。

我這輩子從來沒想過會成為這種地方的病患。其實，我總以為我很正常，我很幸運有不離婚也不打我的父母，我爸的祕密跟我無關，我不必也沒空看治療師，我是撰寫別人問題的記者。我不確定是什麼讓我終於發現我才是瘋狂的人。

或許是瑞克‧魯賓（Rick Rubin）。

6

　　讓我搞清楚：你愛你的女朋友，但是想跟別人做愛？

　　對。

　　你知道這會傷害她，所以瞞騙她？

　　對。

　　呃，往好處看：如果她發現了跟你分手，反正你從來不是真正在交往。這麼多謊言，你一直活在自己的世界裡。

　　瑞克和我在太平洋上玩衝浪舟。他是世界最佳音樂製作人之一，不知何故他很罩我。起先我以為他跟我交朋友要我在《滾石》雜誌上幫他寫文章，但我很快發現錯得離譜了。他不喜歡有人寫他、跑趴，或遭遇在舒適區以外的任何狀況。但是同時，他一點也不怕告訴U2這種大牌樂團，他們在錄的新歌很爛。

　　那你認為我該告訴她發生什麼事嗎？

　　當然。如果你一開始承諾永遠跟她說實話，你偷腥之前就會三思。從現在起，或許讓她回來還不算太遲。

　　我不認為我做得到。對她傷害太重了。

　　呃，值得嗎？

　　肯定不值。

去年每隔幾天，瑞克和我會一起划船從天堂灣到杜馬角，聊我們的生活。他比我老但是速度快，總是領先幾拍。他打赤膊，灰白長鬚，活像什麼帶著小跟班的海上隱士。

我們一起划船時和幾年前我與瑞克的對話大不相同。當時，他胖了140磅，很少離開他的沙發。每個動作對他似乎都很吃力。現在，他天天慢跑、划船或嘗試某種新運動。我從來沒看過轉變這麼快的人。今天，我猜他是想要幫我轉變。

你知道哪種人無法控制自己的行為，即使已經不喜歡這種行為了嗎？

軟弱的人？

成癮者。

我不認為我是成癮者。我只是普通人。我又不是隨時都在偷吃。

講話跟真的毒蟲一樣。你不是才剛告訴我你向愛人說謊到處勾搭，你已經不興奮了但還是繼續搞？

對。但萬一英格麗不是我的真命天女怎麼辦？如果她是，或許我不會偷腥。有時候她咄咄逼人，她真的很固執。

你也這樣抱怨過你的上一個女友。狀況不對的時候，你就開始責怪跟你在一起的人。這跟她毫無關係。問題是你。你懂嗎？

我不知道。

他翻白眼。

有時候我感覺像是瑞克的實驗品，他說服別人做他們討厭的事情取樂，這是看他能否讓寫出《把妹達人》的傢伙放棄把妹的整人遊戲。

我甚至會說你可能這輩子從未體驗過真正的連結感，無論性愛或其他方面。或許你需要復健機構來治療你的恐懼。

什麼恐懼？

在健康的一夫一妻制關係中，你無法滿足跟你在一起的人。

若非如此就是他真的想幫我。

我得想一想。

你沒時間想了。要是你這輩子想要真正快樂，就得認清你像吸毒一樣用性愛填補空洞。那個洞就是你的自尊，內心深處，你覺得無法被愛，所以你想靠征服新女人逃離那種感覺。當你最後太過份傷害了英格麗，它只會強化你不值得被愛的原始信念。

說話時，瑞克看起來好像救世主。他眼神發亮，似乎在接收來自天上的真理，我從未去過的地方。我看過他這副模樣——當我後來請他重複他說的話，通常他不記得了。

我懂你的意思。但我也喜歡嘗試新事物。我喜歡旅行，在不同餐廳吃飯，認識新朋友。性愛也一樣：我喜歡去認識不同的女人，體驗她們在床上的樣子，認識她們的朋友家人，擁有冒險與回憶。

填好空洞，在你完整時做愛，看看有何感受。

或許你說得對。試試也無妨。

我知道有個地方可以去治性癮。是一個月的療程。你如果現在去——從復健所寫信給英格麗，告訴她實話，解釋你在治療你的毛病——

我想她會原諒你。

我現在不能去。我還有兩個截稿期快到了。

如果你今天出車禍住院一個月，你這段期間無法寫稿也不會錯過什麼。這個藉口正是完全控制你的疾病。除非你刻意認真地採取行動去改變，否則什麼都不會改變。

我答應過自己從今以後要忠於英格麗，我會確保她不會發現我做了什麼，我會向瑞克證明我不是成癮者。但是同時，我內心有個聲音，告訴我在外面某處，就像大腳怪或尼斯湖水怪，有些聰明、迷人又穩定的女人，想要承諾、又不要求性愛獨占性。

聽著，你說的很有道理。我會好好考慮設法做正確的事。但我真的不認為我是性癮者。我又不是把錢都花在嫖妓或玩變童之類的。

或許你還沒準備好。就像毒蟲，你得先墮落到底才行。

7

房間的側面和後面牆邊擺了十把椅子，各自坐著一個挫敗的人，包括我室友亞當、昨晚帶領十二步驟聚會的查爾斯也在、還有聖誕老人，癱坐在椅子上，額頭緊張得發皺，緊閉雙眼，他心不在焉。他的心在別的地方，受煎熬。前方牆邊有張辦公椅，一張桌子，一個放滿無數性癮者罪惡紀錄的檔案櫃。

牆上掛著標題「成癮循環」的大表格，四個詞彙——*偏見、儀式化、實踐、羞恥與絕望*——排成一圈。箭頭從一個字指向下一個字形成無限迴圈。

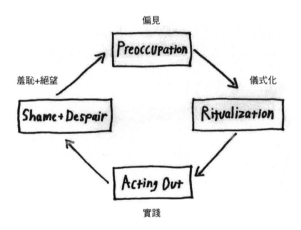

我正在研究時，房門打開，走進一個梨形身材的高大女人，她的褐髮雜亂地往後打成小髮髻。她穿著寬鬆的花卉上衣、褐色褲子與平底鞋。她嘴角稍微下垂又一直皺眉。她看看眾人，刻意不和任何人作眼神

接觸認知其個體性。無論性愛的反面是什麼，具象化就是她了。

她嘆一聲坐到辦公椅上，翻找一疊牛皮紙檔案夾，她絲毫不顯露溫柔、人性、幽默。她是我們的醫師兼法官，該死的女人、試圖逃離的虎媽，逮到我們偷腥的怨恨妻子。

她名叫蓋兒。她的存在像強烈寒流影響了室內每個人。

「你完成了作業沒有？」她問一個卅幾歲男子。他金髮消瘦，甜美的娃娃臉，臉頰紅潤，有點突兀怪異的啤酒肚。

「有，」他緊張地說，「要我唸出來嗎？」他的紅名牌標示他叫卡文。

「請。」她的口氣中沒有溫暖或關懷，只有權威和一丁點高姿態。其實，她所做所說的一切都中規中矩到似乎是人造的個性，好像她戴上面具才走進房間面對十個男性性癮者。她怕如果她摘下面具，如果她稍有退讓，就會無法控制她必須馴服與教化的這些掠食野獸。

「以下是我的性癮傷害我人生的方式，」卡文開口，「我失去我的房子和兄弟。我安排和他環遊世界卻在幾乎每個城市跑去嫖妓。我生平在伴遊女郎身上總共花了十二萬五千美元。」

「你計算你花費過的一切嗎？」

「我想是。」他嚴陣以待彷彿即將被攻擊。

「你有算進你的網路帳單嗎？」

「沒有。」

「你用網路召妓嗎？」

「是。」

「那就得加入網路費用。還有電話費，如果你打給你物化的這些女性。」她好像牧師譴責他下地獄似的說出物化這個字。「算進你去找這

些女人的計程車費和保險套費，以及你見到她們的整趟旅行費用。」

「好吧，那或許是廿五萬美元？」

一百萬的四分之一對蓋兒還是不夠。當她壓迫他加入追求性愛過程中稍有關聯的每一分錢，我想到我如何靠我所謂的性癮謀生。我的性癮付清了我的電話、房租和健保費。它買了早餐、午餐和晚餐；電影票、買書錢，和我寫作用的電腦；襪子、內衣褲和鞋子錢。幹，沒有性癮我根本沒錢來這裡接受治療。

回顧我的童年，我看到一個營養不良的書呆子、戴著廉價塑膠黑框眼鏡，對我的小臉太大，對我的大耳朵又太小。我看到雜亂的褐髮剪成彆扭的短髮——我自己要求的。我討厭捲髮，別人都是直髮，我想要融入。連我自己的媽都說我是追隨者。

我的魯蛇生涯不只橫跨整個高中——我的學妹舞伴跟別人離開舞會，我跟美女互動最久是在理髮時——而是貫穿大學和三十歲之前。

我坐在場邊，看著別人玩樂。最後這成了我的正職，開始幫音樂人寫專訪謀生。沒有女友的漫長空檔感覺特別寂寞，渴望女人味的時候，我會去亞洲人的按摩院。即使在那裡，我也感覺她們在背後取笑我的尷尬。

但是有一天，一切都變了。我加入了世界最強的一群自封大情聖，希望扭轉我的魯蛇人生。跟他們一起生活、環遊世界兩年之後，我終於培養出跟我喜歡的女人講話的自信，還有生平第一次，吸引她們的能力。我寫了關於我在這些夢幻登徒子手下受教育的書變得惡名昭彰，壓倒了我做過的一切。所以追逐性愛沒有摧毀我的人生，而是造就了我的事業。

大約五年後，發現自己淪落到復健所，努力忘掉我花這麼多時間精

力學習的一切，真是令人洩氣。

「當你利用她們的身體自慰，你有發現你傷害了這些女人嗎？」蓋兒譴責卡文。她察覺他快哭出來了，然後設法讓他崩潰。「她們不在乎你。她們都是受傷和受虐的女人。而你重演了她們的童年創傷。你是她們的父親，她們的初戀，強行奪走她們貞操的掠食者。」

就這樣。卡文完蛋了。他低下頭在流淚時用雙手遮眼。蓋兒得意洋洋，逐一點名室內的人，要求不同的病患報告他們的性癮造成了什麼代價，粉碎每個人的防禦，剝奪他們從每次外遇、或冒險、或交易，保留的最後一絲自尊與驕傲。

有個消瘦、輕鬆、濃密黑髮、痘子臉的病患提起跟他外遇的一個女孩，蓋兒大怒花了十分鐘說教，如何使用「女孩」這個字。「身為治療師，當我聽到『girl』這個字，我必須自動假設你指的是未成年人。我必須舉報這件事。」

現場氣氛凝重充滿困惑與不安。最後，被告回答，「我也是個性癮治療師。我執業了十五年。我這輩子從來沒聽過對『girl』這個字如此解讀。」

蓋兒像即將出擊的眼鏡蛇抬起頭，「如果我再聽到你用這個字，我會舉報你。你永遠撐不到CSAT的第十六年。」

他閉嘴了。又一人被打倒。

「CSAT」就是有照性癮治療師，性癮症的傳奇人物派崔克·卡恩斯（Patrick Carnes）發明的稱呼。他在七〇年代治療性侵犯時，開始把性愛視為像酒精的成癮物，他認為可以用同樣的十二步驟計畫治療。於是在接下來的十年，他開始演講、寫書、成立治療中心，研究數千名性惡魔和他們的家庭，致力讓精神醫師們承認性癮是一種精神疾病。

蓋兒辦公桌上方的牆上，有張聖卡恩斯（Saint Carnes）本人穿著尊貴的黑西裝和條紋領帶，退縮髮線下的額頭像天使光暈般發亮，戴婚戒的左手放在前景的裱框小照片。他露出奸笑，恬淡地俯瞰著屈服在面前的這批性癮者。

　　除了從未交過正式女友，因為讓一個巴西妓女懷孕了才來這裡的卡文，在場的其餘每個罪人似乎都是因為偷腥——有人固定搞了幾十年，有人僅一兩次。他們來到此地，努力洗刷肉體的罪惡，希望聖卡恩斯能顯靈以拯救他們最大成就兼最大負擔的家庭。

　　看著丟臉的亞當、害怕的聖誕老人和懺悔的查爾斯，我想，我得馬上搞定這個問題。不然我婚後會像他們馬上回鍋，掙扎著維持我的家庭完整。

　　蓋兒解散我們之後，我站起來走向販賣部，但她叫住我。「你得留下簽一些表格。」她沒有眼神接觸。

　　她只轉向電腦叫出我的檔案，然後仔細研究。

　　「你服用*Zoloft（憂鬱症藥物）*多久了？」她問。

　　「我沒吃過Zoloft。」

　　「這上面你的檔案說你有。」

　　「唉，可能搞錯了。我這輩子沒服用過任何精神病藥物。」

　　「所以你沒吃Zoloft？」她驚訝地抬起眉毛，在我的檔案輸入：「否認服用Zoloft。」

　　有人這麼相信檔案多過相信活人真是有趣——雖然這些字不會自己跑到文件裡去。我這輩子直到死後，每當有人挖掘我的記錄，他們會以為我因為吃這玩意才心理不平衡。

她關閉我的檔案，再叫出另一份文件。我從她背後偷瞄。螢幕頂端的粗體字令我心情凍結：禁慾／戒斷契約。

　　顯然我快要變成神父了。

　　她嚴肅地宣讀。

我會戒除下列行為：

- 自慰
- 含蓄或露骨的色情材料
- 調情、誘惑、浪漫或暗示性言論與行為
- 誘惑性穿著
- 與別人或自己公開或私下的性接觸
- 祕密性幻想：我會向適當的工作人員回報物化、幻想或迷戀想法
- 還有變裝

　　「這份契約的效期是十二周，」她告知我。

　　「但是我在這裡應該只會待四周。」

　　她盯著我的眼睛。她的瞳孔是清澈的棕色，像蝸牛殼一樣毫無同理心。「這是為了你好。不斷性高潮造成的各種不平衡之後，你的腦子需要三個月恢復正常。」

　　「所以我連回家之後也不能嘿咻？」

　　「如果你想痊癒就不行。」

　　我簽了契約。像個高明的騙子。

　　「謝謝，」她平淡地說，揮手打發我出去。

　　回報：跳進冰冷的湖之後，你的卵蛋會有的感覺。

8

舊金山，一個月前

電話打來時，我正站在舊金山的行李領取區。我剛把我的行李箱從輸送帶上抬下來。

「我收到茱麗葉的電郵，」英格麗說。

我面無血色，骨頭鬆軟。我內心有個東西跑出來了，是恐懼、是驚慌、是哀傷、是愧疚、是痛苦，各種壞情緒同時出來。我像棉花一樣輕，但是我沒力氣動彈。

「你是不是有事要告訴我？」她問。我聽得出她語氣中的受傷、震驚、不敢置信。她的世界剛剛崩潰了。她以為的金絲線原來只是人造纖維。她需要我說那不是真的。還有最重要的，我要給她一個比較安慰的謊言，讓我們的現實不至於裂解。

我張嘴想說話，卻發不出聲音。我無法用再次欺騙彌補傷害。但我又不敢承認真相。我只有一個選擇。

「我晚點回電給妳好嗎？」如果真相不站在我這邊，至少時間可以。「我的飛機誤點，演講要遲到了。」

我要去科技大公司演講談我的書。目前，他媽的似乎一點也不重要了，寫了這麼多，花這麼多時間趴在發光螢幕前，不斷說服自己這很重要。重要的是人，不是物品。

而我摧毀了對我最重要的人。

就在昨晚，英格麗傳給我一張照片。她在酒吧的舞台上，高舉一個大獎盃，在眾人鼓掌中臉上掛著愚蠢的笑容。不知怎地，即使她很少玩

這種遊戲，她打敗了一百個對手贏得年度猜拳錦標賽。看著照片，我興奮得彷彿她拿了奧斯卡獎，那是我女朋友，她是冠軍，她什麼事都能克服。

呃，現在她看穿我了。

開車去演講途中，我心臟狂跳、飛快動腦，英格麗轉來她收到的茱麗葉簡訊。我瞄一眼，看到「我們在他的車上、我的床上、還有我的浴室嘿咻，」再也看不下去了。我只能想像英格麗看這些字的時候必定很難過。

通往無可避免結果的這個暫停、這個拖延，就像炸彈的引線。我看到它燃燒，急忙想辦法在引爆前撲滅它。但茱麗葉有太多證據可以提供了：日期、時間、簡訊、技巧。我不知道我怎麼會以為可以隱瞞、或我為何把自己和英格麗陷入這種窘境。第一次我是出於慾望、第二次是出於愧疚、第三次是恐懼：她威脅要告訴英格麗。然後我沒有第四次。

這時候地獄的大門打開了。

在一棟平凡辦公大樓，有個穿平凡襯衫的平凡人帶我來到坐了一百多個平凡員工的平凡房間。我深呼吸一下，接著花一小時叫他們享受他們的人生做最好的自己，同時心中感覺，我的人生在塌陷。

回到飯店房間後，我把快沒電的手機插到牆上。電線很短，所以我得躺在桌面下的地板上。

「我剛和茱麗葉講完電話，」英格麗接聽之後說，「她告訴我你的胎記。」我的胎記是紅色突起的斑點，有點像骰子的六點，在我屁股左邊。十三歲時，我看了《天魔》（The Omen）這本書，誤以為我的胎記是反基督的標誌。英格麗有個比較正面的詮釋：她曾經用淡黑馬克筆把所有斑點像海盜藏寶圖上的島嶼連接起來，末端是個X。

「我也跟路克談過，」她說。路克是我們的朋友。茱麗葉是他的前女友。「他真的很難過。」

「我知道，我知道，我可以解釋，」我虛弱地反駁。

「尼爾，我好震驚好受傷。我要走了。我不想再看到你。也不想再跟你講話。就這樣了。」

然後她掛斷，我癱在地上哭。只是大聲啜泣。我眼睛流下淚水，肚子起伏。我他媽的搞砸了。我搞砸了。我搞砸了。

簡訊又來了：路克說等我回家後他要揍我一拳。英格麗的姊妹淘叫我去死。我擔心她的繼兄會跑來痛扁我一頓。

倒不是我不該被痛扁。至少我的外表可以符合內心感受。不只是失去英格麗的痛苦，還有知道我傷害了她的痛苦。這輩子，我們不會認識太多真正愛我們的人，接納我們真面目的人，以我們為優先的人。如果我們幸運或許有這種父母，或許一兩個舊情人。哪種人會用謊言、背叛和痛苦報答別人的愛？

自私的人、冷血的人、沒大腦的人、混蛋、騙子、偷腥者、用自己老二思考的人。就是我。

我一恢復部分行為控制能力，下一通電話就打給瑞克索取他提過的那個療程名稱。

9

我走過黃綠色走道來到販賣部，感覺胯下一陣疼痛，心理引發的痛。我剛和蓋兒簽了賣身契把我的老二變成裝飾品，只能淒涼地掛在胯

下偶爾撒尿。

「我問你喔，」我推推查爾斯，在購買隊伍加入他。「你認為是男性天性讓我們想和別人上床，或者真的是種成癮症？」

「絕對是成癮症，」查爾斯霸氣地說，「我終於承認我無能為力那天是我生平最快樂的一天。突然我沒有責任了。要是我在街上看到美女被吸引，我知道不是我的錯。我只需別過頭說，『這是一種病，我無能為力。』」

在靠近無咖啡因咖啡機的桌子，我發現一個打扮時髦掛紅標籤的黑髮妹。她是我見過的第一個女性性癮患者。當然我就坐到她旁邊了。她高大優雅，像隻暹羅貓但是額頭像汽車照後鏡又大又亮。從標籤看來，她名叫娜歐米。她坐在一個短黑髮、穿臃腫汗衫、臉上好幾層下巴跟贅肉的女胖子旁邊。查爾斯拒絕跟我們坐。

「我們簽過契約，」查爾斯告誡我。

「我們不是搭訕。只是陪她們吃飯。」

「我們不該跟女病患說話的。」

「誰說的？契約裡根本沒有。」

「你威脅到我的復健了，」他警告。

查爾斯不悅地離去後娜歐米大笑。那是我入院以來第一次聽到「音樂」，女人的笑聲本身就令人興奮。

我們吃飯時，我問娜歐米她的經歷。她說她背著老公偷腥十七次。「我記得第一次我跟別人上床。我自力在工作上爭取到第一個客戶，我老闆帶我出去慶祝。我們開始喝酒，他湊過來跟我調情。那種接納對我就很興奮。我頭暈腦脹。之後我又偷腥尋找那種興奮，總是同樣的狀況：想要被有權力的男人接納。」

她說話時，我想到上她會有多麼容易。她身材好，而且似乎有狂野面。

幹，這下我肯定違約了。或許查爾斯說得對。一陣悔恨流遍我全身：我顯然還沒有能力提供她期待的承諾，我為何想要修補與英格麗的關係？但我猜這就是我來的理由：變得有能力。

愧疚是因為違反規則。恥辱是因為被打敗了。

「今天我的治療師作了徹底分析，」我剛意外肖想的說，「我總是很在意我穿的衣服。但她告訴我打扮吸引注意是種發洩，是我疾病的一部分。」

誰來阻止這些治療師吧。如果他們成功霸凌女性不准穿得漂亮，我們還不如搬去伊朗好了。

「她解釋女人的性癮不一樣，」娜歐米繼續說，「女性的性癮通常是為了尋求愛情。」

她告訴我大約百分之九十接受治療的性癮者是男人，因為男人傾向行動，而大約百分之九十飲食失調者是女人，因為她們傾向壓抑。

她身邊的女人麗茲戴著紫色標籤，她說是創傷後壓力官能症的意思。因為娜歐米是這裡唯一女的性癮者，她們分發在同一組。「他們診斷我是性冷感。」麗茲說。

我從未聽說過這個詞，於是麗茲解釋這表示她逃避性愛。她告訴我們她在邪教中長大，不斷被輪暴。最後她逃走。從此，她就忍不住吃很多，忽略了照顧自己，穿著邋遢嚇跑男人。那些贅肉外表看起來或許柔軟，但其實是堅硬的盾牌，保護她的人身安全。

午餐之後，我走回宿舍時，蓋兒的團體中那個有性癮的性癮治療師

發現了我，用手指示意我過去。

「你姓史特勞斯，對吧？」我陪他坐在草坪後他問道。

他的名牌上寫著特洛伊。

「嗯，對。」

「我看過你的書。」

「幫我個忙，別告訴大家我是誰，」我懇求，「這太諷刺了。」

「老兄，你來這裡幹嘛？我以為你應該在外面享受人生。」

「我有啊。我學了一堆招式，很好玩。但遲早我想要結婚建立家庭，所以我得關掉它。」

「我跟你說一件事，」特洛伊神祕兮兮地耳語，「身為性治療師，外頭什麼故事我都聽過。」他揮揮右臂。他指向哪邊並不重要：所有道路都離開這裡通往真實世界。「這工作幹了十五年之後，我不確定我是否相信一夫一妻制。」

我拍拍他的背放心嘆口氣。「我們改天再聊。」我說。

我找到的不是可靠盟友就是共犯。

10

我已經和蓋兒連續三天坐在這房間裡，幾乎沒說到話或學到什麼東西。今天，卡文又惹麻煩了。同時，有個新病患加入我們：來自拉斯維加斯名叫保羅的同性戀毒蟲。他坐在椅子上，沒刮鬍子，搔著棕色短髮，可能在懷疑來這裡幹嘛，這時卡文告訴蓋兒，「我在作馬匹治療時有個女孩……」蓋兒瞪他，他連忙更正，「我是說，女人，嗯，凱

莉。」

「天啊，正是讓我興奮的罩門，」特洛伊咕噥，拍拍他的胸口。

蓋兒的脖子突然發紅。「你知道用視線脫別人衣服是隱密的性暴力嗎？」她沒大吼——那就表示失控了。她的武器是嚴肅。她懂得怎麼把男人貶成小孩：心情惡劣時就扮演他媽媽。

「抱歉，我知道，」特洛伊順從地說。

但是，我並不知道。我想問她：從什麼時候起，想想也變成暴力行為了？如果你看到銀行員在數一大疊鈔票，想像趁她不注意時拿走，那是隱密的搶銀行嗎？什麼罪名？

「繼續，卡文，」她冰冷地說，「告訴大家你怎麼色情化凱莉。」

「我不知道。我只是發現她穿著馬靴，在談她多麼喜歡馬兒，我也是。所以我幻想跟她一起騎馬然後結婚。」

我總以為性癮者會是淫蕩的罪犯，而不是幻想跟有共同興趣女人結婚的大孩子。我第一次聽說性成癮是在青少年時期看到爆料新聞。跟著一個性癮者開廂型車跑遍全市，車後方放了一個床墊，設法說服女人在這裡跟他嘿咻。他長相普通、穿著也很平凡，我很羨慕他想嘿咻的強烈決心真的可以產生成果，而我的慾望無法幫我跟女士們有搞頭。

我猜其中教訓就是：小心你許了什麼願。

我回過神後，查爾斯和特洛伊正在爭吵代名詞。蓋兒叫他們面對面坐在椅子上，用她所謂的溝通界線交談。她舉起的海報板上印著：

當我看到／聽到＿＿＿＿＿＿。

我告訴自己的説法是＿＿＿＿＿＿。

而且我感覺＿＿＿＿＿＿。

所以我想要要求＿＿＿＿＿＿。

查爾斯先試：「當我聽到你說『我們天生不適合一夫一妻制，』我告訴自己的說法是這對我不適用。我是來變好的，而且我感覺生氣。所以我想要要求在未來，你用我而非我們來指稱你自己。」

「很好，」蓋兒說。然後她轉向特洛伊，口吻甜得像糖漿：「現在你得用溝通界線來回應。」

我看看周圍發現卡文又出神了，無疑在幻想凱莉；我看到亞當坐在他旁邊，可能在琢磨怎麼說服他老婆說他痊癒了；我也看到聖誕老人更加退縮到他的精神地獄中，急需關注與忠告。沒有人的問題被解決。他們離開復健所時都會跟進來時一樣，只是帶著更多愧疚感和彆扭的溝通方式。我再也忍不住了。

我初次想開口說話，聲音沙啞，笨拙地吐出問題：「這對我們有什麼幫助？」

「我們在這裡溝通的方式就是人們該如何和配偶溝通的方式，」蓋兒冷靜地回答。

「這樣就能阻止他們跟別的女人上床？」

這是個嚴肅的問題，但大家都笑了。蓋兒的臉顫抖了一會兒，彷彿在緊張現場快要失控了。但她又恢復鎮定回答，「你們學會互相建立關係就學會了愛你自己。」她強調建立關係，彷彿這是神奇藥膏。

我不是很懂她的答案，但聽起來好像是個重要概念。「我不確定我懂妳說『建立關係』的意思？」

「建立關係就是與別人活在當下——此時此地。有個可以用的工具：你的心智只能同時做兩件事。所以如果你能坐下來感覺呼吸進出、同時傾聽別人，你就活在當下，能夠行為。當你無法行為，你就沒有建立關係：你只是在反應。」

終於，她好像在教我們相關的東西了。「所以妳是說，如果我們跟別人建立關係，那我們就不會偷腥？」

她打量了我一下，試圖確認我是不是個威脅。這是第一次她真正看我的眼睛。「我的意思是如果你和伴侶有真正的親密關係，就不會需要向外尋求性愛。」

她盯著我久了一點，然後緩緩掃視全場。「這是你們所有人來到這裡的理由。如果你有性癮，你可能也有別的癮頭，像毒品、工作或運動，這是因為你們怕親密關係也怕自己的感情。」

我努力想聽出其中意義。真的。但這個指控和診斷太快拋出來，很難光憑信心接受。你進來的身分是酒鬼或性癮者，離開時卻是個酗酒的相互依賴性癮避愛者，還患了PTSD（創傷後壓力症候群）、OCD（強迫症）和ADD（注意力缺失症）。我們都遭受低自尊之苦，所以我不懂把我們變成活生生的診斷統計手冊有何幫助。

蓋兒在黑板上寫下S.A.F.E. Sex字眼。她解釋，這是派崔克‧卡恩斯（Patrick Carnes）發明的頭字語，意思是性愛絕不能是「*祕密性，虐待性，改變情感方式，或缺乏承諾的親密關係*」。

我還來不及問隨興、兩廂情願的性愛有什麼不對，蓋兒宣布有個叫洛琳的顧問午餐後要來跟我們談叫做什麼*情色化的憤怒*（*eroticized rage*）的東西。然後她簡短宣布，下課吃飯。

「我忍住沒說，但我還有別的幻想，」我們起身離開時卡文耳語。

「是什麼？」我問。

「我很慶幸沒告訴她野餐的部分。」

在走廊上，亞當和特洛伊在等我。「嘿，老兄，我喜歡你挺身對

抗蓋兒的樣子，」特洛伊憋著氣說，「我們都有那些疑問，幸好你問了。」

「謝謝。」從我的眼角，我發現查爾斯在治療室裡和蓋兒交談。我相當確定他在打我的小報告。有些人喜歡說，「我早說過了吧。」

「別向她屈服，」我們前往販賣部時特洛伊鼓勵我，「她會試圖馴服你讓你像查爾斯一樣。但你必須為大家挺住。」

「你們怎麼不出來為自己說話？」

「你知道的，我們只想撐到療程結束。」他和亞當互瞄一眼。特洛伊在此是因為他老婆逮到他和在女性徵求乾爹包養網站上認識的外國模特兒搞外遇。「蓋兒，她不會遺忘。當我們的老婆來參加家庭周，我們可不想讓她搞得更不好過，你懂我的意思。」

我聽過這裡的其他人提到家庭周，講得好像國稅局稽查似的，所以我問他們怎麼回事。他們解釋，這裡的療程以周劃分。第一周，報告你的時間線（經歷）；第二周，要進行稱作椅子戲法（chair work）的心理分析；第三周，父母老婆來看你，讓你的治療師幫忙治療你的家庭系統；到第四周，你離開前要設計一個復健計畫。

對性癮者來說，家庭周流程包括叫做坦白的東西，要向伴侶坦承過去的外遇和踰矩。理想上，這些最終傷口一旦癒合，男女就能從真相和親密關係的基礎上建立新的關係。不過，要是治療師不靈光，或心裡另有盤算，坦白可能迅速變成災難——下次性癮者見到老婆就是在法院了。

11

洛杉磯，兩周前

事情發生後我一直哭不出來。我有努力。朋友們都為我哭泣，但我沒辦法。我給了他我的心和靈魂和……全部。

這是從她說永遠不想再看到我之後我第一次見到英格麗。花費了雙方的友人無數email、鮮花和哄騙，才讓她來接受情感諮商。現在她來了，我可以看看我的成果如何。她蒼白又憔悴。她茫然盯著正前方，皮膚似乎沒有神經末梢，像個有創傷後壓力官能症的老兵。

妳想妳能再相信他嗎？

我不相信他。我沒辦法。我覺得無望。*知道我得了創傷壓力症，讓我很難過。*

這些事發生之前妳相信他嗎？

對，當然。以前我對他有百分之一百五十的信任。我以為我們的關係是我生平最大的好事。好像我天天吃了搖頭丸，漫步在雲端。

那你感覺怎麼樣，尼爾？

我也有同感。

英格麗慢慢搖搖頭，用疏離的語氣回答。

不可能。你一定有什麼不滿才會那樣做。

沒有，我發誓。那跟妳沒關係。我只是……軟弱。

英格麗，妳要怎樣才會考慮跟他復合？

我只需要三件事。

是什麼？

誠實、信任和忠誠。

治療師轉向我。我知道她要說什麼。我唯一不想回答的問題。

你認為你能夠給她這些嗎？

來了：我必須作選擇。實話或謊話。都只有一個字。如果我選擇實話，我可能永遠失去她。如果我選擇謊話，我可以跟她在一起，但我繼續活在欺騙中可能再度傷害她。

我想開口說話。難以啟齒。困難是因為我傾向實話。

我無法確定地說，我已堅強到能抗拒外頭每次誘惑。這是我來復健的理由。讓我能改過確保不再發生這種事。我必須了解為我深愛的人，我可以怎麼做到。

突然，英格麗伸手擁抱我，我們緊抱著，既痛苦又熱情。我們眼中都湧出淚水，流到對方的臉頰上。

第一波淚水是哀傷。第二波是解脫。第三波是最危險的：代表希望。

12

　　洛琳是個五十幾歲小個頭女人，雜亂的白色長髮、緊抿嘴唇、大鷹勾鼻，穿著突兀的高筒黑靴。無論她經歷過什麼掙扎，傷痕仍顯露在她臉部線條上。

　　「我是來告訴你們性癮可以戒除的，」她向我們宣布，「強迫症可以阻止。它不像酒精。你們可以克服。如果你們努力，復原會花費三到五年。」

　　起先，這話聽起來令人安心。但後來我發現如果你夠努力戒除，幾乎任何行為都可以在三到五年內改變。我猜復健的另一個詞就是行為調整。咬指甲、挖鼻孔、言不由衷地說「對不起」，或許比欺騙配偶更危險的，開車時打簡訊，都可能有十二步驟療程。

　　洛琳告訴我們，如同她可能告訴過這裡十年來的每個成癮者，她三歲時，酗酒父親會每次把她關在櫃子裡好幾個小時；她十二歲時被牧師騷擾過；她成年後大半時間有相互依存症，跟暴虐酗酒的老公困在不幸婚姻中。她就是那種無法離開打她的男人的女人──直到他自己喝掛了。

　　廿年前洛琳來這裡時，她的標籤是藍色。

　　「我剛告訴你們的是我的時間線，」她解釋，「下周你們所有人都要報告自己的時間線。這裡誰有童年創傷？」

　　除了我、亞當和聖誕老人以外，全部舉手，聖誕老人可能沒聽清楚問題。

　　洛琳驚訝地盯著我們。「創傷來自任何虐待、冷落或拋棄。這麼想吧，每當小孩子有需要而沒有適度滿足，就會造成我們所定義的創

傷。」

「但是依此定義，世界上有任何人毫無創傷嗎？」我問她。

「可能沒有，」她迅速回答，「我們連結並儲存帶給我們恐懼或痛苦的體驗，因為我們必須保留那個知識才能生存。你們只需要摸到一次熱爐子，你畢生在熱爐子邊的行為就會改變——無論你記不記得被燙到。所以想想你童年任何比熱爐子更痛苦的事，當你成年後遭遇類似的事，可能引發你學過的生存反應。我們有句俗話：*歇斯底里來自過去的創傷經驗。*（*If it's hysterical, it's historical.*）」

我環顧室內。人人似乎都吃這一套。我猜我們都算是被馴服了，無論我們是否選擇向別人——或我們自己承認。

「大多數人把創傷想成嚴重攻擊、災難或悲劇的後果，」洛琳繼續說，「但是小創傷，像是父母一天到晚批評你，可能一樣嚴重，因為它定期發生。這麼想吧：如果某個重大創傷在評量表上是十分而某個小創傷是一分，那麼十次小創傷可能跟一次大創傷一樣強烈。」

洛琳直率又嚴厲，或許比蓋兒更誇張，但她講話的方式能令我信任。她似乎不暴躁，聽起來也沒有衛道人士的口吻。至少我終於學到東西了，不過，我還不確定這對我忠於英格麗會有什麼幫助。

「當小孩經歷創傷，他們傾向吸收施虐者的情感，儲存在他們心中稱作恥辱核心的區域。裡面包含，*我一文不值、我不配被愛、我沒有權利*等觀念。任何時候你覺得*不如*某人，或覺得*優於*某人——那都是你的恥辱核心產生的錯誤觀念。因為事實上，全世界每個人都有平等的價值和價值觀。」

查爾斯插嘴，「可是我覺得妳比我強是因為妳是這方面的專家，懂得比我多得多。那我該怎麼辦？」

「你有什麼感想呢？」洛琳問，「我這中年寡婦站在這裡，教你如何過生活。我在教你我懂得比你多而且比你高一等。」

「我感覺生氣，」查爾斯說。

「正是。為了忍受痛苦的信念和情感，我們經常用憤怒偽裝。那樣，我們就不用感受它背後的恥辱。」

我看著蓋兒。她皺眉看著洛琳，用鉛筆敲打指關節。「憤怒的效果是主宰、控制或權力，」洛琳繼續說，「所以憤怒讓你們感覺優於他人。當你用性愛恢復權力或以類似方式自我感覺好一點，這就是所謂的情色化的憤怒。」

她告訴我們，百分之八十九的性癮者來自情感疏離的家庭。百分之七十七來自古板或嚴厲的家庭。百分之六十八說他們的家庭既疏離又嚴厲。

「小時候被過度控制，讓你們長大以後容易說謊，」她總結，「所以性癮理論就是當你感覺失控或無力，你就到處尋求性行為，以重建控制與取回自我感覺。」

我聽不懂她這段。「可否給個具體的例子？」我問。

「呃，」她好像有點屈尊地回答，「你有什麼經歷？」也可能那不是屈尊，而是關懷，我的恥辱核心剛燒起來了。

「我背著女朋友偷腥。」

「母親嚴厲嗎？」

「對。」

「母親在情感上不親近，所以你掏出你的屌用來尋找愛。性愛治療了因為母親疏遠對她的憤怒。」她講得很快很自信，彷彿我的經歷正是她猜想的那樣。

「所以我上其他女人是向我媽報復？」

「還有以情感上安全的方式得到母親從未給你的感情、接納與安慰。」

「我不確定。感覺我媽好像一直都很關心我。」

她撫摸像瑞克‧魯賓的鬍子一樣濃密的頭髮，問了個改變我對童年整個理解的題目：「是她關心你……還是你關心她？」

Stage II

調適的青少年 Adapted Adolescent

但我覺得肢體中另有個律和我心中的律交戰，

把我擄去，叫我附從那肢體中犯罪的律。

我真是苦阿！

I SEE ANOTHER LAW IN MY MEMBERS, WARRING AGAINST THE LAW

OF MY MIND, AND BRINGING ME INTO CAPTIVITY TO THE LAW OF SIN,

WHICH IS IN MY MEMBERS.

O WRETCHED MAN THAT I AM!

——聖・保羅《聖經》羅馬書第7章23-24節

（St. Paul，*Romans 7:23-24*）

13

芝加哥,三十年前

你知道怎麼做,對吧?

是,媽。

那我們從頭說起吧。

我弟弟和我在廚房餐桌上,吃麥片。我媽坐在背靠牆的椅子上,畸形的雙腿從家居服晃蕩在不同的離地高度。她仔細觀察我們說話,努力判斷我們是否可以相信。

如果妳死了,我們不准告訴任何人。

如果傑瑞叔叔打來你怎麼辦?

等到事後再說。

對。

然後我們把妳火化。

要是老爸告訴你們,我應該土葬呢?他希望這樣,你也知道。他不在乎。

我們不聽他的。我們一定讓妳火化。然後我們把骨灰放在百貨公司的盒子裡。

然後怎樣?

我們把盒子帶到林肯公園撒骨灰。

對。不准辦葬禮、登訃聞、蓋墳墓,什麼都不要,直到辦好,不准

告訴任何人我死了，以免他們想阻止你。

我們可以留著盒子嗎？

好，你們可以留著盒子。

然後我們去書店見妳，對嗎？

我們在水塔量販店的Kroch's & Brentano's攤位會合。在雜誌區。

我們要在男性雜誌、還是女性雜誌區會合？

都可以。

我會看著音樂雜誌，好嗎？我會整天等妳。以防妳遲到。

你或許不知道我在，但我會在。我會想辦法讓你知道。

我想像她變鬼魂的樣子，在她看得見，但我看不到她的另一個次元。我希望如果我提高警覺，就能夠從一陣冷風或雜誌突然翻頁之類察覺她的存在……

或許妳可以在我耳邊說話。

我會試試。快點去洗碗盤，校車十分鐘就要到了，你們老是遲到。

是，媽。

永遠別忘了我今天跟你說的話。

14

洛琳授課結束後，蓋兒的嘴角似乎露出笑意。她走到房間前方，讓我們回味片刻我們不只是性癮者也是憤怒狂的這件事。我們上女人是因

為我們恨我們的母親。

雖然對演講的實際效果滿意，蓋兒似乎也討厭洛琳能輕易控制與影響我們的心智。她粗暴地示意洛琳離開，然後轉向我們說。「有個治療師告訴我有男性性癮者跟她的性癮女病患說話。我告訴她不可能是我的人，一定是她的病患。但接著，」她假裝震驚地抬起眉毛，「我聽說正是昨天這一組人幹的。」

我瞪查爾斯一眼再轉回來，感受蓋兒瞪得我臉上發熱。「你把女人當人看，還是把她們當身體零件的組合看待？」她問。

我不想回答這麼沉重、批判性的問題。我保持沉默看我能否假裝這是修辭問題閃躲，但她只重複這個問題。所以我說，「我把她們當人看。我又不是連續殺人魔。」

「恕我難以苟同，」她回答，彷彿她真的相信視覺強暴某人應該注射毒針處死。

我想變成更好的人。我想擁有健康的男女關係。我不想偷腥說謊造成痛苦。但除了洛琳的話以外，瑞克說我會體驗到為親密關係救命的治療和課程根本不見蹤影。我努力保持開放心態，但蓋兒一直往裡面填垃圾。

「你們行為的後果是，」蓋兒繼續說，「我必須對你們全體採取更極端的措施。」

她舉起七張紙，上面都印著只限男性。「我規定你們所有人佩戴這個名牌，隨時要露出來。從現在起，你們連向女人打招呼都不准。」

要是她先說「嗨」呢？我懷疑。但蓋兒已經堵上了漏洞，只有一人例外：保羅，全組唯一的男同志，也戴著只限男性的標籤。「如果她們說什麼，就指著你的標籤。」她把鉛筆甩在桌上。「如果任何人再被看

到跟女人交談，我一定會知道。」

這下我們不只有標誌，還變啞巴了。看不出他們這裡是在治療、還是添加我們的恥辱核心。

「那妳呢？」查爾斯問，「妳是女人。我們可以跟妳說話嗎？」

我忍不住了。我不像查爾斯。我不能盲從。事情必須他媽的合理才行。這就像上教堂去改善自己，但又被要求膜拜你不相信的神。或許我想學習如何親密、判斷獨占性的男女關係是否適合我是跑錯地方了。迄今，這個療程的效果就像監獄教導道德般教導一夫一妻制。

「這一切的基本原則是，如果我們在交往中有親密關係，我們就不會向外尋求性愛吧？」我問蓋兒。

「對，」她說，我似乎感覺到了她的滿意。

我又問，只是確認。我要現場每個人聽聽她說什麼。稍早特洛伊的忠告迴盪在我腦中：我不會讓她馴服我。我要扮演清醒的聲音。現實的聲音。

「如果你在交往中有真正的親密關係，」她複述，「你就不會向外尋求性愛。」

「我整天腦袋裡都在想這件事。我可以問嗎？」

「請。」這個字充滿了輕蔑。

「可以用黑板嗎？」我沒有其他方法可以說明。

她背脊僵硬，察覺可能要發生不可測的事情。她嚴肅地看我一眼，想在我走向黑板時融化我的決心。

我拿起粉筆時手開始發抖。我把她的話寫在板上：

如果真的親密關係，就沒有外界性愛。

「這是妳的理論，」我說，「如果你精煉出背後的基本概念，就會這樣……」

如果真的X，就沒有外界Y。

「問題是，這個方程式不對。」在學校裡，我從未想到真的會在現實生活用上代數。我錯了。「即使妳讓X和Y是完全相同的變數，還是不成立。」

我繼續寫：

如果交往中有真的X，那就沒有交往外的X。

「假設，舉例，你老婆是世界上最好的廚師。那根據你所說的，你絕對不想到其他地方吃飯。」

蓋兒保持沉默，看著我，讓我在她的黑板上寫字，用毫無反應來動搖我。

如果交往中有真的廚藝，那就沒有交往外的廚藝。

「但這樣不對。有時候你想要上餐廳換換口味。」

同學們專心地看著。卡文坐在椅子邊緣。特洛伊臉上露出微笑。查爾斯眉頭深鎖。

來了。這就是我推翻蓋兒一直餵養我們的所有狗屁的時刻。她可以事後報復，不論什麼方式。

「現在我們回到妳的原始假設。讓它更堅固一點。」

如果真正的親密關係，就沒有外界的親密關係。

「連這個陳述也不對。你會和你的父母、兄弟姊妹和朋友尋求親密關係。無論怎麼看，妳告訴我們的都講不通。」

她沒說話。我繼續進逼。

「另一個問題是妳告訴我們，親密關係和性愛是這樣的關聯……」

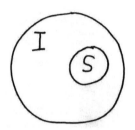

I：Intimacy親密關係
S：Sex性愛

「但對男人而言──不只這裡的人，還有我認識的每個人──是這樣的……」

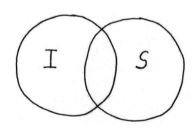

「所以我們該拿我們其餘的性需求怎麼辦？」

這時同學們已經目瞪口呆，面露大大的傻笑──除了查爾斯乞求地望著蓋兒。我一定又干擾到他的復健了。

「我是開始這麼想的，」我又說，「人們誤信邏輯謬誤說當他們的伴侶想要交往之外的性愛，對他們在一起的親密關係有害。我們在這裡是因為我們不相信那是真的，但我們相信說謊和欺瞞傷害親密關係。所以與其被侷限接受伴侶的條件建立關係，我們同樣可以輕易重新訓練他們接受我們的條件。」

特洛伊大膽鼓掌。卡文向空中舉拳表示團結。

蓋兒面無表情。像石頭一樣冷。「擦掉*如果親密關係，那就沒有外界親密關係*，」她指示我。我照做。「現在擦掉，*如果廚藝，那就沒有外界廚藝*。」我照做。「現在回去座位。」我也照做。

她望著黑板。「我正在吸收，」她說。

室內鴉雀無聲。好像西洋棋賽。每個人都在猜想是不是死棋了。

終於，蓋兒轉向我。「你必須定義*親密關係*。」

「你要我現在定義嗎？」

「用你自己的時間去做。」

我很失望，因為我知道答案。我最近在病患交誼廳聽到的，有人引述相互依賴症的權威皮雅‧美樂蒂（Pia Mellody）：*親密關係就是和別人分享你的現實並且知道你很安全，他們也可以和你分享現實覺得安全。*（*Intimacy is sharing your reality with someone else and knowing you're safe, and them being able to share their reality with you and also be safe.*）

「反正那個定義對我說過的沒有什麼用處，」我告訴她。

「我想你夠知識化能夠控制整體的癮症，」她回答。

她只有這招：叫我別用我的大腦？「像波布、希特勒和史達林這些獨裁者都這麼說。他們焚書殺害知識分子，免得有人質疑他們。」

這個回答聽起來比我打算的更加衝突性。我並不是想叛亂。我的男女關係一向是災難，顯然必須作些改變。「那就幫我，」我懇求地補充，「我*想要犯錯*。我*也*想要復原。但我必須跟這個矛盾妥協。妳教我們的必須讓我聽起來合理。」

「這是你的癮頭在抗拒復原不肯放手，」她尖銳地說。她看著時鐘站起來。「你們晚餐要遲到了。」

她走到桌邊開始收拾文件，抬高頭彷彿她勝利了。但是每個人，可能包括查爾斯，都知道她不僅沒有捍衛自己的理論，也很可能做不到。

「尼爾，」我離開時她的聲音傳出，大到所有人都聽得見，「不如你明天就向全組報告你的時間線吧？」

15

晚餐時我們都坐一起，圓桌紅魔鬼。現在我們是拜把兄弟了，一起禁慾、恥辱、厭惡、受懲罰、勝利，還有我們脖子上都掛著，只限男性的標籤。

我看到附近有穿運動服的冷感者、愛情癮者凱莉、酒鬼唐恩、女性性癮者娜歐米。她們對我就像鬼魂，我無法溝通的異次元生物。

我們男性桌的氣氛歡樂又陰險。如果弟兄們能把我扛在肩上，他們會的。我是他們的白馬王子、獻祭羔羊、閃亮保險套裡的屌。同時，在我看來，情況有點變了。我開始了解這整個性癮症的概念了。大家可能

都是。我背負著瑞克的高度期待來此，但迄今所有復健只是讓我對男女關係和一夫一妻制更加矛盾。

「你知道嗎，我一直在想蓋兒怎樣逼我加總我花過的錢，」卡文說。在外界，他是在網路上寫陰謀論的投機者。「大多數很值得。我曾經跟塞爾維亞的A片女星在一起。她十全十美。花了一千美元——她把我搞得死去活來。那是我生平最爽的體驗。我千金不換。」他停一下回想。「我可能浪費太多錢在爛食物了。」

「還有爛對象！」性治療師特洛伊補充。他撕開三包代糖倒進他的假咖啡裡。

「好吧，我對這裡的主要疑問是，」我說，「我認為幫我們了解自己童年治療我們的舊傷——那有助於男女關係。但我不確定我是否相信想跟別人睡是對創傷的不健康回應這種概念。我是說，我入院時他們說如果我自慰，我就是性癮者。」

「我跟你說，尼爾，要慶幸你沒參加教會經營的性癮療程，」亞當說，「我來這裡之前老婆逼我參加過一次。如果有婚前性行為，他們就認為你有性癮。」

特洛伊笑了笑。「我們是男人。我們喜歡嘿咻。不論到哪裡，都看得到好像要滿足你每個慾望的美女圖。然後呢？如果你想要跟她們睡，你突然就變態又不健康？」

亞當點頭。「你知道嗎，如果跟想要嘿咻的美女在飯店獨處，我不認為太多人會拒絕。」

查爾斯突然拍桌，彷彿想拍醒我們。「兩位，這是你們疾病的表現。你不能相信你的思想。你的癮頭會說任何話以便繼續控制你。」

「尊夫人貴庚，查爾斯？」特洛伊問。

「她四十八歲。」

「你認為她迷人嗎？」

「我不確定。她是個好看的人。」

「那你上次跟她嘿咻是什麼時候？」

「八年前。但那是我的錯。」

「亞當，你呢？」特洛伊問。

「起先情況還好，」亞當說，「但我們有小孩之後，一切都變了。她自暴自棄。我們試過每個月一次約會夜，但她只會擔心小孩。於是我們放棄了。還有⋯⋯」他猶豫，「老實跟你們說：我喜歡刺激的性愛，你懂的，有時候粗暴一點。她只會每三個月躺在那邊，基本上讓我跟她嘿咻。」

我懷疑，這就是我來訓練的目標現實嗎？在無性愛婚姻中自閹，如果我哪天晚上崩潰跟女同事上床，或旅行時跟前女友、甚至妓女睡了，這樣我才能記得被吹喇叭是什麼感覺，然後把自己病態化成為性癮者？

「那她們指望怎樣？」激憤讓我脫口而出的話意外地強烈。「這只是常識。如果你的伴侶一年沒跟你嘿咻了，你應該獲准到別處去找而不必拋棄整個關係。」

「性愛不是因為你想要就有權得到的東西，」查爾斯告誡我，「假裝這是自然的常識就是一種否認。如果你想要克服這一點，必須認清與干預你的扭曲想法。例如，當我看到別的女人，我告訴自己，大紅蘋果，生錯果園了。」

大家取笑查爾斯的果園時，我感到一股強烈焦慮。我來不及阻止腦中浮現一個幻影。我抓起我的筆記本向大家說明。他們都湊過來看：

男性的兩難

1. 性愛很棒

2. 情感關係很棒

3. 關係隨著時間成長

4. 性愛隨著時間老化

5. 女人也是

6. 因此造成了問題

把它寫出來、甚至想想都是件可怕的事。在正常社會裡沒人敢這麼說，會毀掉他們的名譽。但這似乎是大多數中年男人來此的理由。「差不多就是這樣，」亞當難過地說。

特洛伊堅定地搖頭。「你想要聽悲慘的嗎？我開始外遇時，仍然每周跟我老婆嘿咻四次。」

「那就是蓋兒告訴我們的理論的問題。」卡文愧疚地笑說，「性愛不一定是為了親密關係。有時候你就是想要淫蕩一下。」

查爾斯從座位跳起來宣布，「這對我的復健不好。」他拿起餐盤走掉，找沒有女人的別桌去了。

監督冷感者的顧問轉過來瞪我們，我們收斂成耳語。我們是策劃革命的復健叛軍。「想要多樣性很自然，」眾人湊過來時特洛伊低聲說，「你看色情片：男人不是每次都看同一個女星。」

我想到我入院時被助理扣押的書本之一：詹姆士‧喬哀思的《尤里西斯》（James Joyce，Ulysses）。主角是個家有嬌妻的廣告業務員。他在都柏林到處遊蕩，在他觀賞與幻想各種年紀、長相和身材的女人時，擔心她紅杏出牆。有一次他開始懷疑自己有什麼問題，直到他下了簡單

結論，「我想要新的。」

聖誕老人從餐點抬起頭，今天初次發言，鬱悶地說，「所以我才一直去提華納。可以在有六十個女人的夜店遊走邀約任何一個。她們的本事啊⋯⋯」然後他又低下頭。

「你知道最佳女友是誰嗎？」卡文插嘴，眼神發亮彷彿他剛度過完美的野餐。「X戰警那個可以變形成任何人的變種人。我絕不會覺得她無聊！你可以今晚跟梅根．福克斯嘿咻，明晚跟希拉蕊．柯林頓。」

「希拉蕊．柯林頓？！」特洛伊替我們全體問。

「為何不行？只是體驗一下，」卡文說，「別跟我說，你們從來沒想過。」我們都沒想過。

這個討論令我著迷。但在內心深處，我猜想：我們是一群否認的毒蟲——用我們最愛的毒品搏感情的成癮者——或者只是睪酮素過高的自然副作用？我看過一本談演化的書，作者引述研究宣稱女同志一生平均性伴侶不到十人而男同志有超過百人。於是我問保羅的意見。

「我跟一千多人在一起過，」他證實。他的聲音刺耳又粗糙，而且永遠露出昨晚玩樂過度的表情。「但在我們的圈子不一樣，因為人人想要有隨機性愛。所以，真的，男人會來我家而且不是搭訕，他們會上網邀請更多人。有時候我客廳裡有十幾個人瘋狂雜交。」

「我訪問過一個變性成男人的女人，」我告訴他，「她說睪酮素療法一生效，她就突然了解男人了，因為她想要上任何活的東西。」

「想像如果女人天性和男人一樣，」卡文作夢說。

「那就天下大亂了。」特洛伊笑著回答。

我問他們終極問題：「所以要是你們老婆允許你們跟別的女人睡，你們會允許她跟別的男人睡嗎？」

令我驚訝的是，除了亞當，每個人都說是。「我不會喜歡，但我猜必須忍耐。」特洛伊說。

亞當顯得尷尬。我們對他或許太過火了。他不像我們這些人，他不渴望輕鬆的性愛或多樣性；他只想要自己婚姻中缺乏的愛意與激情。「你們都忽略了一點，」他把大手放在桌上說，「不是因為我們嘿咻才來到這裡。我們在此是因為我們說謊，因為我們太想要性愛，違反了我們自己的道德價值。」

他說得有理。沒人真的因為雜交進來。大家來此只是因為偷腥。當然，除了卡文、還有保羅，他是來戒冰毒的，卻因為在入院面談提到性派對而被放在我們這組。「你說得對，」我告訴亞當，「如果我們單身又有同樣表現，我們就不會進來了。那不會被當作成癮症。如果規則是你一旦結婚就不准吃壽司，我們就是壽司癮者了。」

「那或許你的男性兩難的答案在於你犧牲，」亞當回答，「你忍過去、支持你老婆，無論如何，你被對於家庭和上帝的信心重新引向這個選擇。」

「但為何必須作那種犧牲？」我問，「交往關係的重點應是你們雙方都要什麼，不是你們不想要對方有什麼。我們一定有什麼辦法能享有自由，我們的伴侶也能有安全感——或者我們都能有自由和安全感。」

特洛伊伸長手指指著我。「看吧，這就是他們這邊想要阻止的想法。」他伸出手臂摸過查爾斯的空椅背面。「治療的問題在於他們想要把每個人正常化，讓他們走中庸之道。但如果整個社會這麼做，就沒有創新了。不會創造新東西。你們需要有個原始人說，『我們不能每當需要火就一直等閃電發生。我們得自己生火。』大家可能以為他瘋了，竟想敲石頭或鑽木取火。他在現代會被診斷為偏執強迫症。但後來他帶給

大家火焰，突然間大家都這麼做了。一個文明沒有那種原創思考和專注不可能會進步。有強迫症行為的人才能改變世界。」

卡文和特洛伊碰拳頭慶祝，我猜想或許人生帶我來這裡，不是治療我壓抑的性癮，而是背負改善男性與全世界福祉的使命：重新設計男女關係，讓兩性的需求都能滿足。因為現狀似乎行不通。

16

芝加哥，廿八年前

唉。你是我在這兒唯一能談的人了。

你的朋友呢？

我無法信任他們。

連丹妮絲也不行？

她是最糟糕的。什麼都不要跟她說。她不懂得閉嘴。

好吧。

我穿著星際大戰睡衣躺在床上，被子裡藏著漫畫書和手電筒。我媽坐在床邊的椅子上。有時候，她對我爸很生氣又沒人可以訴苦，她會找我。現在，就是這種時候。

我對你爸的不滿積到這裡了。

所以你們才吵架嗎？

你有聽到他在你們兄弟面前罵我的樣子嗎？他是個怪物。我不認為他有情感。

他一定有情感。

他沒有。他好像石頭。我記得蜜月回來之後問過我媽，我能否跟他離婚？她說要是我離婚，她不會讓我回家。所以我留下來跟他，那個自私的混蛋。

但是現在妳不必跟著他了。妳是成人了。

我能去哪裡？誰會照顧我？

我會照顧妳。

你不夠大。你哪有辦法賺錢？

我不曉得。或許妳能找到比爸有錢的人。那妳就能快樂了。

或許我年輕時可以。當年我很有自信，我甚至參加選美，很多人想跟我交往，你能想像嗎？但是你爸毀了我。你知道他只能勃起兩次：一次是你，一次是你弟弟。

真的？

真的。聽我說，尼爾：不管你做什麼，長大後絕對不要像你爸對我一樣害人悲慘。

17

晚餐後，我走過院區到畫室去準備我的時間線。我應該要呈現我從出生到十八歲的人生故事，蓋兒無疑打算用來指稱我是性癮者和麻煩鬼。若是如此，也罷。我會給她所需的一切。

我拿了一長條牛皮紙和黑色馬克筆。然後閱讀講義裡的指示。我應該要在紙的頂端寫出我的家族訊息；在兩側是描述家裡不同成員的字眼；然後在底端，列舉我的家規，我長大時最明顯的感受，還有我在家庭系統中扮演的角色。

然後我應該要紙上畫一長條橫切線，依照時間順序在上方寫出正面回憶，下方寫出負面回憶。

凱莉坐在兩張椅子之外，寫她自己的時間線，她的乳頭差點從她的衣服蹦出來。「還順利嗎，尼爾？」她友善地微笑問。

我讓她看我的標籤，在臉上畫出模擬的淚痕。她假裝收到放進她的口袋裡。這感覺很像調情。

我立刻轉過頭，自制力太遲也太少了。我身邊，有個穿白T恤牛仔褲、戽斗寬臉的男子正忙著畫炭筆素描。他看起來可以主演好萊塢愛情片，除了額頭和儀態之外。額頭皺紋太深，彷彿他的腦子很痛苦；儀態太僵硬，幾乎有怒意，彷彿最輕微的碰觸就會讓他陷入大哭或暴力或兩者同時。

我看著他畫圖。是鐵柵背後一張邪惡、童稚臉孔的工筆畫。而且畫得很漂亮——好到可以賣給卡通廠商。他發現我在觀賞，我移開目光。太晚了。

「你有沒有聽過小孩子跑進森林裡被女巫抓走的故事？」他語氣呆滯地問。

「韓森和葛瑞泰？」

「不是，這小孩被金繩綁住。他掙脫後告訴別人，沒人相信他。」

「我應該沒聽過，但是……」

「那就是我，」他指著恐怖的小孩臉孔簡短地說，「鐵柵是隔開我

和其餘每個人的東西。沒人能看穿鐵柵、看見我藏在裡面的怪獸。」

他的標籤是代表創傷後壓力官能症的紫色。他名叫亨利。顯然有人對亨利做了什麼可怕的事——可能反覆不斷——他求助時沒人相信他。

亨利說他經營一間家具製造公司。我們討論我們的人生時，我察覺凱莉在附近，偷聽每一個字。雖然我是跟亨利說話，同時也是為了她說。我遵守了規則，但錯過了重點。

「男人不會射心臟自殺，」亨利告訴我，「他們打頭部是因為他們想要關閉自己的大腦。」

我設法專注在我的時間線。我寫了幾個字描述我小時候怎麼看待我媽，然後幾個字形容我爸。

母親

愛懲罰

嚴厲

神祕

愛抱怨

受苦

父親

疏離

無情緒

自私

喜怒無常

孤獨

我檢視這個清單，發現我的家庭完全符合洛琳教我們的性癮者模式：母親嚴厲愛懲罰人（例如，僵硬），父親疏離缺乏情感（例如，缺乏參與）。

　　我繼續，寫下我成長中最明顯的感覺（「被誤解」）和我的家庭角色（「怪胎」）。接著我應該要列舉我的家規。

　　這時我卡住了。不是因為我想不起任何家規，而是因為太多了。多到這時想不出來。

　　我突然感覺一陣焦慮，決定把這部分作業延後。同時，我開始填寫時間線中有強烈衝擊或印象的童年回憶。直到我探索我爸的衣櫃，我從未覺得我的童年特別壞或異常。我的父母沒有離異，雖然他們嚴厲又有時候挺怪異，他們愛我也養育我。但當我開始解開回憶，有片小烏雲飄進了田園風景中。

　　我記得有些日子，我媽叫我絕對不要像我爸一樣；但其他時候，她對我生氣時，她會說我就像我爸。她顯然討厭這個人。她抱怨他身上發臭、他駝背、他咀嚼食物，甚至他雙手插口袋的樣子。她說他喜怒無常、自私、彆扭、丟臉，是沒朋友的魯蛇。

　　突然間，我發現她一直譴責我就像我爸，不只是我自尊低落的根源，而且我用在時間線上形容他的每個字，都是我也用來形容自己負面特質的：疏離、無情感、自私、喜怒無常、孤獨。

　　片刻間室內一切寂靜無聲，我感覺舊傷口開始撕裂。我甩掉它努力專注在其他地方，像凱莉。

　　「我今晚參加關於亂倫和強暴倖存者的聚會，你想不想來？」一個呆板的聲音在我耳邊說。是亨利。突然我的小烏雲比起他的大創傷，似乎微不足道。

「OK。」能避免被迫想這回事的任何事都好。

我收拾工具準備和亨利離開時,凱莉在紙上寫了什麼交給我。

我馬上看,「我去洛杉磯的時候,我們出來聚聚。」

我點頭說好。然後我發現:如果我在她身邊無法自制,或許我真的有癮症。這是我表現我不是軟弱無力的機會。我決心不給凱莉我的電話號碼,接下來的住院期間抗拒會違反我禁慾契約的任何事。

我像羅德(Lot)逃離索多瑪(Sodom)般匆忙和亨利離開畫室。要是我回頭,我會變成癮者。

我們抵達會場時,兩個女人已經在場:我的另一個誘惑唐恩,還有個四十出頭、面露病容的雀斑黑髮女。亨利安排我們坐成四張椅子的方陣。他拿起寫著指示的資料夾開始閱讀十二步驟集會,然後放到一旁。「還是算了吧,」他緩慢地說,彷彿每個字都很吃力。「我們就聊天。我可以開頭。」

他停了漫長的五秒,他的嘴角發抖,再繼續說。「昨晚我溜到外面街上。我站在黑暗中看著車來車往。我想過衝上去撞車子。我停留了一小時。我好想結束這一切。不需要花太多力氣。只要一點付諸行動的勇氣。」

他不只差點自殺,我心想,也差點因為違反簽署的不自殺契約挨告。

「你沒有人生、被剝奪的時候就不會擔心沒命,」他又說。他再度沉默幾秒,皺眉又放鬆。「我記得我哥第一次強暴我。在我房間裡,他進來壓住我。他做的時候勒住我說,要是我出聲或告訴任何人,他就殺了我。」

亨利繼續談到幾年之後的某個晚上，他父親逮到他在穀倉裡性侵一匹馬，打了他一頓。「好長一段時間，我會召妓，通常是男妓，來鞭打我一頓，」他繼續說。「我陷入了危險狀況。我老婆毫不知情。連我哥的事也是。當我告訴她我要去復健所治療創傷後壓力官能症，她只看著我說，『難怪。』我真的很受傷。」

唐恩自願接著說。她的經歷也很嚇人。她告訴我們她父親猥褻她的兩次回憶。十年後，他因為性虐待其他未成年少女被捕。她作證指控他，目前他在監獄服刑。然後雀斑女告訴我們她的養父如何酒醉回家，蹣跚走進她的房間猥褻她。

「昨晚我打給他要他來參加家庭周幫我復原，」她說，一把眼淚一把鼻涕。「他真的同意過來。」

在文化上，我們飢渴地消費關於吸血鬼、鬼魂、殭屍和其他超自然生物的恐怖片。但人類比我們捏造的任何怪物都可怕。不只是他們對彼此做出的可怕行為，而是即使放過對方一命，仍然會奪走對方的靈魂、精神與快樂。我以前聽到別人提起性癮會想到這些侵害者，而不是亞當和卡文這種人。

「我只想找回自己，」亨利眼眶泛紅說，「我要知道我是誰。」

然後他看著我等待。我是唯一還沒開口的。我不是亂倫或強暴受害者。但我想起來了：有一天，當時我七年級，學校的惡霸騷擾我，想要跟我肛交。隔天，他和嘍囉開始無情地霸凌我。直到學年結束我都活在驚恐中。

「我不能跟女性講話，」我告訴大家，「但我猜這次例外。」我分享了這個以前從來沒透露過的故事。那是我的第一次性經驗，我總結說，或許後來我人生對把妹的執迷是過度補償、向自己證明我是異性戀

的方式。

他們三個回應支持我，我還是覺得像冒牌貨：我的創傷比起他們根本不值一提。

即使在此，充滿怪胎的醫院裡，我都格格不入。

18

芝加哥，廿六年前

把鞋子脫掉。

我知道，媽。

放在踏墊上，不要像上次放地毯上。

是，媽。

摸任何東西之前先去洗手。清除你留在牆上的指紋對我太困難了。

好啦，天啊。

別忘了：晚餐六點準時開始。別遲到否則沒甜點吃。

我走回我房間洗手。房裡沒有電視，沒有電話，除了一台小音響，沒有科技產品。以前撫慰我的是披頭四音樂，但我長大一點開始變聲，硬派東西似乎比較符合我的現況。

我想要放Damned的〈Smash It Up〉，但我因為把腳放在廚房流理台上，被禁足一個周末後，盛怒之中唱片被我砸了。所以我改放Suicidal Tendencies盡量大聲到不會惹麻煩的程度，「他們一直煩我，他們一直煩我，在我心中累積。」

然後我像個乖兒子洗手。

六點前幾分鐘，我聽到媽的聲音：

來吃晚餐。

我走進廚房看到她坐在餐桌對面，我爸在她左邊，我弟在最靠近我這端。我照例最晚到。怪胎。我坐到我的指定座上。

尼爾，手肘不要放桌上。伊凡，你也是！

她對我的口氣溫和，但對老爸嚴厲。他是更大的怪胎。我為他難過。但我媽老是跟我說，「你是你爸的最愛。」彷彿那是壞事，所以我盡量不對他表現同情。

你一定不相信這次你爸怎麼整我。他告訴同事羅賓說，我們要去薩拉索塔度假。我是想要取消這趟。你們兩個沒告訴別人，是吧？

沒有，媽。當然沒有。但不是……

學校裡每個人都會吹噓聖誕假期他們去了哪裡，很難告訴他們我要去哪裡。但我媽禁止。她擔心我們不在時，有人會闖進家裡。每趟旅行前，她會檢查燈光、定時器以欺騙她想像潛伏在外面的所有罪犯。然後我爸和我出門假裝向我媽和我弟告別。之後，他們等到四下無人，再溜進計程車跟著我們。即使在那個年紀，我都知道我們沒啥好偷的：只有兩台小電視，兩台音響和一台錄影機。

我也不准知道我媽的年齡，她上哪間學校，在哪裡工作過，或她的

腿為何畸形。我不准持有家裡的鑰匙——永遠不准——因為她擔心我會弄丟。然而，我弟有時候可以保管家裡鑰匙。這似乎不太⋯⋯

⋯⋯公平。山姆要去牙買加，他可以告訴大家。

我一向嫉妒山姆。他父母離婚，他成了鑰匙兒童，意思是他有他家的鑰匙。他也可以任意熬夜。直到最近，我七點半就得睡覺。

呃，山姆的父母不在乎他發生什麼事。他就像他父母一樣。我不希望你跟山姆攪和，尼爾。他是大嘴巴。你告訴他什麼事，鄰里所有人都會知道。懂我的意思嗎？

是，媽。

反正他不是你真正的朋友。我不是叫你切肉之後，要把叉子換到另一手嗎？

⋯⋯

好多了。誰是最愛你的老媽？

是妳。

我一面寫著時間線的家規，突然發現：難怪我討厭一夫一妻制。那只是我必須忍受的另一個不理性規則。

19

隔天上午在畫室裡，我迅速完成我的最後家規，「別相信其他人：他們都想要傷害你」。跑去加入其他人的團體治療。幾分鐘後，蓋兒拿著一份裝訂列印稿衝進教室。上面有我的照片。她看著我脫口而出，「你是來作研究的嗎？」

「研究？」

「我上網調查你。我知道你是誰。」以前她似乎只是不喜歡我，但這下她可能真的討厭我了。她知道我寫過什麼：關於熱中性愛的搖滾明星與詭異演員的文章和書籍。性癮者文學。顯然她以為我來此的唯一目的是找她踢館。

「我百分之百是為了自己來的，」我老實跟她說。我省略的是如果我要臥底寫關於性癮的書，我不會來這家禁慾營。我會去找現實世界中的性癮者——去泰國色情酒吧、巴西澡堂和德國裸體夜店玩樂。

「老實說，這是我擁有正常男女關係的最後機會了，」我繼續說，「要是我無法相信一夫一妻制自然又健康，想要跟複數女人在一起是障礙與創傷的症狀，我不認為我會想要普通的婚姻。」

蓋兒雙手抱胸。她密切觀察我每個微小的表情，等著看我是否會微笑、中斷眼神接觸或洩漏說謊的跡象。我沒有，她尖銳地說，「你知道任何人以性交為目的追求女人就是成癮者嗎？」

我說我不知道，她繼續解釋男女應該約會十七次，完全了解彼此之後，才開始任何肢體接觸。

我心想，但是性愛也是了解別人的一部分。萬一你作了承諾而她在床上很糟糕，聞起來像發酵醋，又拒絕吹喇叭呢？

她等著我挑戰她，但這次我忍住沒說。然後她放下雙臂點點頭。「繼續報告時間線吧。」

我打開牛皮紙——剛好是我十歲時的身高——坐在旁邊的地上。我告訴她家規、偏執症、懲罰的事——我兩歲時有個強悍，但有同情心的保姆來住在我家，變成像是我第二個媽媽。當我說到我媽希望我弟和我把她火化不留紀念物的往事，我臉上發脹，感覺我快流淚了。

蓋兒像聞到水中血腥的鯊魚回應現場可能出現的眼淚。「你有什麼感受？」她問，彷彿邀我哭出來。她完全逮到我了：服從、脆弱、打開心防。

「痛苦，」我告訴她，「因為光是描述，就讓我發現她內心想必很難過，她感覺多麼寂寞又空虛，她只想從世界上消失不留下任何存在的痕跡。」

我吸氣，困在我的情緒中，努力用眼睛兩側忍住眼淚。我會告訴蓋兒經歷，但我不會把靈魂交給她。我不相信她。

進入我的青春期之後，我告訴她我父母從不給我家裡的鑰匙，不讓我跟初戀對象交往，高中時期我多半被禁足，當我決定違背他們意願跟女生同居，之後就跟我斷絕聯絡了。

這時突然間，我停止報告。來到我一直害怕的部分了。

「我家有個見不得光的祕密，」我解釋，「但我答應過我媽絕對不告訴別人。所以我不知道怎麼辦。我不想說謊或違背承諾。」

「這是你的復健，」蓋兒回答，「你像你的祕密一樣有病。如果對你不健康，你就不必遵守昔日承諾。」

「對，但我有自己的價值體系。如同我們宣誓在此地匿名，我向我媽宣誓過要保密。」

「那我們會發誓為你保密，」她說。所有人都同意了。

「還有一點，」我補充。

「說吧，」她煩躁地說。

我問更多問題，爭取時間讓我決定怎樣才對。我渴望解脫，但我怕遭背叛。然後，我看著室內分享他們祕密的同學臉孔，我決定，經過二十年了，我必須放掉它。或許是它阻礙了我，讓我卡在過去充滿困惑。於是我分享了從未透露的經歷──連英格麗和我弟都不知道。

「好吧。有一天，我在我爸的衣櫃裡找A片。」話一開始很慢，彷彿從沉睡中醒來。「我發現一捲錄影帶。最前面是輪椅選手的網球賽。然後是坐輪椅的女人在街上乞討的影片。然後沒手沒腳的人在水裡蠕動的游泳比賽。最後是那些斷肢者的舊影片。」很難說下去；大家都沉默，「這些缺了手腳的模特兒都穿泳裝。當時我才發現……」我的喉嚨再度企圖把這些話吞回去，「我父親迷戀殘障的人。」

我哭哭啼啼地說。「我媽就是該死的殘障人士。她結婚時並不知道他有這種迷戀。所以她才這麼恨他。她以為她好像老爸的收集品。」

我告訴全組，我發現影片之後，去問我媽是怎麼回事。她終於有人可談，似乎鬆了口氣，告訴我她已經知道他的怪癖，像是他年輕時，她就發現我爸的照片，扭曲四肢到背後假裝斷肢者的樣子。最後，我們開始一起調查他，我們發現他收藏的不同斷肢與天生缺陷的男女照片有詳細目錄。

所有人啞口無言，包括蓋兒。我繼續告訴他們，我媽從未告訴我爸她知道這回事，她要我保證絕不向任何人透露，她不斷找我討論她找到的新證據，她偏執到以為他在家裡暗藏攝影機監視她，她相信他定期和一個男性祕密社團集會分享他的癖好，她認為他提供社團她以及在街上

隨機拍攝的殘障者照片,她有強烈的羞恥感以致不允許她自己拍照,認為盯著她看的人一定是覬覦她的畸形腿。

「她甚至找到他編輯的蜜月影片,裡面只有她跛行的畫面。」我一路說個不停,「我試著告訴我媽如果她是個大胸金髮女,人們也會注視拍照,她不會覺得彆扭,所以她應該把它當作吸引人的特徵。」

最後,故事像我一樣來到尾聲,我緊急剎車回過神來。

「有那麼糟糕嗎?」蓋兒問。

我想回答:對,就是那麼糟。我完全沒有解脫感。我仍然背負著祕密;唯一差別是現在九個認證過的騙子也知道了。我覺得虛弱作嘔。

「你知道性癮症有遺傳成分嗎?」她又說。

「我不知道。」真希望我沒告訴她:她已經用來對付我了。就像我媽警告我別人會這麼做。

「我知道,」她堅定地說,彷彿證明了什麼。「然而,這裡有個問題比令尊的癮症和他的能量發洩在全家身上更嚴重。」

「什麼意思?」我因為恐懼、愧疚、壓力和疲勞脹紅了臉。

「是你和令堂的關係——你為她保密,你們一起調查他的方式。」我察覺到她快要說出什麼重大事情的輪廓了,但我似乎無法判斷。「如果把你剛分享的事和你童年的所有其他片段放一起,會出現一個明顯模式。」

「是什麼?」

她開口要講話,但又忍住。「我不知道你會不會難以接受。」

「說吧,」我不悅地模仿她,裝成混蛋樣子。

這給了她所需的決心。她深吸一口氣,然後吐氣。「好吧,我就直說了,」漫長的暫停,室內靜悄悄,我心臟狂跳,然後她說了,「令堂

想要跟你發生關係。」

　　我像受到一噸磚塊重擊。我呆坐著，一陣不明冷風吹進我體內。我人生的影像逐一閃過，每個都像惱人的零星證據：否則我媽為何晚上進我房間告訴我她的所有煩惱？否則她為何不讓我交女朋友？否則我為何老是被禁足又被告誡我同學不是真正的朋友？否則我為何不准持有家裡鑰匙而我弟可以？否則她為何在我跟第一個女朋友同居後切斷所有支援和連絡，即使我已經廿幾歲了？如果我不是她一起調查我爸的親密夥伴，又算什麼？

　　這時眼淚快速湧現。這個陳述似乎很荒謬，但我體內有些東西承認其中的道理。

　　蓋兒逮到我了。她贏了。驕傲、自我、防衛、代數方程式全都煙消雲散。我成了手下敗將。這時她再度重擊剛插進我身上的木樁，「所以你才無法建立健康的兩性關係。」

　　「難怪她對我和我弟有雙重標準，」我邊啜泣邊說，逐漸倒退。「像是大學畢業後，他可以讓女友在我父母家過夜，但我永遠不行。即使到今天。」

　　「為什麼呢？」

　　「她說我歷任女友都配不上我。我選錯人了。」

　　「並不是你選得不好。」她發現了水中的血腥味，「是因為你沒有選擇媽媽。」

　　我天旋地轉。我確信我媽不是故意這麼做，而是無意識的。她討厭爸，她不信任她的朋友，我是長子，身邊最可靠的男性。所以她可能想獨占我，或至少安全地控制我。

　　「當你媽情感上依賴你和你進行應該跟她配偶發生的親密討論，這

有個術語。」蓋兒像格鬥選手打量暈眩的對手看著我，然後發出最後一擊。「叫做情感亂倫（emotional incest）。」

我崩潰了。

Stage III

功能正常的成人 Functional Adult

真相或許在外頭，
但謊言藏在你的腦中。
THE TRUTH MAY BE OUT THERE,
BUT LIES ARE INSIDE YOUR HEAD.

——泰瑞・普拉切特《聖豬老爹》（Terry Pratchett，*Hogfather*）

20

墨西哥市，很多年前

「小公主，準備好上學了？」她父親問。

她抬頭看他。他穿著黑西裝看來好像電影明星，像演員。她討厭他這樣子跟她說話。他沒有權利。他很少在身邊，從來沒帶她去上學過。

他彎下腰牽她的手。她放鬆讓他牽著，像烤爐裡的麵糰。她想不起曾經感覺過他手掌的溫暖。

他沒有送她到學校大門，卻帶她到大樓旁的一條巷子，跟一個穿窄裙、高跟鞋的短黑髮女子會合。他親吻她，但不是小女孩的祖母吻人的方式。他們像電影裡的情侶一樣接吻。

在接下來的幾天，她對她父親進行調查，像她在電視上看過的偵探節目。在床底下的證據盒裡，她收集了父親的呼叫器，存滿不明女人的訊息；他的行事曆，記載了跟她們的約會；還有最後，她父親最近偷錄她母親講電話的錄音帶。

準備好指控之後，她叫母親坐下把盒子交給她。小女孩很緊張，不是因為對她媽會造成的效應，而是因為錄音裡包括她和弟弟打惡作劇電話給肉販的證據。（「哈囉，你們有豬腳嗎？」「有。」「你把它洗乾淨吧！」*掛斷*。）

她母親看完盒子內容之後不發一語。她先是表情困惑，然後不安，最後她哭了起來。

隔天，她母親展開自己的調查。除了發現她丈夫私下有幾個女朋友，她也發現他不只沒和前妻離婚，其實仍和她住在一起──和她生了

更多小孩。所以她質問丈夫雙面生活的事，告訴他，夫妻之情完蛋了。

當晚，小女孩被父母臥室中的尖叫和重摔聲吵醒。她跑到他們門口推門，但門被掃帚卡死了。幾周前門把就已經脫落，所以她透過鎖孔看發生了什麼事。

她父親坐在她母親身上，臉孔脹紅扭曲彷彿中邪了。他雙手按在她母親的口鼻上，緊緊捏住。她掙扎想呼吸，雙手扒著他的手。她雙眼恐怖地睜大，似乎轉向小女孩，哀求著，「救我！」

「拜託不要殺她！」小女孩啜泣著大喊，一面拚命開門。她衝向哥哥的房間叫醒他，他跑進走廊用身體猛撞房門。一撞再撞。

門爆開時，她父親從她母親臉上放開手退後，告訴孩子們爸媽只是在玩。她母親蹣跚走向她——劇烈喘息，臉色青白，雙眼血紅——小女孩抓住她的手和她跑進浴室。她鎖門，兩人抱頭痛哭。

小男孩跑到電話邊打給他們的舅舅。他們都是大個子，很保護他們的姊妹。但小男孩往話筒大叫「救命！」時，他父親扯掉牆上的電話線，推開他們四樓公寓的窗戶，把電話丟出去。

十分鐘後，小女孩走出浴室。家裡完全靜止。她聽到廚房傳來古典音樂聲。她看到父親坐在餐桌邊，優雅地翹著腳。他拿著一杯白蘭地，緩緩旋轉，用極度安詳的目光注視酒杯，一面隨著酒意與音符往夜空中呼吸。

她把唱針抬離唱片。「你在做什麼？！」她憤怒、困惑又驚恐地大叫。

「我在等我的死期來臨，」他冷靜地說。

那是英格麗最後一次見到她父親。

21

　　我獨自在復健所宿舍裡醒來,陽光從積著灰塵的小窗戶照進來,鳥兒和蟬模糊的求偶叫聲,宣告又是另一個早晨,我的四角內褲裡正激烈地勃起。

　　我的心思飄到凱莉的影像和她交給我紙條時的暗示方式。我記得她和唐恩是室友,我開始幻想和她們玩三人行。我想到她照顧人的天性一定會延伸到床上,我想像她體貼地利用乳房做各種事。有的男人喜歡屁股;也有人喜歡乳房、美腿或臉蛋。我的理論是這跟你偏愛的體位有關。如果你喜歡小狗式,你高潮時看到的是女人的屁股,你會把女體的這個部分和性愉悅連結在一起。如果你喜歡傳教士體位,或許你喜歡臉蛋。如果你喜歡她在上面,通常你高潮時看到摸到的都是乳房。如果……幹,我剛射在我的內褲裡了。

　　我搖搖晃晃走進浴室擦拭。我感覺像夾帶少量伏特加進復健所,剛剛喝光的酒鬼。

　　我一面準備展開這天,我想起瑞克‧魯賓(Rick Rubin)介紹給我的一本書。是關於七〇年代一個叫做起源家族(the Source Family)的公社,由銀行搶匪、素食餐廳老闆又渴望當搖滾明星,名叫約德老爹(Father Yod)的人經營。在書中,他有張照片——居然頗像瑞克——跟圍繞身邊的十三個嬉皮老婆和情人坐在好萊塢山上他的公社戶外,其中至少兩人懷了他的孩子。

　　我猜想活在公開、無限制性慾的環境中會是什麼感覺,朋友和情人們自由來去,沒人宣示像私有財產般擁有另一人的身體。

這時我發現為何偏偏在今天我的心智逐漸失控：今天周日，英格麗要來。光明、一夫一妻、穩定、婚姻、子女和正常生活的力量正在路上。現在我的「疾病」像黴菌般全面擴散。

回報：愧疚。還有羞恥。

愧疚是因為犯錯。羞恥是因為我就是錯誤。

還有恐懼。

兩天前，當我在團體治療時躺在泥濘中，沉溺在情感亂倫一詞的暴力中，蓋兒提議了兩件事。第一是我打給英格麗告訴她，我學到了認識自己與為何偷腥。第二是我請父母過來參加家庭周，一起治療我們的創傷和障礙性關係。

在我自慰時，英格麗開了幾百哩路，睽違幾周後初次來看我，討論我最近親密關係問題的診斷。我想到她獨自奔波了這麼遠，很感動在我傷害她之後，她還願意為我這麼做。而我該如何表示我的感激？幻想狂歡。

我不是個壞人，我告訴自己。我只是害怕親密關係。

不像呼喚英格麗，打給我父母告訴他們，我因為性癮症人在復健所

裡，不太可能受到同樣程度的支持。所以，就像面對情感上困難之事的任何人，我拖延著沒做。

每個周日，所有病患都必須參加家庭周畢業典禮。於是我走過院區到一間大教室，裡面十幾個成癮者、和創傷倖存者與家人，一起坐在房間前方。一個接一個，兒子、女兒、父母、兄弟姊妹和配偶站起來談論這一周如何展開了他們亟需的治療過程。

「很多時候，家庭裡的人認為造成所有麻煩的只是一個人，」教我們創傷的治療師洛琳正在向大家演說，「但是家庭是個系統，病人是系統生病的結果。」

儀式進行時，我感覺到肚臍毛上有塊乾燥黏膩的碎屑。顯然我沒把精液洗乾淨。我看看周圍判斷是否可能溜走，但這時亨利的強暴與亂倫集會上那個雀斑女從座位起身轉向面對我們。她穿著藍毛衣和寬鬆黑褲，看起來沒以前那麼憔悴了——幾乎算是活潑，有點魅力。她站在年近七十有張大紅臉，身材矮胖，龜裂大手的男子旁邊。是猥褻過她的養父。

我沒察覺她有任何仇恨，也沒有溫暖。看到他們照片的人可能以為是學校老師頒獎給老工友感謝他四十年的奉獻服務。

「你們或許有人記得，我剛來時，我非常憂鬱常常哭泣又想自殺，」她說，「我不認為前兩天我有和人交談過。但是感謝家庭周，我又感覺像個人了。」

她轉向父親，大家靜靜坐著，等著聽他要說什麼。「來這裡對我是很艱難的決定，」他說。那還用說：你看著滿滿一房間討厭你的創傷倖存者。「我對我做過的事感覺很不安。我想蘿拉是個很勇敢的女性才來這裡，又允許我過來。我知道我做什麼說什麼都無法抹消過去，但

我很高興蘿拉可以有未來。我想這裡的治療師幫我成長的比我一輩子還多。」

聽著他說話，我決定叫我父母來。從我離家上大學那天，我幾乎每周日都打電話給我媽；少數沒打的時候，她會設法讓我歉疚記得。今天就是周日。

況且，如果這女人能邀請猥褻她的怪物過來，我一定能請只是常常把我禁足的女人來。這不只有助於我父母面對真相——我媽和我從未告訴我爸，我們知道他的祕密——或許家庭治療能解除籠罩在我頭上、阻礙我擁有快樂誠實男女關係的毛病。

22

復健所，一小時後

你不是性癮者，你是個男人。要是有人想跟你玩，你不會躲避。你是呆子嗎？你會玩回去。

這是我媽的聲音。

對，但不是在我交女友的時候。

在我的書裡，男人就是這樣。我贊成在交往中誠實，但如果你要偷腥，你得守口如瓶。身為女人，我被邀過幾次喝咖啡，我婉拒了。但那是因為我是女人，那不是我的天性。不過他如果是百萬富翁又未婚，或

許我會跟他喝咖啡。

我聽著她說話，我被打敗了。以前我從未聽說過她對忠誠的觀點，她談到最新發現的證據支持她認定我爸有外遇的信念時除外。但這時她在電話中，主張跟我整周以來一直提出的相同論點——只差她用自己的方式表達。

她繼續說……

我不認為你需要治療。關於你的一切會一輩子留在那些醫院檔案裡，全世界都會知道。你只是對生命上癮，享受人生罷了。

現在太遲了。但我學到了一些對人生有幫助的東西。下下周，他們有個叫做家庭周的活動，這裡病患的父母會來探視。能夠真正完成治療過程，我想問問你們兩個是否能來。

去那裡也沒有用。

我真的需要妳和爸過來，對我意義重大，也會很有幫助。

聽著，你是特別但正常的人。如果是生死交關的狀況，我們會去。

我爸也在電話上，但他不發一語——除了我媽說他呼吸聲太吵時道歉。難怪我怕婚姻。每當我交往的人開始對待我比陌生人還惡劣，向來就是我開始抽腿的時候。

不如我請這裡的治療師打給你們，說明為什麼很重要吧？

絕對不許把我的電話號碼給別人。

好吧。拜託，媽。我不知道該怎麼說了。

沒什麼好說的。肢體上，我旅行很困難。

如果芝加哥有他們推薦的治療師，我們可以一起去找他嗎？

我不同意。我們愛莫能助。我們不覺得你有毛病。無論你有什麼問題，只有你知我們知。

這能幫助我們連結。記得我的前女友麗莎嗎？她看到我們在一起時，她說我們之間似乎沒有任何溫暖或關愛。

麗莎只和我們吃了一餐。我不太喜歡她。她不友善也不會笑。她和我們根本不投緣。

她講話時蓋兒的話在我腦中迴盪：老媽不滿意我交往的女人的另一個範例。擺明的訊息是性愛和玩玩可以，但不要交真正的女朋友，因為那就是競爭對手。

我嘗試用她自己的武器對付她：愧疚感。

身為母親，這是妳能為我做的最好的事情。

具體上對你會有什麼幫助？

能幫我快樂一些，健康一些，能夠擁有正常的男女關係，建立我自己的家庭。

查理・艾隆（Charlie Aaron，已故歌手）直到七十幾歲才結婚，他快樂極了。而且他不需要任何小孩。

我喉嚨哽住無法呼吸。我從來沒聽說過身為母親不希望當祖母的。她說出口的每個字似乎都支持蓋兒的可怕診斷。

但是記得彼得‧艾許比嗎？他說他根本不懂愛的意義，直到當上父親。

彼得是你弟的朋友？

不，他是我朋友。

不可能。你是個書呆子。你沒有任何朋友。

當媽的怎麼會對兒子說這種話？我不懂。然後我發現我最近剛知道了答案：他要我保持現狀。我怎麼乞求懇託他們來，反駁一次又一次拒絕，直到她平淡地說……

我有些我們不能來的正當理由。我們愛你，願意為你做其他事。

當下真的無法置信。

那老爸可以自己來嗎？

休想，荷西。

他沒說話。他在兩性關係中沒有聲音。我使出最後一招，我的祕密王牌：保證保密。

無論你們擔心什麼，我想我知道答案，我們不必討論那個。

我知道我是誰。我知道我父母是誰。我的童年很簡樸。我想我算是個好母親，有兩個乖孩子。我一點兒也不想改變你。但如果你對自己不滿意，那你可以自己想辦法。我不去有私人理由──非常隱私──沒得

商量！叫他們別再打來。

這些話像大榔頭重重落下，打破了我周圍的地面，孤立我，讓我旋轉著獨自掉入太空。我尋找救生索。

那我可以請妳改寄一副家裡的鑰匙給我嗎？他們說如果我戴在脖子上當作我可以信賴的象徵，可以給我安慰感。

我發現自從離家上大學以來，我一直有怪異的鑰匙情結。我從不丟棄舊鑰匙，包括舊宿舍房間、汽車和公寓的。

抱歉，查理。不是你，是我的問題。我沒有安全感。況且，你心不在焉。你十二歲那年搞丟了錄音機和其他上百萬件東西。我不能危害我的安全感。

好吧，謝謝妳聽我說。再見，媽。

如果你想要，我們可以雇兩個人派他們去家庭周。

不用了。

祝你關禁閉愉快。

我以前所知的世界，我以為我在其中成長的世界——很嚴厲，沒錯，但充滿父母的愛心與犧牲，他們生我、養我、支持我——不見了。到頭來，她的意思是，她的問題比我的福祉重要。而且向來如此。

不過，情況可能更糟。至少她有幽默感。

23

我洗了第二次澡,確保用了菜瓜布、肥皂用力刷,然後沉重地走到草坪上一群行進中的男性。這三十來個人正在用他們所謂的說話棍,只有拿著勃起陰莖大小木棍的人可以講話。講完之後,他說聲「啊吼」,好像某種美洲原住民的男子漢叫聲,再把木棍交給下一個瘋子。

「嗨,我是卡文,我是性癮者。現在我感覺很害怕,但也很喜悅,因為瑪莉安娜,」被他搞大肚子的巴西妓女,「剛通知我她要留著孩子。啊吼!」

他把棍子給我。輪到我說話,我想盡快交差了事,「我是尼爾,我厭倦了標籤,我沒事。啊吼!」

眾人倒抽一口氣或驚叫「喔喔喔」好像我剛踩到了狗屎。

「幹嘛?」我問。

查爾斯示意,我把棍子給他。我不悅地搖搖頭給了他。白癡規定。

「沒事表示搞砸、沒安全感、神經質和情緒化,」他說。

「差不多這樣。」

眾人默默指控地瞪著我:我沒拿著棍子就說話。搞得像我槍殺了誰似的。

查爾斯把說話棍給我,我把它放在身邊的地上。「我最愛某人可以隨便掰出什麼狗屁規定,而你們都像綿羊般遵守,」我邊走開邊向他們說,「反正我整周都混在該死的男人堆裡。啊吼!」

沒人回應,因為沒人拿著說話棍。

我走開時,發覺我其實沒有對他們生氣。我也不對說話棍生氣。其實那個規定挺好的。如果我有機會像小孩一樣不受干擾地說話,表達自

我並且真正被聽見，我可能會健康得多。

我生氣的是有些人的父母不能來家庭周，因為他們死了、破產了或在監獄裡，但我父母只是不願意。猥褻自己女兒的傢伙都有膽量在此現身了。至於我父親，他甚至不敢在電話中為自己發聲。

回報：搞砸、沒安全感、神經質和情緒化。

回想一切，我想我了解我的童年、我的人生和我的本質了。

分離這麼久之後，這真是見到英格麗的完美心態。

24

她太純潔不適合這個地方。

她站在護士區裡，現在我唯一獲准在監督下偶爾使用刮鬍刀的地方。她穿著合身的藍方格呢直排扣襯衫，打開露出一片三角形無瑕肌膚，還有長到高跟鞋的黑色牛仔褲。這裡沒人穿高跟鞋的。對這裡的脆弱性慾不健康。

她看到我時愣了一下，一切立刻顯示在她臉上——愛意、痛恨、慾望、恐懼、希望、受傷——從掩蓋這些的瘡痂中擠出來。

「歐買尬」脫口而出。然後流下眼淚。我們擁抱時，她似乎融解在我身上。但我摸索她的衣服磨蹭我發熱的肚臍時，感到一股強烈的卑賤。看看我，覬覦眼前每個稍有姿色的住院病人，而她大老遠跑來希望我改變。我猜我來此是因為我想要變成像英格麗那樣的好人。

我現在的感受是另一個創傷的症狀。又是恥辱。我又自我貶抑了。

我活該。

突然，我過往的一塊碎片衝了回來。我是個躺在床上的青少年，想像著未來我的人生會是怎樣。老是一樣的場景：

我弟住在一棟有綠色草坪的郊區大屋裡，有個金髮嬌妻。我上門去問能否讓我住一陣子，因為我沒別的地方去。我的衣服又髒又皺，臉上沒刮鬍子。我倒在他的沙發上，散發出怪異的氣味看電視，直到某天他的完美老婆盡量禮貌地問他，「你哥會去找工作嗎？他不能永遠住在這張沙發上。」

如今，二十年後，我真的成功達到我料想不到的快樂人生——有家、有工作、有怪異地類似我想像中弟媳婦的女朋友——而我毀了它。彷彿因為預言沒實現，所以我希望它成真。我拒絕了人生。

「你在想什麼？」英格麗問。

「我只是很高興妳來了。」

我們之間有股能量。比我從別人得到的感覺更強烈，像兩塊稍微分開的磁鐵的拉力。「你拿的是什麼？」她問。

「是我的時間線。我要解釋給妳聽，讓妳了解我。」

我們走到草坪上，在那群男人的附近坐下。這裡在病患交誼廳底下，我發現那群性成癮者沿著上方的戶外長凳聚集。他們似乎也被英格麗的磁力吸引。我懷疑他們是在想著跟自己老婆嘿咻、或瞞著老婆偷腥。

我帶她走過時間線上每個事件時，英格麗專心聆聽。但當我透露關鍵句——情感亂倫——她有點難以理解。「那怎麼會是亂倫？」

「我知道。我討厭這個說法。在這邊一切都被診斷成某種殘障的心理失調。」再度跟她說話、跟她分享、跟她微笑的感覺真好，雖然議題不妙，我心裡高興又輕鬆到頭暈。「但這就是我們的問題：他們說如果

你告訴他們你小時候和異性父母是哪種關係，他們就能判斷你成人之後會有怎樣的男女關係。除非你同性戀，那就是指同性的父母。」

「我不確定。聽起來過度簡化了。」

「或許沒錯。我已經不曉得什麼才是對的了。」自從報告我的時間線以後，我腦中一團混亂。所以我向英格麗解釋，從那個下午之後我學到了什麼……

這邊的人說養兒育女有三種方式。第一是功能正常的連結，其中的父母或主要監護人關愛、撫養、認同，設定健康的限制，照顧小孩的需求。我翻過我的圖表畫給她看：

這樣能創造出有健康、安全的自尊心與男女關係的小孩。

但也有忽視型，當監護人放棄、疏離或沒有適當撫養小孩。範圍可能從父母老是不在身邊；到父母人在，但是情感疏離；到父母不提供適當的照顧或安全；到父母沉迷於工作、性愛、賭博、酗酒或其他癮頭。如果你成長過程中感覺父母不想要你，或對父母不重要，這就是忽視可能發生的跡象：

　　這會造成受傷的小孩，經常憂鬱又優柔寡斷，自認為瑕疵品比別人沒價值，感覺他們無法單獨面對世界。在兩性關係中，他們容易有所謂的焦慮依附。他們可能覺得自己配不上伴侶；太沉溺在兩性關係中而忽視了自己的需求和自我價值；變得情緒激烈，被動侵略性，或需要不斷安撫他們並沒有被拋棄。在這裡，他們稱呼這種人愛情癮者。

　　英格麗仔細聽著，我在她眼中尋找認同之色。畢竟，她整個童年都被父親拋棄，甚至在他想殺她母親、勉強逃過被舅舅修理之前。我找不到，我繼續解釋第三種養育法：糾結（enmeshment）。這是我的成長史。

　　糾結型父母沒有照顧小孩的需求，而是想要透過小孩滿足他們自己的需求。這可能有不同形式：父母依靠小孩的成就過活；讓小孩成為代理配偶、治療師或監護人；有憂鬱症在情感上利用小孩；承擔過多或過度控制；對小孩過度情緒化或焦慮。如果你成長過程感覺遺憾或被父母窒息，就是可能發生糾結的徵兆：

在過程中，糾結的小孩失去了自我意識。長大後，他們通常迴避讓任何人太親近，再度吸走他們的人生。被拋棄者經常黏人、無法保留自己的情感，糾結者則容易疏遠他們，變得完美主義又愛控制自己與他人。雖然他們可能追求戀情以為他們想要連結感，一旦他們真的獲得，他們經常築起高牆，用其他的保持距離技巧迴避親密關係。這稱作迴避性依附（avoidant attachment）──或者，以他們這裡的術語，避愛（love avoidance）。根據這個理論，大多數性癮者都是避愛者。

我告訴英格麗我問過是否有第四種類型的肢體或性虐待的父母，但聽說這可能出現在被忽視或糾結的小孩身上。他們解釋使用的基本原則是當父母的虐待讓小孩弱化，就是忽視；當它虛假地強化，就是糾結。

英格麗眨眼忍著眼淚，把她玩猜拳的手溫暖地放在我手上說，「我願意放棄任何東西看到你痊癒快樂，擺脫讓你無法正常生活的糾結。」

在過去，我會認為這是世界上最美的一句話。但是現在，我只擔心為了別人的幸福想要放棄「任何東西」是種愛情癮和相互依存的失調症狀。然後我擔心被她的無私關愛嚇到是我自己避愛的症狀。他們真的搞亂了我的腦子。

「我正在努力，」我告訴她。等等，這不盡然正確。「不過，我覺得這裡有些措施太誇張了點。」好多了。

「我想這會是你遇上的最大好事，」她回答。從我背叛她以來第一次，我看到她眼中恢復了光明。

「妳真的這麼想？」

「我很清楚。我沒告訴過你，但我在復健所待過兩年。」

25

「所以你在兩性關係中真正想要的只是自由？」當天稍後我們走到販賣部吃晚餐時英格麗問。

「對，我想是。」

「那我希望給你更多自由。」

「真的？」

「對，從現在開始。」她抓著我的牛仔褲戲謔地開始往下拉。「自由的感覺就是這樣！」我苦苦懷念的頑皮笑容綻放在她臉上。「何不讓這裡每個人看看你的自由吧？」她開玩笑，接著拉扯我的四角內褲。

我拉回鬆緊帶免得穿幫：要是被蓋兒看見，她可能會在我的永久記錄裡加上一筆強迫暴露症。但英格麗繼續嘗試脫我的衣服，拉開嗓門大喊「自由！」

我們走進販賣部，笑得合不攏嘴。她用我們這些紅魔鬼一直自我克制的議題說笑。或許最佳解藥就是放輕鬆。我不需要抗憂鬱藥。我有她。

「小姐，妳的襯衫鈕扣開得太低了，」用餐區的顧問兼性冷感者一看到她就大聲說，彷彿性癮者們多看到一吋乳溝就會突然同時開始公然自慰似的。

我們各自拿了一盤油膩無味的雞肉飯走到性癮者那桌。特洛伊拍拍我的背耍白癡說，「你沒告訴我們她這麼辣。」或許顧問是對的。

我們坐下後查爾斯沒離席，這表示訪客應該可豁免於「只限男性」規則外。英格麗詢問團體中每個人的經歷，大家都輕鬆地坦白自己的罪孽，除了查爾斯。

然後她把自己的家庭故事告訴大家：「我祖父一直瞞著祖母偷腥，但她還是愛他。他過世後，她開始不斷作他偷腥的惡夢。於是每天早上，她到他房間去向他的骨灰大罵，『我的天！你連死後還在偷腥。髒老頭，你就不能讓我清靜一下？』」眾人會心地大笑。「然後過了幾小時，她回來，道歉，打掃房間，換新他床頭櫃上的花。」

　　就這樣，即使死後，在兩性關係的記憶中，愛情癮者和避愛者的故事仍會持續。

　　英格麗的母親也是同樣偏執的愛情癮者。「她以前在墨西哥漂亮、獨立又有自己的電視節目，但我們搬來美國之後，她變成我繼父的家事奴隸，」英格麗告訴大家。「我想要叫她離開他，因為他在情感上虐待她，但她總是說，『我不能。你們都成年之後，我怎麼辦？我會孤單一人。』」

　　「或許那是女性的兩難，」特洛伊插嘴，「她嫁了給愛情和浪漫的人，但日積月累她被當作理所當然或變成女佣、生小孩工廠或遭背叛。她的情感需求沒有一樣被丈夫滿足的。然後他吸乾了她的生命力，還大膽地抱怨說她性魅力不足。」

　　眾人難過地點頭同意，英格麗迅速概述了她的青少女時期，有些部分她連我都從未透露過：她的繼父對待她比僕人更惡劣——叫她做粗重工作，拒絕讓她和家人同桌吃飯，給她一座沒暖氣也沒家具的車庫當作房間。英格麗很快就從A級資優生下滑到F級學生。

　　最後，她逃家，開始吸毒，在復健所住了兩年，因為她繼父不肯讓她搬回家裡。結果她變成那家治療中心的青年代言人，出現在電視上的活動中與市長對談。

　　但雖然與家庭分開後來又獨自完成了這麼多事，她仍重蹈母親與祖

母的覆轍愛上了一個偷腥者。

晚餐過後，冷感餵養者粗率地告訴英格麗探訪時間結束了。我們走回櫃台時，我在畫室認識的自殺傾向新朋友亨利跟我們同行，開始用他緩慢單調的語氣說，不理英格麗。「他們都說這裡有八種情緒，但我認為有九種。」

「另一種是什麼？」

「第九種情緒就是死亡。毫無感受。」

我們都是脆弱的凡人，我看著他痛苦的表情心想。即使身體痊癒之後，靈魂仍有傷疤。我們交談時，他慢慢察覺英格麗在場，問她是不是我的女朋友。

我轉向英格麗，我們在彼此眼中搜尋答案。我已經懺悔過，住進這裡表示改變的意願；而她開車來此見我分享自己的祕密，顯示了原諒。

「是，」她告訴他，「我是。」

我全身一陣解脫和感激。我不再肖想這裡的女人。我得到了第二次機會不變成英格麗的父親和祖父──或變成他們延續偷腥男人與寬容女人的跨世代模式。父母的罪惡就是子女的宿命。除非小孩覺醒作一些改變。

「我相信妳的男朋友，」亨利說，「我感覺跟他談得來。」

當然了，我心想。我一定是發出了某種糾結訊號，讓大家都知道他們可以向我透露亂七八糟的事情。這或許是我現在幫《滾石》雜誌寫搖滾明星報導，那些多疑的名流都覺得可以向我吐露他們從未告訴別人的私下想法，然後編輯大人拍拍我的背，把報導當作封面專題的原因。

童年創傷可能從背後冒出來在你成年後惡搞你，但至少它在床頭櫃上留下了小費。

「這可憐的傢伙是誰?」亨利談到他最近的自殺計畫:他找出了這裡最危險的病患,打算找他挑釁,他離開後,英格麗問。

「他跟馬性交。」

「那匹馬醋勁大發告訴他老婆嗎?」她開玩笑,但我不理會其中的暗諷。

我們在櫃台擁抱告別時,我努力記住她乳房貼著我胸口的柔軟感,她的脊椎在我指尖下的堅硬感,她臉頰貼著我的溫暖,讓我在軟弱時可以回想。

「我最大的願望是你找到內心的平靜與快樂。」她退開時說。

「謝謝妳相信我。」我告訴她——我的女友,我的愛人,我的獄卒。

她離去後,我坐在病患交誼廳外的長凳上,眼眶泛淚。她似乎無條件地愛我,但我怕我愛她是有條件的。有時候我看著她擔心她會像她媽一樣屁股發胖,或者猜想如果她又肥又皺,我還能否和她做愛。其他時候,我挑剔她現在的五官,尋找缺點和瑕疵。悲哀的是,我當然也有很多她能挑剔的缺點:我很矮、禿頭、太瘦、大鼻子、毛細孔巨大又油膩。我很幸運能擁有她。我猜想:我能夠愛別人嗎?我真的愛過任何人嗎?

我無法分辨我的眼淚是為了她的愛心之美,或難過我無法感受它的價值。

26

身為記者，我認識很多所謂的專家。大多數只是有點經驗和很多信心，給自己套個頭銜用來愚弄易受暗示或愚笨的人。但三不五時，我會遇到有經驗、知識和使命感，不只當個散播資訊的教師，還是指引別人找到自我的嚮導。洛琳似乎就是這種人。

「自我貶抑仍然是自我崇拜，」她告訴卡文，「這是同一個硬幣的反面。重點仍然是自己。」

現在是我們來此的第二周，工作人員把我們分成更小的組，去體驗他們稱作椅子把戲的整體經驗式療法。我們很慶幸，亞當、卡文、特洛伊和我──麻煩製造者──被分到隔壁大樓裡洛琳的組。她正在準備讓我們進行這項創傷治療的激烈形式。

「我很不擅長自我貶抑，」我向卡文耳語。

洛琳聽見後嚴厲地說，「記住幽默感是一道牆。這是某種否認，跟壓抑、合理化、全球化和極簡化是一樣的。」

沒錯，我想她就是專家。顯然她應付過夠多愚蠢的聰明人，能夠看穿我。

這天下午，洛琳扒開每個人的心智。當她說明人類心態，我們這些性癮者的臉像煙火一樣閃爍發光，我們了解到讓我們疏遠別人最後也疏遠自己的各種行為、感受和觀念的源頭。

不像傳統的談話療法，每周治療師和病患坐在辦公室裡一小時持續幾年甚至幾十年，癮症治療必須快速改變大家。這是生死問題。下一杯酒可能導致血管爆裂；下次注射可能會致死。重要的是今天什麼有效，而非主流心理治療圈研究過並接受什麼。所以有些人說這裡用的技巧，

許多採用自幾十年前退休護士皮雅・美樂蒂的成果，現在她連自己的維基百科條目都沒有，很有問題；也有人說這些是個人轉變的極致──如果你夠幸運碰到適當的老師。

我們夠幸運遇上了洛琳，迄今我在這裡遇到唯一似乎沒有倦怠、或長期徒勞地治療她無法觸及、或看到的受傷心智而滿心怨恨的人。

洛琳解釋他們在此使用的模型時，她叫我們深呼吸一下，仔細聆聽，回想我們八歲或十二歲時看自己父母──和世界──的方式，而非我們現在的理解。這就是我們聽到的。或許，如果你也選擇這麼做，你會認出你認識的人⋯⋯

以1800字形容你的一切毛病與原因

一開始⋯⋯

你出生了。如同所有嬰兒，你極度脆弱又依賴，有發展中的新大腦卻對世界毫無了解。

在完美的世界裡⋯⋯

你父母會完美無缺。他們會全天候奉獻照顧你的肉體和心理需求，永遠作出正確的決定，設定最健康的界限，保護你不受任何傷害，同時讓你準備好往後不靠他們照顧自己的需求。

但在現實世界裡⋯⋯

沒人是完美的。你父母或在你成長過程中扮演角色的其他人都不是。所以，一路上，你的某些發展需求沒有滿足。

問題出在⋯⋯

無論大小，當你的需求之一沒有滿足，就可能留下創傷。

這些創傷稱作童年創傷。創傷的每個例子或模式可能造成特定的個人核心問題和關係障礙——如果放著不處理，你可能會把創傷傳給下一代。因為這個創傷在童年發生，可能影響社交、情感、行為、認知和道德發展。

這不一定是明顯或故意的……

最常見的，人們以為創傷來自知情又自願虐待你的滿心仇恨的壞人。但即使自以為關愛或善意的父母也會犯錯、越界，或只是用他們有限的內在資源盡力而為。這種隱蔽又經常未察覺的虐待，透過不斷重複，可能留下和單一惡意行為同樣深的創傷。

可能是情感創傷……

在童年時，你是宇宙的中心。一切都繞著你運轉。所以創傷可能來自失控或完全疏離、對你無感情的監護人。媽媽哺乳時總是充滿焦慮，爸爸每次工作不順生氣地回家，或繼父難得和你相處時對自己的金錢問題沮喪，你會像海綿吸收這些情緒，通常錯誤地以為是自己的錯或責任。如果你太小不了解死亡，即使父母生病過世，可能感覺好像被拋棄或你自己造成的。

可能是肉體創傷……

大多數人了解肉體上傷害甚至打小孩是不可以的。但有個不太明顯的例子：任何侵入性醫療程序——即使像割包皮或縫傷口這麼常見——如果在幼年體驗到，可能造成同樣的肉體虐待。你甚至可能因為監護人帶你去陌生的地方沒有保護你安全而開始不相信他們。

通常是在心智上……

幼年過後，你開始和父母分離。在這段期間，他們的職責是幫你成為自己，自信地用自己的雙腳在世界立足。這時，可能發生一些全新的問題──尤其父母想要過度控制你、習慣性批評你，或不合理地期待你完美時。有些家庭會堅持僵硬規則，小孩子有任何宣示個體性就會立刻被當成威脅而攻擊。這些都可能導致日後的自尊心問題。

也可能控制你的整個身分……

在功能失常的家庭系統中，每個小孩經常扮演幫助家庭生存的不同角色而忽略了真正的問題。角色可能包括反英雄、惹麻煩的代罪羔羊、被忽視的失落小孩、討好人的和事佬和提振氣氛的吉祥物。日後的人生中，這些角色（還有出生順序）可能導致對應的人格問題，無論是英雄的批判性完美主義，代罪羔羊的暴怒，失落小孩的低自尊，和事佬的否定個人需求，或吉祥物的衝動性不負責任。

但是看出你自己的核心問題可不容易……

你最古老的信念、行為和調適不只被幾十年的習慣強化，還會深入你的大腦結構，它在童年會以驚人速度忙著建立新的神經連結。就像諺語說的，「一起發電的細胞，就會連結在一起。」所以試圖客觀地看你自己，可能像用你的右手摸右肘一樣不可能。

但如果你能稍微跳脫自我，你會發現你所做所想的事不是憑空冒出來的。有些技巧和工具你可以用來更加了解你的過去可能影響你今天的快樂、男女關係和生活的方式。

你可以往回看……

你無情地鞭策自己追求成功，失敗時就萬分自責嗎？或許那是因為在青少年時期，你父母讓你覺得彷彿你的人生價值全看你的學業成績、運動競賽或成就。

你不擅長表達情感，因為繼父總是在你哭泣時叫你堅強一點嗎？你內心深處感覺自己不重要，因為你成長中經常被忽視嗎？你總是想要拯救或照顧別人，因為你一直無法拯救媽媽擺脫憂鬱或成癮症嗎？你完全否認你的家庭有任何問題，因為爸爸表現得彷彿他永不犯錯，必須毫無質疑地服從他，所以批評他就像褻瀆神明一樣嗎？

現在你懂這是怎麼回事了吧？

請原諒我的粗話……

你們有些人隨身帶著一大袋垃圾。每當你遭遇一個狀況，可能收到更多垃圾放進袋子裡，你抓著它往裡面塞。你甚至會忽略附近的閃亮鑽石，因為你只看得到垃圾。

這些垃圾稱作「你告訴自己的說法」。

概括的例子包括像「我作了錯誤決定，」「如果大家看見真正的我，他們不會喜歡我，」或者反過來，「沒人配得上我。」這些信念都可能在童年各自因為挑剔的父母、拋棄的父母和吹捧你的父母而形成。

結果，你可能大半個人生都誤解了狀況，以為你找到了更多證據支持這些在童年形成的錯誤結論。分辨你困在自己說法中的方法之一，就是你覺得比別人遜色或優越的時候。

你可以檢視這個表格……

受傷的小孩	調適的青少年	正常的成人
（情感上0- 5歲）	（情感上6- 18歲）	（情感上成熟）
無價值	傲慢	內在的自尊心
極度脆弱	刀槍不入	健康的界線
極度黏人	無所需求	溝通需求
覺得難過／頑皮	覺得無過失／完美	誠實而有自覺
失控	過度控制	有彈性又溫和
怕拋棄	怕窒息	相互依存
尋求關注	尋求刺激	正直和諧地生活
理想化監護人／伴侶	對監護人幻滅／伴侶	務實看待監護人／伴侶

　　然後自問：在一周之內，你是否表現出上述任何受傷小孩或青少年的行為。若有，你可能不是情感與行為發展困在途中某處，就是某些狀況造成了你退回那個年齡。

　　任何時候你對某事反應過度——自我封閉、大發脾氣、消沉、絕望、大驚小怪、斷絕聯繫，或其他各種障礙式行為——這是因為舊傷口被觸動的典型反應。你退回了對應那個感覺的童年或青少年狀態。

　　請注意受傷的小孩容易直接內化監護人發出的訊息；調適的青少年容易作出對抗反應。

所以記住不是每個人都用同樣方式回應同樣的創傷……

　　而且小孩子天生就有不同的資質和彈性。

　　所以如果你忠於虐待和虧待你的人，這就叫創傷連結。

　　如果你做了極端或高風險的事卻感覺沒什麼，這叫創傷激勵。

　　如果你培養出強烈的自我厭惡，你就有創傷羞恥。

　　如果你用化學、精神或科技方式自我麻痹情感，這叫創傷阻絕。

術語沒完沒了。一個創傷的模式，可能有許多不同的反應。我們只觸及皮毛而已。但至少你知道我們在此使用的模式了。

重點不在責怪而是理解……

大致上，我們的成年生活都依據花了約十八年編寫、充滿明顯錯誤與病毒的獨特作業系統運作。當我們拼湊這些依賴、發展不成熟、創傷後壓力和內在家庭系統的不同理論，就構成了一套知識讓我們可以自己掃描病毒，並且隨時檢視我們的行為、思想和情感，找出它來自哪裡。

這是容易的部分。困難的部分是隔離病毒，分辨虛假的自我並恢復真正的自我。因為除非我們開始與自己培養誠實、同情和健全的關係，我們才能和別人開始體驗健康、關愛的關係。

「這，」洛琳總結，「就是椅子戲法的重點。」

27

當晚在性與愛情成癮者匿名集會中，凱莉坐在我旁邊的沙發上，裸露的手臂輕輕放在我的手邊。我移開我的手臂。這是全新的我。

「我不敢相信那個婊子，還是不讓你跟我說話。」她說。

「這是為了妳自己的安全。我對女人太危險了。」

坐在我對面的查爾斯作出手刀割喉的手勢。他說得對。連這一點都嫌太多。我離開房間，過一會兒回來，坐到別的地方。雖然這似乎是合理又尊重英格麗的行為，這種疏遠、沒興趣的行為可能只會讓凱莉更喜歡我。呃，直到她聽到我的回報為止。

「周日早上我違反了契約，」輪到我說話時我坦承，「我覺得在大家面前說這個很彆扭，但我自慰了。剛在某個狀態中醒來無法克制。」

這句話在我腦中迴盪，「我無法克制。」聽起來正像是成癮者會說的話。為了安撫自己，我問是否有別人也自慰了。

一陣寂靜然後有隻手羞怯地舉起來。「我有，」卡文低聲說。

突然間，我成了全場最失控的性癮者。卡文可能是幻想著他的野餐自慰。「事後我發現，」我繼續說，「我自慰是因為我被女朋友要來探視嚇到了。然而，她來訪的結果很美妙，讓我想要更認真看待我的復健成為更好的人。」

集會後我們走出交誼廳時，查爾斯跟上我的腳步。「容我給你一個忠告免得你又違反契約，」他說，「相信、自制、成為：相信你和英格麗。為了英格麗自制。成為一個核心家庭。」

這是個好建議。三步驟法。

「如果你決定承認對自己的癮症無能為力，出院後可以來洛杉磯找我，」他繼續高貴地說，「我可以介紹你進有全洛杉磯最佳認證性癮治療師的私人治療團體。」

顯然我在今天集會中說對了話。我決定問他是怎麼墮落的，因為他在我來之前向組員報告過他的經歷細節。「我住在紐西蘭，娼妓在那邊是合法的，」他回答。他語氣憂鬱，但是臉上不由自主地露出愧疚的微笑。蓋兒說這叫欣快回憶（*euphoric recall*）。「而我常去一個有服務選單地方，花四百五十塊跟兩個大美女玩三人行。」

我們在宿舍邊緣默默站了一會兒，都在幻想畫面，出現在查爾斯禁慾中的一絲慾望破綻。「那可不妙，」我說，「很不妙。」

「是啊，很不妙。」

當晚，我夢到英格麗和我在拉斯維加斯的飯店房間裡一個出租牧師面前。

「我現在宣布你們結為夫妻，」牧師說。

他話剛說完，一陣寒冷的恐懼籠罩著我。短短幾秒內發生了不可逆轉之事，我滿心後悔，因為我知道我無法回報英格麗的感受。我醒來後腦中充滿毀滅感。

查爾斯的話在我腦中縈繞：「成為核心家庭。」

核心家庭有什麼好的？我忍不住懷疑。

核心這個字給我的感受只有滅絕的恐懼。

28

芝加哥，廿三年前

鈴～鈴～

喂。

陶德在嗎？

是女生打來找我弟弟。她們老是打來找他。從來不找我。

不在，他出去了。

我是瑞秋。

嗨。

我和茱莉亞在一起，我們想邀他過來。我們要辦一場特別派對。茱莉亞，妳來跟他說吧？

她們竊笑。只有青少女能發出的聲音。這是她們的求偶訊號。

是啊，約拿和克瑞格來過，但他們已經站不起來了。

什麼意思？妳們在幹嘛？

我們很哈。想要過來嗎？

來了：終於，我有破處的機會了。我必須在上大學前成為男人。
只有一個問題。

我不能去。我被禁足了。

我們會值回你的時間。

怎麼說？

我們會給你──在此她低聲說──吹喇叭。

一起嗎？

如果你想要。如果你善待我們，我們也會善待你。

天啊，我好想去。

我不敢相信她們提議跟我玩三人行。這會是青少年性經驗的超級
盃。但我有天晚上在外面混太晚沒打電話給我媽，所以被禁足兩個月。
我的大半個青春期都在被處罰。去年，我媽不知怎地發現我去了不准參

加的搖滾演唱會，於是我被禁足六個月。

快點。茱莉亞想跟你嘿咻。

真的？

她要你，尼爾。

幹，我也要她。但我恐怕今天不行。

未來七周內任何一天都不行。

為何不行？

我說過。我被禁足了。

偷溜出來就好了。

不行啦。我沒有家裡的鑰匙。

你真無趣。

等等。

我們打給亞歷士吧。嘿，你有亞歷士的電話號碼嗎？

回想那通電話──我在高中到大學時期唯一的機會──我不曉得我為何從不叛逆，從不溜出去，甚至在那個年紀忍受不斷被監禁。高中三年級的下學期，已經申請到大學之後──應該是人生最快樂的時光。至少對沒被糾結的青少年而言。

29

洛琳在牆上貼了幾張牛皮紙，詢問我上溯到曾祖父的所有親戚。我說話時，她畫出我的族譜，列出我對每個親戚所知的一切，從他們的出生順序、人生中的悲劇到婚姻中的權力平衡。這叫做家系圖。她在尋找模式。她真的找到了幾個。

「這行我幹了很久，這是我看過最自戀的母親之一，」我們談到我父母和我的情史時她說，「她窒息你，讓你和她築起一道牆，透過憤怒讓你安分，在她背後偷偷摸摸。你仍用那道牆避免被英格麗窒息。」

她所說的一切像掃帚掃過落在我腦中，掃掉蜘蛛網發現失落的腦細胞，像是我因為被禁足又錯過高中唯一的性機會而潛藏、充滿憤怒與遺憾的那幾年。

「有件事一直令我困擾，」我告訴洛琳，「我不懂我為何從不挺身反抗她的嚴厲，乾脆叛逆或逃家？」

她看著我的家系圖一會兒，然後回答：「因為你的榜樣是令尊，他從不挺身反抗。他父親也沒有反抗他母親。」

其他人點頭稱是，我猜想我祖父是否也有祕密性生活。很可能。「你會發現，」她接著說，「他們沒有為你建立健康的兩性關係模式。難怪你也對英格麗有恐懼。你不會希望淪落到像你父母那樣的關係。」

成長過程中，我常希望我父母會有外遇。當母親和我發現我爸和我們不認識的女人在外頭的照片，我很高興他顯然在荒蕪的婚姻之外，找到了一點浪漫和刺激。難怪我這麼自然而然地偷腥。我交到女朋友之前早就給了自己許可。

洛琳剩餘的上午和大半個下午時間都在做每個人的家系圖。完成之後，她告訴我們明天我們開始椅子戲法之前，她要教我們愛情癮者和避愛者──或者照她偏好的說法，共存者與反依賴者之間的關係。

　　「如果你以為親密關係是*了解我、我看到的與你分享──那就是親密關係*，」洛琳開口。

　　我在這裡不斷聽到*親密關係*這個字眼，講得像聖盃似的。而所有好玩的事物──從性愛、毒品到野心甚至穿得性感、看小說或擁有智識思考──都該被消滅，因為這些都是障礙。

　　「親密關係問題來自缺乏自愛，」她繼續說，「害怕親密關係的人下意識地認為，如果你知道我的真面目，你會離開我。」

　　「我一向這麼想！」卡文舉起手想要擊掌說。沒有人理他。

　　「我會把你們全部歸類為迴避親密關係者，」她又說，「迴避者很擅長誘惑，因為他有高超能力看出伴侶需要什麼然後提供她。因為他通常有糾結，他的價值來自照顧黏人的人。」

　　「所以男人是避愛者，女人是愛情癮者？」卡文問。

　　「不，兩者我都見過。這兩種案例的情況是我們依照自己情感發展和成熟度的年齡選擇伴侶，她們的問題對我們是優點。你們的老婆可能認為她們送你們來是因為你們生病了、她們很正常，但我從來沒遇過一方毫無問題、另一方亂七八糟的夫婦。他們有像你們一樣多的問題。證據就是她們仍和你們在一起。」

　　「我可以請妳打電話給我老婆告訴她這些嗎？」亞當問。

　　「這正是我說的重點，」洛琳回答，「這是你內心糾結小孩的心聲。你復健應是為你自己不是為她。那是你們整體婚姻的典型狀態。因為當避愛者和愛情癮者展開一段戀情，會發生可預測的模式：迴避者不

斷付出，犧牲自己的需求，但對愛情癮者永遠不夠。所以迴避者變得怨恨尋求戀情以外的出口，但同時覺得太愧疚無法停止照顧黏人的人。」

「妳說的出口，是指外遇嗎？」亞當插嘴。

「可能是，」洛琳說，「但也可能是沉迷運動、工作、毒品、危險生活或任何高風險的事物。他也會區隔化，因為保密有助於提升刺激感。同時，隨著迴避者的牆越來越高，愛情癮者用否認來維持幻想，開始接受難以接受的行為。」

她說話時，我想起我們的文明中最經典的神話之一：《奧德賽》（The Odyssey）。奧德修斯從特洛伊戰爭回家的航程中到處偷腥，甚至跟一個女精靈姘居七年，明知他老婆潘妮洛普在等他。同時，雖然她認為他死了，潘妮洛普守貞了二十年。但奧德修斯是故事主角，甚至殺光了一〇八名潘妮洛普的大膽追求者。在這裡，他們診斷奧德修斯是避愛者——出門冒險、打仗、尋求刺激——而潘妮洛普是活在幻想中的愛情癮者。這種男女關係跟時間本身一樣久遠。

「但迴避者的行為是有後果的，」洛琳繼續說，「主要是你們大多數人很熟悉的事：被逮到。粉碎了愛情癮者的幻想，讓她體驗到最大的惡夢：拋棄，複製了她的初始創傷。」

奧德修斯做對的一點就是他沒有被逮。那是因為當年他們沒有狗仔隊、社交網路、行動電話和網路。比較容易區隔化。

「愛情癮者的痛苦和恐懼強烈到她經常也發展出自己的祕密生活。避愛者想要高潮，成癮者通常會陷入低落。她想要安眠藥、酒精、愛情小說、購物到昏倒，或任何能抑制中樞神經系統的事物。要是她招蜂引蝶或有情感外遇，不是為了刺激，而是要麻痺痛苦逃避深刻的傷害。很快地，男女關係重點不再是相愛，而是逃避現實。」

洛琳畫出了她描述的不健康關係的圖表：

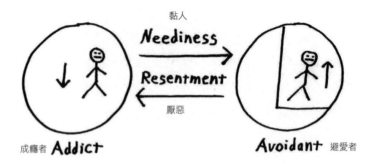

「每個人都是其中一方嗎？」卡文問道，「我感覺我兩者都是。」

問得好：我向來自認對愛情比較矛盾而非逃避，但或許懷疑只是逃避的一種形式，因為能防止我完全愛上任何人。

「有些人兼具雙方的元素或在不同時候扮演不同角色，」洛琳回答。然後她畫出不健康關係圖：

「健康的關係是兩個成年人決定建立關係，成為一個第三實體。他們培養關係，關係也培養他們。但他們不會過度依賴或獨立：他們共存，意思是他們自行照顧他們的大多數需求和慾望，但當他們做不到，他們不怕向伴侶求助。」她暫停讓我們吸收，然後總結，「唯有我們對某人的愛超過對他們的需要，我們才有機會一起擁有真正的關係。」

「我可以發問嗎？」我脫口而出。不知何故，每當別人告訴我什麼是對是錯，或讓人生聽起來黑白分明，我就很不安。我的同伴紅魔鬼們互看一眼。他們知道後面通常會怎樣。我走向黑板時卡文興奮地搓手。

在她的不健康關係模型中，我擦掉箭頭和黏人與怨恨兩字。然後我擦掉另一個人，直到方框裡只剩一個人和箭頭：

「如果我們消除障礙關係中的一半，障礙就消失了，」我解釋，「剩下的是單身的人享受人生的愉悅。為什麼兩個人建立互惠滋養關係的選項好過這個？」

「如果不違反你的價值體系而且沒有負面後果，那就無妨，」洛琳回答，「但我會質疑你為何選擇刺激重於親密關係。」

「因為刺激比較好玩。」

這次，我回座時回應卡文的擊掌。我更嚴肅看待復健做得不太好，

但在她描述的關係中，人生所有快感與高峰體驗都必須為了親密關係被犧牲。看起來似乎不是值得渴望的目標。

「我願意打賭刺激的快感過後，會有下沉，你會覺得很糟，需要下一個刺激，」洛琳冷靜地回答，「所以終究，你可以像輪子上的倉鼠過你的人生，追逐下一個刺激保持你自己轉動。你也可以終於了解，這都是逃避你跟自己沒有連結的殘酷現實的手段。」

室內歡樂氣氛平息。她的重擊命中了要害。不像蓋兒，洛琳似乎並不是想贏，而是想幫忙——她的立場不僅較不武斷，其實也挺有道理。

「我們都想要保護我們下意識的部分自我，」她繼續說，「這很有用，能幫我們撐過我們和爸媽、或牧師、或教練一起經歷過的難關。但我們不再希望由它主導。」她看著我、特洛伊、亞當和卡文，然後總結，「如果你們過著別人的人生，人生就不值得活。」

卡文哭了起來。

30

今天我看到了自己。或許是生平頭一遭。

洛琳授課的隔天，我們走進治療室發現這裡細心排列了六張椅子。兩張靠近一側牆邊。第一張是洛琳的，第二張是給她的第一個病人——我很快發現那就是我。房間另一側有第三張空椅面對我。我其餘好色同黨的座位在我左邊靠牆排列，彷彿遠離火線。

每張椅子邊都有一盒面紙。

「你們最好想像你們都穿了潛水裝，」洛琳告訴其他人，「而且拉

緊拉鍊，因為接著會非常情緒化，我不希望你們任何人被影響。」

我準備好接招時她告訴我，「我們開始這個過程之前，我希望你知道有些已婚男人不僅忠實，連想都沒想過偷腥。」

我內心的調適青少年還來不及用「也有人天生長了十一根腳趾」之類犬儒台詞回應，她叫我閉上眼睛停止一切思想。「注意你雙腳踏地的感覺和呼吸的溫和進出，」她說，語氣緩慢又柔和。「注意每當你吐氣時，如何變得放鬆。」

我知道她在幹嘛：她想讓我進入恍惚。我相信她，所以我盡量放鬆放空。她要我想像十八歲時的自己坐在我旁邊，看著即將發生的事件。我盡力回想那個瘦削、彆扭、戴廉價眼鏡的小子，我想起蓋兒說過幻想是抗拒親密關係的防禦。所以我懷疑她對這點有何說法。

可惡，我必須停止批判性想法才能讓它生效。

專注在呼吸，回到當下。

有了。

「我要你想像令尊就在門外。想像他在你成長過程中的樣子。」

我召喚我父親的形象：他禿頭，身穿褪色的藍方格襯衫，下擺塞進黑色長褲裡。他臉色算是溫柔，但也疏離，彷彿他不完全在場。簡單說，我看到了他在我八歲時的樣子。

「叫他進房間，坐在你對面的椅子上。」

我照她的話做，努力想像我父親走進房間。感覺我看得到他竟然出奇地容易。想像力真是個強大的東西。當然，我練習過很多，但通常是關於我錯過的三人行機會。

「他在做什麼？」她問。

「他只是坐在那兒，有點突兀。」

「我要你跟他說話。覆誦我說的：今天我把你叫進這房間是要你為撫養我的方式負責。」她大聲強勢地說出這些話——彷彿她是父母而我爸是小孩，彷彿她是法官而他是被告。我努力配合她的聲調，覆誦她的話，避免在幻想穿著潛水服的成癮者同伴面前顯得太好笑。

　　「重點不是你，爸，」她說，「是我。」

　　我覆誦。

　　「重點在於你的行為，而不是你的人格。」

　　我覆誦，她催促我：「大聲點！真正向他說出來。」

　　她換成指控的語氣。「你從來不關心我，爸。老媽處罰我的時候，即使你知道她的懲罰蠻橫又不公平，你卻選擇保持沉默。」

　　我努力揣摩每個片語，盡量深入感受，盡量用爆炸性的說法。接著繼續：

　　「你從來不保護我。」

　　「你忽視我。」

　　「我不會再重蹈覆轍了，爸。」

　　「我不會再誘惑女人尋求刺激。」

　　我用力向我爸丟出這些話，但是同時，我腦中有個聲音說，「等一下。我很努力學習怎麼誘惑女人耶！」

　　她還在指揮我：「我不會再用夜店廁所裡的廉價性愛尋找刺激。」

　　我覆誦，但我腦中的聲音變大了。「喂，那都是我最珍貴的人生體驗。我陷入恍惚時她灌輸了什麼東西？」然後另一個聲音提醒我，「配合她。那是你來的原因。」好多個聲音。現在蓋兒可以在我檔案裡加一項解離性人格失調了。

　　長篇大論持續著：

「*我很生氣。*」

「大聲喊：『*我很生氣！*』」我盡力，但她覺得不夠。她讓我反覆喊叫直到我真的動了火氣向他大吼。

「告訴你父親被他處罰是什麼感受！」

我照她的指示做：「你唯一處罰我的一次是因為害你來不及看電視節目而打我屁股。我只是個小孩，我在回家的路上玩。你沒有處罰我讓我成為更好的人。這證明了老媽說你自私是真的。」

「*那是錯的，爸！*」她要我覆誦。我眼眶含淚，充滿當時我不允許自己顯露的哀傷。她逐漸控制了我。「*你無恥！我把你的恥辱還給你！*」

當我罵他沒有扮演好我的父親，疏離，從不在母親面前為我調解，我隱約聽到卡文在啜泣。顯然他的潛水服穿得不夠緊。至於我，我沒有潛水服。我就在當下，向我父親大喊，找出童年的寂寞和哀傷。我彷彿卸下了千斤重擔。

「爸，你有祕密生活，」這時我告訴他，「你的祕密瞞著我們所有人，這不公平。你每周四出門，沒人知道你在哪裡或在做什麼。你和一群共同嗜好的人交換照片。你藏在衣櫃裡，對你比我們家人還重要。」

「放開一點，」她鼓勵我，「告訴他，他教導你們說謊、偷偷摸摸、藏東西有多麼可恥。」

接下來的話哽在我的喉嚨。發出的只有一陣突然無法抑制的啜泣。我記不得上次我這樣痛哭是什麼時候了。

「剛剛怎麼回事？」她問。

「我發現他為何有那種迷戀了，」我說，胸膛起伏著吐出每個字。「因為那是他內心的感受，像個殘障。他是情感上的殘障。」

然後我真的崩潰了。

我回過神後，她叫我把他的毛病、行為、情緒和疏忽還給他，讓我縮小我的恥辱核心。她問我他對這一切反應如何，我回答他已經盡力收下之後，她要我叫他離開教室。

「現在我要你想像令堂站在門外。」她說。

焦慮從我的胸膛爆開。像一群昆蟲穿過我體內每條神經。這正是我最害怕的時刻。

31

想像我母親在門外困難多了，因為幾天前她剛拒絕過來。所以我知道她絕對不會走進全是陌生人的教室吐露私人問題。

「那麼，命令她進來，」洛琳指示，「告訴她沒得選擇。」

我照她說的做，最後我看到我媽跛著腳進來。

「她在做什麼？」

「她坐下了，露出像是愉快的表情。但那只是面具。」

「我們能看穿它嗎？」

「它挺有說服力的。」

「來看看能撐多久。告訴她，她告訴你的事情不該跟小孩子說。」

我照她的指示做，但不知何故，口氣聽起來不太確定。

*「妳讓我成為代理配偶，」*她提示我。

我覆誦她的話努力配合她的聲調，但聽起來很空洞。

「妳讓我有糾結，媽。」

我似乎找不到內在力量與信念針對這些事向她喊叫。況且，她不懂糾結是什麼意思。我也是直到一周前才了解我自己。

「妳犯了情感亂倫。」

這超過我的界限了。「我說不出亂倫。我可以改稱情感虐待嗎？」

「沒關係。但有什麼問題嗎？」

「有啊，說這些話的時候，我在腦中聽見她說，『我盡力養育你了。我跟你說那些是因為我沒有別人可以找。』」

「這是實話嗎？」洛琳問。

「對她是實話。」

「對你是嗎？」

「不是。」

「那就告訴她跟她一起長大是何感受。如果對你比較容易，就列舉她做過的事吧。」

我吸口氣作心理準備。自從報告我的時間線之後，維繫我人生前十八年的脈絡被完全拆毀，碎片在我的記憶中旋轉，想要結合蓋兒和洛琳看得清清楚楚的新描述。所以我就豁出去了。

我吐出每一樣被過度控制、壓迫和過度分享的回憶：那是基本常態，教室和全世界似乎凍結了。每個人都想傷害我的警告。對我所有朋友和女友的批評。貶抑我爸作為丈夫和愛人的角色。禁止我的早期約會。不給家裡的鑰匙。堅持我晚上回家之後到她房間報告，我做過什麼。當我選擇和女朋友同居時拋棄我。要求我回家時不能帶女朋友。即使我帶回家也不准她們在家裡過夜。說她寧可看到我的下一本書也不想看到孫子女。不斷告誡我沒處理好事情，我老是弄丟東西，我不值得信任，該死的沒完沒了。

我暫停。「還有呢，但現在似乎夠多了。」

「告訴她你對這一切有何感想。」洛琳說。

我的敘述清晰得令人不安。「起初我不想相信這裡的顧問，媽，因為太彆扭了，但妳一直想要獨占我。既然肢體上妳已經做不到，就在情感上繼續。為什麼？」

「你想知道為什麼嗎？」洛琳問。

「請說。」

「她想和你建立一夫一妻關係。所以當你和別人交往時，就是對她不忠。如果你不搶回你的情感生活，你會維持和令堂的關係直到死去那天。」

她要我向她喊，「你可恥，媽，嚇走女人讓妳可以獨占我！」

即使學了這麼多，我仍感覺這樣子傷害我媽、戳破她的泡沫很歉疚。但洛琳一直鼓勵我用音量打敗我的抗拒，直到我吼出她的話：「我一直背負的是妳的痛苦，媽！我要把妳的痛苦還給妳。」我的聲音充滿室內，直到感覺連空氣都被擠掉了。「我很生氣。我有權利生氣！」

「告訴她，當她叫你別像你爸對她一樣害別人受苦有何感受。」

「這把我害慘了，媽。讓我逃避兩性關係又害怕未來。怕我會害我愛的人受苦，我對她們不好，我們會像妳跟爸一樣淪落到互相討厭。」

突然間我崩潰痛哭。幹。

「你現在感覺如何？」洛琳問。

「我一直沒有和英格麗連結。」眼淚流得更兇了。我不敢相信我再次這樣嚎啕大哭。「每當我和她做愛，我想的是我沒上過的隨機女性。我沒讓她進入我內心。」這時我癱軟在座位上。我聽到卡文和其他同學在哭。我感受到現場所有性癮者的支持和鼓勵。「這對她不公平。」

「你知道為何會這樣嗎？」

「不知道。」

「因為令堂教你畏懼女人。所以當你和英格麗在一起時心不在焉沒有連結，迴避親密關係。」

我來不及理解這個概念，她又要我喊，「*我不會再讓妳嚇得我遠離女人了，媽。我想愛誰就會愛誰，妳可以找別人當妳的閨密。*」

這很荒謬，但我真的感覺我媽好像坐在那兒聽我告訴她的這些話。我淚流滿面。直到現在，我都對情感亂倫的概念保留一點懷疑。但現在沒有懷疑了。我全身每個細胞都感覺到它的正確。「我不會再為了妳害怕親密關係了，媽！」

一切似乎都清楚了，內心再也沒有眼淚和傲氣之後，洛琳問我是否還有其他話要對母親說。

「有。」我深呼吸一下說出最後一件事：「我不想再幫妳保密了，媽。」管它的，我又崩潰了。

洛琳問我體驗到了什麼。我告訴她，「我發現她表面的感受和我爸內心的感受一樣：像個畸形。」然後我在崩潰中、又該死的崩潰了一次。我沒分享接下來的頓悟，但我認得它屬於哪裡：兩個靠創傷連結的殘障，在各自的祕密與沉默苦難之牆內覺得舒適，比我更怕親密關係，怕死了被人發現他們的真面目。

原來代罪羔羊不是我，罪惡來自他們，那是他們面具之下的內心感受。

我以為眼淚已經流乾，但它又回來了。不過這次，伴隨著我胸中一股輕快與自由感。我記不得上次我看清真相了，這比我以前的任何嗑藥經驗都有洗滌功能。我的所有焦慮、恐懼和愧疚都剝開，彷彿是我不知

道我有穿著的層層衣物。我一直以為它是我皮膚的一部分，但原來它是別人丟給我的。

原來他們說的「虛假自我」是這個意思。

我以前認為智慧來自書本、知識和理性思想。但那不是智慧：那只是資訊與解讀。真正的智慧是當你的理智和情感連結的時候，是當你清楚無誤地看見真相，根本不必去想。其實，一切思考只會帶你遠離你的真相，很快你就會回到你的腦中，再度用小筆燈在黑暗中摸索。

「令堂現在有何感受？」洛琳問。

「穿透到她面前了。她的牆正在崩塌，她發現她其實到頭來不是好母親。」想到我被聽到被理解，不知怎地令我感覺被釋放。對大腦而言，現實和幻想間的差別可能不大。畢竟，資訊流過的是類似的神經通道。所以我猜她其實啥都沒聽見也可能永遠不懂，這並不重要，我的大腦認為她有，那就夠了。

洛琳指示我，送我媽走出房間，然後要我告訴一直坐在旁邊觀察的八歲的自己，說我解雇了他的父母——從現在起我會照顧他。她引導我進行視覺化，我在其中想像把他縮小到可以放在我的掌心，把他放進我心裡。

「現在你重新指派了內在小孩的父母，你會保護他照顧他——讓他和英格麗的內在小孩一起玩，」洛琳指示說。她給我一會兒去想像，然後溫和地說，「你準備好以後可以睜開眼睛。」

我一輩子都在追求一樣東西：藉著性愛、寫作、衝浪、玩樂，什麼都有，那就是「自由」，那是我成長過程中從來沒有的感受。

我睜開眼睛後，感到前所未有的自由。我看到靠牆而坐，臉頰上閃爍淚光的同學們，我看得出他們都陪我經歷了這一課。然後我看到洛

琳，像個天使向我微笑。我告訴她，「妳做的簡直是神蹟。」

我來不及考慮，這些話就脫口而出。我這輩子從來沒在信仰脈絡中用過神這個字。其實，上周我還跟這裡的心靈顧問辯論了一小時，想要說服他放棄有個在乎每個人命運的崇高神靈的信仰。

我曾經想要寫一本叫做《負面心理大全》（*The Big Book of Negativity*）的小說。內容談到真實人生是怎樣、冰冷殘酷的真相。但在這一刻，我充滿了光明、希望和正面，我無法寫出任何一個字。我甚至再也無法連結到那個念頭。

我必須抓住目前連接我的腦和心、照亮通往真正自我之路的黃金線頭——或者，照歌手兼詩人派蒂·史密斯（Patti Smith）的說法，「我小時候、那個乾淨的人。」

「你看起來好像騰空飄浮。」卡文告訴我。

技術上來說，這個過程稱作後設引導治療（post-induction therapy）。也有人稱作自我狀態整合。蓋兒稱之為感覺削減工作。洛琳則稱作經驗主義。但那都只是本質的委婉說法：就是驅魔，趕走童年惡魔的儀式。

「你一直讓被禁足的青少年控制你的人生，」我搖搖晃晃站起來時洛琳說，「你想要做她不允許的所有事、擁有所有女人來彌補錯過的青春期。但你該長大了。」她遞給我一盒面紙。「如果你不過真實的人生，它會把你消磨殆盡。」

我告退離開教室去透透氣。當我站在外面，透過重新開啟的感官體驗太陽的溫暖、風的清涼和樹林的氣味，我心想，我等不及要和英格麗連結了。看著她的眼神深處也讓她看見我，一路到底，不怕她會發現什麼。

Door 2

獨占性
EXCLUSIVITY

Stage I

避愛者 Love Avoidant：

基於義務進入或重返男女關係，躲在誘惑之牆後面與人連結

Enters or Returns to Relationship out of Obligation, Connecting Behind a Wall of Seduction

愛情癮者 Love Addict：

為了終結被拋棄的痛苦，而進入或重返男女關係，在幻想迷霧中與人連結

Enters or Returns to Relationship to End Pain of Abandonment, Connecting in a Fog of Fantasy

1

時間的問題在於它不會倒退。

每個字，每一步，每個行為都不可逆轉。如果我們跑到行駛的車子前面，如果我們簽了我們沒看過的契約，如果我們背叛我們愛的人，我們頂多只能努力收拾爛攤子。但無論我們多努力洗刷，現實的污漬永遠不會消失。你剛看過的文章永遠無法忘掉。

所以我又回到了十五天前的機場，去搭飛機回到英格麗身邊，被大不相同的現實的光芒刺得眩眼。

我不再瞥見匆忙經過的匿名路人，我看到壞父母的各種不同典型產物。目光茫然的溫馴老頭可能被他老爸打得七葷八素；穿太小號T恤、表情哀愁的胖子可能是被只透過廚藝表達關愛的媽媽養大；緊張的商人可能是被從不允許他不完美的嚴格父母養大。突然間世界上似乎很少成年人，只有受苦的小孩和過度補償的青少年。

當我看到一撮茂密誘人的金或黑色頭髮，我盡量不轉頭「色情化」這個人或把她看成「身體零件的集合」。

如果我行李中的出院證明可以相信，我是很有病的人。

根據我的心理評估，我有「第一軸型性失調症」、「概括性焦慮症候群和憂鬱失調」，還要加上「主要支持群問題」和「關於社交環境的問題」。

至於致命一擊，我有百分比五十的軸五型評等——這個成績只保留給有自殺傾向、或功能殘障無法培養基礎友誼的嚴重案例。這個診斷後面跟著洋洋灑灑三頁的我在復健所應該接受過的服藥與治療清單，包括灌腸，沒有一項是我接受甚至要求過的。

我有片刻懷疑我媽是否說得對。這些醫學意見大多數是顯然自己也有心理問題的人掰出來的，現在成了我的永久記錄，隨時可能冒出來造成我的困擾。我開始想像未來經歷一場離婚官司，有律師向法官出示這份評估當作我不該擁有小孩監護權的證據。

我是AMA離開復健所的——意指違反醫療建議（against medical advice）。沒有理由待下去。經歷洛琳的椅子戲法之後，我們回到蓋兒手下過家庭周。既然我父母不會來，蓋兒又說英格麗沒必要再來，連查爾斯都承認最後一周主要是管理階層設法推銷醫院的後續照護服務，花錢留下來似乎沒什麼意義。沒有家人要拯救的其他同學——卡文和保羅——說他們也打算提早出院。

離開之前，我去了洛琳的辦公室詢問連絡方式，以防我有緊急事故必須連絡她。她針對重返男女關係給了我一小時的好建議，最重要的，說明為了獲得情感自由向英格麗承諾，我必須限制與母親的連絡。「只看新聞、體育和氣象，」她微笑勸我。

然後我向蓋兒道別，她一面合上我的檔案只敷衍地說了聲，「祝你好運！」

上飛機時，我很興奮能用到我對自己的了解去治療和英格麗的關係，贏回她的信任。然而，繫安全帶時，我看到了身體零件：一雙古銅色美腿，修長勻稱，穿著緊身牛仔短褲。我抬頭看到一件破舊寬鬆的灰色毛衣，雖然寬鬆，仍露出了顯然是巨乳的輪廓。上面的身體零件則是流暢的棕髮和化淡妝的金色臉孔。這些零件的整體效果自然性感到連穿小丑裝也藏不住。

我努力把自己放回到椅子上和洛琳在一起，想像我內心的小孩和英

格麗一起玩。但太遲了。在這裡，實在太多現實因素了：光線、顏色、螢幕、招牌、臉孔、速食包裝紙、瑜珈褲。我的腦子拚運轉想跟上，沒時間暫停下來想到後果。然後這個女人進來了。我已經在想像跟她親熱，把我的手伸進她的毛衣裡。這是隱藏的性暴力。我必須阻止自己。

於是我想著，大紅蘋果，生錯果園了——我移開目光。可惡，查爾斯，這個忠告真的不錯。

我發現了復健所的另一個副作用：我不再被隨機女人吸引或興奮；應該說，我被她們觸發。是同一回事，但被吸引是人類的自然衝動；被觸發是不健康地掉進成癮的循環，陷入不由自主的行為，陷入蓋兒辦公室裡懸掛的那些圖表。

這可能是我惡性循環的第一步。我才剛自由不到三小時而已。

2

在洛杉磯機場行李提領區，我看到她。她穿著復健所禁止的服裝：無胸罩、背心和緊身牛仔褲，左邊臉孔披著波浪狀金髮。起先，她退後一步——或許出於害羞，或許是恐懼。然後喜悅浮現在她臉上，彷彿頭頂上打開了聚光燈，她衝向我。

「我準備好跟你重新開始了，」她低聲說。她呼吸的溫暖充滿我耳中，隨之傳來我已經被治癒的明顯期待。

「我也是，」我回答。我也希望，為了雙方好，我已經改變了。

我們沿著太平洋海岸公路開車，聽著電子舞曲給每段間奏掰歌詞。陽光映在洋面上宛如萬花筒，在左方無盡地延伸，遠方卡塔琳娜島的側

影隱約可見，好像暗示著什麼新鮮又短暫的事物。

我們的目的地：以前我們同住的馬里布兩房小屋。她發現我偷腥那天，英格麗叫了兩個朋友來幫忙搬出去，從此就和她們同住。離開之前，她朋友拿了擦不掉的黑色馬克筆不只塗掉了我出版過的書，還蓋掉了尚未出版的新書樣張。

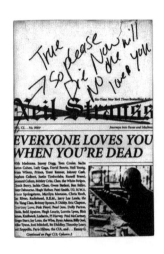

塗鴉筆跡：沒錯，所以請馬上去死，沒有人會愛你！

「我幫你準備了特別的，」我們走進屋內時英格麗露齒微笑說。她從皮包拿出一支銅製小鑰匙。「每個人都該有第二次機會。」

「這是啥？」

「你在復健所時你媽不肯給你她家的鑰匙，所以給你我的鑰匙。」

「什麼鑰匙？」

「我製作中的檔案櫃。」

「為什麼不是妳家的鑰匙？」

「我得趕快搬走，因為我朋友的租約快到期了。」

她拿出一段小金屬鍊，穿過鑰匙，像個治療童年創傷的護身符輕輕固定在我脖子上。我交往過的人從來沒有為我做過這麼有意義的事。

「這支鑰匙，」我告訴她，「會隨時提醒我，我可以信任也能夠說實話。」

當晚在床上，我抱著英格麗雙手摸過她的肌膚，我努力完全放鬆，呼吸著感受當下，完全開放不設防。

「要做嗎？」她問。

「我不確定。隨便妳。」

「我不想害你違反契約。」

「呃，我們真的要再忍十周不做嗎？」

「我可以努力等待。」

這時候我們裸體，身體不聽使喚。我進入她體內時，一股化學物質淹沒我的大腦流過我全身。感覺好解脫又振奮，就像嗑了藥，酗酒者離開復健所之後喝到第一杯酒。但與以前不同，我覺得比較容易專注在英格麗，保持連結，看著她的眼睛和她的存在——做愛而不只是打砲。

我好久沒有這麼強烈地看到與感受英格麗了，所以我的愛意狂奔。我一射精，身體就融化在無重力的極樂中。我不確定性愛是否算癮症或只是很爽而已。

事後我們一起洗澡，英格麗開始和我調情。她用陰蒂摩蹭我——我相信以蓋兒的說法，這算是用我的身體自慰。然而，我不夠硬無法和她再來一次。

「我還是沒高潮，」她嘟嘴，想把它放進去，讓她也滿足才公平。

於是我看著她身體努力把她「色情化」。結果沒用，我發現英格麗越來越失望，我決定下猛藥：我想起飛機上那個女人。

這是為了英格麗，我告訴自己。我想像飛機上小短褲坐在我旁邊，用航空公司毯子蓋住我們，讓她牽著我的手摸她光滑黝黑的腿，耳語叫我到廁所會合。開始有效了。我想著走進廁所看到她在等我，脫掉毛衣解開短褲的鈕扣坐在馬桶上，拉開拉鍊露出她的內褲。她伸手到鬆緊帶裡開始撫摸自己同時看著我的眼睛……然後，天啊，現在我夠硬了，我可以上英格麗。我這麼做是為了她。為了她。

3

到了早上，我從襪子抽屜的放置處拿出我的手機。我插入電池，等它開機，輸入密碼。一大串簡訊和電子郵件捲過螢幕。

有個亞裔美籍科技商人，我朋友梅蘭妮曾經想要撮合我們，寫說她要上Skype來「讓我分心」。有個我巡迴宣傳新書時勾搭上的澳洲妹說，她要和我終結六個月的禁慾期。有個跟我曾經在廁所裡發生糟糕性關係的A片女星說她想念我。有個在法國從未謀面的社交網路朋友問我，什麼時候要去巴黎，附了張她站在花園裡的裸照。沒完沒了：女人發出聲納訊號，等待回音讓她們知道自己目前的位置。

你睡過的女人，或還沒睡過但可望未來遇上的，似乎有興趣但又突然斷掉簡訊的：除非你犯了離譜的錯，她們絕不會完全消失。寂寞的夜晚，男朋友出軌，突然分手，自尊心低落無比，自尊心突然爆發——任何事都可能莫名其妙讓她們翻閱通訊錄尋找認同、安全感、對話、寵

愛、讓你填補她們生活中某個空虛的幻想。

　　雪上加霜的是，我在某本早期著作中突發奇想註明了我的email信箱，多半因為我不認為有人會細看。於是幾乎天天都有新誘惑送上門。今天害我停頓的是個叫萊德妮的女人說她想認識我，她附了照片，對我的復健很不妙。她的種族只能說是拉斯維加斯人：人工打造讓男性的每個視覺化腦細胞因為慾望悸動──混合了天曉得哪些國籍、美麗因素和整形手術，造出永久膚色和像聖誕銅飾品般反光的假奶。

　　我看著英格麗的鑰匙。它也回看著我。

　　聽說男人的忠誠度和選擇多寡有關，這一刻我知道是真的了。所以我關掉手機。這太難以承受了。即使耶穌也只有三個誘惑的考驗。

Stage II

避愛者：

感覺被伴侶的黏人壓迫，從誘惑之牆走向厭惡之牆

Feels Oppressed by Partner's Neediness and Moves from Wall of Seduction to Wall of Resentment

愛情癮者：

無視伴侶的牆和伴侶的需要，去追求男女關係之外的人生

Ignores Partner's Walls and Partner's Need to Have a Life Beyond the Relationship

4

寵物是小孩子的遁世毒品。一般來說，當廿五歲以上的女人開始養狗，表示她準備好成家了。

我回來大約三周後，英格麗和我來到西谷動物收容所，有隻生病的黑白毛球用後腳直立起來，輕輕把牠的雙掌放在英格麗的膝蓋上。

這隻厲害：牠懂得怎麼贏得她的心。牠只有一隻正常眼睛，雙耳滴著綠色黏液，發出比紐約地鐵遊民更誇張的惡臭都不重要。很快就決定了。這隻十磅重、天生會效忠任何餵食者的小狗得救了。

通常收容所收到狗會把牠們結紮再交給新飼主，但是接待員直接給我們這隻，她急著想擺脫牠。牠的健康問題太多，她建議搞定所有病症之後再結紮。

回家途中，我去郵局查看信箱。裡面的帳單和垃圾郵件之中，有個寄給我的方形信封。我認得我媽的女性字跡。

我拆開看到這張卡片時大吃一驚：

振作一點

然後我閱讀裡面的留言：

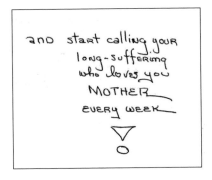

記得每周打電話給你長年受苦又愛你的老媽！

直到最近，我總以為她自稱受苦受難只是一種幽默感。現在我懂每個玩笑都夾帶著通往愧疚感的頭等艙機票。顯然她不高興我離開復健所後忘了每周日打電話的義務。

我好久沒跟她說話了，所以我們回家之後，我乖乖地拿起電話打給她。對話一開始很輕鬆，但很快洛琳警告過我的部分開始了。

「我擔心他們在復健所跟你說的東西，」她說。她的語氣開朗，彷彿要唱起歌來了。「接受心理治療的人會以為他們有些其實沒有的毛病。」她似乎在建立防線對抗我學到的任何東西，像是公關人員設法控制醜聞。

「其實那挺有幫助的，我夠聰明懂得分辨好壞。」我希望她能夠接受討論我學到的，但你不能指望傷害你的同一個人治療你。所以我利用跟洛琳最後一次談話的提示建議說：「我們談別的吧。」

「先說一件事，」她說，「我要你知道你爸沒有參與你的童年。是

瑪格」——保姆——「和我把你養大的。我為了你整天在家，除非必須出門辦事。」她的語氣溫暖又窒息，用我無法阻止的連串字眼撲向我。我雙手和手腕緊繃，彷彿在告訴我必須奮戰自救。

新聞、體育、氣象。

「外人總是說你爸多麼親切又體貼。我心想，要是你知道他只是人渣就好了。他沒有能力關愛或照顧，那是演的。前幾天我用他的電腦，我看到他在搜尋*先天腿部畸形（congenital leg deformity）*，他太糟糕了！」

「最近芝加哥的天氣怎麼樣？」感覺好像我在窒息之前，掙扎著想拿掉頭上套的塑膠袋。

「你和你弟是我這輩子最快樂的事，」她繼續說，直接略過問題彷彿她根本沒聽見。「我浪費了我的人生，我說真的。所以要是一切落空，至少我還有你們倆。」

我必須結束這段對話。她可能自以為在說她多麼愛我，但我聽到的是沒有每周日打給她，等於是慢性謀殺她。據洛琳說，糾結的最大指標之一，就是母親告訴小孩她只為了他們而活。

「嘿，我得掛電話了。」

「為什麼？」

「我今天有一堆工作得完成。」

「那比你媽還重要？」

「媽，我得走了，OK？！」

「好吧。」她語氣改變。現在是哀愁、受傷、哭泣而非歡笑的邊緣。

「妳還好吧，媽？」

「今晚我大概睡不著了。你知道我怎麼——」

罪惡感好像致癌毒氣，從電話筒的小孔滲出來，沿著我的耳道，進入我大腦的皺褶和縫隙。

「我得掛了，很高興跟妳講話，掰掰！」我掛斷電話。

好險好險。我不能讓她回到我的心智中。

我現在的問題已經夠多了。

5

我陪英格麗坐到沙發上，她正坐在我們家受虐的新西施犬旁邊。我拍拍牠，牠除了從鼻孔往我手臂上噴氣之外幾乎沒反應。最後牠站起來，伸展前腳，走了幾步，尿在沙發上，漫無目標繞著小圈圈把尿液撒在牠的腳掌上，然後平趴下來，顯然因為這個希臘神話般的壯舉而精疲力盡。

我抓起一團紙巾清理善後時，提議把牠命名赫丘里斯。英格麗開心地望著牠的黑白色臉孔。「我愛牠，」她說，「我愛赫丘里斯。」

我心想：我不敢相信她這麼容易愛上別人。

然後我又想：這為什麼不算偷腥？

接著我想：這下她要結紮牠了。

不知何故，我聽到「愛」這個字如此輕鬆迅速地從她口中說出來，感覺很不安。尤其是我這麼努力怕配不上她。或許如果我們能把它附加在任何有心跳、口臭又亂撒尿的動物身上，愛就沒有那麼神聖。

她雙手撈起小狗走進臥室去睡覺。現在她跟牠一起睡了。這還算一

夫一妻制嗎？

我抓起電腦，找到墨西哥國旗圖片，印出來。我在Harper Collins出版公司出過幾本書，最近決定連絡墨西哥的兩個匿名新聞部落客合寫一本關於當地毒品大戰的書。因為墨西哥販毒集團一直想查出他們的身分幹掉他們，但是，他們要我證實我的身分。所以他們要求我mail一張我一手拿著墨西哥國旗，另一手拿今天報紙的照片。洛琳會說這是在男女關係之外，不靠偷腥追求刺激的方式。或許她說得對。

列印國旗時，我開始想到我們的新狗狗，讓我聯想到亞洲，再想到亞洲女人，再想到想跟我Skype通話的科技女商人。我決定上網搜尋她創業是否順利，我發現一張她的比基尼照。五分鐘後，我已經在PornHub網站看長得像她的亞洲女人影片、一面自慰了。

我知道我不該這麼做。這顯然是強迫症。但來不及阻止：強迫症就是這麼回事。況且，我是因為偷腥進復健所，不是因為A片。我也不會違反對英格麗的承諾。偶爾自慰沒什麼不對。我下半輩子只能和英格麗一起高潮的觀念太荒謬了。我一直在家謹守分寸將近一個月了。這是我應得的。我是互相依存。

我真該把這個畫面寄給墨西哥記者。

某段影片下的鏈結帶我看到一個全身穿孔、淡金色頭髮的女生，看來活像龐克版的英格麗。突然間我聽到英格麗半夢半醒的聲音召喚我：「北鼻？」

我趕緊拉上拉鍊，關掉瀏覽器，抓起電腦，走進臥室。但是我發紅的臉頰、過度無辜的表情，加上手拿著電腦出賣了我。

「你在看A片嗎？」

她發問不帶批判性，但我覺得被指控。我去復健所戒除偷腥，迄今

我還算成功。我一直努力克制眼睛亂瞄，結果很順利。我成功地壓抑我的色慾，一次又一次。今天，這些女人都是我的性愛止痛藥。

「到底是不是？」

這是我坦誠與親密的機會。如果看A片沒什麼不對，那我告訴英格麗也不該有羞恥感。「對，我是。我以為妳在睡覺，不想吵醒妳。」

她翻身，從地上抱起赫丘里斯，緊抱在胸前。我想她已經愛牠多過愛我了。

看來她好像在糾結牠。

「看完沒有？」她問。

「不，我沒看完。」

來了。往肚子一刀，向我內臟吐出火熱的罪惡感：「你跟那些女人做愛多過跟我！」

「話不能這麼說。」我內心一緊，呼吸變得急促，感覺像熾熱鋼棒的東西一路從我手臂傳到手腕。「這是我回家以來第一次看那玩意。」

她撈起赫丘里斯走出房間。我很洩氣，因為如果我想要不跟她一起高潮，不該被迫自我辯護。有時候我內心的小孩只想跟自己玩。

我的手機突然收到想跟我結束禁慾實驗的澳洲妹貝兒的簡訊：「今天是我的生日，我好希望你現在拆開我。」

我回覆簡訊，「我也希望可以。」

我立刻滿心懊悔。我不懂我為何這麼做。是因為我覺得被英格麗窒息嗎？是因為我在貝兒的生日讓她失望會有愧疚感嗎？或是因為我的生活需要更多刺激？無論如何，這真是蠢事。即使嚴格來說不算偷腥，絕對也違背了英格麗對我的信任。

那就算是偷腥。

幹。

我不敢相信失手這麼容易。我和洛琳在椅子把戲那個清晰炫目的時刻，感覺已經好遙遠，像童年純真的回憶，讓我懷疑那其實不是藥方而是另一個刺激。

我滿手精液站在臥室裡，英格麗大步回來，用受傷的表情看了我一會兒，問道，「我有什麼問題？我很醜嗎？」

「不，妳不醜，妳很美。」她真的很美：我自慰用的龐克女子身材跟她一樣。

「那你為什麼不想跟我睡？」

「我想啊。我只是被工作耽擱了，我覺得我有異味，就——我不曉得，我不想煩妳。」

「你一直改變說法。」

「不，我沒有。這些都是實話。」

我知道她需要安撫。她需要我鼓舞她、把她抱起來瘋狂激情地跟她做愛重新連結。但現在我沒辦法。我太愧疚了。我好像挖到大便的探油工人正循環陷入恥辱核心。

然而，她確實有道理：我為何寧可向長得像英格麗的女人自慰而不想真正和她本人做愛呢？這是迴避親密關係或只是正常的男性幻想？

這時我發現我為何對英格麗和赫丘里斯的情感過度敏感，為何我渴求這些還不如英格麗十分之一的女人，為何我為了一則愚蠢簡訊危害我的戀情了。那是我和我媽談話之後的潛意識反應。我是在男女關係的真空密閉塑膠袋上打洞免得我窒息。我對英格麗抱怨的心理反應，幾乎跟我對我媽抱怨老爸的反應一模一樣。

我坐到床上歉疚地向英格麗說明，加上我怕被困在像我父母的婚姻

裡。她慢慢開始解凍，最後坐到我身邊的床上，把我當需要憐憫的無助動物赫丘里斯般撫摸我的頭。

「你的問題是你太擔心未來了，」她語氣自信、眼神睿智、手勢溫柔地說。「你可能出車禍就死了，或現在可能發生地震壓死我們倆。沒人能保證我們明天還在這兒。所以我們就在這一刻相愛欣賞彼此吧。等時候到了我們再來面對未來。」

她提議等她可以休假一起去旅行，去我們可以享受平靜、大自然和彼此的地方。「我一直想去印加古道健行到馬丘比丘，」她說。

「那就去吧！」

她微笑，抓著掛在我脖子上的鑰匙，說出自從我偷腥摧毀我們的世界以來最美麗的一句話：「現在我真的相信你。我不認為你會再做傷害我的事了。」

一陣喜悅填滿我心中，但立刻碰到愧疚感而崩潰。我剛傳了簡訊給澳洲妹。如果英格麗看到我的手機，一定會很傷心。

6

馬里布，一天後

你提早離開復健所？

再待下去已經沒有任何意義。

你違反你的禁慾契約和英格麗睡了？

她是我女朋友，她想要嘿咻。

你也在幻想別人？

只是為了取悅英格麗。

我只聽到半途而廢的藉口。難怪你還在偷腥。

瑞克和我在他的越野車上，討論我的愚蠢簡訊。我們停在出租房屋前的沙礫車道上。房子看起來像約德老爹和妻妾們會住的那種巨大嬉皮樹屋。

我可以解釋。

我洗耳恭聽。

邊說邊露出苦笑，彷彿準備把我接下來說的話當作娛樂。

復健所裡有兩個思想學派。其中一個教師是很有同情心、名叫洛琳的女人：我們從她那兒學到了我們不是為伴侶而是為了我們自己入院。目標是擺脫我們的父母和創傷，讓我們能過真正的人生。

另一邊呢？

另一個學派比較清教徒主義。老師是個名叫蓋兒的嚴厲女人。她認為自慰、色情、誘惑、幻想和逢場作戲都是不健康的。基本上除了終生一夫一妻以外，任何東西都是性成癮和迴避親密關係的症狀。

為何不能兩者都正確？

你是在說笑吧。那麼全國幾乎每個男人都該進復健所了。

誰會進復健所只挑選他們喜歡的東西？我想你對男人的天性有錯誤觀念，用來避免在世界上感覺被閹割。以前你單身時不開心，現在你有

對象了還是不開心。你可以這樣子過五到十年，只會浪費大量時間搖擺不定。

那我該怎麼辦？我好困惑。

我在瑞克眼中看到同情，彷彿我是某種低等生物，想要理解三次元概念的二次元生物。

我是建議這樣：性癮復健要堅持到底。從今天起，專家教你的任何東西，不要懷疑照做就是了。即使你老是遇到蓋兒這種無法苟同的治療師，還是交出控制權。如果他們叫你九十天不准嘿咻，那就九十天不要嘿咻。要是他們叫你不准自慰或看A片，那就戒掉這些東西。

我知道我必須採激烈措施，但是……

你要我配合這些人說的任何極端的東西，完全不去想它們是否合理或對我適用？

對，正是。你以為我是怎麼減掉一百四十磅的？我努力減肥了好幾年，但直到我終於完全聽從營養師和教練的話才成功。我不去想他們說的東西是對是錯。我甚至不相信會有效。但我必須遵照流程毫不批判地去做。

我回想我在椅子上和洛琳頓悟的一刻。我自己的後續版本會勸我怎麼做呢？

他會說豁出去愛英格麗就對了。

好吧，我會盡力。

不要盡力。做就對了。真正投入復健感受它至少九十天。如果這段期間之後，你還是不快樂，那就去做你覺得對的事。找個開放性關係，瘋狂一點，盡情和你想要的所有人嘿咻看看感受如何。目標不是一夫一妻或非一夫一妻制，是你要過著帶給你快樂的人生。

這聽起來像是在我又搞砸我的戀情之前，不再搖擺的好辦法。

這可能是你最後的機會了。如果你無法堅持，或許上帝會想辦法讓你撐下去。

這話是什麼意思？

意思是如果你無法控制你的色慾，宇宙會替你搞定它。

他的語氣很不祥，彷彿如果我管不住，我的老二會遭天打雷劈或被果汁機絞爛。

7

於是我又回來了：面對行刑隊。

這次，子彈是查爾斯的治療師席拉·卡萊特，號稱洛城最佳性癮治療師上膛的。她是個老女人，但像青少年嬉皮般結髮辮串珠子，又像老太婆用毛毯蓋腿坐在大扶手椅上。如同先前的蓋兒和洛琳，她也是被男性性癮者包圍的單身女性。

亞當也在場，卡文也是。顯然他們夠聰明和查爾斯保持聯絡，一回鍋立刻加入了他的私人治療團體。另外，還有五個我不認識的偷腥者，

其中三個加入此團體十幾年了。

「真可惜沒什麼女人會放任你去做想做的事還仍然愛你，」當我們在治療室裡坐在五花八門的鄰接椅子上，卡文推擠我的肋骨說。

跟我的有病麻吉們重逢真是開心，只是這次，我必須比較像查爾斯配合整個療程。

集會一開始是每個成癮者報告，讓席拉知道他這一周過得怎麼樣。她不像蓋兒向我們說教，而是設身處地，這似乎是讓我們更貼近自己情感的一種戰術。當卡文告訴我們他在考慮回巴西妓女身邊，陪她生下兒子，她緩慢誇張地嘆口氣，睜大溫柔的眼睛望著他，彷彿想吸收他根本不知道自己有的痛苦和傷害。

「昨晚我和我老婆獨處，所以我問她是否想要到處亂搞，」亞當在報告中說，「她真的發火了，她告訴我這很不恰當也不親密，她不喜歡這樣被懷疑。後來變成大吵大鬧。」

席拉安慰亞當勸他從牽手開始，然後輪到我報告了。我告訴全組人飛機上那個女人、我電郵信箱裡的誘惑、給貝兒的簡訊，還有決定重新投入復健。

席拉的反應是長嘆一口氣，露出哀傷的小狗表情。她看起來好像想要傳送愛給我。還有，不知何故，讓我很不自在。我不確定是因為她似乎不誠懇，或是雖然我習慣了不帶感情的性愛，我不太習慣不帶感情的情緒。

我尷尬地向她微笑之後，席拉終於緩慢地開口說，「你這個行為叫做性囤積。每當你的戀情有什麼問題，你感覺羞恥——好像你有什麼毛病——有種稱作*自我誇大的防衛機制*（*defensive grandiosity*）。這時你開始回顧你囤積的訊息。」她在椅子上換個姿勢，毯子從她腿上滑落。

「那是怒氣的驅使，因為會趕走英格麗讓你覺得自己有權力。」

席拉看完列舉出我不分真假的所有毛病的復健所檔案副本。她慢慢站起來，把蓋腿毯子放回椅子上，從架上取出一本書遞給我。書名是《沉默地被誘惑》（Silently Seduced）。

「看看，」她推薦說，「這就是你。」

查爾斯在椅子上湊過來對我說，「下次你看到像飛機上那個女人的，就用三秒鐘法則。」

我大驚。三秒鐘法則是我跟把妹達人廝混時期學到的：意思是當你看到吸引你的女人，只有三秒鐘時間接近她──否則，不是她會發現你在偷看，就是你會太緊張無法跟她說話。「你是說我應該跟她搭訕？」

「不是！」他驚恐地說，「三秒鐘法則意思是你一看到女人開始物化或肖想她，頂多只有三秒鐘轉移焦點到別的事物，不然那個念頭會太強烈帶你回到成癮循環。記住，」──他搖搖手指──「大紅蘋果，生錯果園。」

聚會過後我走回車上，翻閱席拉給我的書看到一段話。作者肯尼斯·亞當斯博士寫道，「隱晦的亂倫發生在小孩變成父母情感、愛、激情和專注的物化目標時。父母受到長期不美滿的婚姻或關係造成的寂寞空虛所驅使，讓小孩變成代理伴侶……對小孩而言，父母的愛感覺上拘束多過釋放，要求多過給予，侵害多過滋養。」

突然間，我想起一段失落的回憶。首先是油料的甜香，然後白色乳霜的幻影。當我大多數同學的就寢時間是十或十一點，我七點半就得睡覺。

然而，要是我幫她按摩手腳，我媽會讓我繼續看電視到八點。我會把保濕乳擠到手掌上，再塗抹到她橄欖色、血管突起的皮膚上。完工之

後，她會告訴我，「這個差事你比你爸拿手多了。」當時，我把這話當作讚美，但現在一陣噁心的顫抖傳遍我全身。

這種混亂互動的結果，亞當斯繼續說，小孩子長大後，經常戀情一開始就「立即與全面的承諾」，但很快「不確定性與矛盾心理隨之而來」。然後通常，「發生外遇，當作逃避與承諾搏鬥的方式。」

我闔上書之後，看到查爾斯站在我身邊。我不曉得他站了多久。我謝謝他帶我加入這個團體。他的回應是打開一個隨身袋子，拿出一本《把妹達人》。

「阿佛列‧諾貝爾（Alfred Nobel），」他說。

我等他說完整個句子。但顯然沒了。「他怎麼了？」

「認識嗎？」

「沒有親自認識。」

「阿佛列‧諾貝爾，發明炸藥的人，然後創設了諾貝爾和平獎。」

他看著我，想確認我聽懂了。我逐漸領悟他想說的意思：學習怎麼認識女人的書有毀滅性，但學習怎麼停止認識女人的書會有益世人。真諷刺。

「我懂了，」我告訴他。

他收起書本交給我一本性與愛情癮症匿名矯治組織（Sex and Love Addicts Anonymous，簡稱SLAA）的手冊。第一句是這麼寫的：「我們SLAA組織認為性與愛情癮是種漸進式疾病，無法根治，但就像許多疾病可以控制。」

「容我問你，」查爾斯尖銳地看著我說，「你終於承認你有病了嗎？」

我老實告訴他，「我可以用比喻的角度承認那是種疾病。」

「不，那是真實的疾病。因為那不是選擇，剛開始可能是選擇，但如果你設法因應壓力或痛苦，大腦結構會改變，行為可能從一時衝動變成上癮。」

「如果那算是疾病，」我回答，想起我對瑞克的承諾，「那我想我病了。」

查爾斯似乎不太相信。「我來幫你個忙，證明這是疾病吧。我要介紹你認識我一個朋友，丹尼爾‧阿曼博士。他是專攻成癮症的大腦專家。他會免費掃瞄你的大腦，讓你看看疾病位置在哪裡和如何治療。」

我心想，這太離譜了。但是我說，「謝謝。」

8

丹尼爾‧阿曼博士是個矮小的禿子——出身黎巴嫩雜貨大亨之子——據華盛頓郵報說法，後來成為「美國最受歡迎的精神醫師」。

在他辦公室外的候診室裡，循環播放著公共電視台報導這位醫師的節目。我努力不去聽他精心編寫關於利用大腦掃瞄評估行為並調整的台詞，同時，鼓起勇氣查看我一直忽視的電話留言。

我滑動列表開始禮貌地回應每個誘惑的簡訊，確保提到我女朋友。

我沒在她生日碰面的澳洲妹貝兒說，她會在洛杉磯短暫停留過夜，想知道我在不在家。我告訴她，「還不確定。但我有女朋友了，所以只能以朋友立場見面。」

來自法國的網路誘惑安妮寄來了另一張裸照，這張在跳鋼管舞，她的身體在空中彎曲，宛如往我的幻想人生添柴加火。我回覆說，「很高

興跟妳通訊。希望能夠當面認識妳，但現在我有對象了。」

　　每個回覆都很痛苦，就像在我的陰囊釘釘子。但我照做：因為我相信。因為我克制自己。因為我想要改變。

　　瘦小性感的接待員打斷我的思緒，叫我進去見阿曼。他的員工似乎全是二三十歲的美女。我開始懷疑他本身是否也有某種未診斷出來的性強迫症。

　　我走進阿曼的辦公室，他穿著太大號的衣服坐在高背旋轉椅上，彷彿他的身體不重要，大腦才是。牆上裝飾著企鵝照片，出自他寫過的一本關於正面強化的童書。他雙手拿著一疊有綠色斑點的紙張，看來好像赫丘里斯的黏液污漬。整體說來，這些就是我的大腦，看起來像這樣子：

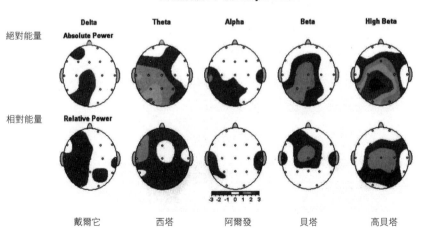

標準化值快速傅立葉轉換概要圖

Z Scored FFT Summary Information

雖然阿曼專精要用輻射性同位素注射病患的某種大腦掃瞄，我寧可改用聽起來比較安全的腦波圖（EEG）測試，剛才有個穿高腰緊身褲的高大金髮神經科學家做完了。

　　「這是變態狂的大腦嗎？」我問阿曼。

　　「你曾經被打暈過嗎？」他不理會我的問題反問我──也可能是在回答我。

　　「只有一次。」我告訴他十幾年前某個下午，我在曼哈頓走路回家時有一群人無緣無故攻擊我。

　　「他們打你哪裡？」

　　「我想打暈我的那一拳是在這裡。」我摸摸我的頭骨左上方。

　　「那或許很重要。」

　　「怎麼說？」

　　「你的大腦很軟而頭骨很硬，頭骨裡面有一大堆皺褶。頭部創傷造成性癮症的機率很大，沒人知道是因為大多數成癮者會去找治療師。治療師的問題是，他們會告訴你很多關於大腦的事，但他們從未親眼看過。」

　　「那麼我有腦部損傷嗎？」幹，我的毛病清單又多了一筆。

　　「你的掃瞄顯示有些輕微受傷的證據。」他再次研究圖片，解讀出很少人懂的語言。「這有點好笑，你也有大量的緩波活動。你知道ADD（注意力缺失症）嗎？」

　　「我聽說過。」

　　「有沒有人提議過你可能有？」

　　「不，從來沒有。」

「我認為你的很多行為是典型的ADD症狀，尤其是尋求刺激和內心衝突。想要和新女人在一起是保持物種存續的生理動力，但當你無法適當地配對培養感情然後投入養兒育女，可是極具毀滅性的。」

他說話時，我發現問題正出在這裡：這兩種衝突的演化慾望，追求多樣性與家庭，一直在撕裂我。在妥協兩者的途中，我不僅兩頭落空，也逐漸發現我瘋了。

兩個月前，我只是個瞞著女友偷腥而滿心愧疚的混蛋。我這輩子從來不想也沒找過治療師。現在我突然就有了概括的焦慮症候群、憂鬱症、社會化障礙、頭部創傷、注意力缺失症、性愛癮、情色化的憤怒、發展壓力失調、情感亂倫症候群、癲癇型損傷，天曉得還有其他什麼東西。我還能在社會上生存真是個奇蹟。

「我也注意到當你睜開眼睛，大腦後部會發出更多電流。這不是好事。」

「為什麼？」我恐怕無法再承受更多毛病了。到這個地步我不如作個腦白質切除手術算了。

「因為這表示你會注意經過的每個人。」

「是啊，這向來是個問題。」

「當你的視覺中樞像這樣隨時開啟，如果你不小心可能讓伴侶覺得痛苦。」他笑了。我也笑了。我們是一掛的。我們都是男人。我低頭發現他戴著婚戒。「你在外面這麼做，你的女朋友有何反應？」

「她不排斥，但我最近真的沒這樣了。除了……」我告訴他最近的再犯案例。

「呃，部分原因是固有模式，」他回答，「你很努力學會搞懂女人，現在仍然像個獵人。這已經根深蒂固，你無法說忘就忘、一刀兩

斷。另一個問題是你的前額葉皮質，腦中應該充當剎車的部位，有點弱。所以當你看到大美女心想，我想要跟她嘿咻，然後你的前額葉會否決。」

證實了：我的心智就像串流色情網站。等我的前額葉皮質隨著年齡老化崩潰，未來只會變成猥褻老頭。「那麼，我的大腦暗示有性癮症嗎？」

他翻閱我的EEG結果斷定說，我的前額葉皮質虛弱，所以很難壓抑我的本能；我的前扣帶迴（anterior cingulate gyrus，幫助大腦在不同想法與活動之間切換的換檔器）被卡住，讓我迷戀我認識的女人；而我的情感腦葉過度活躍，所以我可能輕易被英格麗說或做的事情刺激而尋求發洩──即使我沒有意識到具體的觸發是什麼。

最後，他嚴肅地說，「當我們從照顧我們、可預測、安全的人物體驗到重複的肉體與情感照顧，大腦會形成安全迴路。如果你媽有殘障無法獨力照顧你必須請個保姆，就表示你腦中可能很少或沒有安全迴路構造。所以你可以短期愛上別人，但比較難達到與維持長期情感依附。」

換句話說，最重要的，我的半數腦葉和迴路都搞爛了。「你認為男人的忠誠度和選擇多寡有關這句話有道理嗎？」我問，希望爭取小小緩衝。

「我不認為有道理，」他斬釘截鐵地回答，「如果你的大腦健康，你的忠誠度只和決定有關。要是你的大腦不健康，那你的忠誠度就要看選擇多寡。我們要讓你的大腦健康起來。」

然後他開了一大堆藥來治療我搞爛的大腦：神經回饋療法維護我的大腦，營養補充品改善我的前額葉功能，健康飲食保持我的血糖均衡，Omega-3和維他命D補充品降低我的慾望，還有，沒錯，更多性癮療

法。

　　他拿了一紙箱的個人著作、錄音課程和營養品送我離開。我回家之後，我尋找附近可參加的性癮者聚會，訂了一份派崔克・卡恩斯的復健工具組，研究神經回饋門診專家，打給查爾斯尋找贊助者。

　　這次我要一路撐到底。

Stage III

避愛者：

被伴侶進一步吞沒，導致逃離男女關係去追求刺激

Further Engulfment by Partner Leads to Withdrawal from Relationship and Intensity Seeking

愛情癮者：

體驗到無可否認的事件或知覺後，結束幻想

Experiences an Undeniable Incident or Awareness that Ends the Fantasy

9

　快轉略過十個月的聚會和步驟研修團體，努力和先前的好色同伴們壓抑我的色慾。十個月的團體治療，跟著席拉‧卡萊特學習情感與無力。十個月的一對一治療，向另一位額外的性癮治療師回報我的每個淫慾念頭。十個月的神經回饋與營養補充加上丹尼爾‧阿曼處方上的一切東西。十個月間不斷填寫派崔克‧卡恩斯的作業簿、閱讀他的日常冥想、和贊助者交談，放手屈服於更高的權力，為我的性生活製造儲備。

　我現在怎麼樣了？

　太陽正在下山，我在閱讀我的性癮治療師推薦下次療程前看完的皮雅‧美樂蒂著作《面對愛情癮》中間短暫休息，因為亞當打來找我。突然，我聽到外面有英格麗的腳步聲。故意很大聲。她腳跟每次討厭地踩在木頭上都宛如形成句子的單字：「我要……回……家……停止……你在……做的……任何……事……注……意…… 我！」

　亞當和我每晚通電話，我越來越欣賞他。我不認為他離開復健所之後看過別的女人第二眼。他只努力希望他老婆再看著他。

　他正在告訴我，他的足球隊跟一支女子隊練球，雖然沒什麼不妥，他老婆看到了，醋勁大發，失控暴怒。她說她再也不信任他去踢足球了。

　「那你打算怎麼辦？」

　「你知道的，尼爾，我看著我老婆就懂了。我心想，我犯錯之後怎麼會有人想跟我在一起？我總是想，我外遇之後能怎麼補償她被我奪走的東西？所以我會暫停踢足球一陣子。我要向她表示，我們的關係才是對我最重要的。」

這時英格麗敲門——即使她搬進來時我給過她鑰匙。敲個不停。不像禮貌的鄰居，倒像送包裹的沒禮貌員工。煩死了，就像有人在你睡覺時拿鐵鎚敲水管。

「我得掛斷了，亞當。但我不認為你應該只因為她覺得受威脅，就放棄你喜愛的嗜好。晚點再說吧。」

我把手機放回口袋，走到門口讓英格麗進來。

「要看《陰陽魔界》（*The Twilight Zone*）嗎？」她衝進來問，笑得合不攏嘴。她把赫丘里斯放到地上繞著牠走，想要逗我笑。

「現在不行。我得看些書。」

她臉色垮下來。按照《沉默地被誘惑》（*Silently Seduced*）的忠告，我一直努力在兩性關係中把自己的需要放優先避免感覺糾結。但迄今的效果似乎只是讓英格麗自己的被拋棄恐懼更強烈，因為現在她認為我不愛她了，不斷尋求安撫。

「來玩Skittykitts？」她又說。那是我們的朋友發明的紙牌遊戲。

「等我讀完這一章，好嗎？」我覺得拒絕一次很容易，但被要求兩三次之後，我開始有愧疚感喪失決心。席拉告訴我持續犧牲自己配合別人的優先順序就叫做*病態遷就*（*pathological accommodation*）。

「OK！」她擁抱我。我回抱她。在她身體接觸到我的每個點，我的神經末梢凍結僵硬。連鎖反應一路累積到我的心臟，直到她終於放開我。

上星期英格麗和我去一家屋頂酒吧，她醉得東倒西歪——我突然有股無法解釋的衝動想跨過圍欄跳下去。那時候我才懂為何有些人會隨機從屋頂、橋樑和窗台上跳下來：因為那比人生中任何其他事情都容易。跳樓比跟老婆離婚容易，比設法挽回女朋友容易，比向老闆要求加薪容

易，比付清越堆越高的未付帳單容易，比面對失望的老婆小孩容易，比每一天耗在聚會和治療中努力洗心革面容易。不只容易——又快速。能夠確定、快速又徹底地解決每個問題。

我坐在沙發上繼續讀書，希望英格麗懂我的暗示。但她卻坐到我旁邊，在我背後伸長脖子，大聲唸出書上文字，語氣誇張又不連貫，想要搞笑：「厭惡是避愛者感受到的憤怒，因為他或她自認因伴侶的黏人或『要求』雙方關係中的連結而變成受害者。」

她想要眼神接觸，但我不回應。「你感覺是這樣嗎？」

查爾斯勸我永遠要誠實不逞強，不計代價。所以我告訴英格麗，「我現在就有這種感覺。」我擠出微笑避免這句話顯得太嚴厲。

她摸摸太陽穴閉上眼睛一會兒，吸收這句話。「我可以問你一件事嗎？」

「我不確定。可以等等嗎？」她臉色開始變了。我現在無法承受爭吵，於是我病態地遷就。「好吧，什麼事？」

「我們的關係和你以前的交往有什麼不同？」

這似乎不只是需要安撫，而是指控了。「因為我喜歡跟妳在一起。妳裡裡外外我都喜歡。而且妳會逗我笑。」

她雙手抱胸。「所以我只是讓你發笑。是嗎？」

「不，我愛妳。」我是說真的。只是現在不行。

「你愛我哪一點？」

「那是種感覺。我跟妳在一起時就有這種感覺。」只是現在沒有。

她不說話。

「有什麼問題嗎？我感覺好像被律師盤問，但不知道我被指控什麼罪名。」

她咬著下唇低頭望著赫丘里斯。然後她出招：「那麼你為何這麼努力維持這段關係？」

這是個好問題。最近我也問過自己。我回想過去的歷任女友：我跟凱西分手是因為她老是嫉妒。我跟凱蒂分手是因為她一直戴我綠帽。而我跟這次之前最認真的對象麗莎分手，是因為她開始讓我想起我媽。

但是英格麗，我找不出任何嚴重的毛病，無法利用她的行為或缺點當作逃走的藉口。當然，現在她很煩人。而且她生氣時拒絕溝通，會用感情窒息我，在我想工作時讓我分心，因為怕被拋棄心理而有點黏人，因為我偷腥，有點可以理解的不安全感。但這都是男人可以忍受的事情。

所以要是我找不出她的明顯缺陷，那就必須接受唯一的其他結論：問題還是在我身上。努力了好幾個月之後，我變得比剛開始時更糟糕了。我跟英格麗交往又瞞著她偷腥時，一切都是靜態平衡。她很快樂。我也夠快樂。我們活在無知的幸福中。

那都是老式的謊言。

但現在，我曾經喜歡關於自己的一切都被變成了某種毛病的症狀。我反覆聽到成癮症專家說別相信我說過、想過或感受到的任何事。他們說我必須從內心建立自尊。但為了做到，我必須接受我殘缺、破爛、罪惡、有病，而且有創傷——這些事只讓我想要跳樓以便重新開始。

所以我沒有被治癒，反而變得莽撞、緊張、易怒又鬱悶。流過我血管的血液感覺像摻了沙子和碎玻璃。我的性慾在沸騰。雖然用了三秒鐘法則，我還是會被三百磅以下的任何女人和卡通角色吸引。我感覺像拿不到酒然後開始喝漱口水和藥用酒精的醉漢。我準備搜刮酒桶底下。而英格麗對我的心情敏感到我確信她一定發現了。

「嗯，為什麼？」她又問。我不是已經說過三十次了，我需要獨處時間看書嗎？她不肯聽我的，我該怎麼照顧我的需要？

我正在尋思怎麼回應不會搞得更難看，我的電話響了。我趕快查看：是卡文的簡訊，他剛從巴西回來，寄了張他兒子的照片來。我沒回覆就把電話放回口袋。

「是誰？」

「是卡文。我的治療團體同伴。」

她皺眉瞇眼看我。「你好像在隱瞞什麼。」

「沒有，我只是覺得在我們談話中回覆他太沒禮貌。」

「呃，似乎鬼鬼祟祟的。」

我想告訴她饒了我吧，提醒她說過她相信我，反過來要求看她該死的電話。但我勉強忍住——只是勉強——當個正常成年人。「真的是卡文。妳可以檢查我的電話。我沒做錯什麼。」其實，我想我陷入了被懲罰的青少年的自我狀態。

「我不需要這麼做。」

她輕撫我的臉，輕到令人煩躁而非安慰，好像蒼蠅在我臉頰上爬來爬去。「對不起。」她看著我的眼睛說，希望獲得什麼回應。

但我只感到一陣反感。這十分鐘以來，我們經歷了愛情、懷疑到和解的全套迷你肥皂劇情節。我的情緒累壞了。

我看著她的眼睛，努力阻止我內心的糾結怪獸接管，但是太遲了。我所看到閃爍的愛意就像捕熊陷阱，夾住我的靈魂阻止我遊蕩。我成了恐懼的囚犯。在那當下，我發現我最近產生的自毀衝動其實不是想傷害自己，是為了自由。重點是不想活在永遠的監視下，為她的感受負責，要是碰巧有不是她的非分之想會感到愧疚，覺得我的每句話、每個表情

都可能是灼傷她的火紅烙鐵。

我女朋友再度變成了我媽：英格麗不相信我，她不給我空間，她的幸福好像幾乎完全仰賴我的表現。

我徒勞地設法自我安慰，情況還不是最糟。至少英格麗肯把家裡鑰匙給我。

我走到浴室去獨處一會兒，先把手機放在桌上免得英格麗以為我在裡面偷發簡訊。我關上門站在鏡子前，茫然看著茫然回看我的那張臉。我的眼睛有魚尾紋；我額頭上的抬頭紋也開始變成真正的皺紋了；我的鬍鬚也出現白毛。或許我已經過了巔峰期，開始走下坡了。

性癮復健什麼時候才會開始生效呢？我不能永遠這樣過下去。很快，我就會太老不適合當父親，無法跟孩子親近陪他們打球。都快一年了，我肯定不快樂。我似乎比較壓抑而非順應我的真實自我。

我從浴室回來之後，英格麗坐在廚房餐桌旁拿著我的手機。她眼冒怒火下巴突出，但我不曉得她生什麼氣。我又沒做壞事。

「貝兒是誰？」

除了那個。我感覺腹中深處空掉了。如果你有個喜歡從你背後偷看的疑心病女友，密碼是沒用的。

「妳幹嘛看我的電話？」我怒了。要是她肯讓我安靜看書就好了。

「她是誰？」英格麗又問。更生氣、更大聲、更討人厭。我想回答，但我的呼吸卡在喉嚨因羞恥而發熱。

罪惡感是你呼吸的方式。羞恥是因為你還能呼吸。

「她只是很久以前跟我睡過的女生，在我認識妳之前，」我終於擠出回答，「我不知道我為何跟她保持聯絡。很抱歉。這真的很蠢。我的前額葉皮質太弱了。」

「把鑰匙還我。」

「不，不會吧！」我脖子上的鑰匙，信任的象徵。除了這個什麼都行。

「我不敢相信你會這樣，尼爾。把鑰匙還我。」

她抓住項鍊猛拉，想把扣環拉斷。

「好啦，好啦，放手。」

她說得對。我不配。我配不上她。

我已經不生氣了。至少不是對她。我氣我自己。我取下項鍊把鑰匙放回她的檔案櫃。我告訴貝兒我有對象了，但她一直傳調情簡訊來。雖然我沒再鼓勵她，我也沒有勸阻她——而且我肯定經常幻想她。我應該別理她或封鎖她的號碼，在第一次搞砸後鼓起勇氣立刻向英格麗道歉。

或許男女關係就像心臟手術：連最小的錯誤也可能致命。這下我贏回英格麗信任、將近一年努力全部泡湯。一定是我的糾結、或病態遷就、或性癮、或ADD、或大腦損傷、或以上全部加起來構成了自我破壞的交響樂。

英格麗拿走鑰匙，衝出屋外，上了她的車揚長而去。

我的願望實現：我獨處了。我可以呼吸了。我可以看書了。我想做什麼都可以。

感覺真的很差。

10

「我撐不下去了，」一周後我們在日式咖哩餐廳坐下來討論狀況時，我告訴卡文。

「這玩意讓我也經歷了很多情緒，」卡文回答。「根本沒完沒了。完全不是，『花幾個月或幾年做這件事，你就會變好。』他們要我們下半輩子一直參加聚會和治療。」

他伸手到牛仔褲後口袋拿出一張紙。「你看看。」

是關於在洛杉磯經營號稱性復健研究所的治療中心、名叫羅伯·魏斯的傢伙的文章列印稿。

「別又來了。」

「把它看完，」卡文催我，「特洛伊email給我的。羅伯·魏斯和派崔克·卡恩斯同事過，但他們發生衝突之類的，所以他拆夥開了自己的中心。」

我看到性復健研究所賣給了一家大型連鎖復健所——Elements Behavioral Health，他們打算把魏斯的機構推廣到全國，照文章的說法，在各地提供豪華性癮中心給「有錢的性癮者」，還有兩周門診療程給「資源較少的人」。

「你懂這是什麼意思嗎？」卡文又說，「想想看：如果把交往中偷腥過的所有人加起來，光在美國就有幾千萬個顧客。再加上看A片的更多人口，這是全世界最棒的商業計畫了。如果他們把身為好色男人變成某種有健保給付的腦癌，他們就賺翻了。」

「治療有沒有效另當別論，」我怒道，「但是這會占據我整個人生。大概半數時間，我會忙著參加聚會、看親密關係的書，沒時間真正

和英格麗變親密。」

英格麗發現貝兒的簡訊之後，當晚睡在她辦公室的沙發上。她終於回家後，我們又談了幾小時，她還是沒露出原諒或遺忘的跡象。

「這不是開玩笑的，」卡文回答，「這種事有很多網站。還記得蓋兒要我統計花在買春的所有錢嗎？呃，要是我繼續待，結果我會花更多錢在復健上。」

我討厭他說的一切都很合理……我也很放心他說的一切都很合理。

「上復健所的大多數人會再犯，」他繼續說，「所以有什麼意義呢？況且席拉不要我帶瑪莉安娜和弗拉維奧，」──他的巴西妓女和兒子──「來這裡，因為對我的復健有害。但那是我兒子，我必須照心裡的想法去做。那不會會錯，是吧？」

「我已經不知道什麼是對錯了，老兄。我不曉得。但雖然挫折，我必須說，糾結理論真的很符合我的狀況。」

「那部分或許對了，但是記住：那個職業的人同樣說過同性戀是疾病，用電擊和腦白質切除手術治療同性戀者。還有，你知道嗎，當年，治療師可能也是怪罪在令人窒息的母親身上。或許我們只是性慾不同，但是世人還不能接受。」

他說得有道理，太危險不能深究。在我成長過程，生活中有兩個女人：我媽和住在家中的保姆。所以我想要複數女性的照顧或許很自然。誰敢說我們學習的這種性癮的廣泛定義不是現代的江湖騙術，卡恩斯就是男性性慾的凱沃基安（Kevorkian）（譯注：傑克‧凱沃基安，人稱「死亡醫生」，是美國病理學家、安樂死推廣運動者）？

醫師們以前宣稱有種叫做漫遊狂（drapetomania）的疾病──奴隸們陷入不理性與病態慾望想被主人釋放的失調症。那都只是有學位的人

捏造出來的文字，用來強化社會規範。

「或許你說得對，」我含糊地回答，「可能只是因為我們古怪。」

或許性癮是新的ADD或亞斯伯格症候群。對某些人很真實，但也經常被誤診，不符合某種不切實際的行為標準的人，就被貼上標籤。很快，就像有六歲小孩服用中樞神經興奮劑Ritalin和過動症藥Adderall，把芭比娃娃脫光的可憐小孩也會接受性癮治療。

「我們被吸進偽科學的詭異邊緣裡了。」卡文用叉子戳他的雞肉片，「這類玩意大多數未經證實。找科學家談、找醫師談、找其他治療師談、找派崔克‧卡恩斯和信徒以外的任何單身人士談，即使你去找的那個大腦醫師也沒被醫學界大多數人當一回事。」

瑞克叫我相信專家，但或許我只是選錯人了。

「性癮症根本沒納入診斷統計手冊，」卡文繼續說，他的鵝蛋臉脹紅了。「被考慮過然後徹底拒絕！我們一直在庸人自擾。」

11

幫《滾石》雜誌寫稿的好處之一就是我幾乎可以打電話找到任何人。所以跟卡文聊過之後，我繼續瘋狂尋求知識，盡力連絡世界上最有信譽的兩性專家們，徵詢對我們剛討論過議題的觀點。

我從人類學家海倫‧費雪（Helen Fisher）博士開始。二十幾年來，她一直在研究跨越文化、物種與時代的愛情、性行為和婚姻——在過程中，變成號稱兩性關係科學中最常被引用的在世研究者。

她的結論是：「我們是一種通姦的動物。」

在著作《愛情解剖學》（*Anatomy of Love*）中，她說明了這個行為的緣由：「在我們漫長的演化史上大多數雄性追求幽會以散播他們的基因，而雌性演化出兩個替代策略來獲取資源：有的女人選擇對特定男人比較忠實以從他收割大量利益；也有人傾向與許多男人祕密性交去從每個人獲得資源。這種情況大致符合常見的觀念：男人是天生的花花公子、女人不是聖母就是妓女。」

然而，根據她目前的研究，費雪對書中這個段落的感覺有點不同了。「我想要是我現在寫書，我會修正這裡，」她告訴我，「現今四十歲以下的男人和女人，女人跟男人一樣喜歡偷腥。」

費雪解釋說我們的祖先勾搭偷腥只到懷孕並養大小孩、直到他有點自主性為止，然後他們會繼續和別人養小孩（同時偷腥）。她形容這是一種雙重繁殖策略：連串的一夫一妻加上祕密通姦。

所以，在她解釋時我心想，如果我的目標是找到可以讓我忠於真實天性的對象，那麼辦法就是瞞著英格麗偷腥。現在我只需要娶她，生兩個小孩，再開始偷腥，被戴綠帽，然後離婚。這顯然就是現代人的愛情。叫做*假一夫一妻制*（*fauxnogamy*）。

但是，即使費雪的理論正確，這種生活方式在現代社會有個問題。如同夥伴們和我不幸發現的，這會造成很大的痛苦，完全摧毀親密關係的希望，讓家庭中每個人遭受創傷。除了道德問題之外，只要用按鍵側錄軟體，電話帳單、信用卡明細和附標註照片的社交網站檔案都很容易取得，偷腥者幾乎不可能不留下科技上的痕跡，讓有決心的伴侶發現。

所以我問費雪怎樣最能克服我們的演化歷史，在現今擁有成功長久的兩性關係。她的回應是解釋我們大腦都培養了三種不同的主要求偶系統：一種為了性交，一種為了浪漫愛情，第三種為了深度依附。在新關

係初期的刺激之後，我們的浪漫與性交動力經常會轉向別人，而我們的依附動力仍與主要伴侶連結。

不過，在我下結論之前，費雪說浪漫與性慾如此自然衰退是可以預防的。她解釋，對策就是情侶們要一起做新奇與刺激的事情（釋放多巴胺得到浪漫的快感），定期做愛（釋放後葉催產素促進性慾連結），自我斷絕偷腥的機會，還有整體來說，確保他們的伴侶有足夠的「持續興奮」以維持這三種動力運作。

「哇，這對雙方是很大的負擔，」我告訴她。

「對，即使如此你還是可能想要偷偷跟別人上床，」費雪反駁，「所以你如果打算偷腥，看在老天份上，別被抓到。」

原來如此：世界頂尖的求偶專家海倫·費雪給了我偷腥許可。我很驚訝這竟然是科學界對兩性關係的主流共識。我好努力才接受了我對其他女人的慾望是種終身疾病，只有相信更崇高的力量才能壓抑的前提。但或許讓終身一夫一妻制的概念這麼討人厭的不是糾結、或創傷、或性癮。如同我最初跟瑞克說的，這只是我們天性的一部分。

連兩位現代心理治療之父，西格蒙·佛洛伊德（Sigmund Freud）和卡爾·榮格（Carl Jung），似乎都搞過外遇：前者跟他的小姨子，後者跟他的病人。「在我看來，美好婚姻的先決條件是，要有不忠的執照，」榮格曾寫信給佛洛伊德說。還有匿名戒酒組織的創設者比爾W.（Bill W.，the co-founder of Alcoholics Anonymous）也是惡名昭彰，背著老婆和參加戒酒集會的美女偷腥，後來他的同僚都戲稱這種色慾是第十三步。

照卡恩斯的標準，他們都是成癮者。在費雪看來，他們都是成功的現代人。以社會標準來說，他們都是人渣。這實在令人困惑。

接下來的幾天，我深入研究求偶的科學。但我在所有演化學與人類學的文本中找不到任何可信的理由支持人類應該選一個伴侶，然後終身互相保持忠誠與獨占性的論點。

最重要的，我用性幻想迴避與英格麗的親密關係一直感覺很愧疚。但是，原來，佛蒙特大學的研究人員針對性幻想的研究判定百分之九十八的男人（與百分之八十的女人）表示對自己伴侶以外的人有性幻想。

所以把我的性慾和注意力百分之百專注在英格麗身上當然很難。我正常得很。這個想法頗令人安慰，因為我厭倦了每天自責。

即使我終於成功找到一群研究一夫一妻制對社會之助益的研究員——歷史上，可婚配女人越來越多，而單身男人越來越少，導致求偶競爭減弱，犯罪與暴力降低——他們不僅承認對一夫一妻的定義不排除偷腥，他們也不認為一夫一妻是自然的。

「如果一切都是遺傳，如果人類天性是要終身配對而且有很緊密的感情，」彼得 J. 理查遜（Peter J. Richerson）教授解釋，「那麼我們就不需要這一大堆婚姻習俗了。」

至於婚姻本身，社會學家兼《婚姻史》（*Marriage, a History*）作者史黛芬妮‧昆茲（Stephanie Coontz）告訴我，傳統的重點從來就不是親密關係。並說明，在歷史上大多數時候，婚姻是一種經濟與政治的制度，主要重點在於合併資源、形成聯盟或建立繼承的血脈。直到十八世紀末期人們才為了愛情結婚。而且直到二十世紀末期，婚姻才開始變成親密的伴侶關係，而非父權制度。

如今，昆茲認為傳統又改變了。「人們想要一夫一妻或雜交，他

們可能要也可能不要小孩，他們要這個或者要那個，」她說，「幾百年來，大家必須隱藏那些偏好把一切當作套裝協議。現在不必了：名符其實的任君挑選。剪貼出你想要的人生。家庭生活和戀愛關係基本上變成了自行拼湊的模式。」

或許卡文說得對，當晚我離開昆茲家時心想。或許我們被洗腦了。不然就是我們活在快速變遷的廿一世紀文化中，但是被困在改變太慢的二十世紀制度裡。

話說回來，無論你的觀點是哪一種，永遠找得到有博士學位的人來支持。

12

所以從復健所回家將近一年後，我發現自己受困了，一個思想學派說我有無法根治的心理性慾疾病，必須天天治療；另一個提出很有說服力的論點說，二十幾萬年的人類文化和演化支持我的行為是完全正常的。

同時，我和英格麗的關係變成暴起暴落的雲霄飛車。上一分鐘我們一起大笑關愛地看著彼此的眼睛，下一分鐘我們不是爭吵就是不講話。大多數夜晚，我淪落到睡沙發。同時，赫丘里斯不知怎地從睡地板上變成睡床尾的被子上，再到睡床頭的枕頭上，最後和英格麗窩在一起。

有天下午，為了幫《滾石》雜誌寫一篇文章，英國歌手艾麗·高登（Ellie Goulding）在馬里布和我見面示範一些她正在寫的音樂。我們

在海裡玩划槳板，討論她的作品和生活。英格麗下班帶著赫丘里斯回家後，我告訴她當天的經過。

「我們談到很多拋棄心理的事，因為她老爸拋棄了她和她媽，」我描述說，「有一天她覺得很難過，所以發簡訊問他，『你還愛我嗎？』但她老爸的新老婆回簡訊說饒了他、別再來煩他。好殘酷。我們都哭出來了。」

英格麗一愣冷淡地說，「喔，所以你們一起哭了？」

以前我從來沒聽過這種口氣——好像晴天霹靂，帶來了一場風暴。她生氣地走出房間，幾秒鐘後回來，用一串問題轟炸我：「你為什麼和她交換電話號碼？」「你為什麼邀她來這裡？」「她為什麼趁我在上班時過來？」

英格麗很確定我別有用心，偏偏這次我就沒有。我說明時她氣惱地聽著，然後說出對任何感情等於死亡之吻的幾個字：「你的電話給我看。」

當英格麗分析我和高登往來的每個字，我看著仰躺睡在床上的赫丘里斯。牠乾癟的小雞雞垂著，失去扮演唯一職責是提供女主人感情與無條件接納的僕人的功能與目的。剝奪任何生物的性愉悅似乎都不太對。

英格麗檢查完我的電話之後，我們花了半小時為高登爭吵。這是她第一次指控我真的沒做的事又拒絕相信實話。感覺很糟糕：這不只是我多次辜負信任的直接後果，跟必須很努力才不會偷腥的人交往也肯定不容易。

沒有女人希望伴侶是個性癮者，或許愛情癮者例外。

最後英格麗倒在床上的赫丘里斯身邊，陷入鬱悶流淚的沉默。在我們交往的第一年，她總是面帶笑容，歡笑，忙著她的創作計畫。我愛上

她的原因之一就是她散發出的陽光能穿透我思想中最黑暗的角落。但現在她的光芒與創意似乎完全消失了。她甚至不再跟朋友們講話,因為他們不贊成她跟我交往。

當我看著英格麗眼睛周圍被淚水糊成一團的睫毛膏、深鎖的眉頭、像胎兒抱著赫丘里斯捲成一球的模樣,我媽的警告迴盪在我腦中:「長大後不要像你爸對我一樣害任何人這麼悲慘。」

Stage IV

避愛者：

離開交往關係，跟新伴侶重演整個循環

Leaves Relationship and Repeats Cycle with New Partner

愛情癮者：

回到對伴侶的幻想或跟新伴侶重演整個循環

Returns to Fantasy About Partner or Repeats Cycle with New Partner

13

　　她穿著紅洋裝和慣例打扮的黑靴子踏進車上時，我看到她就鬆了口氣。在我認識的所有專業人士中，她似乎是唯一真正懂引導人類行為的無形糾纏繩索的人。

　　洛琳說出的第一句話不僅令我震驚，也正是現在我想聽的。「你離開復健所之後我們討論過，」她說，「我們不認為你是個性癮者。」

　　「真的？」

　　「你有性強迫症，那是你成長過程的許多症狀之一。」

　　「謝謝。」

　　我不確定成癮和強迫症的具體差別在哪裡，也不在乎。她的話像最後的閘門閂滑開，釋放我逃離去年的一切羞恥、壓抑和掙扎。這是從我展開這整個過程以來聽過的最佳讚美。

　　和英格麗爭吵之後，我寫email給可能比任何人都了解我的洛琳，問她如果我和英格麗分手是健康的決定、還是會遺憾終生的錯誤。她回答她很快要來橘郡主持一場研討會，我們可以到時候當面討論。所以我邀她來跟瑞克和我吃晚餐。

　　我們走進Giorgio Baldi義大利餐廳後，發現瑞克身穿白T恤獨自坐著。我很少看他穿別的衣服。我介紹他認識洛琳，他微笑點頭溫柔地打招呼。

　　我們點餐時，我告訴瑞克我準備放棄這整套「性癮專家說什麼都接受」的概念。「已經一年了，我還是不快樂。我乖乖遵守一切規定也學到了很多。但現在不僅我的男女關係岌岌可危，想跟別人在一起的慾望和認為我該這麼做的信念，一點兒也沒有消退。」

我觀察瑞克的臉色反應。他聽完之後輕輕閉上眼睛彷彿在尋思——或者更精確地說，在等靈感出現。

但他來不及回答，洛琳就問我，「那樣超出你的價值體系嗎？」

「沒有。」

「那我看不出有什麼不對。我丈夫過世後，我決定我不想再跟別人一起生活了。我獨居而且很快樂，我不會想要任何人取代他。那樣才適合我。現代最棒的是有很多不同的選項，你可以選適合你的任何一種。」

我挺驚訝她這麼心胸開闊。聽起來好像我離開復健所之後她改變了信念，於是我詢問她。

「椅子把戲期間我告訴你的全都沒錯，」她說，「不過，蓋兒是計畫主管，她對寬恕忠誠的一夫一妻關係之外的任何性行為有很嚴格的準則，所以我在那邊不能永遠說真心話。」

「所以妳真的相信一夫一妻制以外的親密關係是有可能的？」我追問，只想確認我沒聽錯她的意思。

「有些夫婦終生廝守也生了小孩，他們同意有開放式婚姻。只要雙方都誠實、親密並且行事正直，我不會批評他們。」

我看著她臉上抹粉的皺紋，幾乎要垂到她脖子上的皮膚皺褶，還有她眼中累積的智慧。我心想，感謝妳理解我。

我很驚訝她的認同對我這麼重要。或許是因為我身為性慾生物的許可在復健所被剝奪了。這是我在交往中濫用權利、傷害了無辜者的懲罰。如今，緩刑一年之後，我終於又獲准留置觀察了。

「我感覺我準備好探索其他的關係模式了，但我有點害怕，」我告訴洛琳，「這星期我每天早上醒來都很焦慮會失去英格麗。我擔心我無

法再找到這種優質愛情，毀掉可能是幸福未來與家庭的唯一機會。」

我很不擅長承諾，我連無法承諾都不願承認。

矛盾心理。那是控制我的崇高權力。矛盾心理萬歲，男女關係的毀滅者。

同時，瑞克默默坐著，聆聽對話，邊點頭邊思索。

「你是否問過英格麗，她願不願意接受另一種形式的關係？」餐點送來時洛琳提議。

「那是最完美的對策。但是我不認為她會接受。」

「你或許會驚訝，」她說。

正如同我們受困在原生家庭中，我們也可以創造一個自由選擇的訂製家庭。在某些方面，現在感覺好像我跟一個正常母親與挑選的父親坐在一起。

這時瑞克終於開口了。「我希望你做的是，」他字斟句酌地說，確保盡量達到最強烈效果，「你完全投入去過你想要的冒險生活方式，沒有其他選項。因為你必須到達你想要任何女人都擁有，並且發現這不能解決你的寂寞、情感需求或痛苦的程度。」

我被他的重話嚇了一大跳。我以為我們說好了我會不受批判地嘗試每條路。「我們最初討論時你不是這麼說的。」

「呃，當時我對你的期望比較大。但你想要的似乎一直都是這樣。」

洛琳看著他說話。我感覺越來越焦慮她會贊同他。「如果你真的要貫徹你的決定，」最後她仲裁說，「我要請你解決一個謎題。」

「什麼謎題？」

「你即將踏上的道路是真實的、或者只是因為舊傷。」

「我怎麼知道有何差別？」

「舊傷帶來激動與創傷。不會帶來安慰。」她頓一下確認我聽懂了，然後說明。「我們都有六種核心需要：情感、社交、智識、物質、性慾和心靈。如果這些都受到照顧而且均衡，表示你做對了。」

「如果這個選擇來自健康的地方，那你會發現它帶來持續的快樂，」瑞克補充。他似乎不是退讓，而是決定讓我自己發現這條路會通往哪裡。

「我希望如此，」我告訴他們，「或許我能夠找到跟我有同樣觀念與價值的人。」

話一出口，我擔心最後我會淪落到我的宿命：跟我一樣的女人。

「記住，」洛琳彷彿看穿我的心思，鼓勵說，「無法帶給你活力的事物就不適合你。」

「還有無論你做什麼，」瑞克烏鴉嘴補充，「我希望你清楚誠實地去做，不要有包袱。」

14

「這是我經歷過最棒的交往，」我告訴她，「我從來沒有這麼愛過任何人。」

我們躺在英格麗布置並命名為太空船室的客房裡。地上有四張併在一起的床墊，天花板和窗戶用黑色床單遮住。有投影機在牆上播放銀河系的影片，另一台在天花板上照出星辰，點亮式月球模型懸掛在我們頭上。房間本身呈現了英格麗的戲謔創意，正是我欣賞她的另一個理由。

然而，我馬上要令她心碎了。我自己也是。

「那就是問題所在，」我繼續說。

「問題？」

我開始結巴。我很難吐出接下來的這些話。她眼中泛淚，她知道接下來會怎樣。

「我不想失去你，」她說。但她知道無法避免。

我們默默坐了一會兒，然後她繼續說。「我感覺最近我們的問題好像都是我的錯，因為我缺乏安全感，讓我疏離又多疑。」

我想讓她這麼相信，但這不是事實。

「不，是我的錯，」我告訴她。我感覺很糟、我很自私、我很愧疚，我缺點很多。「我不確定，但或許我們可以做實驗試試比較非傳統的關係模式，只要一陣子，讓我死心。」

我想騙誰啊？這些想法絕對不會離開我。我試過了。

「什麼死心？」

我深呼吸一下。我開始發抖。我緊張地說出接下來的話。「我不認為我能夠贏回妳的信任。」漫長的暫停。「因為我不認為我會覺得下半輩子不跟別人在一起是對的。」

好。我說了。我看著她菱形的眼睛，臉頰的顴骨，頸子和鎖骨下的精緻雙V線條，還有比上述都要美麗又持久的靈魂的無形特質。我不希望她擁有像飛機上那個女人的身材、或下班回家後別管我、或別再從我背後偷看。我很羞愧我有過那些念頭。我猜想：她為什麼還不夠？我為什麼不能以她為滿足？我的眼睛開始泛淚。

她沒有生氣，也沒有崩潰大哭。她看著我的眼睛，溫柔地說，「或許你想要跟別人睡，但是我不想那麼做。我無法想像跟我不在乎的人上

床。」

「或許我們可以休假三個月，用這段時間決定我們內心的本意。」
我提議時，我知道她絕不會同意。

「如果我們喊停，如果我們休息，那就完了。沒戲唱了。我永遠不
會再見你或跟你說話。」她的語氣關愛但是堅定，沒有矛盾者的猶豫。

那麼，就這樣了：我必須作決定。跟我愛的女人保持終生一夫一
妻。或一輩子任意跟誰交往，做我想做的事，擁有完整絕對的自由。這
並不表示我永遠不會交女朋友或成家生小孩。只是表示我會以自己的判
斷，而非這個期待你一說出「我願意」就閹掉自己卵蛋的壓迫性社會來
取捨。

我沉默。我做不到。我總是說這樣很自然，但現在我卻無法豁出
去。我們預定兩個月後就要去馬丘比丘，也想像與計畫了無數個其他冒
險。我一輩子都夢想著跟英格麗這樣的人在一起：我尊敬，我信任，與
我隨時一起歡笑，在我身邊醒來看著她微笑，感激宇宙把這麼可愛又關
愛的人帶進我生活的人。但是……

沉默對她比言語還痛苦。這時淚水緩緩流出。「你必須進行你的冒
險，」她說，「這次我不能陪你。你得單獨去。」

「我不確定。這樣很荒謬嗎？我們這麼相愛。我們錯了嗎？」

「不是，」她說，「是你必須這麼做……為了讓你快樂。」幸好，
至少她很堅強。

「你想要分手嗎？」

「不要。我為了你才這麼做。」

這時我崩潰了。我擁抱她，眼淚浸濕了我們的臉。「謝謝你教我
怎麼愛別人、教我愛是什麼，」她說。「妳是我認識的人裡面最有愛心

的。」我不相信這些話也不懂她怎麼可能相信。但是她信了。

我們默默緊貼著，直到她輕聲說，「我要跟你生小孩。」

天花板與牆壁上，銀河系正在動，行星和恆星的微小複製品各自在軌道上運行。這時我心想，我們正在改變宇宙。這個小決定表示那些小孩不會出生到這個世界上了。我們不會成為可愛小陽光英格麗和神經質尼爾的父母。

一陣巨大噪音震撼了窗戶，好像地震的震動或一陣狂風，我懷疑這是不是宇宙警告我們犯了錯的徵兆。也可能是墨西哥殺手因為我寫毒品戰爭的書開車過來殺我。瑞克·魯賓跟我說過臨死之前，人們不會想到他們的工作、人生經驗或想做卻未完成的事情。他們想的是愛情和家人。而我正在拋棄它。這次我可能真的要把我小時候作的惡夢——睡在我弟的郊區完美住宅沙發上那個又懶又窮沒人愛的廢柴——變成現實了。

但我真的想要那個夢嗎？郊區的好房子，一成不變的家居生活，出門看電影就算是大冒險的生活方式，像我一樣忘恩負義的小孩把自身所有問題卸責給父母？或許我的愛心不像英格麗說的那麼大顆。又或許有，但只是因為它餓了永遠想要消費更多免得自己餓死。

我就在我去年一直幻想的自由的門檻上，但現在感覺好像要從屋頂酒吧邊緣跳下去。

英格麗安慰地撫摸我的頭說，「我感覺好像抓了一隻漂亮的野鳥把牠關進籠子，只為了自己觀賞。」

我聽著。她懂。她了解我。

「籠子放在窗邊，小鳥一直看著窗外想著野外的生活。我必須打開籠子放牠走，因為牠屬於野外。」

然後她臉色垮下來，眼眶發紅，淚水流得更多了。我無法放下，但她可以。啜泣中，她激動地說出最後的想法，此後這幾個字將會永遠糾纏我：「但是鳥在野外會死。」

Door 3

替代性
ALTERNATIVES

Stage I

多元伴侶 Polyamory

婚姻之後妳期待不慾求其他男人。

妳也期待妳丈夫不慾求別的女人。

然後慾望來了，妳被丟進一陣自我痛恨的恐慌……

有沒有人告訴過妳，或許這跟妳丈夫一點關係也沒有？

YOU EXPECTED NOT TO DESIRE ANY OTHER MEN AFTER MARRIAGE.

AND YOU EXPECTED YOUR HUSBAND NOT TO DESIRE ANY OTHER WOMEN.

THEN THE DESIRES CAME AND YOU WERE THROWN INTO A PANIC OF SELF-HATRED . . .

DID ANYONE EVER TELL YOU THAT MAYBE IT HAD NOTHING WHATEVER TO DO WITH YOUR HUSBAND?

——艾莉卡・瓊《怕飛》（Erica Jong，*Fear of Flying*）

1

我自由了。

我可以狂野。我可以跟想要的任何女人交往。我隨時可以發任何簡訊給任何人。我可以開始尋找終極的自由關係了。

但不知何故，我並沒有這麼做。我反而只是獨自放鬆。我甚至不知道我想念我自己。

我昨晚看完了一本書，今天早上又迷上了另一本。我很多年沒看這麼多書，或這麼開心閱讀了。床舖感覺乾淨又寬敞，陽光溫暖又舒適，Cinnamon Toast Crunch麥片味道熱情又墮落。

瑞克說我終究會變成那種痛罵快樂兒童的孤獨老人。但我還有書可看。我還有溫暖的床舖。我還有早餐麥片。只要有這些，我永遠不會孤單。

前天晚上英格麗把她所有東西裝在垃圾袋裡搬走了。真痛苦：我們倆都哭個不停。她只留下一盆榕樹和一張字條：

謝謝你讓我看到你的真心。你總是說裡面充滿黑暗，但我看到的是光明與溫暖，充滿活力。那是最美的東西，就像拿蠟燭走進一個山洞發現了隱藏的寶藏。我想那就是你身上刻著藏寶圖的理由。你跟我說過你媽在你小時候把你的金魚送人，因為她說你無法照顧生物。所以我把盆栽留給你。我叫它生存者，因為我拿到時，它沒水撐了幾個月還繼續生長。現在它是你的了，充滿生命力，證明你能照顧東西吧。

她的話穿透我最脆弱的器官：我的心和我的羞恥核心，我開始認為

這兩者其實是同一個了。愛情已經夠難找，為了毫無好處的理由叫人別再愛你就太瘋狂了。尤其是像英格麗這麼真誠又有愛心的人。但我就這麼做了。

有時我覺得寂寞，偶爾會哀傷，少了英格麗有種懸浮的毀滅感，還有讓她承受我所有懷疑、厭惡、無病呻吟的愧疚感。但我獨處還是比較快樂。只有我和生存者。至少生存者會讓我幫其他植物澆水。

我翻過卡片發現還有後記：「請不用回覆也不要打電話給我。我會努力療傷。如果有緊急事故必須連絡我，你的通關密語是『我自由了！』你只能用一次，我會連絡你。」

我走進廚房把麥片的髒碗放進水槽裡。我沒洗碗。我沒刷牙。今天早上我甚至沒洗澡或洗臉。

我把衝浪板搬到我的Durango休旅車上，開到海灘。艷陽高照，山景雄偉，海浪也乾淨。我獨享這一切有點愧疚。或許離開時傷害你最深的那些人，你原本就不該跟他們在一起，因為他們沒有同情心。英格麗帶走的只有同情心。

回家之後，我換上牛仔褲和兜帽薄衣。廚房流理台上，我看到《沉默地被誘惑》回瞪著我。我翻閱之後看到某些我畫重點的段落：「如果你判斷對你有益，要全心努力保住這段關係，」亞當斯寫道，「內在小孩無法滿足的需求，要跟務實大人的親密關係需求區隔開來。很遺憾，在亂倫關係中失落的所有發展需求，在任何伴侶關係中都不會完全滿足。」

我恐慌了一下，擔心我犯了滔天大錯，是我被禁足的青春期跟英格麗的被拋棄小孩分手了。但我又想到如果我的需求永遠無法在單一伴侶關係中滿足，那我設法透過多元伴侶關係去滿足絕對不會錯。或許傷

害是無法修補的，我必須設法包容它，跟它交朋友，擁抱陰影而非反抗它。

日落之後，我開車到市場買了四分之一磅豬肉片和捲心菜。我回家坐下，用塑膠餐具邊吃飯邊上網觀看電影預告片，感覺到我睽違多年已經不記得的內心平靜。我往任何方向走都沒有人擋住我、阻止我、被傷到，或只是問我要去哪裡、等她一下。

我原本以為這時候我一定已經叫人來過夜，讓我能感受新的肉體貼著我趕走孤獨。但我只是享受著恢復我自己。一定是我迷失了自我，不像我以為的那樣在交往中真正照顧我的需求。不然就是我感覺被釋放，其實不是因為英格麗，而是性癮世界中不斷的罪惡感和壓抑。

當晚我躺在床上閱讀《希臘左巴》（*Zorba the Greek*）時（同名主角說，「在工廠老闆娘的背後，那是人類的理性，」），我老是想起英格麗，重播她習慣的言行。例如她老是脫掉我的內褲大喊「自由！」然後想把我推出門外。或者她愛買培根汽水或甜玉米汽水等怪口味的飲料，像擂台主持人介紹拳擊手一樣拿出來給我看。或者她會阻止我走進我們的臥室，自稱是保鑣要求看我的VIP識別證。我想念我的好朋友。

我曾經問過合作寫書的搖滾吉他手大衛·納瓦洛（Dave Navarro），他為什麼跟當時的世界性感偶像之一卡門·伊蕾翠（Carmen Electra）分手。「那好像跟我的好朋友同居，」他抱怨。而我回答，「聽起來很棒啊。誰不想要一輩子跟最好的朋友住一起？」現在我懂了：跟好朋友同居時，你的老二會很寂寞。

以前我交往過的女生琳達來電。她好像有雷達，或更可能的，在網路上跟蹤我。我是琳達第一個對象，每當我們有空窗期──偶爾在我們有對象時──我們會上床。當我告訴她我跟英格麗分手，她戲謔地回

答，「很好，這下你可以跟我生小孩了。」

「或許我們可以改天再說。但我不喜歡一夫一妻制。」

我不懂我為何覺得我無法適應婚姻，但我可以當爸爸。我想這是因為我在意的不是責任，而是排他性。你養了一個小孩，還是可以再生一兩個或十個小孩。各自長大然後分開是親子關係的本質，所以終究每個人都可以更自由。

琳達和我談到怎樣安排生活方式對小孩最健康，但那終究只是個角色扮演的幻想。尤其是她有男朋友，所以我不曉得她為何打給我。我只知道我接這通電話不必有罪惡感。

我閉上眼睛躺回舒適的床上，準備醒來面對無拘無束的另一天，可以自由往我選擇的任何方向伸展。什麼都可能實現。我可以跟琳達這樣的人生小孩。我可以像約德老爹創立一個自由戀愛公社。我可以尋找無禁忌、無限制的男女關係。我可以忠於自己。

或許這就是自由：站在被開啟門戶圍繞的圓形房間裡，知道我可以走過任何一扇門，期待著每扇門後的新冒險。

我或許想念英格麗，但我準備好了。

2

摘自「英格麗的日記」

第1天

下午1：00

赫丘里斯和我一起去了遛狗公園。我感覺古怪彆扭，和過來搭訕的男人講話時有點害羞。我感覺來到一個全新的世界。迄今我沒想過太多尼爾的事。等著夜晚來臨。我害怕的是晚上。

公園裡每個人都認為赫丘里斯超可愛。他多半時候獨來獨往，喜歡聞草皮。

我感覺很敏感。我不希望別人過來搭訕。我想要獨處。我覺得寂寞又哀傷。

晚間21：00

在「我朋友」梅莉莎的家門外等待。碰面一起去喝酒。我得請教她怎麼熬過分手。從遛狗公園回辦公室途中，我在Rocket Fizz飲料店買了些怪口味的汽水。但每種口味都讓我想起尼爾，因為我們幾乎全部試過了。我發現了幾種新口味，但我又想，嗯，如果好喝的話，我希望跟他一起喝。所以我什麼也沒買就走了。

我想念我最好的朋友。我的家人。我的一切。

我做得到嗎？

梅莉莎什麼時候出來？天啊！我在這兒等了超過半小時。

今晚的月光好明亮。月亮用溫柔的光芒擁抱著我。我希望尼爾在戶外，讓月光能夠照著我們倆，用光線連結我們。

我愛他。毫無疑問。

現在和梅莉莎在酒吧裡。她在跟她認識的男人講話。他想要介紹我認識酒保。

3

查爾斯心情不好，因為他老婆又對他發脾氣了，把他關在家門外，還告訴他家人他又召妓偷腥了。亞當不踢足球了，但他老婆還是沒解凍。有個形容枯槁名叫羅德的搖滾吉他手承認他會背著老婆光顧亞裔按摩院。

每個人都向我大喊。

這是我最後的團體治療集會，席拉要大家「評估」我的離去。上星期，他們同樣評估卡文，他決定把瑪莉安娜和兒子接來洛杉磯住一陣子，看他們能否組成一個家庭，然後退出了團體。

「那你現在打算怎麼辦？」查爾斯問我，彷彿沒有性癮治療的人生難以想像。

「我想要花點時間探索不同的替代性關係，以便找出適合我的那種。」

「你說替代性關係是什麼意思？」亞當困惑地問。他似乎不曉得人生中除了一夫一妻制婚姻還別的選項。

「我寫下了我要尋求的關係類型的某些條件。」我掏出電話念出昨晚我寫下的筆記：

1. 不能有性愛獨占性，所以排除一夫一妻制。

2. 必須要誠實，所以排除通姦。

3. 必須能夠發展出浪漫與情感依附，所以排除永久單身。

4. 必須能夠進化成具有健康又調適良好小孩的家庭，所以排除不穩定的伴侶和生活方式。

我念完之後一陣尷尬的沉默。最後，查爾斯說了：「我原本希望你是齊人之福式的成癮者，在失去一切之前接受治療並且復原了。」他失望地搖搖頭。他心目中的諾貝爾原來只是發明原子彈的羅伯·奧本海默（Robert Oppenheimer）。「但現在看來你會墮落到底。」

「你的腦子有病！」團體中一個建築經理大喊，好像中世紀的神父說我被惡魔附身了。他來是因為他老婆逮到他掏空了銀行帳戶付錢給一個網路視訊女郎。「你無法自己作任何決定。你的腦子讓你陷入這個爛攤子，你怎麼會認為同樣的大腦能讓你脫困？」

我開始自我辯護，但席拉舉手要我閉嘴。「先聽聽每個人的意見，」她指示。

下一個是羅德。「我有些朋友嘗試過開放性關係，」他說，「結果行不通。你想這麼做很自然，因為你是男人而且是成癮者。但如果你聲明你不會忠實，沒有正常女人會跟你交往，除了軟弱的人或許會接受。」

但是我猜想，誰來決定什麼是自然和正常？萬一只是因為女人隨時承受的文化壓力要當個好女人、保留貞操、找到真命天子，加上被父親拋棄的影響造成了黏人的愛情癮者，被人們誤解為女性的先天傾向是永遠幸福美滿的一夫一妻制呢？我開始相信把某些行為分類成正常與不正常的概念對大家的傷害多過幫助了。

每個人譴責過我之後，席拉深呼吸幾下，雙掌向上隨著每次吐氣起伏，直到緩和了教室裡的能量。然後，她盡力擠出最慈愛的語氣，譴責我說：「你現在重蹈覆轍了。你正在擬計畫逃避分手的情感痛苦，和明知你無法給英格麗她在交往中需要的東西的痛苦。」

我靜坐著努力理解她說的話，但聽起來完全是胡說八道。幸好，亞

當似乎掌握了替代性關係的概念，出來救援：「咱們老實說吧：尼爾想要的東西和英格麗不同。他對她誠實，那可是一大進步。我不知道大家對自己的老婆有沒有這麼坦白。至少他在結婚之前把這些想通了。」

「亞當，你看不出這是他*情色化的憤怒*（eroticized rage）嗎？」席拉教訓他。

我想要說利用情色化的憤怒一詞全面譴責所有非一夫一妻和隨機的性愛，本身就是憤怒的行為，企圖羞辱不認同她個人觀點與道德的所有人。她同樣可以輕易把我的寫作解釋為病態，斥之為童年感覺被誤解的創傷反應，告訴我我必須雙向溝通並且作完十二步驟療程以阻止這種單人形式的對話自慰，才會有親密關係。

但我閉嘴不語——直到席拉允許我回應，在療程結尾時道別。起先我想問為什麼沒人譴責羅德上按摩院，但我看著他可悲地癱在椅子上，我懂答案了：他承認有無能為力的疾病，而我仍然不認為我們大多數人有病，還想開始探索非正式交往的性愛。所以要是我沒有死掉或慘到一個程度，就會威脅到這個偽宗教裡每個人的信仰，還有對自己慾望的薄弱控制力。

於是我忍住沒反駁，那樣只會證實席拉的憤怒指控，我只謝謝大家說要保持連絡。但她向我作出招牌哀傷表情說她為我感到痛苦，讓我更難堅持走自己的路。「不用擔心我，」我告訴她，「妳感到的是妳自己的痛苦與哀傷，不是我的。我沒事。」

亂七八糟，沒安全感，神經質，而且⋯⋯啟蒙了。因為我厭倦了跟這些沒骨氣的傢伙坐在這裡，他們大多數人根本不喜歡他們拚挽救的婚姻。

我們一直活在兩性關係的黑暗時代中。是天主教會在西元九世紀

開始極力宣傳讓一夫一妻制和終身婚姻成為不可違反的制度。該進入愛情、性慾和依附的啟蒙時代了。總有人得打開社會套在我們生殖器上的鎖頭——即使要被席拉、查爾斯、蓋兒、派崔克・卡恩斯，和其他千百萬個害怕改變、自由和愉悅的人綁在木樁上燒死。

所以性癮治療團體再見，團體性交我來了。

4

摘自「英格麗的日記」

第4天

我老是在情感上被拋棄。我爸跑掉，我人生中每個男人也是。以前我認為，男人都是混蛋。後來我糾正自己認為，唉，是我選了他們，所以我也是混蛋。

我不想再當混蛋了。我受傷到心都麻木了。尼爾不要我，他沒跟我在一起可能很開心。

我努力遺忘免得痛苦。一天一天過。明天又是痛苦減少的另一天。我沒事的。有個光亮跟著我確保我平安無事。

尼爾這麼快忘記我？我還沒忘記他。

我不要他知道他傷到我了。是他趕走我。

5

我早說過我是這個故事中的壞人。

6

我在夏瑪‧海倫娜給我的地址附近停車時，輪胎壓到啤酒罐和塑膠袋軋軋作響。街邊有幾排突兀的小型住宅，每戶的草坪都奄奄一息。比較富足的住宅可從與鄰居分隔的低矮金屬加木頭大門看得出來。

我在找的房子是一棟黃色水泥胚平房。房子後面有座車庫和花園小屋，各自被當作公寓出租。我是來找住在車庫的房客的。

這不算是山谷區最好的社區。我不確定跑來這裡是否正確。但我總得找個地方起步。找夏瑪‧海倫娜有何不可？

最後一次團體治療之後我開始尋找一夫一妻替代方案的第一個地方是網路的多元伴侶社群。歷史上重婚（Polygamy）指的是某一同時跟複數人結婚——若是一女嫁多男叫做一妻多夫（Polyandry），若是一男娶多女叫做一夫多妻（Polygyny）——多元伴侶（Polyamory）是比較近期也廣泛得多的詞彙，意指「很多愛」。由晨間尋歡‧采爾-瑞文哈特（Morning Glory Zell- Ravenheart）首創於九〇年代初期，這位新浪潮作家的名字大致體現了初始多元伴侶社群的後嬉皮意味。她的新詞彙快速傳播，最主要是因為這聽起來比「多元關係」或「多重伴侶關係」優雅多了。

上網搜尋附近的多元伴侶集會團體時，我碰巧發現了夏瑪‧海倫娜

的名號。除了帶領一個團體之外，她也自力出版了一本叫做《多元伴侶入門》（Polyamory 101）的書，指引新人加入替代關係的世界。所以我連絡她討論我的選項和找得到開放心態伴侶的最佳地方。

我輕敲夏瑪·海倫娜的車庫門，很興奮我進入替代性關係世界、找到非一夫一妻制伴侶（人數不拘）的旅程開始了。從她的營業場地判斷，顯然教別人擁有更多情人的報酬不如教人減少情人。

夏瑪·海倫娜穿著寬鬆的繫繩褲和被巨大乳溝撐起的背心迎接我。她看起來五十幾歲，紅褐色頭髮，瀏海很長，嚇人的女巫臉，但不是尖鼻而是寬鼻子。常識叫我快逃；但是好奇心驅使我前進。

車庫被改裝成兩個房間。中央谷區的巨乳女巫帶我到後面那間，房裡兩面牆之間硬塞了一張床。她翹起腿坐在床墊前端。這是她的辦公室。

顯然我應該要坐到床尾面對她。我猜想哪種女人會讓從網路連絡她的陌生人進入家中，幾秒鐘後就上了她的床。然後我發現正是我來此尋找的那種女人。

十六世紀時，像夏瑪·海倫娜這樣的女人可能會被綁在木樁燒死——未必因為她的外型或家中擺滿的蠟燭、焚香和紅色帷幔，而是因為過度性感的女人被認為是惡魔附身的女巫。我們的文化在五百年來進步不少。如今，我們不再稱呼她們女巫再殺掉，只稱呼她們蕩婦然後毀掉她們的名譽。

男人對女性性慾有種矛盾情結：男人單身時，希望女人像A片女星一樣愚蠢隨便。但他同時又怕這種行為，因為心想如果女人這麼輕易跟他睡，那麼顯然也會跟任何人睡所以不會在交往中忠誠。我們對性慾有好多矛盾、壓抑、自我設限的觀念——幾乎每種都源自宰制別人的病態

需求，規定他們可以和不可以用自己的身心做什麼事。

「有什麼我能效勞的？」夏瑪・海倫娜問。

我開始告訴她我的經歷，但我講話時，內心有個東西開始崩潰。我暫停一下閉上眼睛強化我的心防，無所不知的夏瑪・海倫娜發現了。

「有什麼問題？」她問。

我吸滿瀰漫焚香味的空氣。「我剛想到我的前女友英格麗。」稱呼她前女友感覺好怪，彷彿她從我的人生中被刪除了。「我們原本預定要一起去馬丘比丘，想到要自己去我就難過。」

她用帶著點喘息的緩慢語氣，彷彿研究過瑪莉蓮夢露為甘迺迪總統唱《生日快樂》的方法，告訴我她認為男人有三種：想要終生跟一個人廝守的至死不渝型；永遠不想長大，只想累積戰績的彼得潘型；還有想要和複數伴侶擁有親密關係的成熟男人。

我聽著她說話，感覺好像融合了這三個類型，我開始想像她的性生活會是怎樣。我看到她裸體，到處是皺紋，胸前的乳房下垂，開朗燦爛的笑容，被胸毛發白、山丘般肥胖的老頭亂摸。不知怎地，這個場面並不噁心，似乎挺好玩的。

夏瑪・海倫娜起身走到幾呎外架子上的電爐邊——八成是她的廚房——給自己倒杯茶。她要請我喝，但我擔心可能加了春藥，所以婉拒。

她坐回床上後——大概也兼作她的餐桌——我詢問最常見的多元伴侶模式。根據她冗長的回答，我勉強拼湊出這三種關係架構：

1. 有個主要伴侶，雙方可自由協商或展開另外的次要與第三關係。

2. 構成三角關係，三個人都有性愛關聯。形式可能是三人平等的關係（「三角形」）；一人同時跟並不親近的另兩人交往（「V字

形」）；或一對男女分享相同的次要伴侶（她沒命名，但我猜應該是「T字形」）。

3. 四個或更多人的團體關係。

「換妻算是哪一種？」我問。

她作個鬼臉好像剛舔過流血的痔瘡似的。「換妻者的生活方式只是『我們來嘿咻吧』。多元伴侶生活方式是『我想要多了解你一些』。」

我猜要是多元伴侶重點只在性交，那就會稱作多重性交（Polycoitus）了。在隨後的講解中，夏瑪‧海倫娜解釋對大多數人來說，多元伴侶表示有複數關愛的浪漫關係，其中所有人都知道其他人的存在。這裡的關鍵字是「關愛」。只允許私下隨機性愛的關係嚴格來說不在此列。另一個特徵是「誠實」。有祕密情婦或處在「睜一隻眼，閉一隻眼」的關係也不算是真正的多元伴侶。多元伴侶未必伴隨著「自由」。夏瑪‧海倫娜解釋，許多人的關係需要團體中的一人或全體成員有性愛專屬性——或者如名稱所示，*多重忠誠（Polyfidelity）*。

「無論什麼情況，你想要的是個有感情的伴侶關係，又能允許你單飛，」她告訴我。「有個稱作*共榮感（Compersion）*的概念。表示如果你的伴侶有別的情人，你不嫉妒，反而因為她高興而替她高興。」

突然間，現實感降臨。如果我能隨心所欲，那我交往的任何人當然也能同樣自由地做她想要的事。如果我獨自在家工作時她在別的情人家過夜——或跟某個床技高超的迷人大情聖在五星級熱帶渡假村過周末，我會作何感想？

傳統上，通姦一向是男性專屬的特權。人類學家關‧布魯德研究過一百一十二個不同的社會，發現其中百分之五十六允許丈夫有婚外性行

為，只有百分之十二允許女人這麼做。即使在《聖經》裡，還有把人活埋到脖子用亂石砸死的現今社會中，通常是通姦的女人（經常包括她們的姦夫）受到懲罰，很少是跟單身女人偷腥的已婚男性。

然而，只允許男女關係中的一方解放不是真正的自由，那是專制。所以我必須學著放手容忍。

「萬一我天生就沒有共榮感呢？」

「就像任何事情，需要學習，」夏瑪‧海倫娜拱著背回答。雖然像女巫，她這個動作令我興奮。一定是焚香氣味讓我昏頭了。幸好我沒喝茶。「為了真正成為多元伴侶，你將必須經歷不自在的道路。記住你會體驗嫉妒，記住重點是你，不是她。所以要允許自己有弱點。別怕顯示你的情感和需求，透過這些去努力。最後，你會發現真愛是希望你的伴侶擁有她想要的一切——無論你認不認同。」

我謹慎地吸口氣。這是很棒的忠告。我想我做得到。我想像英格麗和別人上床，我只要我知道我是主要伴侶，終究可以學會應付出現的任何情緒。或許那還會啟發我改善床上表現而非懶惰地肖想其他女人。

療程只剩幾分鐘了。我有兩個迫切疑問仍然需要協助。在我跟英格麗關係最艱困的時刻，有個影像一直浮現腦中：約德老爹跟所有快樂嬉皮情人共同生活的照片。

於是我問：「如果我想創立一個社群讓擁有單一開放性關係的大家同居呢？」

這個問題讓我大受夏瑪‧海倫娜賞識。這也是她的夢想。她說她想要弄點土地，蓋些房子，讓她「部落」裡的每個人一起住。我努力想像她租下整個社區的所有車庫。

疑問二：「我怎麼知道哪種關係模式適合我？」

她建議我去參加世界多元伴侶協會的年會（the annual World Polyamory Association Conference）試試水溫，她形容那是整個社群中最大規模歷史最悠久的活動。「慢慢來，再決定哪種關係模式適合你，」她補充說，「先探索這個世界上存在的不同選項。看一些成功案例和失敗案例。置身事外採取探詢的立場，但注意你傾向哪個方向。」

我們結束療程後，我感到樂觀又充滿活力，更加理解該如何前進和尋找什麼。

然而，我滑下床走出她家時，夏瑪‧海倫娜緩緩舉起手彎著手指指著我：「還有一件事。」喘息感消失了。她的語氣堅定。我擔心了一下怕她把我變成蟾蜍或假陽具之類的。「你必須對認識的每個人坦誠。因為你要是交到了一夫一妻制的女人，她會希望是一夫一妻的關係。這對她不公平。所以你若是認真的，我希望你向我保證你不會找一夫一妻的伴侶。」

那就讓場上的選擇減少了很多。會排除我過去的所有伴侶，更別提北美洲的大多數人口了。不過，如果德國那個瘋狂食人魔都找得到願意被活活吃掉的人，我至少能找到幾個願意讓我跟別人交往的女人吧。所以……

「我保證。」

「很好。你必須找符合典範的人。例如我是密宗信徒，我不跟非信徒交往。」

原來她真的是女巫，我邊想邊給她五十美元，照她的說法，當作「供品」。我從來不相信把心靈和生意混為一談的人，我不確定夏瑪‧海倫娜是否算是法則的例外。但以我進入多元伴侶制世界的初次小探險而言，不算太糟。我很期待應用她的忠告，首先，在世界多元伴侶協會

年會中尋找潛在的新伴侶。

　　我走出門循原路回去時，夏瑪·海倫娜問我什麼時候要去馬丘比丘。「下個月，」我告訴她，想像著我將在集會中認識的那些健美的多元伴侶瑜珈女人。年輕版的夏瑪·海倫娜。

　　但這時她在我背後大喊：「如果你在祕魯有任何外星人體驗再通知我！」

　　我內心有種東西急墜，我想是希望。或許羅德說得對：在這個社群裡指望找到正常女人或許太不切實際了。他們就像善意外星人、守護天使，還有北歐眾神——想像中的生物，幻想的產物，是渴望在宇宙中不要孤單的症狀。

7

摘自「英格麗的日記」

第7天

　　我感覺好多了。

8

　　隔天在家裡，我報名參加世界多元伴侶協會年度大會，不巧跟我要去祕魯時間撞期，於是我延後了旅行。然後我從亞馬遜訂了一堆書，合意非一夫一妻制領域中的經典之作——《道德浪女》（*The Ethical Slut*）、《愛的開放式》（*Opening Up*）、《身體的祕密Sex at Dawn*》、《愛不設限》（*Love Without Limits*）——還有傾向治療觀點、比較不知名的書，凱西·拉布里歐拉（Kathy Labriola ）寫的《豐富之愛》（*Love in Abundance：A Counselor's Advice on Open Relationships*）。我和她短暫聊過，她解釋說她認為，「多元伴侶關係就像身為異性戀或同志一樣，是固定的性傾向。」

　　我直到多元伴侶年會之前有一個月時間，所以我做了去年一直重複的事。我重新連絡在跟英格麗交往期間傳簡訊、或寫電郵給我的眾家女士。雖然英格麗和我不再交往，我還是覺得有點背叛了她。

　　很不幸，我第一次約會經驗太順利了。我去跟我從復健所回來之後寫email給我的拉斯維加斯巨乳女萊德妮住。但同居僅兩晚，她就問，「你有跟別人上床嗎？」從她的語氣看來顯然不是隨便問問而是可怕的最後通牒。

　　於是，我很清楚又同情地向她解釋，「當我聽到妳的問題，妳好像認為跟別人的經歷會減損我們一起培養的東西。但是允許這段關係自由發展而不要企圖彼此控制或限制，不是比較好嗎？性專屬不該是決定要不要愛某人的條件。」

　　萊德妮仔細聽著，眨眨假睫毛，吸收每個字再小心衡量它的意義。然後她直率地回答：「我不是那種女人。」

　　鮮豔的一夫一妻制蘋果，生錯果園了。

一周後，我跟英格麗交往時，想用Skype引誘我的女商人伊莉莎白，邀我參加她跟投資人的商業晚餐。事後，我們在她的公寓裡親熱起來。她用嘴吸我的手指，然後伸手進我的內褲。但是突然間，她退開來說，「我很被你吸引。但我有個兒子。要是我跟你上床，你得娶我。」

　　她的話令我震驚：彷彿性愛是用來交換承諾的東西，彷彿愛情是可以談判和公證的商業協議，彷彿她的陰道是該死的新創公司，而我的老二是即將發現它的天使投資人。更驚人的是，她已經跟一個大牌律師長期交往了。或許她是打算跳船。有個名詞叫做高攀（Hypergamy），意思是人們離開伴侶尋找地位更高的對象，所以我猜這應該是高攀。

　　我洩氣地開車回家時，發現我已經犯了第一批錯誤了。一夫一妻制關係就像魚網在交往世界的淺水區等著我。只要走錯一步，我又會被纏上。跟英格麗分手卻掉進另一個專屬性關係不只是個愚行，而且伊莉莎白和萊德妮雖然都有很多正面特質，卻遠不如英格麗具有的善心、幽默感或生活樂趣。夏瑪・海倫娜說得對。你不能隨機跟人交往然後指望慢慢帶領他們進入非一夫一妻的關係。你必須從一開始就坦誠。

　　當周剩下的時間我用來檢視我的選項、刪去一夫一妻制的、已經有對象的或顯然不適合交往的人，剩下三個比較有機會的。首先是多次跟我一起性冒險的雙性戀作家薇歐蕾；但我打給她時，她告訴我目前她正在實驗一夫一妻制。

　　再來是我跟英格麗交往時寄裸照給我的法國妹安妮。她是治療師兼針灸師，社交網路上的貼文暗示著另類的生活方式。於是我開始跟她談話，最後敲定在多元伴侶年會之後去拜訪她。

最後是我跟英格麗交往時一直傳簡訊的澳洲妹貝兒。認識貝兒的時候，我把她和一個可愛溜冰妹帶回飯店房間過夜，所以她顯然不是一夫一妻觀念。

「記得那一晚嗎？」我打給她時問道。她竊笑、她記得。閒聊一陣子之後，我又說：「我不知道妳熟不熟悉多元伴侶制，但這個概念是說愛情不是什麼只能流向一個人的稀有資源。」

我暫停一下等待相當合理的反駁或譴責。看她沒說話，我又緊張結巴地說明。「就像一個人可以同時愛父母、子女、寵物和各種歌曲與電影，他們也可以愛不同的伴侶而不會覺得其中一個減損了對另一個的愛。所以我——」

她終於開口，憐憫地打斷我。「你想要組一個後宮對吧，史特勞斯先生？」

我倒是沒這麼想過。我想約德老爹跟很多男女同居，每個人都有自己的丈夫和老婆。但誰不想要後宮呢？而且貝兒的語氣挺輕快的。她有調情味道也沒掛斷、或說我是個怪物。這都是好跡象。

但是我最不想要的，就是像邪教或摩門教的父權式家庭。所以我解釋，「對我來說，後宮是一群女人被一個男人控制。我寧可活在學習與成長、人人平等自由的團體氣氛中。」

「你想要同居的其他女人是誰？」輕快突然轉變成尖銳、懷疑的語氣。在每個肯定的背後，永遠有個否定等著掃興。

「我還不曉得。但妳或許有興趣加入我這場探索，我會確保他們是我們都能夠相處、很酷的人。」

不知怎地探索這個字似乎比關係聽起來安全一點。比較少承諾，讓她比較容易退出。況且我們其實還沒有那麼了解對方。但至少這次我坦

誠了。

「我不確定你想要做什麼，史特勞斯先生，但我相信會很有趣。」輕快感回來了。這不太難嘛。要是我能多找到幾個答應的女人，我就能實現我青少年時期作夢也不敢相信的幻想了。我還以為要花很多年才能組成類似約德老爹的團體關係。

「妳多快能夠過來？」我問。

「我三個月後可以休假。」

「那就到時候見了。」

這下我獲得承諾了。

而且已經手足無措。

幸好，我還有時間學游泳。世界多元伴侶協會年會快要到了。我在那邊不只能找到搞定這回事的工具，還有志同道合又有知識、經驗，希望也有興趣加入我的人。因為如果一夫一妻制不自然，而偷腥又不道德，那麼現場的人一定是在兩性關係世界中最勇敢、最道德又最有智慧的人。

9

「我是沙夏，」他說。

然後他脫光衣服在圍成一圈的男人中間跑來跑去。然後，站在那邊的男士們——大多數頭髮花白、皮膚鬆弛又蒼白——脫掉他們不合身的衣服，漫步到中央。到處都是男性乳頭、鬆弛的屁股和亂晃的陽具。

唯一仍穿著衣服的人，堅持擔任這個崩潰圈子的最後代表，是我。

我原本以為世界多元伴侶協會年會應該是組織嚴整的交友、授課和實習活動，能夠教我管理非一夫一妻制關係和多元伴侶生活。我卻來到一座名叫哈爾濱溫泉的後嬉皮天體主義渡假村，被一群我無法想像在外界能正常生活、顯得快樂過頭的裸男包圍。話雖如此，至少他們自由。非常非常自由。

集會一開始，我們分開圍成男人一圈和女人一圈。然後每個出席者被要求自我介紹，作個手勢讓其他人模仿。有個人原地迴轉。另一個揮手。我鞠躬。老好人沙夏——笑容極具感染力、法令紋很深、充滿活力的七十歲阿伯——偏要脫光光。

沙夏跟他老婆珍娜碰巧也是世界多元伴侶協會創辦人之一，稍後珍娜解釋，多元伴侶制是來自尼比魯行星的外星人送給人類文明的禮物。我苦惱地想起夏瑪・海倫娜的道別台詞。多元伴侶制的觀念離譜到只有相信外星人的人能夠領悟嗎？

或許這個連結來自經典科幻書《異鄉異客》（*Stranger in a Strange Land*），書中出生在火星的男子來到地球開創一個自由戀愛教派。「守則說，『汝不可覬覦鄰人之妻，』」作者羅伯A.海萊因在一九六一年寫道，「結果呢？勉強守貞、通姦、嫉妒、惡意、爭鬥、有時候還殺人、家庭破碎、扭曲的小孩……你們不需要覬覦我妻子——愛她吧！她的愛沒有限量。」

歡迎儀式之後，一個語氣極溫柔的白髮婦女——他們這邊似乎認為輕聲細語代表有性靈——帶領眾人作運動，我們藉此創出自身周圍的氣場，搭檔嘗試感受它並且走進去。迄今，這一切似乎都跟多元伴侶沒什麼關係。

「你需要搭檔嗎？」有個聲音大聲說。

我抬頭看到一個高大裸體鬍鬚男聳立在我面前。他看來很詭異。其實,這時候裸男向我說什麼都會顯得詭異。尤其是他看起來好像有啤酒肚的林肯總統。我退後一步告訴他我要省略這項。

我在牆邊找了個不起眼的位置站著。附近,有個中年胖女人俯臥著,重力把她的肥胖身體平貼在地毯上。有個很蒼白的捲髮小夥子,似乎比她年輕廿歲也輕了一百二十磅,穿著羅馬長袍躺在她旁邊,他按摩她肩膀的贅肉時,那話兒露出床單外面晃蕩著。

上午流程的最後,眾人進行了一場肢體接觸舞蹈。他們像圓木在地上滾來滾去——交叉、碰撞、互摸,摸個不停。即使跟我喜歡的人我也不確定我做得到。

我跟英格麗分手就為了搞這個?

迄今,這場集會似乎比較像雙性戀新浪潮軟調換妻趴而非多元伴侶。

沙夏宣布午餐休息之後,我衝到餐廳去。我猜想如果排第一個領餐,才不會有別人的陰毛掉到我的蔬菜漢堡裡。我裝好餐盤,在戶外野餐長凳上找個位子。旁邊,有個微笑裸女仰天飄浮在溫泉大浴缸裡,開心地在陽光下裸露。

裸體的亞伯拉罕・林肯坐到我身旁,開始聊天。他告訴我最近他剛喪妻。她死後他做的第一件事是參加多元伴侶集會跟一群陌生人玩滾滾樂似乎很奇怪,但話說回來,英格麗跟我分手後我也這麼做了。他就是未來的我。

自稱馬丁和黛安娜的一對男女隨即加入我們。馬丁是個黝黑健壯的法國油漆工;他老婆黛安娜是天然巨乳的拉丁裔女子。她說她希望丈夫不是多元伴侶者,但她接受這回事也有自己的次要伴侶。然而,她看他

一眼補充說，「如果我丈夫決定回復一夫一妻制，我會馬上放棄。」

沙加緬度來的一對靦腆夫婦坐在他們旁邊。男子想要暢所欲言，但他老婆有所顧忌。這些關係模式聽起來正是復健所裡的婚姻模式的反面：不是老婆期待不喜歡一夫一妻制的丈夫接受，而是男人期待不願接受非一夫一妻制的妻子接受。或許這裡的女人只是比較不固執的英格麗，男人則是意志比較堅定的我。我懷疑妻子在這種逆轉關係中會如何偷腥：不跟其他人上床嗎？

林肯告訴我以前有一場將近兩百人的大型集會，但有個主要志工退出。她有三個情人，因為她的生活方式可能失去小孩的監護權，所以她只好表現得比較遵守一夫一妻制。

他的故事令人洩氣：如果有複數伴侶的人都被政府視為不道德、也不適合當父母，那麼這場革命就有比性癮症產業更強大的敵人要對抗。

有位住在以色列一座多元伴侶集體農場的裸體猶太教士打斷我們，他算是跟那個在溫泉浴缸裡睡覺、死掉或冥想的女人交往中。只見他站起來，倒了杯葡萄酒，用低沉優美的聲調吟唱了一段禱告詞，同時他的老二像節拍器似的在空中晃蕩。

在這種時刻我最想念英格麗。寂寞隱含在笑話中，因為你沒人可以分享。

午餐過後，我們回到會議區。又有幾個人趕來參加，我打量他們，希望找到能吸引我的女人。但即使以我的低標準，我只看到一個人：矮小、曲線玲瓏、戴粗黑框眼鏡的金髮宅女。

下一個演講人是留銀色長髮名叫史考特・卡塔瑪斯（Scott Catamas）的治療師，教了一套叫做四個調整的理論。他告訴現場所有人，為了讓男女關係健康和諧，必須要：

1. 把批判變成同情與接納。

2. 把羞恥轉化成自信。

3. 批評改變成欣賞。

4. 用體諒取代責備。

這是我至今聽到第一個有用的資訊，讓人想起洛琳在復健所裡教的正常成人行為之原則。稍後，我注意到一群同好坐成一圈傳遞說話棍，在討論真正做自己並且大叫「啊吼！」或許這些人都是性癮復健所逃出來的難民。

我正要判定這場集會是浪費時間，有八個人衝進門來。他們相對年輕一些，體型大致正常，也有合理的吸引力，而且簇擁在一個骨瘦如柴的女人身邊好像她是約德老爹似的。她的臉有稜有角、剪短髮。從制高點看來，她挺可愛；從另一方面，她也很嚴肅；在別的角度，她甚至像男人。

「那是誰啊？」我問老實的亞伯。

「那是卡瑪拉‧戴維。她很大咖。她的訂戶名單有四千人，」他敬畏地說。

卡瑪拉走到房間前方向仰慕的群眾說一聲「Namaste！」（印度語：你好），雙手合十舉到頭頂上在放到胸前，同時她的粉絲一擁而上。迄今我碰到的每個人不是單獨前來就是成雙成對。這群赤膊男人和短衫瑜珈褲的女人其實是我看到的第一個多元伴侶團體——而且這女人不像跟我吃午餐的夫婦檔，她掌握權力也顯然樂在其中。

卡瑪拉在前方站成完美的瑜珈姿勢，額頭上方的頭髮中分，皮膚緊

繃到她頭骨上每個輪廓清晰可見。她講話之前先帶領現場群眾吟誦一段真言。然後，她自我介紹為「女神」並介紹她的「多元伴侶家庭」，看來包括她丈夫、她的女情人、另一對已婚夫婦，其中那個老婆的男性情人，還有兩個邊際游移的情人。很難搞得清楚。光是連串複雜的一夫一妻關係就很難辨識破碎與混合的家庭了；不斷延伸又分裂的多元伴侶家庭的世界簡直是官僚體制的噩夢。或許這是多元伴侶制不合法的原因之一：否則，企業化惡棍就可以娶一大堆外國女人，給她們美國公民權，申報成千上百人的免稅額度。

卡瑪拉說話時，她的隨從們交雜坐著互相誇張地表現多元伴侶情感。除了詭異的新浪潮論調，他們的生活方式看來很好玩。

演說總結時，卡瑪拉說為了讓這麼大的團體運作順利，她必須當個「慈愛的獨裁者」，而且有時候，當「控制狂婊子」。我懷疑那是不是多元伴侶的祕訣：軟弱心靈與壓迫性法西斯的陰陽調和。我希望不是。

夏瑪‧海倫娜建議過我從外部觀察，留意我傾向什麼。所以當晚，我傾向卡瑪拉的隨從，搜尋休息處直到我發現她的三個男門徒跟那個宅女坐在渡假村的天體溫泉浴缸裡。一個是卡瑪拉的丈夫麥可；另一個是她的已婚情人之一塔爾；第三個是他們的外圍情人之一。「晚點我們要在房間裡辦一場特別派對，」外圍者告訴那個宅女，「妳可以來看──如果想要，也可以參加。」

我溜進浴缸裡開始跟他們搭訕。麥可告訴我，他最初是十幾年前在聖地牙哥的普迦儀式中認識卡瑪拉。所謂普迦（Puja）是印度教信徒膜拜並與神明溝通的一種儀式。就我的理解，多元伴侶者把它變成了情色導向的冥想與舞會。

塔爾告訴我，他老婆原本對多元伴侶制沒興趣。所以為了開放婚

姻，他鼓勵她跟別人約會同時他守貞。讓她享受這般自由大約一年，他逐漸也開始約會——這時認識了卡瑪拉，她說服這對夫婦搬去跟她住。

他的話是個啟示。我跟英格麗交往時，我希望的是我的性解放。但是鼓勵伴侶開放關係的更好方法是一開始先給她你自己想要的自由。

我問外圍者他有什麼經歷。他捏捏塔爾的肩膀回答說，「我們互相約會，但我們不是同志。」

「怎麼可能？」我問。

「新進年輕多元伴侶者多半是雙性戀（bisexual），」麥可說明，「除了我以外，我們團體裡都是雙性戀。我只是雙方都能接受。」

這就是自由戀愛的未來：性慾沒有任何界限，包括年齡、體型和性別。

團員們談到他們正在研發的實境秀和他們想蓋一家多元伴侶飯店，突然水面上有個聲音大聲說，「你們準備好了嗎？」

我抬起頭看到卡瑪拉隨從中的一個瑜珈猛男。

「你找到了其他女人嗎？」外圍者問他。

卡瑪拉・戴維和夏瑪・海倫娜都說多元伴侶制重點在關愛的關係而非隨機性交。但這些人似乎比較像下個階段的把妹達人，來這些研討會活動打算把所有單身女人吸進他們的強大現實中。

雖然我猜如果你是心靈進化的超人，人生就是持續有愛的狀態，所以沒有隨機性交這回事。如果你愛每個人，所有性愛都是多元伴侶制。

「不是，但如果你不趕快就會錯過這個生日禮物了！卡瑪拉在等。」

眾人離開大浴缸，帶走那個宅女。「如果你真的想多學一點，應該來參加我們舉辦的活動，叫做密宗狂歡會（Tantra- Palooza），」麥可離

開時說，給我一個安慰獎。「可以到處跟任何人做愛。」

我看著他們離去，很佩服他們不只創造了自己的替代性關係，還建立了自己的替代性真實。他們把交往帶到了全新的境界：何必上酒吧或上網過濾個人檔案去認識女人？只要做出性愛主題的飯店和慶典，她們就會成千上百湧向你。

建造好，她們就會爽。

10

隔天晚上，三十幾個穿彩色沙龍、披肩、羅馬袍和頭巾、衣不蔽體的男女聚集在會議室裡，焦急地等待即將發生的事。

這將是我的第一場普迦儀式。

「我有事要宣布，」一位名叫艾瓦蓮娜·羅斯的白髮婦人搶先說。接待桌上的簡介手冊寫著她是多次元治療、靈魂協尋和癮症復健的執業專家。「有些女性曾抱怨在普迦儀式中，男士們會為了女士競爭而有侵略性。請在普迦儀式中尊重適當的界限。」

她把麥克風交給卡塔瑪斯，他一開始先鼓勵大家自由跳舞忘掉自己的禁忌。據我所見，我不確定他能有什麼禁忌可以提的。

然後他指示我們坐成一圈互相眼神接觸。我看著哀傷、喜悅、不安、驚恐和嚇人的一雙雙衰老眼睛，也看著卡瑪拉的團體中每個人同樣年輕明亮的眼睛。

「感受腳下的大地之母和頭上的天空之父，讓他們在你心中會合，讓愛流過你的血管，」卡塔瑪斯繼續說。

當他要求我們按著胸口前後搖晃，深呼吸把光明吸進去，我開始在當下迷失自我，放鬆而失去判斷力，感覺和在室內呼吸搖晃著的所有其他人連結。然後突然我聽到無疑是卡瑪拉‧戴維的聲音用麥克風說，「記住你和性高潮之間只有三次呼吸的距離。」

然後，我出乎意料地大笑起來。她的話完全是瞎掰鬼扯，彆扭地丟出來提醒大家性愛仍然在今晚的選項中。艾瓦蓮娜‧羅斯不悅地看我一眼，好像我毀了普迦儀式。於是，我閉嘴憋笑，聲音從我的鼻孔漏出來。我正要開始重新振作精神時，卡瑪拉宣布她要擔任現場的「女祭司」，我又忍不住了。我猜笑聲只是我排解感覺不自在的方式。

「現在我要你們摸自己神聖能量的源頭，跟它建立連結，」卡瑪拉吟誦。我把手掌按在胸口，但其餘所有人伸手放到他們生殖器上。顯然他們知道什麼我不懂的事。

我把手移到神聖的胯下同時看著形形色色的同好們，他們對彼此的飢渴藉著這種心靈前戲逐漸增長。我的胯下告訴我，「拜託，尼爾，別這樣害我。我不想讓這些人摸我。」

我告訴我的老二，「聽著，是你想要自由戀愛的。是你認為夏瑪‧海倫娜裸體嬉戲的形象很美。呃，就這樣。你到了。現在不是表現得假惺惺執迷於表象的時候。我們已經拋棄那個世界了。我們必須愛所有人。」

「喜歡那邊的毛茸茸女戰士嗎？」我的胯下驚恐地回答，「還有尼比魯星球來的那個親切的皺紋老太婆嗎？甚至那個裸體鰥夫亞伯拉罕‧林肯？」

嘆氣。我的胯下和我不玩了。

我悄悄退出圈子，坐到安全的靠牆位置，在卡瑪拉鼓舞隱晦的慾

望氣氛、繼續把現場的陌生人變成一堆私通者時,盡力讓自己別引人注目。

上一分鐘,地上每個人還在滾來滾去。接著,男士們已經不分性別互相擁抱著。不久一個很粗曠的黑髮、梨形身材、五十幾歲密宗女信徒對空伸出雙手大聲呻吟起來。

我的腸胃餓得咕咕叫。我忙著確保今晚我看得到普迦儀式,忘了吃晚餐。

「現在起來走一走,允許自己欣賞你看到的腳,」卡瑪拉指示,「如果想要,你可以請求許可用你的腳去碰觸別人的。」

她繼續,叫眾人看著並觸摸一連串越來越私密的身體部位,好像限制級的唱跳兒歌。在安全的牆邊,看來是挺有趣的秀。看塔爾牽著黑髮女信徒的手用喜悅的舞步帶著她轉圈圈,我真希望我能像他這麼自由,能欣賞每個人身上的喜悅與美麗。但即使現場每個人看起來像超級名模,我還是會尷尬得無法加入。我必須用這次機會弄清楚理由。

我踮著腳尖溜到自助餐桌去搜括食物,但是只剩一包有機橄欖油爆米花了。嚴格來說,爆米花是注入空氣的蔬菜,橄欖是水果,當飯吃也不算是很不健康。況且包裝上說是有機的。所以我拿著回到我的位置。

「現在低頭看著彼此的男根和女陰,」卡瑪拉說。

男男女女在房間裡亂晃,愛戀地盯著彼此的胯下時卡瑪拉提醒他們,「欣賞她神聖教堂之美。」最老的男士們開始飢渴地聚集在最年輕的女人身邊,彷彿大風吹搶位子遊戲,當卡瑪拉停止說話,他們就能摸到最接近的肉體。

迄今,普迦儀式像是給親密關係迴避者的親密關係終極形式。對其中某些男人,這是體驗愛與連結而不必依戀或承諾的一種方式;對某

些女人，則是可以享受隨機性愛而不必覺得污穢、被利用或不安全的辦法。

理論上，這裡應該是瑞克認為我這種性癮者的天堂。那我為何這麼不自在？這麼渴望性自由的人為何坐在牆邊感覺這麼⋯⋯受限？

我伸手到爆米花袋子裡抓了一把晚餐。包裝袋窸窣聲傳到卡瑪拉耳中，她像貓一樣專注地聽聲音。她悄悄走向我蹲下，直到她的臉距離我只有幾吋，低聲說，「這裡是寺廟。我們不在廟裡吃東西。」

「抱歉，我不曉得這是寺廟。」我努力誠懇地說，但聽起來像是諷刺。或許這是因為我完全糊塗了。

他們什麼時候把這個普通會議廳變成聖地了？如果這只是信者恆信，那為什麼我的爆米花不能等同於聖餐儀式的薄餅？她又怎麼知道這不是神聖的爆米花，用初榨（譯注：英文雙關語：處女）橄欖油行過祝聖禮？

但我沒說話。我輕吻一下袋子，悄悄把它放在慈愛的女祭司腳邊。再見了，爆米花，我們在一起的普迦儀式結束了。我們距離高潮只差三顆玉米。

卡瑪拉走開，指示眾人分成四人一組，挑選服侍其中一人，給他或她三面按摩。

我手心裡還有幾顆爆米花，於是我把它們放到該去的地方：我的嘴裡。這不是飲食上的必要，而是小小叛逆行為，格格不入的男性自尊的證明。我是寺廟裡的偷吃賊。

轉瞬間，卡瑪拉又蹲在我面前，臉貼得太靠近了點。「我說過別在這裡吃東西，」她斷斷續續低聲說，細脖子上的血管氣得鼓起。「你得把食物帶走去廚房吃。」

我不滿地站起來，她看著我把爆米花放回自助餐祭壇上該放的位

置。我又抓了一把滿足我的飢餓然後——

我想騙誰啊？我拿食物不是因為我餓。是因為我討厭不理性、限制性、沒必要的規則。那是我當初離開英格麗和一夫一妻世界的理由。現在我又在一個規則更不理性更荒謬的世界裡了。卡瑪拉對糾結的男人而言不是稱職的女祭司。

我聽到她的聲音在比喻的寺廟裡迴盪：「如果你喜歡某人的魔杖想要摸它，別害羞。」

我從廚房回來時，幾乎每個人的衣服都掉在地上了。到處都是癱軟的魔杖和毛茸茸的神殿。女祭司、寺廟和男根這套說法似乎只是隨機性交的花俏藉口——假裝這是很嚴肅的事情。

或許就像宗教的外圍有邪教，親密關係的外圍也有邪教。但不是一神論、泛神論和無神論者，而是一夫一妻主義、多元伴侶主義和獨身主義者。每種信仰體系伴隨著自己的儀式，無論是十二步驟、普迦儀式、獨占性、通姦，或每晚為錢爭吵。而派崔克・卡恩斯、海倫・費雪和卡瑪拉・戴維這種人都是自認發現了唯一真正親密關係的狂熱者。

我努力阻止自己的批判思考，運用四個調整把批判變成同情，去認同這些毫無羞恥感的性革命者聯手，把普通空間變成神聖之地的美感。或許普迦儀式也跟約會時喝酒一樣——而且健康多了。這是人們卸下禁忌、互相輕鬆一點的方式。

這時我頓悟這是怎麼回事了：謝謝你，史考特・卡塔瑪斯（Scott Catamas）。傾向肉慾和自我中心的男性性慾和可能比較注重情感與心靈的女性性慾之間有紛歧。所以如果換妻適合好色男人，那麼這個場面就適合好色女人。狂歡會是給道德蕩婦玩的；普迦儀式則適合女神。

同樣的目標，不同的儀式。

我低頭一看發現地上有幾顆爆米花。我不能把這些褻瀆的食物留在神聖地上。它們可是處女呢。它們不該在這裡。

我撿起來尋找別的地方丟棄，但我不想再干擾普迦儀式。我可以直接吃掉，但是我不希望亞伯拉罕·林肯的香港腳黴菌跑進我的消化系統裡。我瞄他一眼，他張著嘴，在接受老女人按摩時滿足地呻吟。

我把冒犯人的爆米花藏到口袋裡，獨裁者馬上回來了。不過，她忘了帶著慈愛。「我說過別在這裡吃東西！」她雙眼突出似乎是仇恨地瞪著我。她從女祭司變身成惡魔了。我發現，戴維的姓氏和惡魔只差一個字母。「你不尊重我的普迦儀式！你的能量干擾了我的體驗與現場的能量，所以我必須請你離開。」

「我只是在清理寺廟的地面。」我迎向她的注視，「而且我的能量有什麼不對？又不是我能控制的。」從來沒有人羞辱過我的能量。其實，我認為這比被罵醜更糟糕。畢竟，你無法隱藏你的能量、或能量節食、或作能量整形手術。即使在充滿盲人的室內，你還是會像個妖怪。

「我們可以明天再討論。但是你現在必須離開！」

我想要留下來看接著發生的事，但我長嘆一聲站起來。她說得對。這些人必須裸體時覺得自在，一起搞怪，而沒有穿太多衣服的記者在角落吃垃圾食物默默嘲笑他們。

這真是我生平最黑暗的一天：我因為吃爆米花被趕出狂歡會。

我站起來走出會場到陽台上的野餐桌邊。幸好，有大玻璃窗。我聽不到裡面的聲音，但至少看得到他們。所以我悽涼地坐在桌上看著，讓寒冷的夜風刺痛我的臉。我又成了被禁足的青少年，沒晚餐吃被關在房間裡禁止和女生玩。

按摩逐漸變得更加情色。卡瑪拉開始陶醉地旋轉跳舞穿過蠕動的四

人編組，像《真善美》（*The Sound of Music*）中的茱莉・安德魯絲那樣
伸出雙臂。有一瞬間，這個奇景宛如異世界又超脫經驗。但我在浴缸認
識那個外圍者掏出他的老二在某個不太情願的人妻黛安娜身上自慰，直
到射在她的巨乳上時，對我而言整個神聖的外表崩潰。看起來比較像驚
世駭俗的A片場景。

　　如果這就是多元伴侶制，那可不適合我。我不僅會寧可和英格麗維
持一夫一妻，也不想每晚跟一群自稱神明的人玩幼稚的性遊戲，再過幾
次普迦儀式之後，我還可能被完全禁止參加。因為我生平為了嘿咻做過
一些很極端的事，但從來不捏造心靈信仰。

11

　　「你該先跟我商量的，」勞倫斯說，「我會警告你遠離世界多元伴
侶協會或其他同類型的活動。那都是夏威夷毛伊島的新浪潮人士，還有
周圍一堆瘋狂寄生蟲舉辦的。」

　　勞倫斯是冥想與性慾老師。他高大禿頭，健康的臉孔彷彿吞了燈泡
似的發光。以前我在派對上見過他一次，我介紹他認識我朋友，臉孔清
新很耐看的鄰家女孩型莉亞。事後莉亞打電話給我說她第一次跟他約會
時，就體驗到她生平最棒的高潮之夜。從此我沒見過他們倆，但顯然那
些高潮產生了很多「後葉催產素」，以致四年後他們還在交往。

　　「那是我的第一次開放性關係，」莉亞開心地告訴我。我問他們後
來發展如何，原來就像塔爾夫婦，起初勞倫斯給莉亞比他自己更多的自
由──並且持續──以身作則教她不必有恐懼和占有慾。

我們坐在洛杉磯某披薩餐廳的天井，我正參加第一個多元伴侶聯誼團體。我失望又洩氣地從年會回家，但深入調查之後，發現多元伴侶活動不只是普迦儀式和女祭司而已。

在這次聯誼中，當然就是如此。出席者大半來自完全不同的分支：BDSM同好（Bondage & Discipline，綑綁、宰制與服從、性虐待）。就像參加年會的人，這裡大多數人年過四十。但不是穿羅馬長袍和沙龍，他們穿的是塑膠衫和皮革項圈。他們沒有女神和女祭司，而是主人和女主人。不是崇拜光明，而是崇拜黑暗。

令我驚訝的是，勞倫斯和莉亞也在其中，他們來見勞倫斯的一個學生。所以我一直問他們多元伴侶年會的事情，想要弄清楚我的處境。

「我不懂普迦儀式跟多元伴侶制有什麼關係，」我告訴勞倫斯，「參加者們有沒有交往對象根本不重要。」

「說穿了，你在那邊看到的只是特定類型的多元伴侶制，」他解釋，「密宗多元伴侶制。」

參加年會之前，我以為密宗是練習在性愛中避免高潮，希望達到更大、更好、更持久的快感。年會之後，我仍不曉得那是什麼碗糕。卡瑪拉·戴維定義的密宗是「生命本身」。那個外圍者射精在女人乳房上的時候肯定並沒有壓抑自己。

「所以簡單說，密宗對這些人是什麼？」

「他們所說的密宗基本上是個美國現象，發明出來不用性愛這個字談論性愛的方式。」迄今，勞倫斯是我在這個世界遇到後感覺可以認同的第一個人，他講話不用印度問候語開頭，結尾也不會問到外星人。「因為性愛有許多不道德涵義，他們把它變成神聖又禮貌而非肉體與激情的事物。我想這是因為許多大師知道大多數女人需要情感連結才能做

愛，而宗教是最快最深刻的方式。」

「很不幸，」莉亞補充，「某些女人只是把一種掠食者換成另一種而已。勞倫斯曾經跟某個女人告訴他的老二就是神性的密宗性愛大師合作，她們必須張開腿接受它才能覺醒。他自稱他的精液是眾神的甘露。後來，很多女人覺得受騙被利用。」

年會之後，我因為只用腳趾試水溫而非完全投入直到達成結論，一直有罪惡感。畢竟，普迦儀式我生平看過最接近自由戀愛的東西。但跟莉亞和勞倫斯聊過之後，顯然我看到的其實並不代表多元伴侶制，只是許多分支之一。但至少我學到了有許多可接觸到的社群把性與愛視為自由與樂趣，而非占有與病態。

我們交談時，有個肥胖、聲音低沉的黑人站在附近伸出粗壯的手，自我介紹叫做奧菲斯·布雷克。他跟三個女人在一起：其中一個他介紹是他的奴隸，另一個是他的伴侶，第三個是他的三妻之一。他告訴我因為在加州重婚可能被判一年監禁，他用稱作握手典禮的異教儀式跟另兩個妻子結婚。

有了眾多老婆、女朋友和跟隨者，奧菲斯過得像約德老爹一樣。所以我恭敬地用問題轟炸他，希望學習我在年會上想要的是什麼。「我想要組成和你一樣的家庭，」我說明，「你有什麼建議能讓它順利運作嗎？」

他發出一聲悠長低沉的輕笑，然後神祕兮兮地湊過來。「這是個全職工作。你必須當領袖。你不能露出任何弱點或懷疑，否則你會被生吞活剝。」

聽起來不太好玩。「但你要是不能露出弱點，那你就無法真的擁有任何親密關係，」我回答，聽起來有點太像蓋兒了。「如果我不要主人

／奴隸這一套，希望每個人平等呢？」

「無論你怎麼做，所有女人都必須在某個程度上平等，」奧菲斯回答，「關鍵在於確保你對任何一人的感情不超過其餘人。另一個關鍵是讓她們相信未來的概念，但是務實。」

「那未來是什麼？」

「家庭。」他強勢地說出這個字，然後雙手抱胸自信滿滿地點頭。「你必須確保她們都知道這是個大家庭，沒有任何東西能取代家庭。要訣應該是做最有益於社群，而非對個人最有益的事。」

他描述的男女關係似乎比一夫一妻制更加拘束。或許是因為BDSM社群的重點就是限制、規則和懲罰。雖然把人五花大綁，鞭打他們，用項圈和狗繩牽著散步或許是好玩的多樣性，但不合我的胃口。我不是主宰或奴隸。我是中庸者。

我幹嘛為了逃離一夫一妻制，必須尋求這麼邊緣的地方？或者還有更多人這麼做，但是羞恥地隱瞞，害怕如果被曝光對他們事業、家庭或名聲的影響？

我失望地開車回家，擔心我永遠找不到要找的東西、或我的容身之地、或更多人加入我跟貝兒。

那晚，我夢到和瑞克·魯賓坐在魔術表演的後排觀眾席。英格麗也在，但她在前排。結束後，我坐在車子裡等英格麗過來，我們可以聊聊表演內容。但她一直沒出現。

我滿身大汗醒來，害怕我作了錯誤決定，永遠失去了英格麗。英格麗搬走後，我一直沒感到的痛苦突然壓倒了我。我看著活在我窗台上作為我還有心肝的證據的生存者，陷入深深的憂鬱。

我正式倒向矛盾心理的另一端了：不再懷疑是否該離開英格麗，現在我懷疑是否該留下。我考慮主動聯絡告訴她，我想要忘掉探索這回事跟她在一起，籠子裡的安全感勝過野外的自由。但我學過教訓知道這只是矛盾者的念頭，迄今我找不到追尋目標衍生的恐懼與寂寞的表現。我們只會重新展開避愛循環而已。

　　對大多數男人，比分手更苦的就是他們的前女友終於死心放手的那一刻，或許因為觸動了童年恐懼——心理上的驚恐——失去他們需要的第一個女人的愛：自己的母親。所以，如同席拉的建議，我讓自己感受那種痛苦、寂寞和恐懼，每天用盡所有力量拒絕投降、主動去找英格麗。

　　同時，我繼續偶爾參加多元伴侶和性積極的活動，但運氣欠佳也沒發生我真正想要參與的冒險。隨著痛苦變成哀悼、哀悼變成接受，我決定不再參加了。

　　這時候我終於發現了我想找的東西：不是多元伴侶的聯誼會，而是在塞思・麥法蘭（MacFarlane，美國諧星）家裡的洗衣間。

12

摘自「英格麗的日記」

未寄出的信

親愛的尼爾：

　　我原本希望我們會在這條艱苦道路的盡頭會合。但隨著歲月流逝，我發現我們的道路不會再交叉了。我一直很怕，希望你能救我，把我從這條路帶到你的路上。但事與願違。

　　我沒想到會發生這種事，但我認識了別人。認識這個新朋友純屬意外。我不知道怎麼回事，但我真的喜歡他。起初我以為我可以跟他玩玩不會有什麼後果。或許我會厭倦他不再回他的電話。但是跟他相處時，我發現這個人讓我無法像布娃娃一樣單純利用。我看得出他很喜歡我。似乎太早知道，但我的直覺很強烈。我想要給他一個機會。

　　老實說，我完全嚇到了。我暫時不想再跟人交往。但是同時，不知何故感覺就是來了。

　　有時候，我希望你會來帶我走，但是隨著時間過去，我回頭看到你好遙遠，幾乎像遠方的一團模糊。

　　很遺憾我們經歷過這一切。我真心祝福你未來順利，也希望你找到能像你讓我這般快樂、讓你快樂的人。我說真的。跟你在一起是我最快樂的時候。

　　再見了！
　　英格麗

Stage II

換妻 Swapping

每個極權社會，無論多麼嚴厲，

都有它的地下文化。

其實，兩種地下文化。

涉及政治反抗的地下

和保存美感與樂趣——也就是，

保存人類精神的地下。

EVERY TOTALITARIAN SOCIETY, NO MATTER HOW STRICT,

HAS HAD ITS UNDERGROUND. IN FACT, TWO UNDERGROUNDS.

THERE'S THE UNDERGROUND INVOLVED IN POLITICAL RESISTANCE

AND THE UNDERGROUND INVOLVED IN PRESERVING BEAUTY AND

FUN--WHICH IS TO SAY, PRESERVING THE HUMAN SPIRIT.

——湯姆・羅賓斯，美國作家《啄木鳥的靜物寫生》

（Tom Robbins，*Still Life With Woodpecker*）

13

妮可讓我聯想起較矮、較保守、更瘦版的英格麗。她五呎四吋高，穿著好像藍色的舞會洋裝，她的肩胛骨像風箏骨架從頂上突起。她是從舊金山來訪友的律師，你會帶回家見老媽然後結婚的那種女孩——除非你媽像我媽。

我剛認識她半小時。我們和一位共同友人，名叫蘭迪的電影製作人坐在日本餐廳裡。他和他老婆邀我們來一起晚餐，接著去好萊塢山上的《蓋酷家庭》（Family Guy）原作者塞思・麥法蘭（Seth MacFarlane）家參加派對。蘭迪的老婆潔西卡天生豐唇又美艷。可以用令人屏息來形容。另一個特徵就是緊張。

我告訴他們，我在尋找心態開放的伴侶時，她皺眉插嘴，「我絕對不會搞三人行。」

「為什麼？」她的強烈反應出乎我預料。

「因為蘭迪跟我非常相愛，我們的愛是真的。三人行不是你結婚後應該做的那種事情。」

她的話讓我背脊發涼。她說出了我的恐懼：婚姻意味著樂趣的終點，女人會跟在夜店認識的隨機男人做的事，其實比她會跟共度餘生的男人做的有趣多了。我忍不住雙手抱頭。蘭迪顯得像我一樣失望，但是掩飾得好一點。

「有什麼不對？」她問。

「看看蘭迪。他內心正在死亡。沒人想聽到如果他沒娶妳，他跟妳的性生活會好一些。」蘭迪迴避跟她眼神接觸——如果他附和我，稍後免不了會發生爭吵。「那麼如果妳未婚，如果情境適當而且情不自禁

——妳願意玩三人行嗎？」

她沒說話，但嘴上閃過一抹微笑。「妳願意！」我驚呼。我內心有點想要證明論點。「那麼，容我問妳：如果男人在婚姻狀態中無法滿足性愛多樣化的需求，你們的關係中有什麼需求是沒被滿足的？」連婚姻狀態（wedlock）這個字聽起來都像徒刑，而非愛情驅使的自由選擇。

「我會說大多數女人沒被滿足的需求是情感連結和情感支援。但我不指望全靠蘭迪獲得滿足。」

「看，我的問題就出在這裡！至少你能和婚姻之外的家人朋友有情感連結滿足那些需求。但是性需求，就只能靠一個人設法滿足。如果你想從別人獲得滿足，就成了人渣。」

這時妮可緩緩轉身，用溫柔的藍眼珠望著我，低聲說，「我非常同意。」

「真的？」

「我只是外表好像乖女孩，」她告訴我。

「你要是能說服我老婆玩三人行就太好了，」一小時後我們在麥法蘭家的後院散步，蘭迪低聲說。這場派對可不小：有冰雕、流動廁所、全編制管弦樂隊，還有很多苗條、笨拙、六呎高的女人。

妮可一直跟在我身邊。我們的氣氛逐漸增溫：她的眼神接觸多了點，對我說的冷笑話也會發笑。這在把妹術語叫做興趣指標。我跟英格麗分手以來頭一遭，這些指標來自可能願意……態度開放的女人。

我牽著她的手帶她到一張戶外沙發上，這時麥法蘭正在樂隊前面哼唱〈Luck Be a Lady〉。不知何故，蘭迪跟著我們坐到妮可旁邊。我不確定他是來保護她或只是完全白目。向妮可耳語時，我戳戳蘭迪大腿示

意他滾蛋。他坐著毫無反應，好像陷入某種沉思中。

「妳看他會走開讓我們接吻嗎？」我問妮可，「即使我們開始嘿咻，我也不認為他會走開。」她回答。

妮可的罕見處在於她對性愛似乎沒有任何忌諱。我一直希望找到這種女人：完全沒有一開始問男生下面為什麼長得不一樣，父母就強加到女兒身上的性羞恥感。

我想起有天晚上我和一個離婚男士坐在按摩浴缸裡，他在抱怨對象難找，同時兩個幼年女兒在他身邊玩水。「男生真奇怪！」他的長女回應他的話說。他讚許地看著她向我說，「她們三十歲之前不准交男朋友。」他的么女回答，「我要永遠單身！」這時我發現男人的交往問題都是自找的。他們設定自己的女兒排斥男人與性愛，怕她會遇到跟老爸一樣的男人，然後遇到別人的女兒，又指望她毫無焦慮或保留地跳上床。

我伸手摸過妮可的頭髮，我們開始調情。親吻激化、雙手開始遊走時，蘭迪仍然像羅丹雕像似的坐在我們旁邊：偷窺者。

我的嘴從妮可嘴上退開告訴蘭迪，「我們再逛一圈，然後一起走吧。」

在麥法蘭家裡，妮可和我試了各個房間的門把，但全都上鎖了。他顯然不是第一次開趴。然後我發現一面玻璃窗，裡面是洗衣間。幸好門沒鎖。我們溜進去關上門。我關掉燈免得被人隔窗看見。我把妮可按在門上，伸手到她洋裝裡，隔著內褲按摩她。她拱起背呻吟，開始玩弄我褲子上的鈕扣。比起世界多元伴侶協會年會上的神聖性愛，淫穢、偷偷摸摸又隨興的性愛感覺有意義多了。

很多女人認為，如果她們太快讓步，伴侶不會尊重她們。並非如

此。重點不是等待一段特定時間再上床，而是等待特定性質的連結。我已經夠喜歡妮可所以希望她考慮當我的合意非單一伴侶制、多元伴侶兼任多重關係主要伴侶。或許她會有興趣搬來貝兒和我的自由戀愛之家。

她跪下開始吹我，我伸手到後褲袋掏出一個保險套。這時候出事了。

她移開嘴巴，抬頭無辜地望著我說，「除非我男朋友在這兒，我不能和你做愛。」

我的大腦花了點時間才理解這句話的意思。

我從來沒聽過這句台詞。我比較習慣聽別人說，「我不能跟你上床，*因為*我有男朋友了。」

我像哀嚎般重複這個字：「男朋友？！」已經有別人跟她實踐我的夢想了。

「我們是開放性關係。但沒有他在場我不准搞任何人。」我失望的臉色想必很明顯，因為她又說，「不過我們如果做了，一定會非常非常棒。」

她又用嘴含住我。「我可以射嗎？」我問道。我不知道我幹嘛徵求許可。或許我得打給她男朋友確認他也同意。

「當然，」她回答。好答案。

我看著她幹活，但我困惑又失望得很難專注在當下。我想起看過《性的生理奧祕》（Anatomy of Sex）紀錄片。片中說明陰莖未勃起時，才是真正緊繃著。肌肉都是收縮的。當它興奮起來，陰莖放鬆，讓血液得以流入，擴張海綿組織造成勃起。所以你必須放鬆才硬得起來。緊張時就沒辦法。我很緊張，因為我終於找到了可以交往、心態開放的人——她卻名花有主。

沒戲唱了，我拉起拉鍊。

「我想我是注定遇到妳的，」我們溜出房間後，我告訴她，「最近我對開放性關係想了很多。」

「你有加入生活方式（Lifestyle）社團嗎？」她問，謹慎又試探地說出這句話。

「妳說生活方式是指什麼？」

「我討厭那個名稱。就是換妻。」

「我需要先有女友才能換妻吧？」

「未必。你知道Lifestyle Lounge嗎？」

「不知。」

「那是我和男朋友加入的網站。你可以在那邊找人。」

「就是所有清醒的人躲藏的地方嗎？」

「其實他們躲在至福派對（Bliss）。而且他們很性感。兩周後我們就要去參加。你不妨跟我們去。」

「那邊會有普迦嗎？」我問，以防萬一。

「什麼是普迦？」

「太好了，我加入。」

14

「再次感謝昨晚招待並且尊重我的界限，」隔天妮可搭機回舊金山家之後發簡訊給我。「我很期待改天再聚，下次帶著詹姆士。」

我原本希望加入這個關係——我不確定我能接受房間裡有另一個男

人，即使他只是旁觀。但是夏瑪・海倫娜勸過我觀察一些關係模式，這可能就是個機會。

很不幸，我比預期的提早獲得這個機會。兩小時後，妮可發簡訊說我們得談一談。

你剛上床過的人想跟你談絕對不是好徵兆。我唯一想像得到的是她有性病沒告訴我。

我打去問有什麼問題。「我剛跟詹姆士討論關於信任這回事，我跟你逾越了一些不應該的界線，」她慌亂地告訴我。

「妳不是有開放性關係嗎。」或許他們的關係不算真的開放只是半掩。

「其實，我們的協議是我不能嘿咻或口交，」她坦承，「我沒想到他會這麼介意，但我開始告訴他事情經過時，他氣炸了。我真的認為可能完蛋了。因為他不在場，無法接受。他說如果我愛他，就不會那麼做。事情從洗衣間開始讓他覺得似乎比較廉價，他很生氣我那樣子危害了雙方關係。」她頓一下。「更糟糕的是我們都是律師，所以契約很重要。」

一小時後，他傳簡訊：「尼爾，我是詹姆士。你不必為你做的事覺得難過。」我沒有啊。「有些事我必須想清楚。當你過我們選擇的生活方式，無條件的信任很重要。妮可違背了我的信任，我得考慮這一點。」

到這裡，聽起來好像他們的開放性關係跟封閉性關係一樣多災多難。而且都為了同一回事：信任。或許親密的友誼比男女關係容易持久，是因為大多數友誼沒有僵硬的規則和獨占條款。

一分鐘後，詹姆士又傳簡訊：「我不確定接下來會怎樣（我也不知

道你希望接下來怎樣）。那是我們必須一起想清楚的事。等我這邊想好了以後會發簡訊給你。」

「一起」這個字把我扯進去實在很怪。聽起來好像我可以選擇加入他們的關係似的。

無論情況怎麼發展，希望不會毀了我去至福派對的機會。

15

換妻這回事因為太成功，把自己害慘了。

當大多數人想到性愛自由的婚姻，浮現的第一個字眼就是換妻。然而，反對換妻的公關活動一向完整又徹底到光是這個字眼就引發嘲弄而非性慾。連搖滾追星族的名聲都還好一點。

首先，反換妻的主要論點是把它虛偽地描述成多半是老人、怪胎、穿著品味低劣，否則就是無趣的鄉下夫妻的活動。其次，認為換妻俱樂部充滿了疾病。部分是為了這些理由，支持者嘗試過重新命名為「*生活方式*」（*the Lifestyle*）社團以消除污名。

替換妻說句話，只有好看的人允許享受樂趣的批評，對指控者的傷害多過被指控者。至於性病，研究人員說過HIV病毒在換妻者之間並不比一般大眾氾濫。就像某研究者說的：它被當作道德論點，但科學上沒問題。

然而，如果所有派對都像至福派對，換妻者會被嫉妒而非嘲笑。

妮可坐在拉斯維加斯棕櫚樹賭場的中餐館裡，我猜她身邊的男子就是詹姆士。他的眼神強悍，跟我握手也很有力。過度男性氣慨的招呼方

式，正式又有點自大。顯然分享同一個女人的陌生人習慣像決鬥前的牛仔一樣打招呼。

雖然他三十幾歲，詹姆士穿得像廿幾歲年輕人，俗麗的貼身T恤和人造褪色的牛仔褲。他很高，金色短髮和粗壯的體格，比較像基因之賜而非健身房練出來的。所以他雖然大塊頭，看起來在打鬥中無法撐太久——這是好跡象，因為他可能不爽妮可和我認識之後用簡訊頻繁連絡。但是基於尊重，我有留意她和我每連絡五次就發簡訊給他。

「我只想讓你知道，你我之間沒什麼冤仇，」他說，「發生這些事的結果，妮可跟我其實改善了溝通也強化了我們的關係。」

呃，我很高興事情解決，那我就能跟你女朋友嘿咻了。

不久有兩對男女加入我們，男人穿著都比實際年齡年輕，女人則好像從美女雜誌走出來的。一個像完美雕像，頭髮烏黑。另一個是自稱雀兒喜的真人芭比娃娃。

雀兒喜有古銅色肌膚，染金髮，身材姣好。她作過整型手術，隆成D罩杯，其餘部分是苦練而來。我很快得知她是十五年來每天至少五小時花在外表上，全年無休的產物。那可是超過兩萬七千三百七十五小時的磨練和幾十萬美元用在化妝、美甲、服飾、鞋子、就醫、美髮、美學顧問和健身教練。

這樣的美麗是種癮頭，迎合只會隨著修照片、噴筆畫、軟體修圖，然後圖片編輯App一直提高完美女性的無盡軍備競賽的門檻，越來越不可能符合的男性幻想而打造。

我顯然是這裡最遜的一咖——而且身為孤單男性，或許也不受歡迎。幸好，妮可叫她的一個老朋友飛進城來，她暗示地微笑說，那可能是我的「特殊女伴」。

大家坐定之後，詹姆士問我上次交往的情況。他似乎在試探我，想弄清楚我是怎樣的人，判斷我配不配跟他女朋友上床。我告訴他實話：我想要完全開放，但是英格麗沒興趣。

　　「我認為你和她犯的錯誤是，」妮可插嘴，「你的重點全放在你想要跟別人在一起。你應該把重點放在想要一起展開性冒險。這樣的話，可以把她包括進來而不是顯得她似乎失敗了。我就是這個情況。」

　　她說得對：我對英格麗太自私了。我只想要自己的樂趣，不管會造成她多少痛苦。或許如果我當初想要做些事讓她的人生和我們的關係加分，她態度會比較開放。也可能不會。但這絕對是比較好的做法。

　　就像生活方式社團裡的許多人，詹姆士和妮可告訴我他們從沒想到自己會成為其中一員。他們成長過程中都相信婚姻神話：獨占、快樂、至死不渝。所以，認識對方之前，他們各有嫁娶，但發現婚姻現實對生命的消耗多過培養。

　　「這張桌上的每個人，還有我在社團裡認識的幾乎所有人，不是離婚就是先前很久沒有經歷傳統關係模式了，」妮可說，「你大致必須把第一次婚姻或重要的關係遺忘才能回頭認清真相，跟別人上床並不影響你們對彼此的愛。事實上，還可能強化。」

　　她告訴我她是在工作的法律事務所認識詹姆士。他們交往了幾個月之後，他帶她去脫衣舞店慶祝她生日，讓她興奮得願意嘗試換妻。起先他們去公開的換妻社團，但他們很難找到他們喜歡的情侶擋。然後他們開始探索換妻的個人，他們找到了他們在床上床下都喜歡相處的搭檔。最後他們發現了要求男女檔先交照片與申請表審核，才允許他們參加會員限定、在豪宅、俱樂部和渡假村舉辦活動的至福派對。

　　「我們的同事沒人知道我們做這件事，」詹姆士告訴我，「要是有

人撿到我的電話，他們看到簡訊會嚇死。其中半數來自社團的人，談到他們女朋友的月經，說他們幾天內無法參加派對了。」

有個女侍過來幫我們點餐，詹姆士問，「我們要分攤一切嗎？」

「我現在沒心情分享，」黑髮女子說話時她男友坐在旁邊悶悶不樂。這是我到場之後她初次開口。「我們兩個另外算帳。」

詹姆士湊過來向我耳語：「他們吵了一整天，所以我們今晚不能帶他們出去。在換妻社群裡，你會看到男女爭吵，互丟飲料或盲目地跑到外面街上。換妻的特點就是會強化良好的，摧毀惡劣的關係。」

雀兒喜和她的未婚夫湯米，身穿寬鬆暗紅襯衫的刺蝟頭壯漢，對當晚的冒險似乎比較有準備。「我們是社團的新手，但我們已經不去香草社團或派對了，」雀兒喜告訴我同時湯米飢渴地望著她，顯然在進行隱晦的性暴力。「在社團活動中，每個人都比較酷、比較有趣也比較自在。女性不會像在平凡世界七嘴八舌彼此嫉妒。」

香草（vanilla）這個字經常在對話中出現，總是語帶輕蔑。這個詞彙是指社團之外的人。有人提起時，我陪笑嘲弄那些搞砸一切的遜咖香草。但我內心懷疑：我是香草嗎？

我想起來跟我同住的澳洲妹貝兒。我或許可以分享她。兩周後我也要去巴黎見暴露狂安妮。我可以用她交換雀兒喜。但是坐在這裡，看著詹姆士和湯米，我就是無法想像看著他們侵入英格麗的每個洞穴讓她不斷高潮噴水時會有共榮感。

我回想和夏瑪・海倫娜的對話：如果我要真正的自由，我必須接受這條道路會充滿彆扭與脆弱。

「那我的女伴在哪裡？」我問妮可。

「她快到了。等著瞧。」

期待感真是難熬。盲目約會已經夠尷尬了，但盲目換妻約會更令人緊張。我猜想我該怎麼問候她：「很期待今晚把妳分享出去」？

晚餐後我們走過大廳時，妮可和詹姆士和各種像A片明星的女人打招呼——全都是至福的會員，走路帶著致命的自信架勢，真的會讓她們周圍的觀光客顯得像香草。有些非會員的社團參與者穿著同樣明顯的衣服，但至福派對的人似乎完全掌控他們的性慾而非只試用一晚。

賤民夫婦脫隊去爭吵時，我們搭電梯去雀兒喜的套房讓女士們更衣。我無法想像她們還能怎麼變得更性感——直到我目睹好像維多莉亞的祕密店面的房間。到處都有性感內衣、化妝品、香水、鞋子和乳液。湯米是做情趣玩具生意的，所以他對場景的貢獻是裝滿他商品的帆布袋和手提箱，加上專業燈光設備與三腳架相機。在復健所感覺羞恥的一切在此都光鮮亮麗。

「看起來像A片布景，」我告訴詹姆士。

「你今晚會看到比這更棒的，」他回答，「你永遠不會想看A片了。」

雀兒喜給妮可一個維多莉亞的祕密禮物袋，同時湯米開香檳。這是換妻者的前戲。雖然湯米似乎有點狂熱，我在這裡比起在普迦儀式自在多了。他們不是把性愛包裝成膜拜與宗教，而是性感內衣和香檳。

突然間，有人敲門。

「她來了，」妮可平淡地說。

我的心臟跳到喉頭。萬一她不喜歡我怎麼辦？萬一我不喜歡她呢？萬一沒人喜歡我們呢？萬一，萬一，萬一……

「別擔心，」妮可直覺地補充，「這也是她第一次參加這種派對。」

我立刻感覺好多了。

房門打開，出現一個紅銹色頭髮、好像時尚雜誌封面人物的高大女子。她的五官像小精靈，幾乎看不出的細小雀斑，黑色煙燻眼影，飽滿性感的嘴唇。她剪了短髮，遮到右眼上方。這股強大的美感既主流又另類，陽剛又陰柔，年輕又成熟。最驚人的是，我認識她。

「賽奇？」我問。我只見過她一次，但我永遠忘不掉。我幫《滾石》雜誌去紐約採訪一個樂團，她跟他們一起打混。我們沒說上幾句話，但她有種天使般的光芒，好像酗酒搖滾明星的守護聖人，讓我事後難以忘懷。

她高興地尖叫，雙臂環抱我脖子，身體緊貼著我。要不是她也記得我，就是她真的很友善。

我呼吸著她的體溫、她的保濕液、她的髮油。今晚應該會很棒。

16

雀兒喜、賽奇和妮可穿上高跟鞋和迷你裙昂首走向賭場夜店時，每個人都側目——連莊家們都轉過頭偷瞄。他們偷看是因為他們認為這些女人有吸引力或像娼妓、或兩者皆是並不清楚，但是不重要。在這一刻，我們就是賭城。

我陪詹姆士和湯米跟在她們後面，他們很享受自己女伴引起的騷動。「天啊，看看她，」湯米盯著雀兒喜說。他伸手摸過他的烏黑頭髮，上面髮膠濃得我幾乎聽到摩擦聲了。「我要娶她。我不敢相信我這麼幸運。」

有個異常高大的男子和他盛裝打扮的老婆碰巧跟我們走在一起。「老婆和我十六年前結婚，之後我們一直都是生活方式社團的成員，」他驕傲地說，「你看她的身材。很棒吧！」

換妻肯定是接近我尋求之對策的一步。比起慾求其他女人，這些人仍然喜愛他們身邊的人。這些夫婦沒有自暴自棄，保持體面外表是因為他們知道他們會在陌生人面前裸體。或許換妻就是青春之泉：逃避一起老化的無聊和隨著工作、養兒育女、太熟悉和責任加重而喪失性慾的藥方。因為雖然困難，這些夫婦相處多年之後，似乎仍對彼此保有強烈的海倫・費雪所謂三大動力——性愛、浪漫愛戀和深度依附。

不久，我們來到目的地：門外大排長龍的舞廳。一位美麗的至福主辦人帶我們穿過紅龍，跟我們同行的高大換妻者向老婆懇求，「親愛的，我跟妳說過的那兩個女生已經在裡面了。我今晚可以上她們嗎？」

好吧，或許他們還是會慾求其他女人。但至少他們會先徵求許可。

社團裡的夫妻檔不只上夜店和飯店。他們也會主辦所謂的占領活動。包括用強烈的性能量侵入公共空間讓香草震驚。他們雖不會在現場換妻，但擬定計畫確保事後互邀上床——同時感覺又酷又優越。我們加入裡面一大群至福會員時詹姆士告訴我，今晚真正的換妻將發生在稍後飯店特定房間內的私人派對。

在舞池裡，有個穿銀色緊身亮片裝的金髮妹暗示地扭動，立刻讓我心跳加速。即使全世界最有錢、最自信、最有名的男人——他也無法抵擋在舞池中跳舞散發性能量的美女。這就是喪失財富、家庭破碎、戰爭爆發的原因。

「我在這裡很自在，」詹姆士說，「這些人都是我的同類。」

過沒多久，我們的女伴也加入舞池裡的美女。傳統女人味在此似

乎被放大，而傳統男性氣慨被壓抑。在同好換妻者之間，女人賣弄性感——並且被欣賞——感覺比香草的活動安全：男人不會向她們拋媚眼、鹹豬手、跟蹤或搭訕。而且如雀兒喜所說，女人不會怒目相向把她們當競爭對手。

我的目光鎖定賽奇，她正在張腿扭臀跳舞，彷彿邀請色慾不用敲門進入。片刻之後，她和舞池那個美女一起走過來。「歐買尬，你的女友好性感，」金髮妹說。她雙手在賽奇身上亂摸。她指著跟西裝矮子站在附近的一個穿婚紗的矮女人。「看到我在那邊的朋友沒？他們明天要結婚了。你今晚能用力搞她嗎？她需要爽一下。」

「到晚上再看看吧，」我回答，確信我已經死掉，來到男女關係的天堂了。可惜，我不會是唯一在賭城搞上婚禮前夕的新娘的男人。

金髮妹大搖大擺走開後，賽奇湊過來，直到她的臉貼到我臉上。「如果我要跟人交往，」她說，「我不想跟別的男人在一起。」

「真的？」我大吃一驚。希望她不是擁護一夫一妻制的人。

「如果我交往的人允許那種事發生，我會認為不像男人。」

「那妳幹嘛來這裡？」

「我剛跟別人分手，而且很久沒看到妮可了。於是她就帶我來這裡玩一玩長見識。」

「其實我也剛分手。」

她在雙唇間誘人地攪舌頭，告訴我她上次交往的經過。她跟了一個想創造所謂「圈子」的傢伙——由他自己、賽奇和另外兩個女人構成的團體關係。聽起來很像約德老爹。然而，後來他迷上了其中一個女人，跟其餘人分手，開始只跟她交往，最近還娶了她。顯然他偏好一直線多過圈子。

我很慶幸賽奇其實對另類關係態度開放。突然間，蓋兒辦公室的世界感覺好遙遠。在這裡有另一種正常，該羞恥的是蓋兒——因為她是侵略性的香草，反性革命者。

我帶著賽奇坐到沙發上以便我們多互相了解。我告訴她背著英格麗偷腥和進復健所的事，她也告訴我背著多元伴侶男友偷腥。他發現之後，說她只有一個補償辦法：安排在酒吧見那個男的，先在浴室替男友口交，接著，她和對方會合後，吻他，把男友的精液吐到對方嘴裡，告訴他那是什麼東西。

「我仍然很後悔我照做了，」她說，「但在當時，我對偷腥感覺很愧疚，為了補償他我什麼都願意。」

「我懂。我也有同感。」

無論換妻適不適合我，至少我發現了可以自在相處的一群人，他們似乎既有親密關係也夠開放。加上我發現了妮可、雀兒喜和賽奇——我不必在三者之中選擇，對矛盾心態者很理想。我也不用跟我喜歡的人保持距離，只因為她碰巧現在有交往對象。雖然偷腥有點令人擔心，我有什麼資格批評呢？至少這一套比性癮復健所之後的生活，把女人當作該迴避的禍根而非該欣賞的人合理。

我們交談時，詹姆士衝過來告訴我們大家要去限量邀請、以《大開眼戒》（*Eyes Wide Shut*）為主題的續攤派對。「但是首先，」他宣布，「我得帶些派對禮物。」

我們先回他房間，他打開化妝包拉鍊掏出一瓶神仙水（GHB，液態快樂丸）。我沒喝過神仙水，不過我記得看過女性在郵輪上被下藥迷姦的可怕報導。她的代謝作用減緩到昏迷，停止呼吸，然後掛了。

「我怎麼知道該用多少劑量？」我問詹姆士。

他活像遜咖版蒙面俠蘇洛，用滴管在空中畫個大X形。

「別擔心：我會罩你。」

「那我只要你想給我的一半劑量。」GHB無味無臭：要是他因為洗衣間事件想報復妮可，現在正是最佳機會。

「你會喜歡的。就像喝醉，但沒有後遺症。」

「我相信你。」緊張但是相信。在復健所，特洛伊和亞當問過我有沒有吸毒的毛病，我說我不喜歡喝酒或毒品。「要是我失控，會覺得出現的人格不討人喜歡，所以我努力克制，」我解釋。特洛伊拍拍亞當的背大聲說，「看吧，我就說嘛。他絕對是性癮症。」

我不確定他指的是我的自制或我的自尊，但或許允許自己放縱一下會有幫助。

詹姆士用滴管吸了一點GHB，擠進瓶蓋裡，遞給我用某種換妻者的催情儀式喝掉。十五分鐘後，我感到輕微暈眩。然後想起一件我該問的事。

「身為男人，這會影響我的，呃，表現嗎？」

「跟我來，」詹姆士回答。

我跟著他走到桌邊，桌上有個裝了稀薄藥水的小藥瓶。「這是液態威而鋼，」他說明，「現在只獲准用在動物實驗，但我上網買到了一點，很好用，因為可以測量精確的劑量。要喝嗎？」

「裡面沒別的東西嗎？不會讓你茫掉之類的？」我懷疑動物幹嘛需要延長勃起。

「只會幫你有個超好玩的夜晚。」

「好吧，但別給我太多。我不想傷害任何人。」

他把威而鋼滴進我嘴裡，味道很噁。我們準備上陣了。基本上，這

些人是用性愛取代音樂的舞棍。

　　我不知道自己在幹什麼。我猜早在七〇年代末期，典型的自由戀愛就夾帶著自由嗑藥的暗示。至少這比跟密宗同好打混好玩多了。或許這些可以追溯到羅馬酒神節之前的次文化都有自己的性交前儀式，被視為放鬆禁忌的方式。我不懂為什麼我如此抗拒多元伴侶信徒的神聖儀式，但對換妻者給我的露骨化學藥物這麼開放。這肯定是我的道德失靈了。

　　我們飄飄欲仙地晃到走廊上，短暫停留在幾攤非換妻派對，直到GHB的藥效終於衰退，我們前往飯店的夢幻塔去參加大開眼戒派對。

　　雙臥室套房裡，有個DJ，有脫衣舞鋼管，在房間中央還有張蓋了白布的顯眼圓桌。卅幾個赤膊男女戴著精緻的狂歡節面具走來走去。即使在A片裡，我這輩子從沒看過這麼多假奶。怪的是，沒人在嘿咻。

　　房門口附近，有個大衣櫥放滿了戲服。賽奇選了個角落飾有彩色孔雀羽毛的黑眼罩。我拿的是有《發條橘子》（Clockwork Orange）式長鼻和小丑帽的白面具。

　　「我們開始吧，」詹姆士說。他倒出一瓶蓋的GHB給我們喝。然後我們等待著發生什麼事情。似乎每個人都在等。場內有股心照不宣的尷尬氣氛，好像舞池沒人的高中舞會。

　　突然間我聽到尖銳沙啞的男性聲音。「嘿，老兄，是尼爾·史特勞斯耶。」

　　我轉身看到一個穿紅浴袍戴白面具、絕對錯不了的人影。我從他鬼祟的姿態和面具下方有鬍渣的漂亮下顎線條看出是柯瑞·費德曼（Corey Feldman）。「你怎麼會來我的派對？」

　　「這是*你的*派對？」

我至少七年沒見過柯瑞了，他是《站在我這邊》（*Stand by Me*）和《粗野少年族》（*The Lost Boys*）裡的青少年明星。我跟瑪莉蓮‧曼森寫書時初次結識他，曼森對費德曼有點偏執，很喜歡嘲弄他。

「你怎麼會在這邊？」他同樣驚訝地問。

當我告訴他我是新來的，視野邊緣瞄到夜店那個金髮美女。她除了《獨行俠》（*Lone Ranger*）眼罩之外全裸。她走到圓桌邊，轉身，坐上去，大大張開雙腿。接著她仰天把雙腳放在桌沿上，雙腿張得更開。她獨自靜止在那兒，彷彿準備把整個房間吸進她的陰道裡。

「所以你只是來累積戰果的？」柯瑞問。

這是陷阱題。男人似乎喜歡在這種場合測試其他男人，以確認他們是為正確理由加入的，不管什麼理由。幸好我不是來累積戰果的。「我加入是為了尋找傳統一夫一妻制以外的生活方式，」我回答。

「那麼這就是終極的答案，」柯瑞熱情地回答。顯然我過關了。我在眼角瞥見有個男人走近桌子，跪下，崇敬地把他的臉埋進金髮妹雙腿之間。

「這是幹嘛？」

「因為看到你愛的人和別人在一起是最高的激情。」

「是啊，但它引爆的激情通常是想殺人。」

「這就是重點：這是很難處理的東西。通常你會感到嫉妒與憤怒。但你如果能控制它」──他掌心朝下從胸口壓到胯下彷彿在抗拒龐大的重量──「把它化為激情，就變成很有連結感的體驗。」

室內瀰漫一陣咕噥與呻吟，我抬頭看到圓桌周圍有三對男女。其中兩女彎腰趴在桌上讓男人從後面頂。大家一定都在等誰有勇氣讓派對開始。然而，這看起來不像大型換妻聯誼或雜交趴，只有男女在其他嘿咻

的男女身邊嘿咻。在普迦儀式的換妻行為都比這裡多。或許對某些人換妻的快感只是置身性墮落的氣氛中。

突然第二劑GHB藥效發作了。不像先前的溫和暈眩而是更強烈的身體不聽使喚。我頭重腳輕，暈眩，快樂得差點真的想來個普迦儀式。

「我故意把桌子放在那裡的，」柯瑞指著在上面交配的男女驕傲地說，「原本是玻璃桌，但是我們搬走換了這張。」

我努力集中心智阻止眼球亂轉，勉強回答，「那很，嗯，細心。」但是殺了我，我也不懂為什麼圓桌是狂歡會的關鍵。

「我是老經驗了，」他自豪地回答，「我不吸毒，但我用性愛補償。昨晚，我跟六個不同的女人嘿咻。」

回想我對費德曼的訪談，他也被他母親糾結。小時候除了叫他幫忙揉腳、梳頭、放洗澡水，她也利用他滿足自己成名的慾望——甚至在他十四歲時叫他吃減肥藥丸。瑞克會說我現在進了性愛交易所裡。據蓋兒說，成癮的三個跡象是長期、漸進又有傷害人生的後果。我不認為我算是長期，但肯定是漸進的。至於傷害人生的後果，今晚還沒結束呢。

一個赤膊男子坐到我身邊。他的伴侶，顯然在此地有必要的假奶與金髮的胖女人，拉開他褲子拉鍊開始給他吹喇叭。

「我是不是耽擱你加入了？」我糊里糊塗地問柯瑞，想找理由抽身。

「不是，我很挑剔的，」柯瑞回答。他接著告訴我有天晚上他和女朋友在潘蜜拉·安德遜的飯店房間，嘗試誘惑她但失敗。「潘蜜拉·安德遜根本沒和女人親熱過，」他繼續說，「你相信嗎？她是吸古柯鹼後告訴我的，所以一定是實話。」

我的換妻同伴們出現在我們身邊，他們似乎準備好急著想做什麼瘋

狂的事。「不用擔心我，」柯瑞說，「玩開心點。」

我尷尬地咕噥一聲「很高興再看到你」，重新加入團體。我馬上鬆了口氣，現在不必掩飾我嗑藥茫掉了。

時候到了：這是我真正想參加的狂歡會，尤其現在我有相處融洽的伴侶了。看來我也不會被趕出去——況且我認識主辦人，現場也沒有爆米花。

我湊過去吻賽奇，但我面具上的鼻子戳到她的臉。我不確定是面具設計不良還是我神智不清了。她竊笑著往側面抬頭避開障礙物。她的嘴唇接近我時，面具上的羽毛搔到了我的鼻子。我想要沉醉在我們的初吻中，但我好想打噴嚏。

我退後，小丑帽上的尖尾巴戳到了詹姆士的眼睛。同時，他的面具精美到根本無法接吻。賽奇和雀兒喜開始親熱起來，但她們的面具會刺到湯米和我，所以我們退開。

在《大開眼戒》和其他有墮落面具舞會的每部電影中，賓客們總是優雅、流暢又性感地打成一片。但在現實中，接吻時假鼻子、羽毛、犄角和鈴鐺不可能不戳到、搔到或擋到人。結果比較像是搞笑鬧劇。

「我們脫掉這些蠢面具吧，」妮可終於說。

現實生活從來不像電影。

17

我正想摘下面具時，賽奇向我耳語，「戴著。」我不確定這是羞辱還是誇獎我——可能是羞辱——但是我遵命。

賽奇抓住我胯下開始隔著褲子揉我，我也伸手到她裙底。我在她裡面勾起食指，不到幾分鐘，她雙腿間發出嘶聲還流出一道液體。

「她會噴水，」雀兒喜驚呼。突然間每個人都伸手摸我的女伴。

「我去找個比較舒適的地方，」詹姆士提議。

隨著藥效增強，我抬頭一看到處都有男女交媾。大多數面具為了務實理由已經摘掉。當女性賓客替她們的男伴口交或坐在他們身上，他們不只是在性交，他們是表演給現場其他人看。

詹姆士說得對：這比A片好看多了。

「我找到了空床，」詹姆士說。我們走進套房的其中一間臥室。我不知道會發生什麼事，但在神仙水、香檳酒、液態威而鋼、滿地交配的男女、妮可的腿、雀兒喜的巨乳和賽奇的性高潮之間，我興奮極了。我只希望有辦法甩掉那兩個男的。我不知道他們的期待是什麼。

我坐到床上，對柔軟度非常慶幸，能夠紓緩頭暈。賽奇爬到我身上開始磨蹭，同時雀兒喜脫到只剩內褲和心形胸貼。

湯米和詹姆士只能尷尬地站在床邊，於是我滑開讓出空間給他們。我不知道為什麼。我夾在三個衣不蔽體、準備上陣的非一夫一妻制女人中間。他媽的我幹嘛要在乎這些男人的感受？十年前我會願意為這次體驗花光銀行帳戶裡每一分錢——如果我知道有可能辦到。現在，我沒有享受，卻變成了戲院領座員。

雀兒喜躺在床上，金髮、嬌小又有完美腹部，胸貼指向天花板。「替我照顧她，」湯米向我說。

「請定義照顧。」這是我初次真正參加換妻派對，所以不確定禮節如何。我不想開始上她了，才發現他的意思只是幫她拿個枕頭。

「你想怎樣就怎樣，」詹姆士解釋，「現在你是帶路雪橇狗。」

「注意安全，好嗎？」湯米在我耳邊交代。

他們名符其實把自己的女人交給我。當初學習把妹時，我很拚爭取機會跟這樣的女人在一起。現在有了三個，沒有愚蠢的心機和「事後你是否還尊重我」的恐懼。我好陶醉在這些可能性之中，感覺我快要因為興奮、慾望、感激和色慾爆炸了。也可能這只是神仙水和威而鋼作用。我不曉得、也不在乎。這是我最接近上天堂的體驗。

「醒醒！」一個男性聲音在我耳邊喊。我想是詹姆士。

「我沒睡，」我聽到自己說，「我沒睡。」

我抬頭看。感覺我的腦袋裡裝滿了泡水衛生紙。幹，我想我剛昏迷了。賽奇坐在我身上。雀兒喜在我旁邊。她性感地向我耳語，「我能幫你做什麼嗎？」

她真殷勤。好像貓頭鷹餐廳的女侍。「他們這邊有吃的嗎？」

她湊近，乳房在我胸膛磨蹭，更加性感地說，「想要什麼都有。」

「其實，給我些水就好。」我感激地微笑。

她哪兒都沒去，連動一下幫我拿水的意思也沒有，因為顯然（至少對沒嗑藥的人而言）她想幫我做別的事。在我昏沉的腦中，有個腦細胞開始發亮：「胸貼，」我告訴她。這個字似乎是慢動作從我嘴裡說出。她困惑地看著我。「妳的胸貼很好看。在哪裡買的？」

我幹嘛閒聊起來？我應該說我需要她處理我的老二之類的。我大腦的零件脫落了。就是這樣我才不喜歡毒品。除了我以外每個人都會變酷。至少賽奇正在拉開我褲子拉鍊。真令人放心——

「醒醒！」又是那個聲音，好刺耳。

「你怎麼一直叫這句？」我問。我的眼睛往噪音來源聚焦，又看到了詹姆士。抬頭一看，賽奇還在我身上，但她在大笑。

「你在她眼前睡著了，」詹姆士告訴我，「還打呼呢。」

「你真夠丟臉的，竟然在這種美女面前睡著，」湯米斥責。

「你開玩笑吧？」

「沒有，」賽奇證實，「剛才我在給你口交，你睡著了開始打呼。」

我絕對不記得有睡著。太可怕了。現在我懂為什麼這是迷姦藥了。我想問我打呼聲音有多大，但害怕聽到答案。我反而愚蠢地問她，「我一直勃起嗎？」

「對。」

「哇，威而鋼真有效。」

我發現有一排男士靠牆站在床前，看著我們。先前我不僅沒發現他們，也沒看見任何其他人厚臉皮地盯著。

我爬下床猛點頭，想甩掉在腦中加快迴旋的衛生紙。我發現我的面具不見了。我不曉得跑哪去了。詹姆士咕噥了一些我聽不懂的話，但我看得出他遞給我一張爽口藥片。或許我口臭很嚴重。

他想把藥片放進我嘴裡，但感覺有點太親暱了。「我自己來，」我堅持，從他手上接過來。

「小心。」他牽著我的手移向嘴巴，免得我失手掉落。

有兩場狂歡會以災難作收。我就像狂歡會剋星。最悲哀的是，我在這裡睡著的遭遇比我醒著還精采。這時我想起那篇GHB報導的另一段落：作者警告不要跟酒精混用。

我們打算離開時，剛才旁觀的男人之一來自我介紹。「我是經營至福派對的，」他說，「我很熟悉你的作品。我想你會認為這個社群很有趣。」

他指出另一個圍觀男子。「他其實是因為你的書才來的。」

我發現，靠牆的那整排人——他們不只看著我出醜露乖，也知道我是誰。我告訴自己或許在狂歡會昏迷很酷。就像我生平給很多人的印象，他們太無趣了。

主辦人開始跟我談起他如何發掘新人參加這些派對：他會去夜店，觀察情侶和他們的互動情況，然後挑選招募。「公式就是辣妹，」他解釋，「只要男方不是醜得像蟾蜍也不會吃醋，他就可以。」

或許這是我的歸宿，詹姆士拉我離開時，我心想，只要每年有兩個周末可以進行這樣的性墮落假期，或許足以讓其餘時間的一夫一妻制可以忍受。有點像節食中的作弊日。這想必也是古代儀式性狂歡會的功能之一：當作心理減壓閥以消解人類疏離的痛苦。

「要再去看看別的派對嗎？」詹姆士問。

「我想今晚看夠了，」我告訴他。

「你嗑了快樂丸怎麼睡覺？」

「我不會嗑藥。」

「已經太遲了。」

「什麼意思？」

「你剛才已經嗑了。」

「什麼？」我怎麼可能吃過快樂丸？除非在我昏迷時……但那就太過分了，趁我睡覺時下藥。

「在爽口藥片裡。我以為你知道。」

「我以為那是治口臭的。」

「別擔心。藥很純的。唯一的問題是你嗑藥之後，會硬不起來。而且跟太多威而鋼混用有危險。」

「那我們幹嘛這樣做？！」我開始認為詹姆士或許像蝙蝠俠漫畫中的小丑完全瘋了。一點也沒道理。「跑來這裡不就毫無意義了嗎？」

「不會，因為女生喜歡，她們還是可以興奮起來。」

「藥效會持續多久？」

「可能五小時吧。」

天啊，我做了什麼？

18

我們離開房間，搭電梯下樓，踏上電動走道。我們一離開走道，我就感覺到了。天旋地轉。

我摸摸賽奇的背，然後我的手移到她肩上開始擠捏。我好想摸穩固的東西。她似乎不高興。

「怎麼了？」她問，聳肩甩掉我的手。

我的手立刻摸回她肩上。好想捏。「我完全茫掉了。妳有什麼感覺嗎？」

「沒有。」

「妳有嗑藥嗎？」

「有啊，但我以前常吃。」

「多少才算常吃？」

「這麼說吧，我試過直腸用藥。」

我們回到中央飯店在走廊亂逛，尋找詹姆士想參觀的其他派對。地毯在我眼前展開。我回想在賭城不省人事的其他經驗，唯一的記憶就是

那些飯店的地毯。它們以相同重複的圖案無盡延伸。沒完沒了、沒有盡頭的地毯。

我們來到一道門前，有個赤膊男子開門，到處都是螢光棒，包括有巨大假奶的金髮矮妹手上也揮舞兩支。

「把外套脫掉，」男子說，「你們都穿太多衣服了。」

我們呆站著，觀察現場。牆壁、音響、冰箱，到處都貼了螢光貼紙。門口旁邊的臥室裡，電視在播放A片。「他們辦這種活動怎麼會有A片？」我問妮可，「搞得很不性感。對照出A片是假的，這才是真的。」

「我也不懂為什麼。沒格調。」

「他們應該播放CNN之類的，」我繼續說，「那就會性感。因為我們會看著電視想，看看這些無聊的人。我們過得比他們好玩多了。他們都死氣沉沉，而我們在，呃，搞彼此的老婆。」

每當有人茫掉，他們就成為派對焦點。也有人會變得侵略性、混亂或過度情緒化。我只會變得更神經質更宅。尤其嗑了神經系統藥物，所有禁忌都拋開之後。這是我的本質。即使沒人喜歡，我必須接受它。

「你想要到處走走？」賽奇問。

我抓著她手臂。「別跑掉！」我另一手扶著桌緣。「我不想進去。有A片耶！」

「那你想做什麼？」

我快不行了。我需要強化定錨。「妳可以雙手放在我頭上，呃，做點什麼嗎？」

她雙手捧著我的禿頭，好像脆弱的雞蛋似的。

「不對，我是說，揉捏。」

她開始揉捏。我感覺穩定多了。

「不要停，」我命令她。當她溫暖的手按摩我的頭皮，我懷疑是否已經找到了：我的非單一伴侶。從妮可介紹我們認識那一刻，我感覺好像已經認識她了。其實，我確實已經認識她。但重點是，我們已經像老夫老妻般一起經歷過這個體驗。她在雀兒喜和妮可身邊也完全沒顯露出占有慾。或許我會請她搬來跟貝兒和我住。她已經有經驗了。太完美了。因為她很完美。

或許這只是快樂丸的作用。我必須振作起來。必須確保我不分心，表明我對她的暗戀，把她嚇跑。現在太快了。我可能只是補償作用。她可能只是補償作用。一切都是補償作用。

我發現一個穿緊身T恤的魁梧男子昏迷在沙發上——錯過一切好戲也完全不記得。

「一定是嗑太嗨才會在狂歡會上昏倒，」我告訴賽奇，「真是白痴。」

她看我的表情好像我瘋了。確實沒錯。我嗨過頭了。

詹姆士說該走了。我不曉得為什麼我們要離開，但我知道這是正確的。

我們走出來時賽奇還在揉捏我的頭。我不知道我們幹嘛還在找續攤派對。我們是六個性生活顛峰期、吃了快樂丸爽口藥片的人。我們就是派對。我跟他們說過。

「我完全感受到了，」我告訴妮可，賽奇繼續揉我的頭。

「我知道，」她說。

我懷疑她怎麼知道的。有這麼明顯嗎？「為什麼別人沒這麼嗨？」

妮可同情地向我微笑。

「幹,我就是那個人,對吧?我太外行了。」又一個黯然微笑。

「嘿,如果妳什麼也不做,可以按摩我的頭嗎?目前很重要。」

我們繼續穿過走廊時,我不想要這兩個女人的雙手離開我的頭。我感覺不到我的牙齒。快樂丸越來越猛了。我告訴她們。

「藥效強到另一個程度了。」

「沒事的,」妮可安撫說,彷彿對待怕打雷的小孩。

我們就這麼默默延著地毯走,老是地毯,延伸到無盡的走廊上。沒有起點、沒有終點、無處可逃,只有同樣的圖案。

最後,出現一扇門。門打開,裡面是木地板。太好了!

我們進去。我的頭還在揉捏。真舒服,因為我的身體感覺逐漸消失中。

我看到房間對面有張沙發,是軟的。在呼喚我。它想要我。

「我們去坐沙發上吧?」我問兩位頭皮按摩者。

我又擔心或許她們以為我想要對她們做什麼性行為。「不,不,那不太好,」我趕緊改口。「或許我們該留在這兒。」

此時我想起從事性行為正是我們來的理由。「不,不,好吧。我們去坐沙發。」

我們走到沙發坐下。好多了。現在我們舒適地休息。拍照應該很好看。「或許我們該拍張照,」我提議,「相機在哪裡?」

「我去拿三腳架,」湯米有點太急切了。

突然,我腦中閃過我們雜交時他一直拍照的情境。我可不想這種東西流到網路上。即使他只貼在社交網路的個人檔案裡,如果夠丟臉,別人會分享,部落格會引用,會散播得無遠弗屆,直到成為我在Google的置頂條目。

在萬物都相連又有記錄的世界中，你的錯誤會活得比你久。

「不用，不用，」我說，「當我沒說。」

「那我們來吃點巧克力吧，」湯米提議，「你們一定會喜歡。這將是你們最性感的體驗。」

他從方形的巧克力折下幾片，發給每個人一片。我現在正需要火辣的巧克力體驗，讓我穩定下來。但我放進嘴裡後，感覺不對勁。我沒有身體了，所以吃東西讓它通過我的消化系統沒有意義。我只感覺到它無用地漂進我嘴裡，好像別人胃裡有硬幣的X光片畫面。

「這對我沒用，」我說，無預警把它吐到賽奇的空手上。「我不能吃東西。我的身體現在無法消化食物。」

她看著我，再看看她的手，沒說話。我想這對她是最後一根稻草。我剛開始以為我不必再單獨跑這趟旅程，我身邊有賽奇當主要伴侶——跟我去巴黎見安妮，加入貝兒和我規畫約德老爹式家庭，再去跟羅德和查爾斯吃晚餐，向他們證明在社會接受的規範以外也能找到幸福。但是我剛把半咀嚼、半融化、沾滿口水的棕色黏塊吐到她手裡。

「我們喝點柳橙汁吧，」我提議，「柑橘類能強化快感。」這正是我最不該做的。我不知道我幹嘛提起。不是我想要融入就是我的前額葉皮質比丹尼爾·阿曼認為的更有病。或許我得再去作椅子戲法。不，我絕對得去。不管我做什麼，我都不認為健康。除非這是我的真實自我。那就太可悲了。

雀兒喜和湯米在商議他們的蜜月。他們邀請賽奇和我一起去，把我們當成一對了。

「你們可以使用我在聖基茨島上的家，」我告訴她們。那個國家提供公民權給前去置產的人，所以我為了現在想不起來的偏執理由花光整

筆預付版稅在那邊買了戶公寓。「我不是因為嗑藥了才這麼說。我是認真的。」

他們大笑。他們不相信我。

「真的，」我堅持，「我明天會發email給你們確認。」

一陣尷尬的沉默。我就是那個人。我的話響亮又刺耳地迴盪在房間裡。大家只想嘿咻，而我只聽到自己說，「我真是個輕量級。」

「我很好笑或很煩嗎？」我問賽奇。其實我並不想聽答案。我只想要確認她還喜歡我，我沒有變得太討人厭。賽奇看著我好像嚇得不敢回答。

「或兩者都有一點？」我提出，讓她比較好回答。

「對，」她心虛地微笑說，「都有一點。」

這話對我像利刃穿心。是啊，我心想，我內心深處大概是個該死的彆扭魯蛇。所以我要跟坐我身邊這兩個女生親熱隱瞞這一點。

這個念頭大致概括了我十年來的生活。

我和賽奇調情。我和妮可調情。我感覺內褲裡躁動不安。我轉身告訴詹姆士，「你說的快樂丸副作用——幸好那不是真的。」

「你在說什麼？」他問。

「沒關係。」 幹，大家都覺得我煩。我真是帶進狂歡會的最糟人選。我也快被趕出這一攤了。

「我累了，」賽奇說。她停止按摩我的頭，癱坐在沙發上。我不能允許。要是她睡著，我們就失去連結了。她就無法當我的保險。她必須醒著。

只有一個辦法救她。我開始隔著她的內褲磨蹭她。

「你的指甲刺到我了，」她抱怨。

她為何這麼鬱悶又過度敏感？我對她一直很親切——老實說，太親切了。然後我發現我嗑了快樂丸，完全失去現實感，我的手指可能戳痛她了。我立刻住手。

　　「想看雀兒喜騎Sybian（情趣機器）嗎？」湯米問。

　　「好啊。」誰不想看美女在機器馬鞍上享受驚天動地的高潮呢？

　　湯米開始打開他的玩具袋。他既是巡迴推銷員也是性愛聖誕老人，掏出假陽具、潤滑液和各種配件。快要發生刺激的事了，而且我有前排座位。

　　只有一個問題：我的頭。它需要關注和安慰。

　　「我們看的時候你可以再揉我的頭嗎？」我問賽奇。

　　「我真的該走了，」她回答。

　　幹，我完全搞砸了。我和我的蠢頭殼。我們嚇跑了非一夫一妻觀念的畢生摯愛。但我們還可以補救：「我送妳回房間。」

　　「不，不用了。我可以自己走。」

　　或許我們沒辦法。

　　今晚她似乎性情突變了，從性感愛玩變得冷淡古怪。能讓嗑了快樂丸的人討厭你，真的需要特殊才能。我感覺像香草。很該死的香草。

　　今晚我本來有大好機會。被我搞砸了。

　　「我也要回我房間了，」我宣布。

　　「你確定不想留下來看嗎？」湯米問。他聽到我要離開，似乎比賽奇說她要走的時候更失望。

　　「我最好在天亮之前睡覺。」我轉向妮可，她不只策畫了這場冒險，還一直對我很有耐心，告訴她，「這些活動中妳真是個好主辦和嚮導。我不是因為現在嗑了快樂丸才這麼說的。」

「謝謝。」

她聽起來很敷衍。或許她不相信我。我該怎麼取信她這不是藥效影響，是我的真心話？我知道。

「真的。明天我會發email給妳確認。」

當晚我嘗試入睡時，我猜想詹姆士是否故意給我下藥報復洗衣間事件。或許他故意策劃要在他女朋友和所有人面前羞辱我。

醒來後，我得知了答案。我的電話裡有他傳的簡訊。是清晨五點十三分，我離開之後發出的。「老兄，」他寫道，「真希望你現在在我們床上。下次我們三個再找時間聚一聚。」

顯然，一切都被原諒了。他沒有故意羞辱我。是我自取其辱。

19

「現在你知道下地獄之後會是什麼樣子了，」我總結在至福派對的經歷之後瑞克說。

我們坐在他家的門廊上，喝著薑茶。此地環境就像瑞克本人，靜止、安詳、寧靜。跟拉斯維加斯完全相反。「但也有個好處，」我告訴他，「這些人想出了一個魚與熊掌可以兼得的辦法。他們有親密、愛戀的關係，但不搞外遇和區隔化，他們選擇一起進行他們的性冒險。」

「他們不知道自己的熊掌是什麼！他們純粹基於癮症與習慣運作，想要填補空虛。只有很變態的人會在大熱天跑去拉斯維加斯。一開始場地就不對了，而且聽起來很像低自尊者集會。」

瑞克好像我的良心。現在我最不需要的就是良心。每當我閉上眼，

我就看到我目睹的性慾嘉年華畫面，給了我希望。希望懷疑論者是錯的，世界上有很多非一夫一妻又正常的成人，情感、肉體和智能上都吸引我的女人，不會自稱女祭司、跟外星人交談的女人，像賽奇一樣酷的女人。

我從至福派對一回到家，發email給雀兒喜確認提供聖基茨島房子供蜜月使用，再發email給妮可確認她是個好主辦——只為了證明我說真的。然後女主人妮可說，她想在舊金山幫我辦個晚餐派對介紹我認識她的其他同好朋友。

「別忘了目標是找出哪條路通往幸福，」我向瑞克抗議，「無論這個做法適不適合我，至少把我帶到了比較快樂的方向。我不再一直有罪惡感了。而且也沒有傷害任何人。」

「除了你自己，」瑞克回答，「你嗑了對你有害，也根本不喜歡的藥。仔細看看後果吧。你茫掉時浮現了一個根本問題：你發現你活在一個不喜歡自己的現實中。對你而言，性愛只是暫時逃離那個感覺的毒品。」

「你或許說得對。但性癮治療沒有解決任何事。我感覺這些體驗帶我更接近了真實與誠實的東西。所以我會繼續追隨我的幸福看會走到哪裡去。這都是全新體驗而且才開始兩個月，我當然會犯錯了。」

瑞克搖搖頭。「我認為你應該留在復健所。」

離開瑞克家之後，我打給亞當回報。雖然我不想念團體治療，倒是想念其中幾個同伴。

亞當告訴我他的婚姻惡化了。「我好像代罪羔羊。我假裝我快樂，但其實一點也不快樂。她總是似乎不想跟我在一起。我問她上次她問候

我好不好是什麼時候，她根本不記得了。」

不可思議的不是亞當有外遇，而是他竟然沒再犯。

當你老婆厭倦了努力了解你，當她受夠了聽你嘴裡吐出同樣的故事，當她有這麼多怨恨，會毒化每次對話，當她對待電話推銷員好過對你，當她唯一有熱情是在批評你的時候——就是你想要情婦的時候。當她看著你會被吸引眼睛發亮，在你講話時豎起耳朵，雙手渴望觸摸你肌膚，在你吻她時會胯下濕潤的人——真心喜歡在你身邊，把你當禮物而非懲罰的人。會像你老婆變得這麼討厭看到你之前，那樣看你的人。

當我問他為什麼偏偏是他會偷腥，特洛伊是這麼說的：外遇能在婚姻掏空你的時候讓你補充。

「她沒發現一開始正是她造成了導致你偷腥的情境嗎？」我問亞當。

「我知道，」他嘆道，「我沒有性愛也可以活，但你必須至少感覺有人喜歡你。一年多來她甚至不肯跟我上教堂。她還在讓我重溫外遇的每個細節。你知道的，每次我查看email，全都在已讀檔案夾裡，因為她已經看過了。」

「這種生活真可怕——對你對她都是。你知道洛琳怎麼稱呼嗎？」

「不知道。」

「痛苦採購。她這樣無法療癒。她只會重新被創傷。」

「她就是這麼做的。連我爸都不高興了。他說為我感到難過。他不敢相信我在婚姻中困了這麼久。」

「那你為什麼不離開？」

他語氣中的挫折變成無奈。「我內心有一部分就是做不到，你知道的。我寧願下半輩子留在這兒受折磨也不想離婚，為了小孩。」他們各

自是十四和十六歲。「我是服務他們的。或許說穿了就是這樣。」

對大多數人婚姻不該是這樣的：兩個變老的人綁在一起日益憎恨與冷漠。如果人類是某種計畫的巔峰——無論是進化、神意或外星人多元伴侶實驗——那我們天性為何不能跟我們選擇共組家庭繁衍物種的人相處得越來越好？除非我們的做法錯了。

「但你真的認為一起留在不幸福的婚姻裡是在服務小孩？」我質疑亞當，「你給他們示範了怎樣的男女關係？」

他支吾其詞時，我開始懂亞當的故事為何讓我情緒這麼激動了：因為我就是他的小孩。我是被感情不睦互揭瘡疤的父母養大的。但是不知何故，他們絕不離婚。所以我成長過程總希望他們分開，找個能讓他們更快樂的伴侶。或許我鼓勵亞當做我爸一直做不到的事是為了完成心願。

「我錯過什麼團體治療的事了？」我轉移話題，「大家有什麼有趣的新進展嗎？」

「我不該多說什麼，但是你最好打給查爾斯。」

20

教會裡墨西哥餐廳的桌邊聚集的不只是社群裡的男女，還有妮可和詹姆士要我認識的性虐待社群與其他非新浪潮多元伴侶信徒。我整個禮拜一直想打給查爾斯卻連絡不上，所以我腦中深處一直播放著他出了什麼事的可怕情景。

我一抵達，雀兒喜在我嘴上用力一吻迎接我。少了賭城妓女服裝，

她看起來嚴肅又居家。高跟鞋、緊身洋裝、假睫毛、完美的化妝或許是這個時代和年齡最接近真正魔法的東西，不只能改變女人還能影響她身邊的每個男人——無論她長相如何，因為男人終究比較容易被好追的人而非美貌吸引。

湯米頂著刺蝟頭、身穿合身的正式襯衫，看起來跟在賭城一模一樣。其實，他穿的或許是同一套衣服。他旁邊坐著一個高大迷人、名叫史提法諾的紳士，穿得像禁酒令時代的黑幫。妮可告訴我，他每周都在舊金山的巨大迷宮軍火庫裡，將之改裝成變態色情網站片場，拍攝戀物癖派對影片，然後賣給A片大亨。

我觀察集會情況時，感覺好像我來到了畢生都在尋找的某件大事的門檻。

「你跟賽奇談過沒有？」妮可問我。

「沒有，妳呢？」她一直沒給我她的電話號碼。

「我從賭城之後就沒跟她連絡了。」

她當時一定很不愉快。我也真的很喜歡她。

不過，當然啦，我嗑了快樂丸，所以我可能同樣輕易地愛上特別閃亮的門把。

我選了在詹姆士旁邊唯一的空位，問他那晚結束後傳給我的簡訊怎麼回事。我還是不確定他是在勾引我、還是把妮可送給我，但我很快發現是後者：「我是被父親拋棄的，所以我想要其他男性的認同，方法就是跟他們分享我的火辣女朋友。」

他的話令我驚訝，我發現換妻的內涵比我以前看過的任何資料都多。我總以為，對男人而言，生活方式社團重點就是搞別的女人。但對詹姆士這種人，重點還有炫耀他們愛的女人：*看看我的寶貝。她愛我，*

所以我一定有些價值。如果你對我夠尊重與欣賞，我會和你分享她——但不能太多，因為我不想失去對她的控制。那會讓我感到痛苦，質疑我脆弱的自我價值感。

或許瑞克說得對，詹姆士繼續滔滔不絕時我心想。

「如果我是同志，我會他媽的快樂極了，」他說，「因為我只想要其他男人的愛。妮可和我同另一個女孩短暫交往時，最棒的部分不是玩三P，是帶著兩個美女走進夜店受到男性敬仰。」

突然間，男士們在至福派對把女朋友塞給我的樣子合理多了。換妻是最終極的男性情誼。

我告訴他們下周我要去巴黎，問他們是否有當地社團的人脈。

「他們在巴黎做到了全新的境界，」詹姆士告訴我，「我們的朋友稱之為切換，其實不只是男女那回事。比那還開放。我們會安排你認識那邊一個女孩。她也是作家，而且很漂亮。」

「那就太好了，」我告訴他。這時，我發現湯米和雀兒喜盯著我竊竊私語。

「別因為這是你唯一體驗就認定換妻是你的唯一選項，」桌子對面一個沉靜權威的聲音警告。我轉身看到我唯一尚未交談的晚餐客人：留黑色長髮，黑色寬領帶，眼神柔和茫然，時髦蒼白的男子。

他自我介紹名叫胡椒，自認是對同性戀友善又喜歡多元伴侶和性虐待的野蠻人。就像在復健所，診斷標籤似乎跟磁鐵一樣有吸引別人的作用，直到大家的自我介紹聽起來都像在念採購雜貨清單。

胡椒告訴我他父母就是開放性關係。試過一夫一妻失敗之後，他也追隨父母的腳步。如今他和八年的主要伴侶同住，有兩個各交往四年的

次要女友，還跟四個第三級情人交往。他的主要女友只有一個情人，她想讓他搬來同住，胡椒不反對。

這就是富足年代的愛情。

「那麼有什麼特定規則讓你們和睦相處嗎？」我問。

「多年來奉行多元伴侶或任何非一夫一妻制的人通常有目的而非規則，」他回答。這個差別與我內心受懲罰的青少年很有共鳴。「對我來說，目的就是尊重我伴侶的伴侶，別做可能引發我伴侶嫉妒的事。」

「真正發生嫉妒時你如何處理？」

「一旦去除得失心，你就能克服嫉妒。」他用學者似的單調語氣說，幾乎不帶感情。或許嫉妒對他不成問題的理由是他天生就沒有完整情感。「例如，如果別人跟我分手，我知道是因為我和他們的關係走不下去了。絕不是因為他們發現了更好的人，因為一夫一妻契約已經被無關乎必須在兩人之間選擇的新契約取代了。他們可以兩者兼得。」

「我喜歡這種想法，」我告訴他，「但對不在你這種環境長大的人而言，我想舊契約很難改變。我有些已婚朋友會覺得偷腥比公然跟別人上床輕鬆，因為如果他們的老婆知道他們在幹什麼，他們會覺得傷害了她。」

「其實大多數人要花一兩年才能克服愧疚與不忠那些強烈情緒，」胡椒回答，「所以我會說你拓展男女關係時，對你最重要的是跟伴侶們開放又坦誠地溝通。」

像我剛認識洛琳時，我相信胡椒是權威——即使在我得知他姓薄荷之後（譯注：Peppermint是胡椒薄荷之意）。他簡直是我前所未聞的術語活字典。他告訴我陣痛期的事，意指男女雙方開放心胸處理後續發生問題與挑戰，所需的時間長度（通常兩年）。我得知了*理論上非一夫一妻*

制的樂趣（*the joys of theoretical nonmonogamy*），意指當兩個人說他
們有開放性關係──但不是真的跟別人上床，他們只是知道他們可以這
麼做而感到自由。有個*嫉妒測試*（*the jealousy test*），如果你能夠跟愛
別人或同別人上床的人建立一連串關係就算過關。然後還有*體液連結*
（*fluid bonded*），指的是覺得和對方無防護性交很安全的伴侶，有*否決
權*（*veto power*），意指伴侶的一方可以要求另一方終止外面的男女關
係──他覺得這種協議造成的問題可能多過解決的。最後有討厭的牛仔
和女牛仔，他們混進多元伴侶社群，跟別人的伴侶交往，設法把對方誘
導到一夫一妻制關係。

我和胡椒半小時對話中學到的，比我在整場多元伴侶年會學的還
多。晚餐過後，我感謝他提供忠告，也記得問了他的電話號碼。

「真可惜，」晚餐派對解散時湯米說，「我們幾乎沒時間跟上。」

「我知道，但我很快就會回來。」

「今晚你有什麼計畫？我們想要給你機會看雀兒喜騎情趣機，因為
你在賭城錯過了。」他輕鬆地提出邀請，就像提供沾了快樂丸的爽口藥
片。

雀兒喜雖然迷人，湯米有些地方讓我不太自在。或許是因為打從我
們認識那晚他一直想把未婚妻塞給我。就像某人因為想要平白送你錢一
直騷擾你：過了一陣子，你會開始覺得他別有所圖。話說回來，我是來
觀察另類關係模式的，這絕對是近距離觀察的好機會。

「明天一早我得開車回家，」我回答，「再說吧。」

結果湯米擅自回到我租來度周末的公寓。我沒有抗議。

21

湯米和雀兒喜開著連續殺人魔那種幾乎無窗的白色廂型車來到公寓外面。停車之後，他拿出我在賭城他的房間裡看過的手提箱和袋子。他打開一個手提箱展示各種假陽具，從中號粉紅色到特大號黑色。兩個男人半夜站在街上看著一箱假陽具實在很詭異。

「這都是你賣的玩具嗎？」我打破尷尬的沉默發問。

「租的，」他糾正我。

「你*出租情趣玩具*？」

這大概是我聽過最爛的商業構想了。你一定是相當大膽的換妻者才會租用可能沾滿別人帶病體液的二手情趣玩具。

「當然，每次使用後我們都會清潔消毒。」

「當然。」

湯米說明他的生意時，我開始懂他不是為了賺錢。真正的報酬是他不斷受雇參加性愛派對，像巡迴醫藥展一樣設立攤位，鼓勵女人試用這些玩具直到現場變成XXX級的用品派對。雖然聽起來噁心，他的二手情趣玩具就相當於卡瑪拉的普迦儀式：用來引爆期待的瓦斯。

把他的裝備拖進客廳之後，湯米告訴我一切就緒。這時我才發現：我完全不了解這傢伙。我甚至不知道妮可和詹姆士跟他有多熟。在賭城，雀兒喜說過他們是新加入的。

他打開裝了些特別不性感道具的袋子，看起來活像從五〇年代的研究實驗室偷來的。他解釋，這些東西唯一的用處是，提供各種程度的電擊給尋求新奇痛苦的被虐狂。他也有個帆布袋裝了各種長度的黑色尼龍粗繩。全部排開好像出自恐怖片的道具。就我所知，我可能剛邀請了一

群連續殺人魔進家裡。換妻的精神變態。

　　他的商品焦點就是那台情趣搖搖機，它要價一千三百多美元，是情趣玩具中的凱迪拉克。他在地上鋪張毯子，彷彿我們要野餐或用來包我的屍體。他小心地把搖搖機放上去，在馬鞍鋪上一小片橡膠條紋座墊，看起來像突起的大塊橡皮擦。

　　他從另一個手提箱取出幾塊精心摺疊的塑膠布，打開一塊，放在座墊上。我不曉得塑膠布能否有效隔絕病原體，但幸好坐上去的不會是我。

　　雀兒喜撩起裙子跨騎上去。

　　「看看那屁股！」湯米催我。

　　幸虧晚餐時與詹姆士的對話，我懂這是提供他所需要的男性認同的時候。「真是藝術品，」我跟他說。

　　「你來控制。」他指著上面有從零到一百刻度的轉盤的方形小盒。它放在地上，用黑色電線連接到機器上。

　　我慢慢把震動度加到廿五，隨著墊子比任何男性手指以更快更小幅度震動，雀兒喜開始呻吟。聲音非常陶醉。我立刻大腦失血，所有常識和謹慎都消失，胯下躁動，只剩本能和當下。

　　我慢慢再加到三十，她身體發紅往天仰頭彷彿看到了上帝的臉。不管她感受如何，我很嫉妒。我不認為我生理上能夠體驗那種愉悅——除非有男人專用的同類機器，或許是裝滿凝膠、外壁柔軟，會一直說你是最大、最棒的真空吸塵器。

　　湯米跪在雀兒喜背後按摩她的肩與背，偶爾在她屁股上響亮地拍打。「我們換手吧？」幾分鐘後他轉向我提議說。

　　這似乎是他們的固定流程。他們穩穩掌握了今晚的發展——我希望

不包括把我綁起來和用到那些假陽具。我確信這兩人用「想要看我女朋友使用昂貴的性玩具嗎？」這招可以搞定任何孤單軟弱的人。

我把控制盒交給湯米，看著他調高到五十。現在快極了，雀兒喜陷入了另一種快感狀態。

「你想要的話可以摸她。」

我謹慎地隔著上衣揉她的背和手臂。機器讓她越來越興奮，她抓住我雙手貼到她乳房上。

湯米調低速度讓雀兒喜脫掉上衣和胸罩，然後調高直到一百，雀兒喜的假奶像活塞一樣晃動。我已經分不清她因為快感或痛苦而呻吟。但當湯米又開始減速，雀兒喜張開的漂亮嘴巴吐出「再來」這個字。她臉上和胸前的皮膚冒出各種程度的粉紅。突然間她的手像眼鏡蛇伸出來隔著牛仔褲抓住我胯下。

我瞄湯米一眼請求許可，讓他知道不管發生什麼，是尊重他的前提下做的。「她讓我無福消受，」他點頭回答，好像我們是一起冒險的好兄弟。「有一次她整夜高潮了十四次。所以我才感激你做的事。」

雖然在賭城種種墮落，我從未當男方面前跟他的女友做愛。這將是我第一次真正的換妻——或半換妻。

又過幾分鐘後，雀兒喜爬下來躺到床上。湯米從他的袋子裡抓出一段繩索。我退開以策安全，看著他把雀兒喜的雙手綁在頭頂上。

「你有乳膠手套嗎？」然後湯米問。

我告訴他我碰巧沒帶，他給我一個保險套叫我戴在食指上就可以摸她。這就是廿一世紀的自由戀愛。乾淨、電動、又衛生。

老式的手動高潮之後，雀兒喜幾乎羞怯地低聲問，「你們哪個想要放進來？」

「上次你沒機會，所以輪到你，」湯米大器地說，好像她是遊樂園裡的設施。

「不用了。」我不該這麼說的。這感覺像強迫、衝動，甚至有點令人反感。這麼多壓力。

我按摩雀兒喜的乳房幾分鐘，拖延時間。她扭著屁股呻吟時，我清醒過來：管他的。我為什麼又退縮了？他要我跟她嘿咻。如果我拒絕就是對他們倆的侮辱。這是他們來的理由。況且，我是想要擁有任何人都不必避諱這種冒險的自由男女關係。這正是我告訴從蓋兒到英格麗的每個人我相信的理念：性愛本身作為目的。

所以我又向他討了個保險套。

「我可以拍攝嗎？」湯米問。

「不行！」我本能地大叫。這是我最不想外洩到網路的東西。

「為什麼？」他問，彷彿我的答案完全不合理。

「我們就專心體會當下吧。」

努力恢復自己的心情時，我開始擔心他在某處藏了針孔攝影機。科技產品天天變得更小更容易藏匿。

「你沒在拍吧？」我再確認一次。

「沒有，長官，」他說，「但我有在錄音。」

我以為我開始了解換妻圈子，但這也太扯了。他打算拿這個錄音搞什麼鬼呢？長途開車時放來聽嗎？

「可以關掉嗎？」

「你確定？有時候我喜歡聽那些呻吟聲。」

這傢伙是怪胎。我絕對不該搞他張開手腳攤在我面前的芭比娃娃女朋友。

於是我稍微拉下褲子只露出老二不露太多屁股和肌膚，以防哪裡有針孔攝影，然後插入她。

　　我在裡面抽送時，湯米在牆邊放個枕頭靠著觀看。「妳喜歡這種感覺嗎？」他問她，「妳喜歡他上妳的方式嗎？」

　　「嗯哼，」她清楚地說。

　　我猜想她是想要以某種方式專注並且維持控制。我盡力不聽他的聲音，把他排除在我視野之外，加快動作專心在雀兒喜身上。

　　「哇，你真厲害！」他歡呼，「好像電動打樁機。」

　　這下他又像該死的體育主播似的講評起來了。我不理他，又開始用我的恥骨磨蹭她的陰蒂刺激她。

　　「真有趣，」湯米說，「我沒看過這招。是你發明的嗎？」

　　現在可不是討論技巧的時候。「我不曉得。即興發揮而已。」一面搞別人一面和她未婚夫努力進行對話可不容易。好像邊騎機車邊發簡訊。

　　湯米難得安靜了卅秒左右，然後他解開雀兒喜的繩子宣布，「保險套檢查。」

　　我擔心他想要摸一摸確認還戴著。所以我先伸手，確認完全套住，告訴他一切沒問題。

　　「讓他看看妳的屁股功夫，」他指示雀兒喜，她撅起屁股開始沿著我的老二快速上下扭動。

　　我把她翻過身來，ESPN先生說，「我喜歡。這招不錯。」

　　他似乎並未因為旁觀而興奮。他比較像心不在焉的觀察者在研究大猩猩的交配習慣。每次我換姿勢，他就彷彿瀕臨某種演化大發現作出新評論。希望這不是錄音存檔的旁白。

這場表演該落幕了。我強迫自己射精，小心不發出聲音以免湯米有錄音。

完事後放鬆下來，我抽出來，摘下保險套，丟到地上，躺在雀兒喜旁邊。我撫摸她的頭髮努力品味餘韻時，當然，湯米又開口毀了這一刻。我聽不太清楚，但聽起來好像，「我們來看看精液。」

「什麼意思？」

「我得看到保險套才能確認沒有外漏。」

我想問他怎麼知道是否沒有外漏。或許他的帆布袋裡有偵測精液的設備可以秤重之類的。

我在地上到處摸索保險套，拿起來讓他看。我真的很不想讓他摸我用過的保險套。

「很好，」他點頭說。我把它放回地上暗自祈禱他臨走前不會收走放在他手提箱中的甲醛罐裡。

湯米回到雀兒喜身邊，溫柔地吻她說，「我愛死妳了，親愛的。」

「妳太棒了，」我誇獎她——為了他。

他們躺在一起時，我學換妻者的枕邊細語問他們玩這套多久了。他們告訴我，他們交往了五年。但一年半之前，他們在Craigslist網站登廣告選了個男的，然後去他家，她為他打手槍。下一個男的她給他口交。最後他們在Lifestyle Lounge網站找到一對換妻夫婦，但雀兒喜看著湯米蹂躪別的女人時嫉妒發作。玩了十幾次雀兒喜才能夠適應讓湯米和其他女人互動。

他們的經歷讓我想起塔爾和勞倫斯。如果你想要開放你的關係，是要有適當禮節的：女士優先。

我向他們道晚安，邀他們如果想要可以睡我的沙發床。

我躺在床上，回想我跟雀兒喜、妮可和她們的朋友的經驗。換妻是我迄今看過的最佳替代方案。我也喜歡某些夫婦與其他夫婦形成長期親密關係，變成好朋友兼情人的方式。但我不像湯米或詹姆士或柯瑞‧費德曼。我看到別人在我女朋友身上流汗並不會興奮。

我確信在社團裡有同樣多男人只是為了自己的性滿足和多樣性，願意容忍讓他們老婆上別的男人作為交換。但如果性愛變成只是可交易的服務，那不是自由。那是生意。

換妻終究是附有逃生門的傳統關係，體驗海倫‧費雪的雙重繁殖策略而不必欺瞞的方式。如果一夫一妻制好像只允許在家吃東西，就像我告訴蓋兒的，那麼換妻就像允許在任何地方吃東西，只要你的伴侶同意那家餐廳並且陪你吃。

這仍然是一種占有，只是鍊子加長了幾呎。其實，如果湯米這種人談論他們女友的方式是個跡象，伴侶們被對待的方式比較像財產而非一夫一妻制。

或許該是創造我想要的世界而非嘗試融入別人喜好，把自由用到極限，建立我夢想中的自由戀愛家庭的時候了。幸運的話，我會在巴黎找到我需要的其餘人。我快沒時間了：再過五周貝兒就要來了。

22

開車回洛杉磯時，我又嘗試連絡查爾斯。這次他接了電話。

「你還好吧？」我問，「我一直擔心你呢。」

「抱歉，」他吞吞吐吐地小聲回答，「我出城去了。我的世界天翻

地覆，我還在努力理解。」

「出什麼事了？」

「我發現我老婆戴我綠帽子。」他提高音量，「已經十二年了！」

我震驚到無法清楚回答。我們在復健所都忙著想要贏回伴侶的信任，我們從未想過質疑*他們的*誠信。

查爾斯接著敘述的故事很零碎。但就我可以拼湊起來的部分，他查看老婆的電話時有個她辦公室大樓的警衛傳簡訊來。內容是，「十二年來我的心都給妳了。」

為了確認他的解讀正確，他回傳：「有一點是確定的，我們的性愛很棒。」

「對，」回覆來了，「我很懷念。」

為了深入挖掘，查爾斯又傳：「你記得我們的第一次嗎？」

「在妳車上。」

查爾斯繼續痛苦採購：「沒錯，我吹你喇叭。」

那個警衛回答，「妳講話不是這樣。妳是誰？」

這時候，查爾斯已經痛苦激動得發抖。他停止對話，偏執地翻遍他老婆的電話和email。不久，他拼湊出內幕：幾乎每天下午，他老婆和警衛都溜到他家去午餐幽會──超過他們結婚期間半數。

「歐買尬，你怎麼反應？」我問。我認識很多人──多半是愛情癮者──配偶死掉的痛苦還不如遭到背叛。他們甚至偏好前者，因為至少他們不會認為是針對自己。但查爾斯的回答是我最不想聽到的。

「那種釋放感無法形容。」

「因為你太生氣了？」

「不，我鬆了口氣！」

「你開玩笑吧。」

「尼爾,我十年來感到的羞恥和愧疚煙消雲散了。」他停頓一下,「當她發現我再犯,她把我丟到巴士底下,好像她多麼完美無瑕似的。她告訴我們的所有朋友我又背叛她了,我是個可怕的性癮者。她把我鎖在家門外威脅拿走我一切東西,挑撥我家人反對我。我自責太久了。」他的聲音開始發抖。「但她做的這些……我就是不懂她怎麼會如此殘酷。」

我猜想還有多少人經歷過多年性癮治療和集會努力彌補,卻發現他們的伴侶也在偷腥。或者更糟,他們沒發現,到死都以為他們是罪人而伴侶是聖人。人類行為的不幸通則之一就是大家最常用來指責別人的、通常也是他們私下在做的事。畢竟,指控比否認強大多了:這是在你墮落時抬高自己的方式。

「所以你要留下來復健嗎?」我問。

電話彼端一陣漫長的沉默。「呃,我和擔保人(這是匿名戒癮團體裡的sponsor,戒癮者可以求救的看顧人)離開了幾天冷靜一下,判斷怎麼做最好。」深吸一口氣。「我要離婚了。」長嘆一聲。「然後我要開始每天搞別人。」

這不是我同情又欽佩的查爾斯。我從來沒看過查爾斯這樣子。所以我有了機會告訴他一年來他一直告訴我的話:「你的擔保人不可能建議這樣,聽起來比較像你的病態作用。小心點。」

「尼爾,我五十歲才擺脫廿二年的婚姻,其中半數完全是謊言。我只想要……我不曉得。我已經不知道什麼才對了。」電話傳來一陣沉重的啜泣,接著是模糊的哭聲。

有些人活在可控制又無窮斷斷續續的男女關係中。他們不是想要

套用在他們的生活上——執迷於某種飲食、信仰體系、恐懼症、嗜好、組織系統、十二步驟療程——就是完全失控，把自己的生活搞得亂七八糟。聽起來查爾斯好像快崩潰了。他一直壓抑著的陰影引爆了。我感同身受：我也是。但是任何夠格的榮格派治療師都會說，一開始你就不該壓抑陰影。壞事就是這樣發生的。目標應該是整合它。我希望我們兩個最終走上這條路。

我想要問查爾斯，他是否還認為自己或他老婆是性癮者——或他是否認這是傳染病，她是被他傳染的。但現在不是證明論點的時候。「無論你決定怎麼做，」我只告訴他，「要先在團體中討論一下。」

「我會的，」查爾斯忍著眼淚說，「那你生活中少了英格麗感覺如何？你想念她嗎？」

這個問題沒人問過。在和換妻者們一起墮落、搏感情和極度尷尬的時刻，我總算沒想起她。但其餘的分分秒秒，我都感覺到她的存在——在我腦中、我心裡、我家裡、我的良心。

「隨時都想。」我告訴他。

23

前往巴黎途中不管我看哪裡，總有年輕夫婦推著小孩熟睡中的嬰兒車，手上抱著裹毯子的嬰兒，或追趕著揹超級英雄背包的幼童。每個家庭都讓我想起英格麗和我毀掉的未來。我猜想英格麗在做什麼，跟誰在一起，沒有我的眼睛亂瞄和矛盾心態，她生活是否比較快樂。分手的諸多危害之一就是不只要花很多年找到新戀情，還要驗證是否真實、穩定

而且可持續。

但是在巴黎，一切都會改變。我會找到其餘的追隨者。或許就像幾次輕微創傷累積成一個大創傷，幾次小戀愛也能累積成一個大戀愛。

首先，有安妮。我抵達後她在飯店房間等我。她苗條又健美，披肩的暗金色髮，極簡化妝，中性穿著。我走近時，她用動人的褐眼珠默默深沉地看著我。我上前一步，撥開她的頭髮，我們接吻。

我們脫衣服、上床、做愛、擁抱。然後她說*你好*。這是我們交談的第一個字。

其次，還有詹姆士和妮可的朋友卡蜜兒。「嗨尼爾。我要去找我朋友羅拉，她跟你一樣是美國人，」她傳簡訊，「她想要去換妻夜店，我答應過陪她去冒險。你想要跟我們去嗎？」

「我可以帶女伴嗎？」

「甩掉她。現場會有很多女伴可以挑！而且她們都想要嘿咻！」

這家換妻夜店聽起來像充滿心態開放單身女子的金礦。唯一的問題是：我想要帶安妮。

「如果你非帶她不可，就用『我們只是喝杯酒看一看』那招，」卡蜜兒讓步，「一開始我男朋友就是這樣把我騙進去的，看看我現在！店址在蒙馬特區。晚餐過後打電話給我。」

這一年來的男女關係中，我的信條就是說不。只有拒絕別人我才能保護英格麗的心。但是現在，我要說好──對每個人，一切事情，人生。因為每次答應都是通往冒險的門戶。不論我投入的是什麼，這種關係是在認同的基礎上運作。

當晚的晚餐時，我照卡蜜兒的指示做。安妮和我陪幾年前我在歐洲打書之旅認識的兩個女人在一起：德國時尚攝影師和瑞典設計師。她們

大部分用餐時間都在講我不認識人的八卦。

「我們什麼也不用做，」我向安妮解釋，「就預定喝杯酒看一看，如果很遜我們隨時可以離開。」

「我有點累了，」她用幾乎聽不見的聲音回答。一整天，她都沒說什麼話。她只是活潑地黏著我，幾乎不斷用楚楚可憐的大眼睛眨都不眨望著我。我有預感她想要我做什麼或者可能已經如願了。「我可以回飯店去嗎？」

「我們可以一起去嗎？」時尚二人組插嘴。

「如果你想要可以跟她們去，」安妮輕聲告訴我。

很難看出安妮的意思。我不確定她是真的累了或只是對提議感覺不安。「妳確定我去了沒關係嗎？」

「我不介意，」她回答。

我觀察她臉色確認她是說真的，不是試探看我是否會選擇她。她顯得平靜又不關心。我又問了三次確保無誤。

「她說你可以去！」德國攝影師向我怒道。

原來，勇於嘗試可不是輕鬆的人生原則。我不懂為什麼，認識安妮才一天之後，我已經感覺丟下她去玩好像是錯的。或許問題不在我交往的人想要占有我，而是嘿咻之後我出於罪惡感交出了所有權。我在重演糾結劇本，病態地遷就一夫一妻制。如果我真心認為性占有是錯的並且身體力行，一開始我不會同意和英格麗建立獨占性關係，會省下我們很多的傷心。人生中，現實觀最強的人會贏。失去你的道德確定性就失去了你的立場。

我們在飯店放安妮下車，她給我深深一吻然後走掉。這是好跡象：讓你的情人獨自去性愛夜店其實是比跟他去更開放心態的壯舉。計程車

加速駛離時，德國攝影師挽著我的手臂。

我決心別像以前那樣毀掉這次狂歡會。我吃飽了，所以我不會偷吃爆米花。我沒碰任何影響心智的藥物，也不打算吸食。我甚至剪了指甲。

我們在午夜過後抵達夜店。我立刻看到卡蜜兒。她的棕色長髮簡直能拍洗髮精廣告，皮膚光滑無暇得用形容靜物的比喻，像珍珠，都還不足以表達。

她和另兩個女人站在一起：她的美國朋友羅拉，看起來像支燃燒的蠟燭──又細又長，白色褲裝和蓬亂的金色短髮。還有布拉格來的高貴美人薇洛妮卡，嘴唇像圓柱形沙發坐墊，柔順的棕髮，太大的鼻子，高大、消瘦又性感的體型讓我想起女星珍‧柏金（Jane Birkin）。

「我們進去時必須穿長袍或毛巾嗎？」我問卡蜜兒，不清楚這種地方的規定是怎樣。

卡蜜兒看著我的樣子好像我瘋了。「不用，我們就穿這樣進去。」

鬆了口氣。雖然我對性愛很想開放、進化、擺脫羞恥，我看到自己的身體還是無法泰然自若。初體驗時，我尷尬得不想脫掉我的襯衫。第二次和第三次也是。

我們後方的隊伍中，有個穿訂做西裝梳油頭的法國人。看起來好像吸很多古柯鹼的可疑商人。「既然你有這麼多女伴，我可以跟你進去嗎？」他問。

夜店有規定所有男性必須帶女伴進場──而我像大胃王跟五個女人站在一起。我猜我跟英格麗交往時錯過的就是這個：選擇、多樣性、冒險、探索、新奇、未知。照洛琳的說法，刺激。

「我不曉得，」我告訴他，「我是第一次來。」

我們等待時，卡蜜兒和羅拉討論分享玩具，她們指的是男人。「妳男朋友會來嗎？」我問卡蜜兒。

「不會。」

「他知道妳在這裡嗎？」我發問不是批評她，而是因為我好奇他們的關係是如何維繫的。

「不知道。」她歉疚地微笑。顯然，擁有開放性關係並無法治療偷腥。先是妮可，然後賽奇關於前男友的故事，現在又有卡蜜兒。或許大多數男女關係的問題在於規則逐漸變得比它們應該代表的價值觀更重要。

最後卡蜜兒的玩具來了兩個，都穿名牌西裝打細領帶。他們自我介紹叫布魯諾和帕斯卡。布魯諾看起來像俐落的大學運動員，而帕斯卡戴細框眼鏡，短捲髮，緩慢優雅的儀態，看來像時髦的知識分子。

這裡的男女不像至福派對上專注性愛的人群，不是離婚、打扮像A片明星的周末戰士。除了後面的油頭商人，他們都很年輕、時髦、穿著考究、沒有整形。他們看起來跟高檔夜店外面的人沒什麼兩樣。顯然，在城裡玩了一夜之後，他們是來吃甜點的。隊伍開始前進，羅拉同情那個落單商人，邀他跟她進去。

「你知道我怎麼分辨哪些人是野蠻人嗎？」德國攝影師向朋友說，「看他們的鞋子。連我最糟糕的敵人都不會那樣穿。」

我似乎在每場狂歡會都犯了重大錯誤，這個時尚專家可能毀掉這一攤。但已經來不及逃離她們：我們被放進場了。

我們進去時，一個女公關叫我們寄存我們的外套（不知何故時尚專家竊笑起來），然後給我一張卡，她說明這就是我今晚的帳單。薇洛妮卡脫掉絨毛上衣露出寬鬆的露背洋裝，如果她步伐太大，恐怕會被

逮捕。「她會是我今晚的第一發，」我無言地盯著薇洛妮卡的曬黑背部時，帕斯卡自信地告訴我。

我們下樓走到一處無人昏暗、點綴著脫衣舞鋼管的舞池。現場廿幾人聚集在一座吧檯邊，喝酒壯膽。凱蒂．佩芮（Katy Perry）的〈我吻了一個女生〉（I Kissed a Girl）正在播放。顯得好……明顯。

在門廳末端，有一扇通往樂趣的黑門。朋友們都飄進門裡的房間之後，卡蜜兒牽我的手提議帶我參觀。「那我朋友怎麼辦？」我問。

「他們不會有事的。你到底要不要來？」

我看過去，她們似乎深陷在假掰的對話中，假裝高傲掩飾她們的不自在。我最好邀她們一起來，何況是我帶她們來的。但是，我最不想要的就是參觀狂歡會時她們在旁邊傲慢大聲地評論眾人的性技巧多麼過時。

我丟下她們很歉疚，就像我丟下安妮。但是我說，「要。」

24

黑門的後面，卡蜜兒和我慢慢晃過下凹式客廳和裝了舷窗的小房間，全都有人占用，直到我們抵達一個有張超級大床和沿著前方牆壁狹窄走道的空間。

大床上的大多數女人全裸，男士們還穿著正式襯衫、領帶和褲子。然而，他們的褲子拉鍊開著或拉低露出他們的那話兒。到處都是老二。連沒跟女人在一起的男士也在房裡走來走去，老二期待地在空中晃蕩，準備有誰需要用上。我是唯一服裝整齊的男人。直到至福派對之前，我

很少看到裸體的男人。在這裡，人多空間小，看起來好像蛇窩。

　　大床右側角落的底下，羅拉撩起洋裝四肢著地。布魯諾從她身上抽出來放進卡蜜兒嘴裡，同時帕斯卡說到做到，在搞貼著牆壁的薇洛妮卡。她站著面向前方，抬起一腿臉色脹紅，姿勢如果被拍下來，會引來無數個麻煩的夜晚。

　　我不知所措，如何參與或有何規則。至少詹姆士和妮可解釋過在至福派對上會怎樣，確保我也有份。但這裡極端多了：我所看過最接近毫無禁忌的場面。

　　我坐在羅拉前方的床墊空位，她仍期待地擺出雙手雙膝著地姿勢。「謝謝讓我跟你們進來，」我告訴她，因為我感覺好像該說點什麼。

　　「這是你第一次來換妻夜店嗎？」她機靈地問。這可能是從上次狂歡會以後我嘗試閒聊的最愚蠢場地了。

　　「差不多。」

　　我們交談時，夜店外那個詭異商人出現在羅拉背後揉她的私處。然後他像修車般鑽到她底下開始舔舐她。

　　「妳可以嗎？」我問她，「如果妳不喜歡我可以叫他停止。」我又來了：照顧自己以外的每個人需求。

　　「你這真是典型的美國人說法，」她笑道。

　　「什麼意思？為什麼會很美國？」我根本不懂她的意思：她自己就是美國人。

　　「從來沒人這樣問過我。」

　　「但我以為或許──」

　　「我只想要老二放進來。」

　　這正是我青少年時代幻想的那種女人：毫無歧視。而且這似乎比普

迦儀式和至福派對都更像自由性愛——因為沒有精神包袱，毒品包袱，也沒什麼情感包袱。其實，沒有任何包袱或阻礙，只有隨機交織的肢體部位。現在我置身其中，卻嚇壞了。這也開放得太……令人震撼了。

壓抑我們的不是社會壓力，是我們自己。我們只責怪社會是因為這樣不只比較容易也是個幾乎不可能去除的重擔。這樣，我們就不必真正改變。我以為我在反抗體制，但我其實只是在反抗我自己：先是我的衝動，然後是我的壓抑。

同時，那個油頭男停止舔羅拉，似乎打算衝本壘。

「你可以確認他戴了保險套嗎？」她問。

「OK，」我過度熱心地回答，慶幸有這個機會。

現在我有職責了。有目標。我是保險套警察。我謹慎地看著他確認他戴上套子。然後我擔心我把他嚇壞了。但我不會逃避這個很重要的責任：沒有防護，沒有服務。*沒錯，先生，一路套到底。否則我就得請你下床。*

「好了，」我用權威的語氣告訴她。

他在裡面抽送時，羅拉的臉搖晃著靠近我。我心想，現在是我的機會，我開始和她調情。

這時我才發現：這裡沒有別人在調情。今晚她嘴裡含過多少老二了？

於是我退開。該是說Yes拉開拉鍊的時候了。我跪下讓我的胯下對齊她的頭。果然，面前有老二的力量強大得難以抗拒。她雙手抓住，塞進她嘴裡，開始吸吮。

我知道這很粗魯，但是故事發生在性愛夜店裡。不然我該描述什麼

咧？水晶吊燈？這裡發生的只有性愛而已。

「你喜歡怎麼做？」羅拉停下來問。

好問題。我喜歡。有什麼比口交更棒的？或者她想要更明確的指示？或許他們對不同的口交方式各有名稱——口水閃光、環遊世界、迷惑的美國人之類的。

我猜想性愛自由就像任何事情，是需要學習的技藝。我還需要更多經驗才能適應。

突然，我看到帕斯卡的頭出現在我頭上。他向我耳語，「薇洛妮卡要你。」

真是宛如天籟，尤其是跟羅拉的經驗有點尷尬。我知道她有任何老二都行的態度，但我暗自懷疑我的老二不太合格。

商人完事後，羅拉離開。但出現的不是薇洛妮卡，卡蜜兒跪在我面前更加熱情地取代羅拉。我心不在焉，因為腦筋轉不過來，所以我環顧現場發現一個異國長相的女人躺在我前方。我牽著她的手開始按摩，她也按摩我的手回應。我把手伸到她胯下開始跟她玩。她滿身大汗。幸好我剪了指甲。

我開始適應這裡了。終於，我真正成為狂歡會的一員——清醒，被接納，活著。我挺直站起環顧四周。每個人都在嘿咻或吸舔。

或許我先前在換妻和多元伴侶社群的災難其實是適應這些事情，沿路學習直到精通狂歡會的必要經驗。

突然我聽到男性聲音大叫，*「你壓到我的腿了。」*

大床上幾乎每個人都哈哈大笑起來。

顯然我跪在別人的腿上。我讓開時發現薇洛妮卡在床墊上爬向我。我欣賞著她獨特的驚人美貌和尷尬純真的融合體，我馬上硬了。

我熱烈地和她調情。我不知道我幹嘛一直摸別人的污穢嘴唇，但我渴望親密關係和連結感多過匿名性愛。或許我是多元伴侶者——因為這不只是我尋求的自由性愛，還有自由浪漫、自由連結、自由關係，自由和彼此喜歡的人裸體並在事後更加了解彼此。

我離開這裡之後真的得用李施德霖漱漱口。

同時，布魯諾突然冒出來開始跟那個異國長相的女子嘿咻。

我退後看著薇洛妮卡的臉，她咬下唇回應。我們才剛認識，兩人之間熱力爆表。我希望不是因為她被父親拋棄過。

我用手指摸過她嘴唇，她把手指吸進嘴裡然後……天啊，我感覺我快要……

但我不希望這樣結束，所以我從卡蜜兒嘴裡抽出來。

「讓我吸嘛！」她乞求。

這真是我生平最棒的一夜。

這張床上的場面基本上就是穆斯林烈士死後的期待，只差沒處女。但是此刻天堂就在這裡。

我終於進入了從青春期起在色情雜誌和A片裡看到的世界。就像女人被媒體與社會訓練去尋找她們的白馬王子，男人也被制約去尋找他們的蕩婦。不是為了情感，只是為了冒險。兩者都是童話故事，但白馬王子幾乎不可能找到，因為得維持一輩子的幻覺。但是扮演蕩婦的角色只需要幾分鐘。

唯一讓我無法完全享受這個性愛天堂的是罪惡感：安妮在飯店裡擔心，時尚專家女在生氣，還有因為我太喜歡這檔事了，表示我是性癮者，如同這裡的所有人。復健所的顧問真的把我的腦袋搞壞了。我以前只擔心性病，但他們把性愛本身變成了一種病。現在，每當我沉溺在愉

悅中，腦袋裡就聽到蓋兒的聲音告訴我，我在逃避親密關係。

如同我答應瑞克，我會毫不懷疑全程接受成癮治療，我必須毫無罪惡感全程體驗自由。日積月累答案會浮現：我不是像查爾斯預言的沉淪到底，就是如願找到適合我人生的對策。我必須擺脫雜念投入這場體驗。並且記住我為什麼來：不是拚嘿咻，而是尋找我的人際傾向和志同道合的伴侶。

我與薇洛妮卡再度眼神交會時，我發現有根老二像烏雲蔽日掛在視野邊緣。它的主人用濃厚法國腔向我說，「這裡的所有女人，她們都吸過你的老二。」

「我猜是吧。」

「你喜歡被吹喇叭嗎？」

這個問題似乎是廢話，但我還是回答，「是啊。」我迴避眼神接觸。這段對話肯定無助於我的持久力。

「你想要我吸你的老二嗎？」

「不用，謝謝。」我不知道為什麼，但這個狀況似乎需要禮貌。「我沒事。」

我猜如果嚴格來說我想要完全自由，我會讓他如願。但是，我發現目標不是性愛無政府主義。而是我希望關於我性慾的規則是我自己訂的，不是外來的。那是關鍵差別——或許所有事都是。

所以，目標是解放：成為我性高潮的主宰。我不想受制於伴侶，那就是一夫一妻制，但我也不想受制於性高潮，那就是成癮症。

我的新仰慕者無意中送了我一個禮。雖然他沒說什麼別的，我一直看到他的屌——在右邊，在左邊，頭上一呎——彷彿他指望光是在我周圍晃蕩，遲早我會決定表示欣賞。這裡似乎有這種規矩。或許這裡出沒

的所有女人真的喜歡男人傳他們老二的照片簡訊。

有個金色長髮、胸部尖挺的北歐妹和她男朋友爬上床。我用視線強暴她，恢復狂歡會的心情。她迎向我的注視。但我沒機會回應，布魯諾突然出現開始搞她。

我不懂他是怎麼辦到的。這應該是他的第十個女人了。我忽然想起卡蜜兒在下面連續吸了我半小時。我戴上保險套，躺下，把她抬到我身上。

卡蜜兒騎我的同時薇洛妮卡跨坐到我臉上。我被女人窒息了。如果因為我媽令我窒息才發生現在的情況，那我真該向她鄭重道謝。

突然間，室內響起高傲響亮的德國腔：「他在哪裡？」

我仰頭看到時尚專家站在牆邊，望著一堆人體的上下顛倒影像。

「這樣拋棄我們果然是他的作風！」

我設法躲在女人底下免得她發現我。

「別管他了，我們走吧。」

她們的聲音穿透室內，沿路澆熄了所有性慾。

「真自私。」

有一瞬間，我考慮停手。反正我或許該回飯店去看看安妮的狀況。

我又想，不行。這裡太棒了。我不想停手。我確實自私。讓我自私吧。她們可以走，我稍後再處理。我在學習怎麼偶爾照顧自己的需求。

在這種時候，就會露出個人靈魂的真正天性。

「我們交換吧，」薇洛妮卡提議。畢竟這是換妻夜店，所以我從卡蜜兒抽出來讓她跟薇洛妮卡換位子。可是，卡蜜兒的小穴一空出來，布魯諾就進去了。這傢伙絕不錯過任何機會。我想他在外界一定是個好商人。

薇洛妮卡滑到我身上，皮膚磨蹭著我的衣服，拱起背讓我們看見彼此的臉。我換個保險套緩緩插入她。我們肉慾地互相廝磨。時間彷彿減慢。我們脫離其他人群融化在彼此中。

我深深望著薇洛妮卡眼中的世界，她也看著我——感覺像愛情。不是伴隨著期待承諾和恐懼拋棄的那種愛情，而是無求也無畏的情感那種愛情。雖然短暫，我在換妻夜店裡找到了愛情。

有情感連結的性愛是種心靈體驗，但不像密宗多元伴侶信徒形容的那樣。說心靈是因為這是脫離自我，與別人融合，消散進入我們周圍震動的原子，不帶批判與偏見連結到萬物中流動的宇宙能量。

因此，性高潮是連結地球上幾乎每個人的心靈行為，或許這就是有這麼多恐懼與包袱的原因。因為在復健所和普迦儀式說的都對：它很神聖。

每次高潮。本身就是個信仰行為。向外連結的嘗試。而且只有片刻。解除我們的分離感。逃離時間。觸摸到永恆。太棒了！

她浸濕床墊時，我射滿了保險套。

我不僅在狂歡會找到了愛情，我想我也找到了啟發。

25

「我們去喝一杯吧？」我們溜下床時我問薇洛妮卡。我們真正該做的是去洗澡。

「我要抽菸，」卡蜜兒從布魯諾身邊爬開說，他迅速溜走，無疑是去尋找別的商機了。

回到休息室裡，我不再有罪惡感。這次體驗太棒了，沒有罪惡。安妮應該對自己的決定負責，沒有罪惡。時尚妹選擇跟大家保持距離，可能回飯店去聊我左邊屁股上的胎記看起來好像假Gucci商標之類的垃圾話，沒有罪惡。

我們走上樓到吸菸室，薇洛妮卡和我終於有機會講話了。這好像顛倒版的完美約會：先上床，再互相了解。

她是休學的視覺藝術研究生，個性非常獨立，熱愛學習新東西，以隱約輕微的憂鬱與人隔離。她的捷克腔很重，殘缺又模糊。話中的冷淡可能來自挨餓受凍、受苦而倖存的歷代祖先，今天她才能在這裡，在時髦的巴黎夜店裡搞一大票陌生人。

「這是我第一次，」她告訴我，「我喜歡。」

「妳是說以前妳沒來過這兒？」

「沒有。我是來巴黎找人的。我告訴他我以朋友身分過來，但我不肯跟他上床之後，他生氣了。卡蜜兒住在隔壁，她說今晚她會瞞著他帶我出來。」

「妳不想跟他上床，但妳跟這麼多隨機男人上床？」

「這是為了體驗。那個人逼太緊了。今天我不肯吻他，他威脅趕我出去。」

「如果妳想要，可以來跟我住。我還會再待幾天。」

「我接受，」她似笑非笑地說。我們繼續交談時，我想起六〇年代老歌的歌詞：「我幾乎可以愛上每個人／我認為人群是最大的樂趣。」

這就是離開英格麗以來我的發現。無論是妮可或賽奇，安妮或薇洛妮卡，每個女人本身就是個美好世界。而一夫一妻制呢？好像選擇住在單一城鎮，從不旅行去體驗世界上其他獨特美好地方的美麗、歷史和魅

力。愛情為什麼必須限制我們？

　　或許並沒有。只有恐懼會限制人。愛情是擴張的。我猜想，既然糾結的恐懼迫使我們迴避承諾，拋棄的恐懼讓我們有占有慾，這些創傷治好之後，會出現哪種進化的男女關係呢？

　　史上第一次，英格麗開始在我腦中淡去，變成美麗的回憶，我被誤導嘗試一夫一妻制造成的悲慘傷亡。在我前方，情感與性愛上無限可能性的世界正在開啟。在我背後，掙扎即將結束。即使某人是你的絕配，如果你們核心價值不同，還是不可能成功。

　　薇洛妮卡提起她最近看過叫做《The Workshop》的紀錄片，內容是參加者在一個僻靜處裸體群交以治療他們的羞恥並尋找啟發，我決定告訴她我正在籌建一個多元伴侶家庭。

　　「聽起來很好玩，」她回答，把頭放在我肩上。「我有興趣跟你一起嘗試，看你什麼時候完成。」我心跳加快。如果多花點時間相處之後合得來，我可能就有V字形了。卡蜜兒的其餘朋友隨即出現，我們在夜店外道別，大家交換電話號碼。我回到飯店後，安妮擁抱我——不是因為恐懼或放心或嫉妒或擔心，而是接納。她開心地往我肩上磨蹭低聲說，「我想當個有經驗的女人。」

　　這時我才發現我做到了：我活在一個解放女人和自由性慾的世界裡。這變成了我的生活方式。我的真實。我逐漸找到我的部落。

　　現在不只要跟複數伴侶做愛，也要跟她們建立親密關係。應該驗證這種生活方式對我是否真正可以長久，帶來更好的愛情，更堅固的家庭，更充實的幸福感了。

Stage III

後宮生活 Harem Life

先知〔穆罕默德〕習慣一趟巡迴與他的所有妻子交合，

不分晝夜，她們有十一個人。

我問阿納斯，「先知有這種體力嗎？」

阿納斯回答，「我們總是說先知有三十個男人的體力。」

THE PROPHET [MUHAMMAD] USED TO VISIT ALL HIS WIVES IN A ROUND,DURING THE DAY AND NIGHT AND THEY WERE ELEVEN IN NUMBER.

I ASKED ANAS, "HAD THE PROPHET THE STRENGTH FOR IT?"

ANAS REPLIED, "WE USED TO SAY THAT THE PROPHET WAS GIVEN THE STRENGTH OF THIRTY [MEN]."

——阿布‧卡塔達《布哈里聖訓》第一卷，第五冊，268號

（Abu Qatada，*Sahih al- Bukhari, volume 1, book 5, number 268*）

譯注：Sahih al- Bukhari，伊斯蘭教遜尼派六大聖訓集之一，由學者穆罕默德‧伊本‧伊斯梅爾‧布哈里輯錄，記載先知穆罕默德生前的言行

26

在天性深處，我們都是採集者。人生就是從巨大又連結的地球上收集我們所需資源的過程。一切都在外頭：每個顏色、陰影、味道，人生與體驗的變化。無論我們在找什麼，我們會找到──如果它沒有先找到我們。然而，結果不會是我們有意識尋找的，而是我們下意識尋找的東西。

所以我們想要的決不會是我們預期的東西。這是採集者的法則：你找得到莓樹叢，但無法控制收穫。

我離開巴黎後打算跟三個情人同居：安妮，她很高興可以這麼快就重逢；薇洛妮卡，安妮離開後，我在巴黎和她相處了幸福的三天；還有貝兒，她一直跟我保持密切連絡。我認識她們都在冒險情境中良好收場，所以她們不需考慮太多就同意繼續冒險。

我不知道夏瑪‧海倫娜會怎麼稱呼這種關係。這比V形關係多出一個人。我猜應該是四合院──或單腳的W形， 或許三趾的腳↓。無論如何，我很興奮終於從觀察非一夫一妻制關係的立場變成其中一員。

因為是踏入未知領域，我盡力準備。我回洛杉磯之後幾乎天天和這三個女人講話，深入了解她們。隨著每次簡訊和通話，情感連結成長開花。有新戀情的感覺，充滿希望和期待，不受現實污染。搬進來同住顯然太急，所以我們講好初步嘗試兩周看看狀況如何。很可惜我毀了跟賽奇的機會，因為她是我迄今交往過唯一有這種團體關係經驗的人。

因為我租的小屋太小擠不下四個人，我打給我跟英格麗交往時陪瑞克看過的大型破爛樹屋的屋主。不巧，那房子有人住，所以我尋找其他選擇，把我喜歡的住處照片寄給女孩們。

「你何不在舊金山這兒找房子？」我報告計畫進度時妮可提議，「世界上沒有更包容另類關係的地方了。你看過的那些多元伴侶的書——作者多半住在這裡。我還能帶你去參加那些地下派對。」

妮可是我這個新典範中的碧翠絲（Beatrice，義大利詩人但丁的繆斯），她還沒讓我失望。我想她喜歡向新進者扮演另類關係導遊的角色。所以我同意在新地方嘗試這種新關係。

貝兒、安妮和薇洛妮卡預定抵達的幾天前，我發現漁人碼頭附近有個價格合理的度假租屋。那戶公寓有三個臥室，能讓我的每個準女友有自己的房間、衣櫃和浴室。理想上，女士們會互相建立對應的關係，最後我們會睡在同一間臥室。但在最差情況下，我可能只是以固定循環分別跟每個人過夜，這大概是大多數多元伴侶者的做法。

薇洛妮卡預定最先抵達；貝兒的飛機在七小時後降落；隔天下午，安妮進城。

所以我既驚訝又焦慮地在機場等薇洛妮卡，準備把似乎完全不可行的男女關係幻想變成日常現實。最後，我看到她從海關走出來。她比我高兩吋，可能輕了卅磅，穿著高跟鞋，窄管牛仔褲，緊身黃色T恤，眼神照例帶著強烈的哀愁。她的腔調在人群中濃厚又誘人，捲舌的「r」音令我想起冷戰時期間諜。

三小時後，我們躺在床上，滿足地沐浴在舊金山的午後陽光下，性交後閒聊著肢體語言。我努力在心中烙印這一刻，讓我回想在幾周內從陌生人進展到情人、到居家伴侶的喜悅感。如果留在英格麗身邊，我永遠無法體驗這一切。

我的電話響起收到安妮的簡訊，說她在打包行李很期待擁抱我。我回簡訊讓她知道女士們跟我也都很期待擁抱她——提醒她，照奧菲斯

的說法，重點是家庭。幾分鐘後，貝兒回簡訊告訴我她找到了提前的機位，已經為我「vajazzle」了。（譯注：在女性私處裝飾亮片）

我不曉得那是什麼意思，但我告訴她聽起來很性感，我們會立刻去接她。

貝兒回答，她搭計程車到公寓來會比較輕鬆，薇洛妮卡嘆氣，不高興。她下床，身上裹條毛巾，打開行李箱，開始往衣櫥裡掛衣服。每個衣架撞擊銅桿的聲音聽起來有點暴力。

「怎麼了？」我問。

「沒事。」

「沒事一定是有事。我可以談一談。」

「我沒事，真的。」她拿出化妝用品拿進浴室。她的每個動作都伴隨著微風與薄霧。

「沒事代表受傷、不安全感、神經質和情緒化。」

她不覺得好笑。「你跟我在一起時猛傳簡訊給女人很不尊重，」她怒道。

我心想：她說得對。我又想：我慘了。現在家裡只有一個女人，我們已經發生嫉妒問題了。家居生活的喜悅感瞬間消失。但這就是我來的目的：體驗這種生活方式的現實。跟別人的老婆和女朋友上床很容易，但學習真正跟複數伴侶維持關係（照蓋兒的說法）困難多了，因為不只是身體部位交會，還有情感。在夜店裡兩個陌生人之間怎樣都行，但在現實世界裡當一對情人，一切都有它的意義。

所以如果我希望這次體驗順利，必須成熟地慎選簡訊的措辭。因為重要的不是這幾周，是我的未來。「我傳簡訊是安排即將抵達的兩人跟我們住，」我告訴她，「但從現在起，除非安排當天的行程，我們在一

起時都盡量不接電話，讓我們能跟對方專注在當下吧。」

她點頭微笑，對外交辭令很滿意。以前我認為好的男女關係就是永遠相處融洽。但是我發現，祕訣就是當一方拒絕溝通或發怒，另一方必須保持在成人自我狀態。如果雙方都落入受傷的小孩或適應的青少年，這時關係中的衝突和毀滅的所有力量都會釋放。我和薇洛妮卡分享這套，教她不同的自我狀態。不久，我們就和好了。

「我在這裡已經學到了東西，所以我才來，」她開心地說。

一小時後，貝兒到了。她蒼白又嬌小，穿著方格呢裙、深藍色毛衣、白襯衫、龐克紅色眼鏡，蜂蜜色金髮編成辮子。這是同時兼用色慾和罪惡感來逼瘋男人的女學生打扮。

「這裡是你的罪惡淵藪嗎，史特勞斯先生？」我們在門口擁抱時，她戲謔地問。

我帶她到客廳見薇洛妮卡。然後我讓她們獨處幾分鐘，給她們機會不靠我熟悉彼此。

過了一會兒，我聽到笑聲。好跡象。我過去，薇洛妮卡說她要去散步。

她一走，貝兒跳到我腿上開始脫我的衣服。我猜想她們自行達成了協議。不可能的事已經發生了。

雀兒喜那種女人特別賣力想要看起來像在雜誌上的修飾照片。但是比那種不可能的女性理想更刺激更禁忌的，是不該被揭開的柔軟肌膚裸露，蒼白消瘦到似乎一接觸光線和空氣就會受損的皮膚，似乎光是被看到就會顫抖的肉體。

這就是貝兒的身體。

直到我發現她說vajazzle是什麼意思才破滅：真是令人目眩的陰

部，色彩鮮豔的亮片卡在應該有陰毛的地方。跟聽起來一樣無厘頭。

我們穿回衣服幾分鐘後，薇洛妮卡回來了。我小心觀察她的臉色和動作。她似乎沒生氣。

我們準備吃晚餐，然後下樓走到我的車旁，在團結的繩索上保持平衡。我們一上車繩索就差點斷掉，我遭遇了團體關係的第一次挑戰。

兩個女人都焦慮地站在前座門外，等我決定。

「既然我們沒去機場接貝兒，她應該坐前面，」我告訴薇洛妮卡，「然後回程妳可以坐前面。」

聽到自己說出這些話真尷尬。聽起來像我十二歲時家父可能對我們兄弟說過的話。我不記得世界多元伴侶年會上有人教過多元伴侶座位安排。

我突然覺得這場體驗沒有任何事會符合我預期。我活在採集者的法則下。

27

貝兒穿著學校制服坐在晚餐桌上，餐廳裡每個變態都盯著她。

「歐買尬，」她說，喝下今晚的第三杯酒。「我過來之前去大肆採購性感內衣。今晚我要全部穿給你看。」

通常，這是理想的晚餐對話。但是有個問題：她說話時只看著我。其實，她表現得彷彿薇洛妮卡根本不在場。我察覺薇洛妮卡的皮膚上開始籠罩霧氣。

薇洛妮卡上廁所時，我提醒貝兒，「講話時一定要顧及薇洛妮

卡。」

「我不在乎她，」她回答，「我只在乎你。」

我被她打敗了。「但這不是我們來舊金山的理由。我們討論過在這兒探索多元伴侶制，表示牽涉到不只我們兩人。」

「我知道。」她嘆氣望著她的酒，好像做了她明知是錯事被懲戒的小孩。

讓情人們碰頭顯然可能像介紹貓咪認識。做什麼都必須小心、周到又準確，否則她們絕對合不來。

晚餐後，我帶她們去紅燈區一家名叫Wilson & Wilson的地下酒店，希望改變場景能培養多一點同志情誼。但隨著每杯酒下肚，貝兒越來越多話，薇洛妮卡越來越不爽，直到貝兒說話時她看著桌子。迴避和人眼神接觸比直接說他令你不爽更糟糕：這是你的靈魂告訴他們的靈魂你不高興了。

狀況已經在災難邊緣擺盪，而安妮根本還沒來呢。約德老爹在巔峰時期跟十四個老婆似乎過得很和諧，所以我一定能搞定區區兩個。

我回想復健所。我小組中的弟兄們都很不同，但讓我們迅速形成深度連結的是討論我們的時間線和童年。或許該停止閒聊，來真正互相了解了。

「我很好奇，」我轉移話題向貝兒說，「成長過程中妳的父母是什麼樣子？」

「他們很完美。他們非常愛我。」她啜一口雞尾酒，抬頭看我們，臉紅的笑容像乳膠面具掩蓋著真相。

每當人們美化他們的照顧者，很可能事實正好相反。有時候這是父母製造的幻覺，像神明一樣堅持他們很完美，小孩應該聽話，因為有他

們才有小孩存在。也有時候幻覺是小孩創造的生存策略，脫離現實以迴避在惡劣環境中長大的痛苦。

所以我犯傻嘗試突破貝兒的牆。我向她解釋這個理論，總結說：「沒有父母能夠完美。他們只能告訴小孩他們完美。」

「而且從壞父母也能有收穫，」薇洛妮卡補充，讓自己接觸貝兒。她想要幫忙。我們已經變親近了。

「我小時候爸爸從來不在身邊，我媽老是在工作。所以我才八歲就獨自搭公車跑遍全市。因此我現在才這麼獨立。」

我懷疑我是否散發出糾結費洛蒙吸引了被拋棄的女人。或純粹是大多數父親很爛，大多數女兒都被他們以某種方式拋棄過。

我們繼續說自身經歷時，貝兒把酒杯砸到桌上引人側目地大叫。「好啦，我媽是個自戀、自以為是的婊子！」然後她臉色一垮飆出眼淚。「別再繼續了，OK？就到此為止！你一直逼——這下你滿意了。」

就這樣，我們親密連結的時刻出現了。

是嗎？

至少貝兒突破回到現實了。現在我們了解她。就像某些人有毒癮或性癮，她有文字癮。她建立一道文字之牆來保護自己免於不舒適的情感。但是，當某人對同性父母有糾結，他們可能很難與同性形成親密友誼。所以這可能是我們四角形的一大障礙。

往好處想，既然我們分享了自己的弱點，薇洛妮卡開始真正在貝兒說話時看著她的眼睛了。

本日教訓：通往多元伴侶和諧——和在其他受傷者之間的生活——的最快路線就是真相與理解。

我們離開時，薇洛妮卡雙臂抱著我吻我後頸。然後她拉我的手抱住貝兒，我們一起走出去。

我親吻她們兩人的嘴。當天第一次，我有了希望。

我們感覺像個V形。

我們到家後，薇洛妮卡說她想要洗澡。我走進一間浴室清理，準備迎接我們在一起的第一晚的巔峰。

但我剛站定，貝兒跟著走進來，挑逗地用舌頭撥我耳朵，耳語說，「我要上你。但我要你先轉過來把你的老二放進我喉嚨深處。」

「我好想這麼做，」我告訴她，「但我們必須等到薇洛妮卡從浴室出來。」

我帶她進入薇洛妮卡的房間，我們躺在床上邊等邊聊。

但幾分鐘後，貝兒開始煩躁。接著她突然跳起來嘻嘻哈哈地跑過家中。

我的希望再度落空。貝兒似乎完全瘋掉了。我不確定是因為酒精、時差、緊張、我們截中的母親創傷、被迫等薇洛妮卡而鬧彆扭，或想讓我追逐她的某種錯誤調情。

薇洛妮卡走出浴室躺到我身邊的床上。貝兒的聲音隔牆傳來，歇斯底里地大笑，然後像氣喘病的喘息，響遍全家。

「她又在幹什麼了？」薇洛妮卡問，語氣透露出不屑。

「我真的不曉得。」我剛認識貝兒時，她害羞、聰明又有幽默感。我從來沒看過她這一面。其實，我見的酒醉女人遠超過我願意承認的數量，我從未經歷也想像不到這種事。現在我能同情的只有牆壁。

人生有種變態幽默感：我感覺受困於英格麗的理由之一，是我討厭她讓我無法跟貝兒上床。但現在我只想甩掉她——還不到十二小時呢。

或許忠實的祕訣就是知道別人家的馬子更瘋狂。

貝兒跑回房間裡，跳上床，想要吻薇洛妮卡。

但薇洛妮卡默默轉開她的頭。貝兒愣了一下，然後站起來跟蹌地走出房間。我們又聽到她瘋狂地跑遍家裡，打開又關上櫥櫃門，直到最後她跑進自己浴室，關門上鎖。

「或許她吃了什麼藥，碰到酒精有副作用，」我向薇洛妮卡道歉。

「或許吧，」她平淡地回答，翻過身從床頭櫃抓起她的日記和筆。我不知道她寫了什麼。

或許要求每個人寫下她在這裡的體驗日記，供我們日後解讀。

我默默躺在她身邊，希望今晚是失常，貝兒只是太緊張又喝多了，藉著某種奇蹟，薇洛妮卡會遺忘與原諒。這不算是我們的蜜月之夜，我提醒自己，只是第一次約會。

隔天早上我醒來時，貝兒回到了床上，我們三人相擁。

這時我又發現多元伴侶制的另一個困難：夾在兩個睡著的女人之間，很難起身去浴室而不吵醒任何人。

或許這個團體關係還有希望。畢竟，狀況不會比昨晚更詭異了。

28

摘自「薇洛妮卡的日記」

我剛抵達機場正等著過海關。我很高興他要我過來。上次我們見面，我很愛他，至少有幾小時直到恢復理智。我猜他有很多像我這樣的

女友。就像我有其他備胎。對我不成問題。隨便吧。

從我出生起，人生就是冒險。我不確定怎麼可能我老是遇到這麼多事情。我猜是我天真、粗心又偏激，也沒有人照顧我。我父親大多數時候酒醉、在工作或兩者皆是，而我媽總是忙著照顧庭院和動物，她在別處還有某種工作。

⋯⋯

我對男女關係學到的是最重要在於交談。如果兩人或更多人交往，他們必須能對自身情感毫不猶豫地互相交談。例如，我不滿他傳簡訊又不說話。但他了解我開始親自跟我交談。我告訴他我的感受，從那時起，一切都不同了。我們改變我們的行為找到妥協。這很意外，因為根本不困難。我好高興他做到了。

⋯⋯

加長型毛衣，白襯衫，方格裙，黑色厚底鞋，眼鏡，童話人物式辮子，澳洲人。完整的女學生打扮。很色情、廉價。但仍很有趣。我猜男人絕對很愛。但他選了個這樣的女生參與實驗。真糟糕！

我想我同意這個點子一定是因為我想多和他相處。我看我不太能想像這裡的狀況會如何發展。我很笨，但我在學習。這樣很好。

⋯⋯

我已經厭煩那個女孩了。她話太多！感覺她好像永遠不會閉嘴。

我也不再用「我戀愛了」的表情看他。我感覺他好像無法感受真誠的情感。我覺得一切都像心理遊戲好讓他的想法實現。如果他真的在乎我，就不會這樣對我。他打算就一個一個上遍我們全部嗎？

他在想什麼？他覺得什麼都做得到。同時，我們也允許他。

男女之間的差別是我們有時候為了爭取更好的事，做不想要的事。

我們允許他是因為愛情。我們希望有一天他會成為我們的。但或許我們
其實只是放棄他。

……

那個澳洲妹已經誇張到像個瘋子。她隨時放聲大笑，但我猜她內心
深處在哭。她的行為毫無邏輯。她真的醉了在櫃子裡找他。這種狀況似
乎讓我們都表現得有點搞笑。

明天第三個女生要來了。她是法國人。希望她會比較正常，不像家
裡這個。

29

到了早上，薇洛妮卡為大家做吐司煎蛋當早餐，我們圍坐在餐桌邊
聊天。現在貝兒清醒了，看起來真的有舒適的家居生活感。

我不確定昨晚過後薇洛妮卡是否會尊重貝兒，但至少她容忍她。希
望性情安靜專注的安妮能成為我們缺少的連結組織。

我們開車去機場時，薇洛妮卡因為做了早餐坐在前座。我知道，很
荒謬。

我們抵達後，我發現安妮期待地站在航站大廈外，三趾腳缺少的
那根腳趾，看來脆弱得如果卡車快速飆過會把她吹走的樣子。她的眼神
像車頭燈發亮，似乎占了臉孔的四分之一，其餘部分被幾撮雜亂金髮遮
蔽。當我跳出來迎接她，她默默溫暖地擁抱了我一分鐘。然後她爬進後
座，我帶她們稍微遊覽一下市區。

「她真棒，」我們回家後薇洛妮卡跟我說，「我想我可以向她學習

很多。」

　　我放下心嘆口氣。或許我們就需要這種新氣息和成人的冷靜，來平衡貝兒的幼稚。或許四角形真的可以成功。

　　當晚，我們陪詹姆士和妮可去Supperclub，接著續攤跟六個換妻者與性虐癖男女去妮可家的閣樓，包括無可避免的雀兒喜和湯米。

　　她的閣樓是換妻版的單身漢狗窩。有些細長高塔懸掛著燈光和擴音器，全部靠她的電腦遙控；房間中央有脫衣舞鋼管；還有一張好像柯瑞・費德曼的飯店套房、無法解釋的圓桌。

　　薇洛妮卡和安妮坐在沙發上討論安妮在法國以針灸工作維生的治療中心。我伸手攬著她們加入談話。喝了兩杯的貝兒坐在我另一側牽著我空閒的手。有一瞬間，我們的關係融洽。

　　然後貝兒湊近我想要親熱。這似乎不是一時激情的行為，而是想向其他人證明她是頭號女友。

　　我退後，貝兒跑掉，在鋼管上跳艷舞同時跟妮可親熱。「她只是想爭取你的認同，」薇洛妮卡平靜地說，「我們可以快點回家嗎？」

　　這下我們的關係又失衡了。

　　「讓我問問其他人意見，」我告訴她。我開始懷疑是否交往關係中人數越多，每個人真正擁有的自由越少。

　　我問貝兒，當然，她想留下。

　　我回到沙發上跟薇洛妮卡商量時，我們旁邊的換妻者望著圓桌彷彿它是《2001太空漫遊》（2001）裡的巨石。突然間，安妮輕輕向我轉頭，眼神溫柔懇求地問，「我可以私下跟你說話嗎？」

　　我告訴薇洛妮卡我們馬上回來，跟安妮走到公寓門口。她起先沉默，彷彿怕得不敢說話，直到最後一股腦吐出來。「我不懂你為什麼老

是跟每個人這樣，」安妮激動地說。為了示範，她格外粗魯地抓住我的左臂，抽筋似的用雙手摩擦。

「在法國，這麼做不只是表示友善。是另有意義的。所以我不懂。」她暫停搖搖頭，我努力理解她的意思。「在老家，我們不會這麼做。」

我呆站了一會兒，大惑不解。她的意思清楚之後，我最後的希望之光熄滅：她已經嫉妒了。她認為我在勾引薇洛妮卡和貝兒。

「我碰觸的每個人，都已經睡過了，」我告訴她，「就像我跟妳交往，我也跟她們交往。我們來之前我向妳解釋過，記得嗎？」

她點頭同意，但她似乎還是不高興。這顯然不是她希望的答案。我很震驚。我在換妻夜店認識薇洛妮卡，她上了看得到的每個人；安妮應該知道當晚我去哪裡做了什麼；我第一次跟貝兒上床時，我們就有另一個女人在旁邊。我在非一夫一妻的情境下認識她們每個人，清楚地告訴她們我們要跟另兩個女人同居形成團體關係。

現在她們每個人，薇洛妮卡可能例外，似乎都想獨占我。或許蘭迪的老婆在我認識妮可的晚餐中說得對，大多數人其實是對的：性愛實驗很好玩——直到你遇到有真感情的人。

就是這些該死的感情。都怪它。為什麼人們一發生感情，就會夾帶著占有慾？

洛琳在復健所教過的交往忠告不祥地迴盪在我腦中：「沒說出口的期待就是有預謀的怨恨。」

我們回到派對之後，貝兒衝到我身邊。「妮可好性感，」她說，「我整晚都在跟她親熱。」

她挽著我的手臂，我擔心安妮會看到然後生氣。「我不知們我們

該不該在安妮面前這麼做，」我告訴她，「她需要一點時間適應這些觸摸。」

貝兒轉身又走掉了，抓著詹姆士的手臂來激我。我被困在情感棋盤中，難度遠超過一輩子只經歷過一夫一妻制的人能耐。如果我碰任何人，就有人會生氣。但要是我不碰任何人，別人也會生氣。

我感覺已經不像情人，而是裁判。

看起來這裡的派對快開始了，但不是我們能參與的事情。我召集伴侶們離開，努力尋思怎麼營造奧菲斯・布雷克說過的家庭感。安妮不問過另兩位女人就爬進前座，兩女惱怒地交換眼色，我安慰自己心想或許我們的表現其實就像一般家庭。

回家之後，我去薇洛妮卡的房間向她道晚安。「回來，」她懇求。我說我盡量。

然後我去找貝兒。「這不適合我，」她抱怨，「我希望隨時想要就能摸你。」

「我們必須有團隊精神才能行得通，」我提醒她。

「我是女生，我有情緒，」她回答，「雖然我的理智說我們是團隊，我還是只想跟你在一起。」

然後我去看安妮。但當她要我多留一會兒，我看著她躺在床上，長途旅行之後渴求情感連結與安慰，我屈服了。這很公平：我已經另兩人睡過一次了。我脫她衣服時，很興奮能摸到她一直隱藏在中性服裝裡的跑者的腿、游泳選手的腹部和芭蕾舞者的乳房。

我還是不能過夜，因為其他女士會受傷。

稍後我宣布時，安妮只問，「你以前感覺過真愛嗎？」

真是奇怪的推理，所以我說，「我戀愛過。」

「但是真愛呢？」

「有什麼差別？」

「真愛是母親生下女兒的時候。有很多愛而且隨時感受得到。」

「所以是每天每秒永遠有那種感覺？」

「對。你充滿愛意不想要跟別人在一起。」

「我不確定，」我回答，「妳感覺過真愛嗎？」

「我認識你之前沒有。」

我的血液凍結。我以為這只是枕邊細語。我不敢相信她這麼快就強烈依附了。我邀了個成癮者：愛情毒蟲，在幻想之**霧**中**連結**。「等你當上母親生下第二個小孩，還是會像第一個小孩出生時**感覺**那麼多愛，」我告訴她。我盡量說慢一點，方便她理解。「妳只想要跟剛認識還不太了解的人一起感受，那不是真愛的跡象。比較像是執迷。」

她沉默。

「妳懂嗎？」

「嗯，」她溫柔地吻我說，「我懂。」

我希望她懂。

我走上樓在櫃子裡找備用毛毯，但只找到一條備用被單。我拿了去檢查客廳沙發看能否變形成床。很不幸不能。

於是我把背墊丟到地上騰出多些空間，躺在狹窄的沙發上，張開被單蓋住自己。

又冷、又窄、又不舒服。唯一讓我保暖的是我的挫折感。我跟三個交往中的女人同居，卻獨自在沙發上過夜。這肯定是我在我的約德老爹夢幻屋中最意料不到的事。

30

我一醒來，趕緊打電話給胡椒，說明我的狀況，乞求對策。

「你還不會走就想跑步了，」他回答。

「什麼意思？」

「家裡有多少人？」

「四個。」

「所以數學上有六種人際關係。維繫一種關係就夠難了。」

我以為這是單一關係，頂多三種。但我算了一下——多元伴侶的高斯方程式*——他說得對。

「但是有個叫約德老爹的人，」我反駁，「他有十四個老婆而且和睦相處……我想是吧。」我發現我對約德老爹如何管理男女關係所知不多。其實，我從未認真讀過瑞克給我的書。我只看圖片。

「約德老爹是誰？」

「他很像查爾斯·曼森，但沒有殺人。」事實上，不盡然正確。我記得後來在網路上看過約德老爹是柔道專家，為了自衛徒手殺過兩個人。

「我只能告訴你，共同的生活狀況就是我們所謂的進階技巧，」胡椒解釋，「但是相信我，可以行得通。我剛跟伴侶和她的男朋友去夏威夷度周末。平安無事，因為我們三人花過很多時間相處。」

「目前，我看不出我們能撐那麼久。」我猜只要過幾年，人可以習慣任何事。

「需要我過去跟她們談談嗎？」

「拜託！」

一小時後胡椒來了，我們齊聚在客廳，急需奇蹟。我不敢坐沙發上免得看起來好像我偏愛坐在我旁邊的女人，所以改坐在扶手椅上。薇洛妮卡和胡椒坐在其他椅子上，貝兒和安妮同坐沙發。

　　我介紹胡椒認識女士們，告訴他昨晚的事。

　　他仔細聆聽，回答時彷彿在告誡幼童要互相和好一起玩。不像對一夫一妻制，我們的文化不提供教導如何維繫團體關係，沒有真正的模範角色可以效法，即使有也很少朋友能提供忠告。即使在電影裡，當夫婦決定開放他們的婚姻，結果通常是災難，故事的教訓就是顧好現有的伴侶。

　　「這是團體出門時你的第一課，」他開口。語氣緩慢克制到很難想像被拿大刀的瘋子威脅以外的情況。我不知道他是否一向這麼冷靜慎重或這是從管理多重關係的長年經驗學會的。「你們出門之前必須商量出一個派對守則的計畫。如果有人累了，他們單獨搭計程車回家或全體一起走？如果是有性愛的狀況，預先決定你要旁觀、或離開、或加入狂歡。」這很合理，但我從來沒想到過：團體關係的藝術在於後勤學。「我要鼓勵你們隨時互相做小型回報，要記住你們彼此並不熟悉。這樣你們就能開始一起建立團隊情感。」

　　我們點頭贊同。我猜我假設我們都會立刻產生依附並且一起活在愛情烏托邦裡太天真了。我在經歷過每次一夫一妻制關係都犯的錯，但我從中學習讓下次交往改善。所以我第一次多元伴侶關係無法大獲成功是合理的。

　　擅長任何事都需要經驗和失敗。這是我的學習機會。

＊n（n-1）/2，「n」是多元關係中的情人數量。

「我要補充一些重要的事，」胡椒繼續說，「你」——他指著我——「是支點（fulcrum）。這是老套的多元伴侶狀況。支點是關係中唯一對應每個伴侶的人，但因為如此，你會被拉往很多不同方向。這很不舒服，因為你同時獲得又失去權力。」他轉向女士們。「所以我想要建議妳們都把尼爾稍微去中心化。」

我希望沒人注意到我解脫地嘆口氣。我來此之前看過幾部關於多元伴侶者的紀錄片，很多領袖都有病態需求想成為每個人關愛的焦點。只要他們心中的空虛被填滿，他們好像不在乎誰的情感受傷。但對我來說，成為矚目中心卻造成他人情感的附帶傷害並不好玩。

「那要怎麼把我去中心化？」我問胡椒。

「妳們三個」——他指著女士們——「應該不靠他多相處，也要開始協商決策不必先問過他。狀況中輕鬆的部分是妳和尼爾，妳和尼爾，還有妳和尼爾」——他輪流指著每個女士。「困難的部分是妳們彼此間的關係。我有句諺語：多元制成敗在於 *Metamours* 之間的信任。」

「什麼是 Metamour？」薇洛妮卡問。

「依附伴侶（Metamour）就是伴侶的伴侶。所以如果尼爾和我都跟妳交往，那麼尼爾就是我的依附伴侶。我們之間能相處，因為我們有困難的部分並非好事。所以當妳們依附伴侶之間建立信任，一切都順利，團體運作也開始正常。有道理吧？」

以前我們在黑暗中。這個蒼白的怪人就是光明。他是男女關係的先驅，在人際空間探索新領域。

「那如果我想跟尼爾獨處該怎麼辦？」貝兒問，「每當我想這麼做，他就說這樣對其他人失禮。」

「試著別向尼爾提出要求。去找安妮和薇洛妮卡。如果她們都說

OK，那妳要跟尼爾怎樣都可以。」貝兒嘴角上揚，掩不住她的笑意。胡椒發現之後明智地說，「但也要準備被拒絕。」

薇洛妮卡嘆氣放下蹺著的腿。「分享一個人真難，」她說，「要是我們感情不深會容易點。但總是會為了他勾心鬥角。」

雖然有三個美女爭奪我或許很值得自豪，在現實中卻令人緊張萬分。無論她們抵達之前對我有什麼興趣，似乎被競爭激化了。根據我在席拉的候診室看過的《O》雜誌，多元伴侶的男人平均壽命比一夫一妻的男人多九年。但我懷疑歐普拉怎麼可能是對的。因為這對我的血壓絕對不妙。

胡椒轉向我：「你幫她們度過這個階段的方法就是安撫她們。我看過很嫉妒的人和強烈被拋棄恐懼的人，一旦患得患失感消失就過關了。好的非一夫一妻制團體就像一群鵝，會自動分散又集合。」

安妮張嘴想說話。語氣溫和又遲疑。大家都湊近想聽清楚。「對我來說，昨晚我真的很驚訝，因為大家在觸摸時，我很受傷。」她停頓很久，簡直像中場休息。「我的家族史很複雜，所以或許我占有慾較強。但我現在了解我們必須和睦相處才能維持關係。」

胡椒的話似乎矯正了每個人。依附伴侶們想起了她們不是來參加什麼單身漢求偶競賽，而是一起在成熟的關係中生活、學習和成長。「我會建議忘掉期待設法達到接受一切的狀態，」胡椒告訴她。「如果狀況很怪，就讓它怪。如果妳們都能高度溝通，並學習協商、設定界線和克服彆扭說話的過程，妳們的關係會融洽得多。」

胡椒臨走前，我們四人同意每天舉行家庭會議，每個人輪流說話不被打斷——就像我在復健所嘲笑的說話棍小組。

事後家裡開始有了冷靜與理解的氣氛，薇洛妮卡會做雞蛋沙拉三

明治，我們圍坐桌邊，頭一次達成共識。然後，安妮平安奪得車子的前座，我們去惡魔島。我們從渡輪走向島上監獄時，貝兒挽著我的左手，安妮抓另一手。薇洛妮卡跟在後面拍照。

「我感覺像母親雙手不夠用的第三個小孩，」薇洛妮卡趕上我們說。

她牽著安妮的手，一群大學男生走過向我豎起拇指。頭一遭，有種團體能量連接我們。或許我們都只需要照胡椒建議的忘掉期待，調整成新狀態，讓團體關係自由發展。

這時意想不到的事發生了：我有股強烈的低劣感。這些女人被迫分享我似乎不公平。她們任何一個都輕易配得上這裡猛盯著我們的每個男人。但她們卻甘願分享我的情感——像碎片的碎片。

我跟英格麗交往時想像過住在隨心所欲的愛情公社，我以為我會漂流在幸福的愉悅、刺激和女性能量之海。但現在我壟斷了三顆心只覺得尷尬。

我童年一直渴望我媽和保姆的關愛，感覺她們好像大多數正面性流向我弟，負面性流向我。所以現在我真的得到這麼多女性正面關愛是新體驗。或許對我這種四角關係的真正目標是突破我的牆，感覺值得被愛——或隨便什麼稱呼。

31

在回家的車上，我告訴女士們妮可和詹姆士邀我們去參加名叫變態沙龍（Kinky Salon）的玩樂派對。換妻派對通常是想要交換的夫婦參加，而玩樂派對（Play party）基本上是指有主持人讓人們聚集起來大肆發洩的另類性愛活動。變態沙龍是其中最好玩的派對之一：有美女、變裝時髦客又沒有怪咖，是夠酷夠創意的支系。

「大家都願意去嗎？」我問。

「我要留在家，」安妮說。

她在法國也這麼說。我暗自鬆了口氣。自從胡椒的諮詢後，她似乎拋開了愛情癮迷霧，接受了我們是團體。現在，我們終於是一群鵝了。

連薇洛妮卡和貝兒也似乎和平相處。我一回家，貝兒就問她，「要試穿我衣服嗎？妳好漂亮，我有些衣服妳一定會喜歡。」

這些客套話似乎是真心嘗試搏感情。既然女人互相試穿對方衣服是姊妹情誼的普世跡象，我讓她們自己去相處。或許她們只需要時間——和胡椒的安撫——就能彼此適應，而非感覺被迫當朋友。

她們重新出現時，薇洛妮卡穿著緊身低胸粉紅與白條紋洋裝，搭配黑色皮革馬甲。她看來美呆了，於是貝兒得到前座當作慷慨的獎勵。我知道，還是有點嚇人。

碰巧，變態沙龍要辦後宮主題的派對。我們陪詹姆士和妮可抵達倉庫式公寓時，我們看到戴頭巾抽水煙的男人和戴面紗穿金絲胸罩的女人坐在他們腿上，隨著背景播放的阿拉伯音樂在做愛。迄今我參加過的每場派對，女性似乎都主導何時跟誰開始性愛，但開始進行之後，她們傾向扮演服從角色。例如，我沒看過任何後宮男人崇拜的蘇丹王后。

後方的房間像是那家法國換妻夜店的廉價版。放滿了拼在一起的床墊，但沒有一團混戰，眾人三三兩兩聚在一起。

我們坐下觀察時，貝兒向我耳語，「你去和薇洛妮卡做愛吧？」

「如果她願意，妳想要加入嗎？」

「我看她沒這麼喜歡我。去吧。我晚點再找你。」

「妳確定？」我不敢相信有這種事。簡直是奇蹟。其實，我敢冒險地說這是奇蹟。今天多元伴侶之神對我們微笑了。

「我確定。」

被胡椒安撫之後又沒喝酒，今晚貝兒判若兩人。我丟下她陪妮可和詹姆士，帶著薇洛妮卡到床墊堆上唯一沒人的空位，幾呎外就是個戴紫色頭巾的男人腿上盯住的女人。很快薇洛妮卡就爬到我身上，跨騎著一次又一次高潮，狂喜地張著嘴，觸電般拱著背，臀部調整出完美韻律和壓力，我們兩人再度享受到上次在巴黎一起體驗的超脫。

我們回到團體時，貝兒衝到我身邊問，「今晚我可以跟你過夜嗎？」

「原來這是妳的計畫？」似乎很合理，但我又想，安妮怎麼辦？

我查看電話，有她傳的一則簡訊：「需要也很想要跟你過夜。」

現在怎麼辦？

我不能跟安妮過夜，因為貝兒會不高興。我也不能跟貝兒過夜，因為安妮會受傷。我更不能跟薇洛妮卡過夜，因為貝兒和安妮都會生氣。這是多元伴侶者的矛盾。

反正，胡椒不是說過她們應該互相協商，不要問我嗎？

我私下向詹姆士解釋狀況，問他建議怎麼做。他搖頭愁眉苦臉。「沒有正確的答案。我和妮可交往過另一個女孩，發生了類似的事。你

想要這些多重關係，但結果只會傷害每個人。這很費力。需要大量溝通會累死人，也總有人覺得被排擠。」

我聽到不只是我有這些問題鬆了口氣，這可能發生在我選擇同居的任何女人身上，除非她們對多元伴侶很有經驗。

「我猜換妻可行是因為你睡過的所有女人都另有對象，所以她們對你的伴侶不構成威脅。」

「正是，」他微笑說，「那是多元伴侶的光明。」

我們召集伴侶要離開時，詹姆士打量我一會兒，彷彿在判斷我是否夠格接受他要授與的恩惠。然後他伸手攬著我耳語，「我要你認識我們一位名叫瑞德·米哈可（Reid Mihalko）的朋友。他是性愛派對的尤達大師。如果有人能幫這些女人放鬆跟建立共識，就是他了。」

回到家裡，我開始巡迴。我哄每個人入睡，討論她們的感受，幫她們理解我為何不能跟她們過夜。接著我在沙發上又過了不舒適的一夜。

今天還不錯。目前最好的一天。但我還是睡在沙發上。然而，這次不像昨晚，我帶著希望入睡。我們今天有了重大進展。如果瑞德·米哈可有胡椒的一半經驗和用處，這整個瘋狂點子或許真的可行。

32

隔天早上，依附伴侶們更加遵照胡椒的忠告，離開我去冒險。妮可來接她們去購物，然後招待她們吃高級早午餐。正如胡椒預言，她們回來後充滿正面能量和驚人的同志情誼。我開始被去中心化了。

她們還帶了一個人回來。他是個寬肩大頭的溫和巨人，淡金色頭

髮，戴細框眼鏡，牙齒很大。身穿牛仔褲和尺寸稍小緊繃在大肚腩上的紫T恤，上面印著性愛宅男。

「這是瑞德・米哈可，」妮可宣布。

她解釋，瑞德是舊金山的性愛支持團體的頂尖人物之一。據他自己估計，他睡過一千個男女。他教導從接吻到Pegging（女人戴上假陽具插進男人身上）的一切課程。

「我來是有任務的，」他說，「詹姆士全部跟我說過了。」

他講話緩慢放蕩，歪著一側嘴角。外型介於克拉克・肯特（Clark Kent）、約翰・麥考維奇（John Malkovich）和中風復健病人之間。他說他要觀察我們回報然後討論一些重要的事。

我們在客廳坐下。照例，我選單人椅以策安全。

破天荒，每個回報都是正面的。貝兒說她昨晚在變態沙龍頓悟了男女關係重點在給予，不是獲得。安妮說明她的理智和情感都開始對這個體驗開放。連薇洛妮卡都增溫了。

「氣氛已經不緊張了，」她說，「我感覺現在我們真的有連結也能互相學習，所以我很高興。我很喜歡昨晚，我想要多學一些，可以嗎？」她笑道。

我們講完後，瑞德叫我們深呼吸一下，大聲吐氣。讓我想起席拉會做的事情。然後，他以很慢的教導語氣告訴我們，「除了開擁抱派對，針對碰觸的情感的非性愛課程，我從一九九九年起一直在辦玩樂派對，為成人創造空間，能夠嬉戲與探索他們的性慾。今天晚上我要為一位跟我同住、已經一年沒搞頭的朋友辦派對。我的目標是讓她爽到。我們有大約三十人要來一起玩，無論他們觀感如何。

「所以我來要決定，第一，這對你們整個團體好不好。還有第二，

這對我的社群好不好。我想創造一個感覺很安全又真實的空間，因為我擅長那些互動。」

我又虧欠詹姆士和妮可了：胡椒幫我們協商情感界線後，瑞德似乎是來幫我們協商肢體界線。

瑞德接著輪流問我們一連串問題，用來讓我們願意接受一直抗拒的正面體驗：

「你怕問別人什麼事？」

「你認為你不值得什麼？」

「如果接下來幾天你們能一起體驗任何事，會是什麼？」

都是正確的問題，能讓每個依附伴侶被聽見、覺得被了解而非批判。很快貝兒就提起想要跟兩男做愛，薇洛妮卡說她想要被戴假陽具的女人戳。連安妮也用自己的方式說她想要加入：「我想要在一起感覺自由不會被傷害。」

我猜這又是另一個女性的兩難：能自由遵循身心的渴望，事後又不會被傷害或羞辱。我從未碰過不想在現實生活體驗性幻想的男人，但我遇過許多女人說她們真正體驗自慰的情境反而會不自在。

「那你呢？」瑞德問我，「接下來幾天你有何打算？」

「我只想要我們三人盡情歡笑，享受我們在一起的日子，然後舒適地睡在同一張床上。」

「你可以講清楚一點嗎？有什麼特定的事你希望在床上發生？」

「你知道的，那根本不重要。那是我對大家的希望。現在我每晚睡沙發，更加希望了。」

「謝謝。」他感激地看著我們每個人的眼睛。很難分辨他的真的有連結或是表演練習過的表情。但無論如何，很有效。「我邀請你們全

體多花點時間問你要什麼，而非問別人他們要什麼，」他總結，「你們要自私一點加速你們的成長。所以想像你眼前的這些人其實可以照顧自己。如果你要求的東西並且相信其他人會強烈地表明Yes或No，情況會變得很有趣。」

生活是學習而來的技巧，但我們的文化不是教導，而是用長期分隔和資本城市強力灌輸到發展中的心靈——直到，在誇張地稱作學校的強迫束縛期結尾，我們被丟進所知不多的世界。然後，靠我們自己弄清楚生活中最重要的部分，我們長年犯錯直到，這時我們已經從犯錯學到夠多成為有靈性的人類，是我們該死亡的時候。

換句話說，如果我沒遇到像胡椒和瑞德等老師，他們至少擅長這段邁向墳墓的短暫朝聖之中某個領域，我會放棄這個四角關係和真正可行的可能性。但我現在在知道我們發生的問題中我的責任何在。照例，我一直想討好每個人並犧牲自己的需求。我和英格麗分手不是為了做這些。其實，我企圖照顧每個人，結果卻沒照顧到任何人。

我看看妮可，她點頭回應我彷彿看穿了我的心思。瑞德深吸一口氣再熱情地吐氣。看來不像嘆息而是表演。「如果我邀你們來我的玩樂派對，想來的人舉手。」

每個人都舉手。連溫馴的安妮也是。

33

幾小時後我們前往瑞德在奧克蘭的家，安妮爬進車上的女王座彷彿是她應有的權利。我暗自記住下次家庭會議要找她談這件事。我們去接

回家洗澡更衣的妮可。

「詹姆士會來嗎？」她穿著黑絲上衣和緊身灰裙衝進後座時我問。

「不，他得工作，」她說。

我的四角形變成了五角星形。

「我們討論一下派對守則吧，」我照胡椒的忠告提議。車子在典型的舊金山塞車中龜速爬行，所以我們有很多時間協商。

妮可先說：「我只能看看，因為詹姆士和我說好了我們只能一起玩。」她在洗衣間違反規則之後，他們的關係似乎變限縮了。信任是條越少拉扯越會增長的連鎖。

「我呢，」薇洛妮卡說，「每個人都可以做他們想要的事。我不介意。」

「我也是，」貝兒補充，「只要尼爾不在我面前跟任何人嘿咻。」

認識貝兒時，我跟別的女人在她面前嘿咻，她不介意。但是當時她以為永遠不會再見到我。根據進化理論，女人和別人嘿咻時，應該是男人的天性會比較生氣，因為如果替別人養小孩他的基因就無法延續；男人和別人情感外遇時，女人應該演化成比較生氣，因為害怕失去他的支援和保護。當然，現在我們有DNA比對和經濟獨立了，所以進化必須趕上。

「妳們也都可以隨心所欲，」我告訴她們。

唯一沒有回報的人是安妮，她穿著人造纖維垮褲、平底黑鞋、古板的直排扣襯衫和巨大的深藍披肩。看起來超不性感。

「今晚妳的界線是什麼？」我重複問她。

她望著窗外許久彷彿她沒聽見，然後，沒轉頭就回答，「我不太舒服。」

「對什麼事不舒服？」

她聲音低到後座的眾人都湊過來聽。「你跟人做愛。」

我花了幾秒才聽懂。然後像五雷轟頂。「跟貝兒和薇洛妮卡？或跟那裡的其他人？」今天一切似乎都很順利。

「跟任何人。」

我的老天。今天下午在家庭會議中，我們告訴過妳我們要去哪裡，會做什麼。妳舉手說妳要去。現在妳又改變主意了？

我想要這麼說。

但我盡量不反應。有反應，就有傷害。搞性癮治療那些人說的一切似乎都對，除了性愛部分。

我絞盡腦汁，尋思正確的回答。我試著遵照瑞德的建議──自私一點加速我的成長，把安妮當作可以照顧自己的成人。我這時的目標是誠實。允許彆扭。開放地溝通。她得準備好被拒絕。

「我無法保證今晚什麼會或不會發生，」我告訴她，「我可能就躺著看別人什麼也不做，也可能跟每個人做愛。我不確定。」

安妮沒回應。

「如果這樣妳還是想去嗎？」

沉默。或許她在絞盡腦汁找正確的回答。也可能是拒絕溝通。

她咕噥了什麼。

「蛤？」

咕噥。

「可以大聲一點嗎？」我拚維持正常的成年人狀態。

最後：「如果你做了，那我要回家。」

「回我們家嗎？」

「回法國。」

我還以為法國人心胸開闊、自由、容忍外遇呢。我以為安妮知道我去那些夜店時是怎麼回事。顯然我不能再假設一切都是真的了。

「如果我在派對上克制只親吻或擁抱，妳會比較舒服嗎？」

「不會，」她說。

車裡氣氛低落，我們對今晚的幻想像一群鵝撞上玻璃窗粉碎。連我都沒想要我們的自由戀愛團體關係會有這種場面：這下我在該死的狂歡會上連牽別人手都不行了？

我口氣開始不悅。「妳過來之前，我說過我們會跟另外兩位女朋友同住，而且去像在巴黎那種性派對。所以妳必須諒解我不能假裝我只會跟妳在一起。」

她又啞巴了。

我懇求地看著妮可，眼中閃爍求救訊號。

「有很多人不認為一輩子跟一個人在一起是合乎自然的，」妮可耐心地解釋，「他們認為他們的性慾不該被別人獨占或控制，如果他們和別人做愛並不會改變他們對伴侶的情感。這場派對上就會有這種人。」

安妮沒反應，妮可繼續說：「這麼想吧。當人們交朋友，他們和每個朋友有不同的關係。即使他們有個好朋友，並不表示他們不能交其他朋友。那就是這場派對上的人對性關係的想法。」

一陣漫長彆扭的沉默之後，其間她似乎作了某種決定，安妮轉向我。「在巴黎，我們在這個層面連結。」她指著自己的頭，心臟，然後胯下。「但這次我對你的情感不一樣。我的身心都改變了。」

我不太懂她的意思，但聽起來好像她要跟我分手，這是個解脫。

「我也有同感，」我告訴她，「妳內在外在都很美。但我們個性和目標都不同。所以我們只當朋友或許最好。」

我說話時，她臉色垮下來。顯然我誤解了。「怎麼了？」我問。

「我說我對你的情感改變了。」

「我知道。」

「變得更強烈。」

這下我的臉色垮了。

34

「昨晚我放棄在派對上做愛，今天輪到我了，」我們接近瑞德家時貝兒表示，「我厭倦了每個人都」——她斟酌措辭——「不讓人爽（vag- blocking）。」

這是我停止照顧別人需求，專注在自己的機會。安妮和我從未同意獨占關係。協議是我們建立團體關係。所以違反規則的人是她。第一次，我要做我告訴復健所那些人我們該做的事：訓練伴侶照我們的而非我們照他們的條件接受關係。而且最重要的，誠實地執行。

「這是我的提議，」我告訴安妮，「到時會有個歡迎會讓大家談論他們對派對的期望。我提議會後離開現場。如果稍後妳想知道我是否做了什麼，可以問我，我會說實話。」

她點頭的樣子像是同意。顯然她還是不完全接受，但該擔心這些情緒的是她，不是我。現在我不能陷入糾結。

我們走進瑞德的家。這是個前方設置舞台的方形大房間，中央鋪有

大地毯，三面牆外有陽台，還有算是泛性別的人群：直男、男同志、雙性戀男、雙性戀女、陽剛女同志、女同志，或許不完全的直女，只有安妮是特例。

我們坐到角落，一名自我介紹是瑞德的建築工頭男子旁邊。他帶了一個描述為他的「主要是同性戀的女友」的女性和她的女情人。只有在舊金山連維修工人都可能是喜歡性派對的多元伴侶者。現在我懂為何妮可鼓勵我在此租屋了。我們是在性革命已經打贏了的自由領域。

妮可忙著發簡訊給詹姆士時，瑞德主持歡迎會。他先宣導安全性愛，接著是如何請求許可觸摸別人，最後是如何自在地拒絕。他叫我們跟鄰人練習下列對話：

來賓1：我可以_____你嗎？
來賓2：不行。
來賓1：謝謝你照顧自己。

理論上沒有人天生英明。按照理論，要有一萬小時的經驗才能精通某件事。瑞德顯然已經投資過一萬小時在狂歡會了。他宣導完畢後——這就像普迦儀式的膜拜神明一樣是前戲——每個人都感覺安全、自在，準備好從社會施加的束縛中釋放他們的性慾。每個人的意思是除了安妮——和妮可。

「你知道我們什麼時候要走嗎？」妮可問。

「我不知道，真的。我們才剛到。」

「因為如果要超過一小時，我就叫詹姆士來接我。」

我不懂如果她想馬上回家為何跟我們大老遠跑來。「我想應該不超

過一小時，但我不確定。我根本不曉得接下來會怎樣。」我不耐煩了。「幹。這有什麼要緊？」

「我跑來詹姆士很緊張。」

「那妳還來？」

「他說只要我不跟別人玩就沒關係。」

「那就不要玩啊。」

「我知道，但他因為覺得被冷落不高興。所以我只想快點回家，好嗎？」

迄今，我密切觀察過的另類關係沒有一次顯得自由，親密又健康。在性癮社群，他們要我們控制自己的身體讓我們的心能連結；在這個社群，他們要我們控制自己的心讓我們的身體能連結。但或許期待兼得——最深的親密關係和最無限制的肉慾——是不切實際的夢想，就像期待一個凡人完美。你只能盡力接近不可能的完美。

指示眾人深呼吸一下之後，瑞德總結歡迎會詢問賓客他們期待在派對中體驗什麼。

「我想看我旁邊的搭檔做愛。」

「我想跟這裡的每個女人調情七分鐘。」

「我想要女人用配戴假陽具插我。」

「我想要跟另一個男人為我男友口交。」

安妮靜坐在我旁邊。她像救生圈似的緊抓著我的手。

「妳想要走嗎？」歡迎會結束後我問她。

沉默。

我們前方有個女子脫掉她女朋友的襯衫把臉埋到她胸前。我們後方的男子脫掉他的褲子。他穿著緊身黑內褲和及膝黑襪。安妮的精神狀態

即將遭遇大雪崩。

「妳最好馬上離開，」我警告她。

跟膝襪男在一起的兩個女人開始脫她們的衣服。狂歡正在成形。

我叫瑞德過來。他是狂歡會的尤達大師。他知道該怎麼辦。「你必須配合最不自在的人，」他勸我，「所以如果你只能坐在這兒看，那就必須這麼辦。」

他的忠告令我不解。這似乎跟今天下午他在家裡說的要自私完全相反。或許他不懂這個狀況。「但不公平的是她不希望其他人碰我或牽手，她卻跟我這麼做。」我聽起來好像幼稚園小孩。「她知道她來這裡就是在團體關係中。」

「若是如此，那她必須理解你和她不是獨占性，你得照顧你自己，她也必須照顧她自己。」

他又一百八十度迴轉了。這下我不知道什麼才對。我的道德羅盤失去了正北。我必須往內心找答案。

我的正常成年人說，我應該吞下去別亂來才不會傷害這朵憔悴的花。但我的內在小孩想要玩。他厭倦了被周圍人的情緒擋路。

我羨慕地看著膝襪男享受他的三P。他們的身體、手和舌頭以無數種變換姿勢巧妙地滑過彼此，每種都自然、輕鬆又有創意。這種場面就是我想要在自家實現的。以這個案例，顯然女士們喜歡彼此多過他——或許因此才這麼順利。

同時，安妮焦急地抓緊我當作樂趣的停車標誌。貝兒在我耳邊低聲挑逗。妮可在問我們何時可以走。而薇洛妮卡坐在椅子上，不是生悶氣就是自然放空。

我感覺如坐針氈，我做什麼都會傷害某個人。

這是多元伴侶的關鍵時刻：我必須振作起來主導。我必須當奧菲斯‧布雷克。我必須模仿卡瑪拉‧戴維。我必須當她們的約德老爹。這段時間我的問題是我一直想用共識決策。我看過或聽說的每個大型團體關係都是由，如卡瑪拉所說，慈愛的獨裁者掌管的。這些女人在尋找爹地，所以這種互動雖令人厭惡，或許該是挺身當爹地的時候了。不是拋棄人的爹地或糾結的爹地，而是有是非感的正常爹地。安妮違反她的協議和團體中其他女人跟我維持關係的權利是不對的。

「妮可，帶安妮上車，」我下令。

「他們想要的話可以在我家等，」建築工頭提議。

「你想你還會待多久？」他拉好褲子拉鍊帶她們出去時妮可問我。

「要多久就多久，」我回答。

薇洛妮卡仍坐在椅子上。昨晚她輪過了。要公平。有一次我跟七〇年代最有名的換妻聖地之一珊石樂園（Sandstone Retreat）共同創辦人芭芭拉‧威廉遜（Barbara Williamson）聊天，她說她婚後不久就被介紹加入Lifestyle社團，她丈夫在她面前上了別的女人。雖然當時很痛苦，她發現並未影響夫妻關係之後，她發現這沒什麼大不了。或許安妮抵達那天我應該在她們面前和每個女人做愛，解決每個人的痛苦和占有慾。

我牽著貝兒的手，我們走過會場，欣賞奇觀。不像我至今去過的派對，這裡燈光並不昏暗。沒有羞恥感。雖然賓客看來挺像多元伴侶年會那些人，場面卻和至福派對一樣漂亮。這時我了解讓派對好看或難看的不是肉體之美——是誠實與開放的意圖。偽善很醜陋。

樓上，有一部做愛的機器。（不是該死的*機器*，是*做愛的機器*——活塞引擎驅動的假陽具。）有個亞洲妹躺在機器前，我在多元伴侶年會

認識的一個嬉皮胖女打開機器，然後在被機器搞的同時按摩亞洲妹的乳房。

附近，裝了踏鐙和握把的大圓球裡有對男女在房間裡滾來滾去做愛。瑞德家好像發情成人的主題樂園。雖然刺激，卻很難專心。我們逛越久，我對安妮和妮可越歉疚。即使她們違背這個計畫，我把她們當作狂歡會的暴君趕走也太不體貼了。人是可以改變主意的。

一個黑髮女找上貝兒徵求許可吻她。她們開始調情，但我剛興奮起來，貝兒退開告訴她，「妳男朋友在哪裡？妳最好去找他。」

她即使在狂歡會也想要獨占我。

貝兒把我拖到陽台上。廿呎外，瑞德正在操一個可愛的獨立搖滾妹。

貝兒和我親熱時我把她揉濕。然後她解開我褲子鈕扣為我口交。我硬了之後，她站起來，轉過身，抓住陽台欄杆，翹起屁股。我戴保險套時，開始又想起安妮。我擔心她在工頭家裡幻想著我參加雜交可不好過。在她旁邊，妮可能在電話中受挫，因為單獨留下被詹姆士罵了。我感覺像個自私的混蛋。我不敢相信我真的把她們趕出瑞德家，免得她們妨礙我玩樂。昨晚，薇洛妮卡和我徵求過同意。今晚，貝兒和我沒有。

我發現附近有對男女在看。連樓下的人似乎也抬頭看。他們的目光好像在批判我們，指控我們違反了多元守則。

薇洛妮卡剛才坐的椅子空了。我東張西望找她，但看不到人。她不是決定參與就是也生氣離場了。我覺得情感上被四馬分屍。

我閉上眼，深呼吸，努力專注在面前光滑、蒼白、美妙的身體部位。我抽送第一次想像它像匕首刺穿安妮的心。第二次我看到她的心破

碎。第三次我看不到她的影像，只剩個空殼。我頂到一半心想如果安妮去做椅子戲法，這一定在她的創傷清單裡。

我做不下去了。

我抽出來完全軟掉。我蹣跚坐回到椅子上，貝兒設法做生殖器急救。但是沒效。

「我太愧疚了，」我告訴她。

起先她不說話。臉色在說夠了。不是憤怒或哀傷，是小孩嘟嘴的表情，「這不公平。」

靈光乍現，我頓悟了：我作了錯誤決定。瑞德說要自私，並不是允許我傷害別人的感情。他是允許我要求我想要的。必須適應被拒絕的不是安妮，是貝兒和我，因為團體關係中最不自在的人有權設定界線——即使她一直改規則不看真正發生的事。安妮聽到了她想聽的讓她能來舊金山跟我在一起。同樣地，我聽到了我想聽的讓我能建立我的自由戀愛後宮。

我跟她一樣壞。或許我們半斤八兩。

於是我被快感包圍，陷入了巨大的羞恥漩渦。

罪惡感在於你的老二做了什麼。羞恥在於我很混蛋。

「我們走吧，」我洩氣地呻吟。

「好啦！」貝兒不滿地跟在我後面。

我們走到樓梯底端時，妮可驚慌地跑過來。「我一直在找你！每個人都很不高興。」

「每個人還是安妮？」

「每個人。而且安妮很痛苦。」

「我就怕這樣。」自私和良心並不相容。好像拿著上膛的槍，無論

往哪裡射，結果總是打中自己的頭。

「我該讓詹姆士來接我的，」妮可催我們走到大門時說，「他發飆了。」

離開瑞德家，我們在走廊看到薇洛妮卡輕快地走過來。她目光鎖定我，然後厭惡地跑掉。「我以為我夠強悍，」她哀怨地說，「但你真是無情。」

她的話讓我深深掉入羞恥漩渦。當我照顧關係中的其他人，我很慘。當我照顧自己，我還是很慘。我看不出有什麼辦法解決。

這是我生平最糟糕的狂歡會。

或許這就是問題：我不該拖著我的四角形到玩樂派對來。那是性癮者會做的事。我確信約德老爹不必帶他的妻妾去性派對。他們需要的一切家裡都有。即使我要投入到底，重點是走向更開放的關係，不是討好每次淫慾衝動。至少，必須先建立關愛、了解與信任。

不耐煩是親密關係的大敵。

貝兒和我跟著妮可、薇洛妮卡像囚犯上法庭似的走到工頭家。「我非進去不可嗎？」我們走近時貝兒問。

「對，妳要。不過，或許妳該走在前面，我們不要一起到達讓她更難過。」瑞克曾經對我的批評閃過我腦中：你創造你是好人的形象，而不是真正當個好人。

我在門外多等了幾秒，然後進去。我看到的第一幕是安妮坐在地上，深深包裹在披肩裡。看起來好像目睹父母被殘暴謀殺後，從床底下被警察拉出來的小孩。

我向她道歉，她沒說話。

我們走向車子時，貝兒衝上前站在前座門邊。「不要，」我惱怒地

說，太晚表現太少的體貼。「尊重一下安妮讓她坐前面。」

該死的前座。現代汽車顯然是一夫一妻者設計的。

我們開回舊金山時夜深了，但沒有車裡的氣氛這麼黑暗。胡椒說目標是把我去中心化，此刻我感覺好像真的失去了中心。我不知該說什麼或怎麼解決。

「有人想要回報嗎？」我心虛地問。

沒人開口。連妮可也是。

「那我開頭吧，」我在沉默中說，「簡單說，我作了錯誤決定，而且我──」

「你作了錯誤決定？」貝兒怒道，「為什麼？」

幹，這下火上澆油了。貝兒認為我的意思是選擇跟她在一起錯了。「或許沒有正確決定，」我繼續說，「整個星期我們確保每個人都舒適才勉強倖存下來，即使某些人沒有得到想要的東西。但瑞德在家裡跟我們說我們應該自私，如果你照顧自己，每個人都會照顧自己。」我在胡言亂語，找藉口了。「或許我該乾脆照我的感覺走，但他似乎知道自己在說什麼，所以真的把我搞迷糊了。」

「或許你該自己動腦而不是聽別人的話，」薇洛妮卡冷冷地插嘴。

她有道理。刻薄但是正確。我快瘋了：在一夫一妻制關係傷害一個人已經夠難搞了，但今天我傷害了四個人。多元伴侶制不只是在心中有空間容納更多愛，也要有空間容納更多痛苦和愧疚。如果愛情會傷人，那麼多元伴侶會害死人。

「如果大家都不顧慮別人，我不認為行得通，今天我違規了。我真的過分了。」我聽起來好像在搏取被害人家屬同情的殺人犯。「對不起，安妮，還有貝兒。抱歉，大家。這就是我的心情。」我長嘆一聲。

「我也一樣，」貝兒說，「這是我的心情。」

「薇洛妮卡，妳有沒有什麼話想說？」我問，想起以前溝通曾經拯救過我們。

「沒有。」她語氣平淡無情。現在連溝通也救不了我們。

「安妮？」

沉默。

車上唯一還跟我說話的女人是GPS導航系統，她代替所有人說了，「重新計算中。」

「不參加性派對了，好嗎？我根本不在乎我們是否更常做愛。如果我們用剩下的時間來了解彼此，妳們覺得怎樣？」我問。

沒人回答。安妮默默望著窗外，茫然出神，好像死人，體現了復健所的亨利的神祕第九情緒：死亡感。

這一刻，我討厭她。我討厭她什麼也不說。我討厭她默默受苦，就像我媽。我討厭她以前在家庭會議完全不聽我們說什麼，或邀她來同居時我說過什麼。我討厭她對我有完全不合理的期待。我討厭她從來不顧慮我的感受。我討厭她在我難得想要照顧自己需求時受傷。我討厭她愛我，想要獨占我，呈現出我想要逃離的一切。

還有最重要的，我因為有罪惡感討厭她。我把別人已經很脆弱的心砸成了碎屑。

35

摘自「貝兒的日記」

　　輕描淡寫地說，這次經驗像是情緒的雲霄飛車。

　　我剛來時，生平第一次感覺我好像可以做自己，逃離家人的批判和潛在不滿了。

　　所以在第二晚，當我告訴尼爾我無法接受，百感交集。我感覺我讓他失望沒有作出他要我作的貢獻，他和其他女生好像不想要我加入。我也很困惑，不同的人適用不同的規則，我搞迷糊了：為什麼他可以在我面前吻別人，我卻不行？我很失望不能跟他隨心所欲（操到他昏掉）。畢竟，那是我來的理由。

　　然後今晚發生了安妮事件。我能理解她出身的地方，但真令人洩氣！我看得出她對尼爾有些深厚的感情。那她為什麼要陷入這種狀況呢？

　　和瑞德談話之後，妮可和我試過叫安妮別去玩樂派對。我們說如果她來一定會受傷。我會假設她在想：要是我配合加入，尼爾會對我高興，我就能從中得到我想要的。基本上，她決定傷害自己違反她相信的一切去得到男人。

　　老實說，整個狀況真他媽的令我不解：她怎麼會對尼爾這麼有感情，他怎麼可能沒發現？

　　整個情況大爆炸，我很高興離開──雖然有點不情願。我看得出他不專心而我還是配合。以前他從來不需要我幫他勃起。起先我想或許是被人群圍繞的緣故。後來清楚了：他在做並不喜歡或不想做的事，那無

所謂。

　　我會承認我真的不想進後來安妮去的那個房間。天啊，沒有比進那個房間更嚇人更傷害情感的事了。但他懇求我，所以我去了。沒錯，我臉上掛著假笑。我很尷尬好像惡霸似的。我是壞人，那違反我的天性。我不會偏離常軌去傷人或自私，但我做了。我感覺非常非常卑劣，尤其在回家的車上。沒人說話而我感受到他們的憤怒，真是個糟糕的時刻。

　　後來在家裡安妮來跟我說話。我很不想跟她談。我的情緒很彆扭，也覺得我明知故犯傷害她。真是困難的對話。她只想一直講話，因為我有罪惡感，我專心聽她說。她說到被第一任男朋友強暴，我問她尼爾知不知道。她說不知道。我說要是尼爾知情決不會把她放到那個狀況裡，她必須尋求專業協助，隱瞞假裝沒發生過顯然對她的人生沒好處。

　　我也不滿我沒有得到我要的——跟他嘿咻。但我另有收穫更加了解自己。我也學到了性愛是我人格的很大一部分，很可能是癮頭。讓我不擇手段想得到它。我必須努力壓抑它，別讓它變得太強大太耗損，我認為那樣子不是健康狀態。

　　我並非希望我沒來，我猜我也不想離開。我只是設法接受這種情況跟我的期待很不一樣。一切都好複雜：四個不同需求的人，有的人很不願意妥協。目前要同時處理這一切有點吃不消。

36

　　放下妮可之後，我們默默開車回家。我們沉重地爬上回家的樓梯時，每個人都很難過，我考慮收拾行李，丟到車上，開走，把女孩們留

在這兒。那麼這個團體關係的結局就太好笑了：直接放棄。

在舊金山找個老婆和兩個情人，傑克／我出來兜風從此沒有回去。

我青少年處男時期曾經幻想成為地球上唯一男人，每個女人都想跟我睡。但現在我認為那是惡夢：有那麼多人競爭、操弄、鬧情緒，每當選擇只跟一兩人睡就傷到很多人感情。在有機會開心之前就會被宰掉的。

或許這就是實現幻想的代價。你很快會發現想像比較好玩。

我的朋友蒂娜‧喬丹（Tina Jordan）曾經跟休‧海夫納（Hugh Hefner）交往，他是出名的與多女同居。初次約會時， 他在臥室用香檳和草莓向她示愛，其餘女朋友醋勁大發，來到門口開始搥門。然後她們衝進來，大罵海夫納和喬丹。

喬丹說，他們交往期間，雖然嚴格來說他是多元伴侶，海夫納經常到處偷吃，違背規則──幾乎總是被女朋友們逮到。她指出，他似乎喜歡看好戲。讓女人為他爭吵讓他感覺有人愛。或許這種男人喜歡當支點。

「我得跟你談，」眾人無言回房之後安妮說。

「現在不行，OK？」我回答，迴避眼神接觸。

我走進浴室，刷牙，準備再睡一晚沙發。我們都沒吃晚餐，但我累得沒心情去想。我只想跟每個人斷線。獨處反省。

我背對打開的門站著，暗自準備被菜刀戳背或鐵槌敲腦袋。身邊有嫉妒的情人，誰還需要擔心墨西哥毒梟？她們會更積極也比較快得手。

我寫到這裡時，報上說某奈及利亞人有六個老婆。因為偏愛第六妻

子，他被其中五人以刀子和棍棒攻擊。據報導說，五個不滿的老婆要求他跟所有人行房，然後「把他強暴致死」。

洗臉時，我察覺薇洛妮卡冷淡地站在我背後，映出不祥的影子。來了：攻擊。「我們談談吧？」她問。

這是情感攻擊。最危險的一種。現在我需要時間獨處才不會說或做出我會後悔的事。「現在不行，好嗎？」

她默默轉身，發怒走過我身邊，自己放洗澡水，同時我退回沙發上、我的隔離區抓起電腦打字。對我來說，了解在任何狀況中真正發生什麼事的最佳方式就是寫下來直到事實浮現。

打字時，我聽到貝兒的悶響腳步聲來到我背後。我感覺她坐到我旁邊。我察覺她靜坐著，假裝耐性，等我抬頭看。我保持低頭的同時焦躁感流遍我全身。她把手放到我膝上，吸我的熱度，我的能量，我的靈魂，原處只留下一個大黑洞。漫長的一分鐘後，她說：「我必須跟你談。」

我感覺像演恐怖片，困在充滿僵屍的房子裡。我每走幾步，就會從角落跳出來咬我。但沒有說「腦，」他們說的是「我必須跟你談。」在某個角度上是同樣的慾望：消耗我的腦子。或許後者更糟。至少我可以逃避僵屍。但是情感無從逃避。但我可以努力。

「我們可以晚點談嗎？現在我需要靜一靜。」

「我想理性上我了解。情感上我不懂。我會盡量不讓它傷害我的感情。」

她的話像胡說八道的針刺在我的耳膜。「這怎麼會傷感情？我是說，我什麼時候才能獨處？太誇張了。」

「那，我可以在你寫稿時抱著你嗎？」

「從現在起，不准碰我，」我怒了。我想像安妮走上樓看到我們。「其實，沒人可以碰我！」

我舉起雙手，交叉成X表示「禁止」。應該是狂野的多元伴侶群體變成該死的修女院了。

她固執地黏在我身邊。於是我全力用焦躁和憤怒瞪她，深深鑽進她的眼窩，想把她趕走。她來尋求情感的慰藉，卻被進一步傷害。

這個狀況在在令我想起我跟英格麗交往末期的幾個月，當時她每個黏人的觸摸和表情都讓我起雞皮疙瘩。獲釋，來實現我最淫穢的夢想後，我馬上又回到同樣的狀況。只差這次慘三倍。

「我可以抱一下嗎？」貝兒堅持。這些僵屍有比撕裂肌肉的蠻力更強的武器：叫做罪惡感。所以我抬起手臂抱著她，不過我神經緊張心臟狂跳，全身每個細胞各自逃往反方向。雖然厭惡，我盡量給她所需的情感。這時，我發現我不知道照顧我的情感、慾望和需求，與照顧別人的情感、慾望和需求之間界線何在。我似乎總是錯失目標、過與不及。

死亡之抱後，貝兒滿足地走掉。我誤以為惡夢結束了。但十分鐘後，就像恐怖片的片尾名單場景，薇洛妮卡從浴缸裡起身，在廚房逮到我，發動攻擊：「貝兒剛叫了中國菜外送，但只有她自己的份。我要吃什麼？」

搞什麼鬼：現在我要負責每個人的餐飲和營養嗎？她找我之前早就想好怎麼辦了。

「妳是大人了。自己想辦法！」

這些女人就是不肯停止內鬥。

她搖搖頭說，「這太惡劣了。」

她又說對了。有反應，就有傷害。我對一切都反應過度了。

這時我發現：這整個制度從一開始就注定完蛋。跟英格麗交往時，我感覺被她的慾望和需要困住。所以我荒謬地騙自己認為在有額外女人和額外需求的家裡我會覺得更自由。多元伴侶制——至少我當支點的時候——不是有糾結問題的男人的答案。太多無形的絞索圍繞著我，逐漸收緊、勒住我，殺死我的靈魂。

或許我不適合一夫一妻或多元伴侶，只能單身。

我鼓起力氣，走進貝兒房間，請她加訂幾份讓大家有得吃。但五分鐘後，她現身抱怨，「我連不上網路。」

這下我是技術支援者了。她們無法自己搞定任何事嗎？「給我電話號碼，我打給他們！」

十四個老婆的約德老爹怎麼活下來的？或許他沒有——所以他五十三歲就死了。我真該打給他老婆問他怎麼維繫九十一種關係（根據高斯‧胡椒方程式）的。

我獨處了半小時直到中國菜送來。我擺設餐桌時，貝兒和薇洛妮卡走進來。

「我們談過了，現在都沒問題了，」貝兒說，「我們決定安妮必須回巴黎。我們一起想了個主意。」

「是什麼？」

「薇洛妮卡想要體驗一個男人加一個假陽具女人。我會扮演那個女的。如果你想要，男的就是你。」

我目瞪口呆站著。完全說不出話來。

我以為我了解人生。我以為我了解女人。我以為我至少開始了解自己了。顯然我什麼也不懂。

然後貝兒問薇洛妮卡，「我用假陽具上妳可以嗎？」

薇洛妮卡用尖銳的捷克腔說，「我寧可不要。」

好吧，這才像話。一個女生剛在另一個的希望和幻想上潑冷水。顯然我畢竟還是懂事情怎麼運作的。

「讓貝兒用假陽具上妳吧，給點面子，」我告訴她，「這是社群生活的精神。」

她不覺得好笑。

我們三人默默吃完晚餐。我這個關係真的超越自己了：比起像我爸對我媽讓她一個人悲慘，我讓三個女人悲慘。

之後，我聽到安妮爬上樓。我躲在浴室裡。情感上，現在我只有十二歲。但我不想看她。好像看著罪惡感的漩渦，一直怒號著，「你不回報我對你完全不理性的愛，傷害了我。」

有人輕敲一下浴室門。她找到我了。要是我能把自己沖下馬桶從舊金山的下水道逃走就好了。我寧可看尖牙流膿的三呎大老鼠，也不想面對被我傷害的女人。但當然我讓她進來，因為唯一比老鼠牙更銳利的是罪惡感。

我回到我的遊俠王寶座。她坐在我面前的地上說出可怕的侵蝕大腦的幾個字：「我們可以談談嗎？」

「好啊，我很高興妳又說話了。但在妳說之前，要知道我差一點」——我把拇指和食指捏在一起——「瘋掉。」

「我可以明天回家或繼續留在這裡，」她說，「但如果我留下，我希望跟你有獨處時間，我需要這裡的每個人尊重我的感受。」

她期望地看著我，等著看我如何回答她這個顯然花了很多時間構想的要求。

於是我向她——甜美、受苦的安妮——大發雷霆。「我想妳太自私

了。妳說這裡的其他人沒尊重妳的感受，但妳有尊重她們嗎？妳說她們不能碰我，但妳卻可以碰我？我想妳來此有自己的打算，完全忽視了這個生活狀態是怎麼回事。」

當然，她沒立刻回應。她低著頭嘟著嘴，開始掉下淚來。

終於，話吐出來了：「那你要我怎麼辦？」

「不怎麼辦。但要知道，如果妳留下，我就不能愛任何人。我不能牽任何人的手，我不能吻任何人，我也不能跟任何人睡。」天啊，一夫一妻制都比這樣好。

在允許多元伴侶制的回教國家，有人鼓吹這使丈夫不會外遇。以前我認為只是詭辯，但現在我知道是真的。因為任何有三四個老婆的正常人，都會又忙又累到根本不考慮再加一個女人。

安妮同情地望著我。然後她說，「這可能是成長的經驗，我們可能從這些經驗變得明智。」

「呃，我肯定學到了很多。」

「我希望你知道一點，」她繼續說。接下來幾分鐘，她分享她的「時間線」。她父親為了同性情人拋棄家庭；之後她母親發瘋；她舅舅是個酒鬼；她第一個男朋友強暴她。然後她總結，「你傷害我的程度超過你的理解。」

「我都不知道。」我罪惡感又萌發了。我不敢相信我被列入了可怕的創傷元兇。不過現在我懂她為何隱藏在難看的衣服裡了：很像復健所那些性冷感者躲在肥胖之中。「我不認為我對妳很健康。但或許得發生這事妳才能看清我的本質不再陷入浪漫幻想中。」

然後她怎麼做：她離開嗎？她克服了嗎？不。她伸手放到我手上輕輕低頭放在我腿上。

我們剛經歷了整套英格麗跟我體驗過的避愛者／愛情癮者的關係循環。而我剛認識安妮一個月。這是資訊時代的加速失調。

安妮想要她的唯一真愛；我想要我的多元伴侶。我們都失敗了。在迷戀之舞中，我們看錯了別人，投射成我們想要的形象。我們把我們認為能填補內心空虛的所有想像條件強加在他們身上。但是結果，這種做法只導致苦難。當對方完全被排擠時不算是戀愛關係。

「我很抱歉變成這種情況，」她說，「如果你要我留下，說出來。無論如何你都會在我心裡。每個人都可能犯錯。我要你知道，我原諒你。」

女人心真是美麗的東西。我對先前的話和行為感到慚愧。「這意義重大，」我告訴她，「我們先去睡，獨處一下，來消化今晚發生的一切，明天早上再談吧。」

安妮沒回答。她只是滿足地躺在我腿上，像赫丘里斯。而我在馬桶上睡著了。就像一坨狗屎。

37

半夜不知何時，我蹣跚走出浴室到沙發上。夢境仍縈繞在我迷糊的腦中：我開著一輛新車，但是失控撞牆了。

我拉被單蓋上，把手機鬧鐘設定在中午。我得打電話去夏威夷。給約德老爹的妻妾之一艾希絲。

我顫抖著醒來，用溫水洗臉，然後打給艾希絲說我是粉絲。我不確定那是什麼意思，但她聽了似乎很高興。所以我告知我怎麼取得她電話

號碼（連絡約德老爹著作的編輯）解釋了我目前的狀況。

「這不容易，」她附和，「老爹死後全家分散，沒有人能夠維持複數伴侶。」

我用想得到的所有問題煩了她一小時，關於跟約德老爹的生活和當時如何維繫。她告訴我約德老爹有過傳統婚姻。他開了素食餐廳，和第四任老婆創辦名叫the Source 的公社，團體後來成長到兩百人同居。之後不久，他發現他兩性關係的規則必須改變。

「他一直暗示，但蘿蘋」──他的正牌老婆──「總是哭鬧生氣，」艾希絲說明，「她開始一直黏他，到處跟著他，因為她知道會出事。後來有一天他宣布他要有另外的女人。這是他的人生，他作主。但他是個非常慈愛的主人。」

真怪──她形容他幾乎像卡瑪拉・戴維描述自己，是個「慈愛的」獨裁者。我同情他的愛情癮者元配，他必須傷她的心才能實現他的夢想。但至少他對她誠實。我想像大多數男人如果成為豪放女性社群的虛擬神明也會做類似的事。

讓後續的團體關係成功的是，艾希絲解釋，不像我的狀況，那些女人已經在社群裡同居了，所以她們事先彼此有感情。此外，許多人來自阿什拉姆（印度教徒的團體隱居地）、特殊的社區和嬉皮生活方式，她們習慣了比較群居的關係。所以妻妾和睦相處──當然，除了他元配，她一點也不高興。

「妻妾之間有沒有什麼階級制度？」我問，「其中一個是主要伴侶嗎？」

「沒有。我們都有自己的特定角色：瑪庫拉是他的母天使，扮演母親角色。我當他的保鑣和記錄他言行的檔案保管人。其餘的負責生他的

小孩。我們各司其職，在那些位子上我們都是主要伴侶。」

然後是最尷尬的問題：「還有，嗯，性生活部分怎麼安排？全部一起或一次一個或……其他？」

艾希絲告訴我，妻妾們從未互相做愛──只跟他一對一。

她繼續解釋他選擇每一個老婆是因為他自認跟她們有來自前世的因緣未解。「有些女人才十六歲，但她們跟他都有前世關係，」艾希絲說。顯然教派領袖的罩門就是他們自認凌駕法律。他們一手掌握至高權力，許多人選擇最先做的事情是跟未成年少女上床──通常還控制她們人生──實在令人擔憂。連穆罕默德的十一個老婆都有個年幼的。「當然家裡每個女人都想跟他在一起，但有些他會許配給跟她們有因緣的別人。讓其他男人也有複數妻子。」

「你們從不為了誰坐車子的前座爭吵？」

「從來沒有，因為我們過的是心靈生活，不是動物本能。」

顯然約德老爹遵照奧菲斯・布雷克給我的建議──我沒對伴侶們這麼做。他灌輸伴侶們強烈的家庭與未來感。以約德老爹的例子，就是相信他們是追隨俗世神明並且邁向人類的新時代──她們和子女將是即將來臨的寶瓶時代的先知。結果，很少人想離開這個崇高聖地。她們來跟他同居時，把所有財產都捐掉了也有幫助，她們沒什麼退路。

繼續跟艾希絲交談時，我了解享受當支點的條件是高度自戀和絕對自信，你的需求和信念比社群其他人──甚至包括全世界的人都重要，也是啟發。

令我驚愕的是，隨著全貌浮現，我發現約德老爹可能是該迴避而非仿效的範例：他要求所有人的世俗財物，嚴格控制追隨者，還因為他的宗教信念不准他們服藥，危害她們和子女的生命。

很遺憾，這可能是常態。其實，史上以性自由聞名的大多數公社其實非常嚴厲。在十九世紀認為一夫一妻是罪惡的烏托邦社群奧尼達（Oneida），男人性交時未經授權不准高潮，有委員會記錄每次性交，確保人們不私下濫交。無獨有偶，舊金山的克利斯塔（Kerista）公社，七〇年代發明共榮感和多元忠誠等詞彙的地方，也是自戀者以嚴格規定領導的團體，包括禁止成員自慰或群交。

　　「當他飛下懸崖，已經無牽無掛準備好離開，」艾希絲說，指的是約德老爹喪生的滑翔翼意外。「他丟下我們是因為我們不肯放他走。然而直到今天，我都保持跟他的因緣。我仍是他的女人。我沒跟別人在一起。」

　　她的奉獻令我大驚：他四十年前就死了。我懷疑她是否也符合愛情癮者定義。最後約德老爹——別名顯然是被拋棄女性的磁鐵——是否因為當這麼多人的支點的壓力覺得太累而自殺。

　　「妳有最後的勸告給現在仿效的人嗎？」我問。

　　「這在六〇和七〇年代的背景很合理，但現在我認為這樣很怪。如果今天你讓一個女人陷入這種情況，我不認為行得通。祝你好運，親愛的。」

　　就這樣：只有祝我好運，去嘗試做到不可能的事？

　　我掛斷，上網尋找其他案例研究。希伯來文的共同妻子（co-wives）叫做*tzara*，也可意有所指翻譯成對手（*rival*）。在古埃及，側室稱作*esirtu*，也是對手的意思。即使穆罕默德的妻妾也會嫉妒。有很多關於她們摔盤子、陰謀對付受寵者和互相講八卦的故事。

　　然後還有摩門教先知楊百翰（Brigham Young），他像約德老爹那樣受到宗教感召後不久開放他的一夫一妻婚姻，只差他有嚇死人的

五十四個額外配偶。她們幾乎就是他的死因。有一次，他叫妻妾們如果不快樂就離開，宣稱，「我寧可獨自上天堂也不要有你們在我身邊大打出手。」

當我看過越多史上的偉大支點，跟我怕只是幼稚的幻想有很大差異，我聽到貝兒在客廳和安妮說話。

「妳要跟尼爾睡嗎？」貝兒問。

「是，」安妮溫柔地回答。

「如果妳不讓我們跟他做愛，妳就不能跟他做愛。妳想要獨占他不公平。」

至少貝兒和安妮接受胡椒的忠告自行解決問題。不過聽到她們談判操縱要跟我睡，彷彿我是什麼獎品還是很怪。或許艾希絲仍為約德老爹守貞不只因為她很愛他，也因為她還在求勝，要證明她是最佳妻子。

我不懂為什麼，昨晚我徹底惹毛她之後，安妮還想要跟我睡。也可能這就是理由：她習慣了被激怒。只要她像今天的艾希絲，愛著某個無法回應她的人，她或許永遠哀傷，但情感會永遠安全——因為沒人能真正得到她。

或許我該接受敵對是任何新團體關係意料之中的一部分，然後學習如何妥善處理。所以深入僵屍窩之前，我決定打給最後一個人：奧菲斯・布雷克。他想通了如何在現代世界維繫團體婚姻。他知道怎麼處理競爭性。

「其實現在只剩英狄戈和我了，」我尋求建議時他回答。

「你的其他老婆怎麼了？」

「我們分手了。」他說得彷彿是認罪——遺憾、無力、失敗。我感同身受。

「家庭和未來怎麼辦？」

「有人在我背後捅刀。」

打聽之後，他告訴我他們有個舊情人散播他的謠言並操弄老婆們反
對他。毒性腐蝕了團體，和諧變成了爭鬥，所以他決定讓兩個非合法老
婆離開。

事後，緊張和壓力的結果，有天早上他醒來患了失憶症。不只想不
起發生過的事，也認不得他的正牌老婆英狄戈。病情持續了兩周。

雖然他告訴我打算重建家庭，我很清楚，連有這麼多經驗和自信的
奧菲斯都無法保有三個女人並保持清醒。顯然即使對老經驗的人，當支
點都不是輕鬆的角色。

38

大家都醒來打扮好之後，我們在客廳的老位子坐好，召開急需的家
庭會議。我要向很多人道歉。

但我來不及開口，安妮搶先一步。「我有話要說，」她開口，「我
犯了錯。」

「什麼錯？」我問。

「我想留下。我保證會分享。」她看看貝兒，貝兒點頭稱許。「我
願意分享你。對，我要留下。」

多元伴侶制的特點之一是它絕不無聊也無法預測。貝兒的談判顯然
成功了。

「妳操弄她！」薇洛妮卡插嘴，瞪著貝兒。「這樣子對安妮讓我們

能跟尼爾睡並不公平。」

一個月前如果你問她們任何一個在這種情況會怎麼辦，每個人可能都會說她會離開永遠不跟我說話。但是此刻，她們打破所有邏輯、自尊和常識法則。或許這是我催眠這些被迷惑的女人，在我的變態幻想中扮演角色而造成的互動模式。

我看著薇洛妮卡眼中的堅定，貝兒眼中的慾望，安妮眼中的希望。我們同居以來第一次，我感到神智清明。昨晚以來，我寫稿，休息，找艾希絲和奧菲斯談過。該是作出斷然處置的時候了。

約德老爹不徵求也不需要任何人同意，就設定家規才得以運作。休・海夫納也是。奧尼達和克利斯塔和奧菲斯・布雷克也是。人人屈從於教會和掌權的慈愛獨裁者的話。如果有人不服規則，理論上他們可以自由離開。所以我該做的是立法——這樣事情才能繼續推進。

但我不是約德老爹。我不是休・海夫納。我連奧菲斯・布雷克都不是。在本周的學習之後，我不認為我想要成為他們。我受夠了約德老爹式幻想。正途只有一個。

「我是這麼想的，」我告訴安妮，「妳大可忍下來分享我。但妳這麼做會傷害自己的心靈。那不符合妳的天性。」

她懇求地看著我的眼睛。「我想我能應付。」

「妳能應付傷害和痛苦？妳是這個意思嗎？」

「對。有些事更重要。」她低聲說，身體僵硬但發抖，彷彿快要塌陷到自身的黑洞裡了。

「我不要妳當烈士。昨晚妳試過，看看結果。應該作對自己最好的決定了。如果妳問我認為怎樣對安妮最好，可能是回家。」

「但我可以改變，」她反駁，打起精神，鼓起力量。「我可以努力

控制我的情緒。」

「要是妳有女兒，她處在這種情況，妳會叫她努力控制情緒、還是跟著感覺走？」

她想了一下，失去剛才的勇氣，柔聲說，「跟著她的感覺。」

「那妳為什麼不聽母親的建議？妳是治療師，花了很多時間治療別人，但或許該開始治療自己了。」

我突然發現昨晚我對安妮的厭惡感其實根本不是針對她，對象是我母親。當安妮用關愛的眼神看著我，她不是想送我去情感勞改營的史達林，或想吃掉我腦子的僵屍。她只是愛我。無論對錯，那不重要，就是愛，如此而已，沒什麼好怕的。

我跟這三人同居的整個期間，把愛情看成了要求：「我得跟你談，」「跟我在一起時別發簡訊，」「叫她幫我多訂一些餐，」「別牽別人的手，」「這不公平，」「輪到我坐前座了。」

我把愛看成用來奪走我自由的軟墊牢房。那是因為我的「長年受苦」母親利用愛控制我，她有罪惡感。六隻期待的眼睛閃亮地照向我時我心想，在我跟英格麗交往中，我把她的愛解讀成控制然後抗拒它。先是藉著偷腥，沒機會的時候，透過厭惡、幻想，還有情感疏離。我的一輩子，一直為了自由在反抗愛。

難怪我無法結婚、訂婚，連初始迷戀期過後不衰減的戀愛都沒有。

真是令人難過的領悟。我不知為何現在才想通。或許我需要這麼緊繃又強烈的狀況才能逼它浮現。

我學瑞德深呼吸一下看著安妮的眼睛，多日來初次沒有抗拒。我為自己的行為誠心道歉。「我想要彌補昨天發生的事，」我告訴她，「我最近體驗過一個叫椅子戲法的流程。能幫助人把遭遇過的壞事逐出身心

兩方面。我可以幫妳報名，需要的話我付費用。因為，無論以前妳遭遇過什麼，應該讓專業人士幫妳治療。」

望著她的眼睛不怕我自身毀滅，我發現有個美麗、關愛、溫柔的靈魂回看著我；一個經歷過地獄又奇蹟般保持內心純淨的女人。我沒看清她的本質，而是透過我自己扭曲反動的眼鏡。這段期間我早該這樣看出每個伴侶的美好而非缺點，對她們的需求有同理心而不是感覺被她們困住。

我尤其應該對英格麗這麼做，而不是每當她太靠近就退卻。

「但你不想要我留下，讓你看看這種關係模式是否適合你嗎？」安妮問。這下她突然懂這一切的重點了。顯然被誤解會導致理解。

「老實說，我的工作完成了。我被榨乾了。我不是搞這種關係的料。我不認為這對我和任何人行得通。」

我猜我得到答案了。

現在我該怎麼辦？

39

摘自「安妮的日記」

這星期是我第一次來美國。是一場冒險。有許多未知的新體驗。也是第一次，我不害怕未知。我的深層直覺是這會帶給我很重要的東西。

我告訴過尼爾我想當個有經驗的女人。但是當時，我對方法只有模糊概念。我知道我要性愛。當時我想的是有新體驗，例如跟別的女人在一起。

但是抵達後，我變得害怕被傷害也失去自尊。我不覺得打破我的界線是個好主意。總有一天我會準備好有所突破嗎？我不知道。我想我需要時間，還有安心與尊重的情境，才能夠解禁。不過我知道如果我們建立普通關係，我會無聊，就不是有效的進化方法。

　　第一天我就看出我們四人有很多差異。造成了一些誤解。看到每個人碰觸，愛撫，其他對我很詭異的事。感覺像到了另一個星球。那不是我想像我們會有的那種關係。我來之前，他告訴我會發生那種事，但我內心沒有準備好。

　　我們相處期間，我們必須選擇。我們猶豫，未必總是知道怎樣對我們最好。這給我的一大教訓是如果我們聽從自己的內心在新狀況中作選擇，我們就不會犯錯。

　　我想我透過這個經驗學到最重要的事情之一就是當女人的意義。

　　尼爾叫我聽從自己的心意和內在感受。他有個這樣的真知灼見：「如果是妳女兒，妳會叫她怎麼做？妳該像妳女兒那樣去做。」

　　五年前我夢到我當時的男朋友給我半個月亮。然後，我離開他去了一個有位光頭黑鬍鬚成熟男士在大紅床上等待的房間。我見到他之後他給我另一半月亮。現在我知道那個夢的意義了。月亮象徵女人與母親。現在我可以說床上那個人是尼爾，即使當時我還不認識他。

　　所以多虧這次經驗和尼爾的忠告，我終於了解與感受到當女人是怎麼回事了：成為我自己的母親。

　　我明確感受到了改變。因為我現在認為自己就是我母親，我不必再當別人的母親。即使沒有別人試圖幫助，我現在就可以建立關係。他們可以當自己的父親。

　　我們深夜相處時開懷歡笑。我提議幫每個人做針灸，我很高興看到

所有人獲得安慰，我們終於一起達到內心平靜了。

在機場放我下車時，尼爾告訴我，他擔心浪費了我們的時間。我回答沒有什麼是浪費的時間。時間對經驗和成長很有用。這份非比尋常的關係與我的毛病衝突是好事，使我更了解自己，幫我改變。我可以真心說它比正常交往帶給我更多收穫。

40

原本驕傲聳立，現在軟趴趴。曾經充滿活力，現在枯黃垂死。

生存者在我照顧下生存得不太好。我不能讓英格麗金剛不壞的盆栽死掉。我至少得能夠成功照顧個什麼東西。我從舊金山一回到家看到它疏於照顧的狀態，趕緊澆水，移到陽光下，衝出去買富含維他命的土壤。

出門時，我跟復健所的幾個同伴作了回報。非自願禁慾十八個月之後，亞當決定連絡洛琳補充諮商。查爾斯分居了住在汽車旅館。卡文告訴我，他把瑪莉安娜和兒子接來洛杉磯之後變成一場災難，她很憂鬱，想念巴西，他很生氣，因為覺得受困又被小孩強迫進入同居關係。

「瑪莉安娜想回巴西，我沒勸她打消念頭，」他坦承，「但我會想念弗拉維奧。早上看著自己小孩的天真眼神，看到他臉上露出笑容真是至高無上！希望你改天也會體驗到。」

「我也希望，」我告訴他，「我不認為我能體驗到那種喜悅。」

卡文的困境不難預見，但沒人料到特洛伊的現狀。他不只又開始跟外遇對象幽會，她還要他把她扶正。

「她要你跟老婆離婚？」我問特洛伊求證。

「不，她知道我做不到。她只是不要我跟老婆做愛。」

「太離譜了。你怎麼回答？」

「呃，起先我拒絕。然後她跟別人約會把我氣瘋了，所以我讓步。」

得失心：激勵了許多軟弱的人作出他們不該有的承諾。「所以你不跟老婆睡了？」

「如果我是亞當，那很容易做到。」他殘酷地乾笑，「但我老婆跟我維持性生活。」

我費力地理解他在說什麼。「看看我理解得對不對。你瞞著老婆跟外遇對象偷腥。現在你也瞞著外遇對象跟老婆偷腥？」

「歡迎來到我的人生。」

當晚，我和朋友梅蘭妮共進晚餐。我認識她的歷史超過每個交往對象。她一路支持著我，每次分手後告訴我殘酷的實話——就像每次輕鬆約會有希望形成交往關係時，她喜歡的男人就變古怪，我會給她建議。

「尼爾，」我告訴她舊金山的事之後她驚呼，「你不能再這樣下去了。你不想結婚生子嗎？」

「想啊，想得很。我只是不想淪落到像我父母。我要找能為我人生加分而非限制的人。」

「我認識那種人，」她說，撥開臉上的頭髮。她的黑色長髮一路流洩到用力擁抱就可能折成兩半的細腰。

「誰？」我興奮地問，希望她認識可以撮合我的完美對象。

她回答了我沒準備好聽到的名字：「英格麗。」

我嘆氣模糊地咕噥了一句，「我知道。」

「她太適合你了，尼爾。」梅蘭妮像小女孩討小狗似的拉長句尾。「她是我見過唯一愛你真面目的女朋友。我相信如果你向她證明你可以承諾，她就會回頭。」

「問題就在這裡。我們對承諾的定義很不同。」

我想起舊金山，猜想如果我能堅持關於愛情學過的教訓，我跟英格麗的關係會怎樣。如果世界上有人讓我想要生小孩，那就是英格麗。我回想看著她對小狗赫丘里斯表現出的關愛和溫柔──想起她多麼有愛心，靈魂多麼戲謔，會是多棒的母親。要是她對一夫一妻問題願意退讓一點就好了。

英格麗堅持立場也可能是對的。因為現在，我感覺她的預言實現了：我快死在野外了。

「你向宇宙發出了混淆的訊息，」梅蘭妮說教，「你一直說想要成家，但又跟你不可能娶的女人混在一起。你就不能放棄非一夫一妻制那回事嗎？為了英格麗。」

放棄會讓我的人生好過得多。或許那是個餿主意。「我內心一部分很想。但如果我試著回去找英格麗而且復合成功，我會一直猜想萬一路會怎樣？」

萬一我太快放棄，差點找到像妮可或賽奇那麼開放的人呢？萬一我發現了非一夫一妻版的英格麗呢？萬一我漏了什麼地方而答案就在那裡呢？最嚇人的是，萬一我因為恐懼和失敗而非愛和承諾才回去呢？

萬一，萬一，萬一……這是矛盾的求偶召喚。

「你會失去她的，尼爾。那種女孩單身不會太久。」

梅蘭妮告退去洗手間。幾分鐘後她回來，看起來很慌亂。「你太遲

了，」她舉起手機說，「我剛看了英格麗的檔案。」

「什麼意思？」我皮膚上流出冷汗。

「我不想說，但是她現在似乎有男朋友了。」

她給我看一個赤膊男抱著赫丘里斯的照片。他介於詹姆士·狄恩（James Dean）和雷神索爾（Thor）之間，在我不知道能長肌肉的地方都很結實。比起他，我的魅力就像鐘樓怪人。那不是自貶；只是事實。

突然我有深沉的孤獨感。直到這一刻我才發現我一直很虛榮、自私又不理性地假設英格麗在等我，或如果情況不順利會有辦法跟她復合。無論這超級種馬是誰，我希望他配得上她，不會有懷疑，她溺愛他時不會起雞皮疙瘩，不會一發脾氣就亂發簡訊給女人或看A片網站自慰，他愛赫丘里斯而不是把牠看成一夫一妻制的偽善象徵。我確定英格麗回首我們的交往會是一個漫長的錯誤。

我看著坐在對面，努力尋思該說什麼安慰我的梅蘭妮。我忍住哀傷、恐懼、空虛。

那不是適合我的關係，我安慰自己。那不健康。愛情癮者和避愛者。教科書典型的失調者。

「呃，我猜那就沒戲唱了，」我露出像我媽的假笑告訴梅蘭妮，「無法回頭。」

要什麼條件或我得做什麼已經不重要了。即使要我的命，我得找到一個適合我的關係模式。

結果後來，差點一語成讖。

Stage IV

我是什麼物種？ What Is My Species?

「聽著，朋友，」其中一隻向小鴨說，「……離這裡不遠有另一個沼澤，裡面有些漂亮的野雁，全都未婚。這是你討老婆的機會；雖然這麼醜，你可能會走運。」

"LISTEN, FRIEND," SAID ONE OF THEM TO THE DUCKLING, "... NOT FAR FROM HERE IS ANOTHER MOOR, IN WHICH THERE ARE SOME PRETTY WILD GEESE, ALL UNMARRIED. IT IS A CHANCE FOR YOU TO GET A WIFE; YOU MAY BE LUCKY, UGLY AS YOU ARE."

──漢斯·克里斯丁·安徒生《醜小鴨》

（Hans Chris tian Andersen，*The Ugly Duckling*）

一位睿智的多元配偶者曾經告訴他，

「跟你的同類交往，尼爾！」

但我是什麼物種？他想知道。

他一生孤獨。

他剛從舊金山回來，

在當地發現當支點不適合他。

但他學到了很多。

而且他有個點子。

他拜訪過全國最成功的公社。

他停留了一周，跟每個人攀談。

有的成員已經住了四十幾年。

「我們的哲學是人生很完美，我也完美，」依拉娜説。

「住在這裡，你不必做任何不願意的事，」柯林説。

他們稱呼他們的社區「愉快的團體生活實驗」。

那裡的生活似乎很愉快。

於是他寫下自己對團體關係的宣言。

他搬進很久以前和瑞克一起看過的樹屋。

妮可和詹姆士也加入他。

他多元伴侶聚會的朋友勞倫斯和莉亞搬了進來。

他朋友薇歐蕾、她的新歡安琪拉和另外三人也來了。

每個人都有某種開放性關係。

在早上，他們作瑜珈打太極拳。

在下午，他們去找老師學習親密關係，性慾，和稱作非暴力溝通的

互相連結的強力方法。

到了晚上，他們玩耍。

生活很愉快。

但是胡椒警告他：

「超過四人的團體關係很少成功。

你們有複雜性爆炸問題。」

胡椒說得對。

有天下午，某室友的嫉妒男友神經病發作，差點用斧頭殺了他。

很不幸，兇手錯過了非暴力溝通的課程。

事件結束後，他看著自己的成果。

比那棟舊金山後宮還好。

但即使兇手和女朋友走了，住在公社是個全職工作。

要花很多工夫，溝通、組織，還要有耐性。

這不是他的物種。

他又孤獨了。但他有個點子。

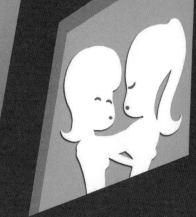

「我最好加入已經存在的關係而非設法
創造自己的，」他說，
「這樣，我就不用擔心怎麼維持運作。
它已經在運作了。」

他提議薇歐蕾和
她的情人安琪拉
跟他同居久一點。
他們什麼都做
去哪裡都在一起。
然後他們一起上床。
他們成為三角關係。
因為他不是支點所以很好：
薇歐蕾才是。
所以沒有競爭。

胡椒稱之為「三人行假期」
還說一定無法長久維持。

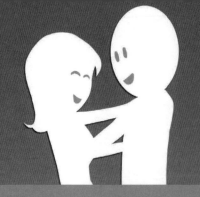

胡椒說得對。

安琪拉是在認真交往的空檔

享受一下而已。

而薇歐蕾，呃，她

有點酗酒問題。

一切結束之後，

他看著自己的成果。

比公社還要好。

雖然好玩但不切實際。

這不是他的物種。

他又孤獨了。

但他有個點子。

他去跟成功的單身漢朋友吃晚餐。

「想想曾經跟你最瘋狂性愛的女

人，」他朋友説。

他想了。

「現在想想跟你交往最愉快的女

人，」他朋友説。

他想了。

「她們不是同一個人，對吧？」他

朋友説。

他朋友説對了。

「你的問題是你仍把愛跟性

想成必須搭配的東西，」他朋友説。

「你必須把兩者分開。

找跟你年齡相近的精神好友建立家庭，

繼續想跟誰睡就跟誰。」

他朋友的論點很有趣。

「這就像沒有婚姻的離婚，」

他朋友總結。

他問女性友人她們是否有興趣。

他上網找尋求捐精者的女人。

很快就找到了特別的人。

「我是健康、快樂、成功的專業女士，

最近醒來驚覺，

『我忘記生小孩了！』」她寫信給他。

「現在我發現很可能

我找不到靈魂伴侶了，但拒絕放棄

當母親的權利。」

找她一起晚餐。

「我是工程師，但我不想要我的小孩只懂理工，」

她說，「你是懂文史的作家，所以很完美。」

「你是褐眼珠，」她又說，「我也是。

我偏好藍眼珠，但不用拘泥小節。」

她檢討他的幾乎每項外表

和個性，評論她想要孩子

遺傳哪些，不想要哪些。

這有點詭異，他心想。

但胡椒說共同父母的安排

可能很成功，這種關係

可能真的可行。

胡椒說得對。

他看看即將要做的事。
不像三角關係，這很務實。

但他無法接受這件事。
他對創傷了解太多
除非有愛，不願意因為焦急而
把小孩帶到這世界。

這不是他的物種。

他又孤獨了。
而且沒有點子了。

他回顧最近幾個月的生活。

他帶了三個不太熟的女人

嘗試跟她們成立一個後宮。

他隨機找了九個人，

把他們放進一個房子，

鼓勵他們黏在一起，

期待她們和睦相處。

他找了個正常酒鬼和她的愛情癮朋友，

期待她們形成穩定的三角關係。

他又找了個彷彿在特製漢堡餐廳點餐，

想要訂做小孩的女人，

期待她當個好母親。

這時他發覺自從離開英格麗之後，

他就沒有真正的交往關係。

他只是創造出受控制的實驗。

那些都注定失敗，因為他太急著找到他的物種了。

他的生理鬧鐘響得太大聲，淹沒了他的常識。

「你無法強迫交往關係發生，」
他終於了解，「你只需為某人在心中留出空間，
放棄所有期待、目的和控制。」

這時他才找到了自己的物種……

加州，馬里布

最近還好嗎？

不如我的預期。

這應該是一段樂趣和墮落的生活，而不是痛苦的時期。我想你希望透過性愛得到的東西並沒有得到。

我只是嗨咻的時候一切都很好玩。當我開始嘗試建立關係時就惡化了。

所以你認為這些關係比一夫一妻制還好，或只是你選錯人了？

其實是我的做法不對。

怎麼說？

我只是召集願意接受這些觀念的眾人，集合起來，拚命讓它可行。結果每次都出現惡果。

向來如此。如果你一直追逐幻想，你下半輩子只會跟許多受傷的女人有短期性愛，錯失任何深度親密連結或家庭的概念。

你的理論似乎是只有受傷的女人會輕易上床或有開放性關係。但是世界在改變。

我只是說出你常跟我說的。沒有什麼是對或錯，你就是無法變快樂。

但我在接近了。我看過很多選項和很多人讓這些生活方式適合他們。我終於在這個世界上找到立足之地了。

Stage V

冒險 Adventure

在我們共度的生活中

我希望你了解

我不會要你為我遵守任何中世紀的忠誠守則

同樣我也不會認為自己屬於你……

因為我無法保證永遠忍受

即使很迷人的牢籠的限制。

ON OUR LIFE TOGETHER I WANT YOU TO UNDERSTAND

I SHALL NOT HOLD YOU TO ANY MEDIEVAL CODE OF FAITHFULNESS

TO ME NOR SHALL I CONSIDER MYSELF BOUND TO YOU SIMILARLY . . .

FOR I CANNOT GUARANTEE TO ENDURE AT ALL TIMES

THE CONFINEMENT OF EVEN AN ATTRACTIVE CAGE.

——艾蜜莉亞・厄哈特 《給未婚夫的信》

（Amelia Earhart，*letter to her fiancé*）

41

希望是這樣的。

我們一起醒來。有時候被單下有另一個女人跟我們一起,有時候沒有。

她做早餐,我做冰沙,我們都在床上吃飯。

我們獨處時,她和我在做愛。這比跟我們的玩樂伴侶更好、更堅強、更有連結。複數是為了冒險,但一對一是為了情感。

我們洗澡——有時候一起,有時候沒有。

我整天寫稿。她上馬戲學校或舞蹈課、或做她的網路生意。總是有她很興奮要做的事情。一周接一周,通常都不一樣。她熱愛生活。

太陽下山後,我們去吃晚餐。她開車、我放唱片。有些晚上,我們獨處晚餐。其他晚上,我們找朋友。那些朋友經常包括幾個我們一起認識的女人。

如果我們有冒險的興致,我們轉移到酒吧或夜店。然後,我們盡力多帶些女人回樹屋。開始脫衣服之後,沒興趣的人離開。怪的是,他們離開時通常因為不參加而道歉,彷彿這是道德缺陷,他們保證下次會好玩一點。有時候他們回來;有時候他們不會。如果我們選擇晚餐後,希望有個安靜點的晚上,我們就回家,我們看電影,我們做愛,我們討論未來。未必依此順序。

她很迅速地融入我的生活,有時候感覺像做夢。我喜歡的一切——性愛、衝浪、閱讀、寫作、學習、旅遊——現在她也喜歡。我不喜歡的一切——做菜,在堵車的洛杉磯開車,謄寫《滾石》雜誌的訪談稿——她開始幫我做。有時候她似乎太完美,彷彿是某種非一夫一妻的另類科

學實驗培育出來的。

我相當確定我們認識前她有自己的生活。但我似乎記不得是什麼樣子。我也記不清我以前是怎樣。她一個月沒回她家了。或許根本沒有家了。我記得在復健所問過洛琳單身男人喜歡刺激有什麼不對，但我從未想到兩個人可以在一起享受刺激：

「妳知道嗎，」有天晚上我告訴她，「我花了幾個月想弄清楚哪種關係對我最適合。無論是一夫一妻或多元伴侶或團體關係什麼的。但我想我發現我喜歡什麼了。」

「這個？」她開心地回答。「冒險關係！我想我們剛認識時這就是我在找的。不定義為一夫一妻或多元伴侶或換妻，而是一起開心不用參與什麼愚蠢的社交社團。」

我似乎找到了我的物種，更別提我告訴瑞克的情感連結了。

於是，我在這個世界的初期對象之一成了最後一個：至福派對的賽奇。

42

　　事情從我還在三角關係時開始。賽奇在網路上發現我的email地址，連絡我說她會來洛杉磯，把電話號碼留給我。

　　和英格麗分手後認識的所有女人裡，她是唯一和我價值觀相同的，我很遺憾跟她告吹了，雖然我承認可能跟快樂丸有點關係，我能想像跟她有長遠的未來。

　　幾周後我找賽奇一起晚餐。「至福派對發生了什麼事？」我立刻問，「我以為妳很慘。」

　　「我以為你才是。我一直認為我毀了氣氛，因為我沒像你們那麼嗨。你們都很開心，而我只是越來越累越焦慮。」

　　這是個投射的教訓。那晚我們沒有真正看清彼此──只有我們告訴自己的說法的反映。

　　我們吃飯時很難回想我們還討論過什麼，因為時間無聲無息地飛逝。我們不只聊個不停，我們也一直互看、大笑、妄想。以她的金屬光澤紅髮，魅力的自信，「精力充沛但是只看得上你」的個性，她像個人肉特斯拉線圈（Tesla Coil）冒出火花。

　　初次約會以四人行作收，有我的老友兼公社同伴莉亞和賽奇的全身刺青、名叫溫特的朋友。我看著賽奇攻擊溫特──舔她，手指摳她，打她屁股，然後把她翻過去從後面用手指戳她──我心想，「我棋逢敵手了。」

　　不久，賽奇、莉亞和溫特開始給我口交──輪流、爭搶、分享、開黃腔。當溫特巧妙地把她的項鍊纏在上面，玩弄張力，我再也忍不住了。他們舔我同時互舔時，我心想，這真是我生平最棒的體驗了。浪費

一大堆時間金錢在性癮治療上，在舊金山出醜受難，甚至在戀愛公社差點被殺——每次災難、失策和悲劇——為了這幾分鐘全都值得。

我經常回想瑞克的警告說，人們在臨終的床上，總是想到愛情和家人。但我相信我也會想到這個超脫的時刻。我們都是性的生物，這是我的性愛巔峰。

我想要說有些負面結果或後果，這是我成癮症的低潮，它有先天缺陷，因為缺乏真正的親密關係、我們沒有等約會十七次再觸摸。但並非如此。沒有負面後果。

我常想，人們很擅長說謊，有時候他們連自己都騙。

日出之前，賽奇和我再度嘿咻時，莉亞和溫特溜出去讓我們獨處。幾小時後，勞倫斯發簡訊，「聽起來昨晚很開心。我很高興你和莉亞終於有機會連結了。」

我仔細思考能表示感激又不顯得尷尬或無禮的正確回應，我回覆：「在許多層面上是個很棒的體驗，包括這是跟你們倆的一段良好友誼。」

顯然回答對了，因為他回覆：「我正是這麼想的。說得好。我很喜歡我們的友誼。」

他正符合共榮感的定義。

我從英格麗以後的所有性經驗中，這是唯一完全愉快的一次經驗——之前、當中和之後。或許是因為，除了賽奇仍會對我有興趣的強烈希望，我沒有想交往的目的。其實，當晚提議四人行的是賽奇。

接著的幾周，我的櫥櫃和抽屜放滿賽奇的衣服，她在布魯克林的房間清空。我的人生有一塊缺憾——浪漫、熱情、陪伴、了解、情感連

結、伴侶關係中的自由——不知何故賽奇察覺到，把自己塑造成那個形狀。我都不知道自己有或喜歡的每個需求，她開始填補。

同時，我們的冒險逐漸累積。我們做我連在A片裡都沒看過的事，讓我想跟搖滾樂團寫書以便讓我透過他們感同身受的事，我不曉得物理上或幾何學上做得到的事。

我從未想像過我的性生活在交往中會比我單身時期的巔峰更好、更狂野、更多樣化。終於，大家都說不可能之後，我魚與熊掌兼得了。

連胡椒都給這段關係正面預測：「這比較正常也可持續，因為你跟其他人做的一切都是短期和過渡性的。」

但最不可思議的是，這些冒險只是賽奇和我情感日漸深厚的附屬。其實，或許這段關係最不健康的部分不是性愛，而是我們形影不離。自從與英格麗分手後頭一次，我感覺很有可能永遠快樂地過著非一夫一妻的生活。

43

然而，我們交往滿三個月時——交往開始務實的無可避免階段——我發現賽奇的行為有變化。起初很細微，在法庭上不會構成具體的變化。但我在她看我的樣子察覺到。似乎已經沒有愛戀，而像想要假裝愛戀的人。

一開始，我懷疑是否只是我的幻想，因為自慚形穢或內心的避愛者企圖破壞這段關係。

但是有一天，我們去紐約回來，她走進家裡打開冰箱。有的東西

已經腐敗發臭了。她聞到時，外面街上傳來尖銳的救火車和救護車警笛聲。她大叫。突如其來——深沉、來自咽喉與靈魂的尖叫。目標不是警笛、冰箱、我或任何特定事物，而是對宇宙。她的聲音淹沒了噪音、臭味和我的思想。

「怎麼了？」事後她坐在沙發上啜泣，我問她。

她擤了鼻涕。她用關愛但沒有愛意的眼睛抬頭看我。她說，「我看了我的日記——我想念我自己。」

「什麼意思？」

「我也不太清楚。我猜有時候我想念狂野的日子，我單身想做什麼就做什麼的時候。」

我太晚發現最近為何情況不太對勁了。她做菜，她開車，她謄寫我的稿子，她不斷帶來大量母性。我有我的自由——在我地盤上完全照我條件的滿意關係——而她擁有什麼？只有我。

她太忙著照顧我的需求，她完全忽略了自己。其實，我根本不知道她的需求是什麼。我以為我們已經很狂野，但我猜對她而言，我只是老套又自私，把她看成理所當然。

所以我告訴賽奇我希望英格麗向我說的話：「不如妳恢復自由吧？我們都應該能做任何我們想要的事。我們在交往這件事不應該阻攔妳吧？」

我們的關係就這樣變成了真正開放。

這將會帶我遭遇超乎想像的痛苦。

Stage VI

開放 Open

尤達：得失心是通往黑暗面之路……依附導致嫉妒。意思是貪婪的陰影。

安納金・天行者：我該怎麼辦，尤達大師？

尤達：訓練自己放棄一切你害怕失去的東西。

Yoda: The fear of loss is a path to the dark side. . . . Attachment leads to jealousy. The shadow of greed, that is.

Anakin Skywalker: What must I do, Master Yoda?

Yoda: Train yourself to let go of everything you fear to lose.

——《星際大戰第三集：西斯大帝的復仇》喬治・盧卡斯導演

（*Star Wars Episode III: Revenge of the Sith*，George Lucas）

44

我什麼都試過了——後宮、公社、換妻、普迦儀式、多P。但是我沒試完。

自從離開一夫一妻的牢籠,我在尋找性自由——而且在某些時候,或許還找到了。但我一次也沒有給我的伴侶相對的自由。雖然我沒有用規則、承諾和恐懼綁死任何人,狀況決不是自己發生的。而且在某個程度上,我很慶幸如此。

但現實逮到了我、告訴我自由不只是為了一個人享樂。你可以魚與熊掌兼得,但遲早你也會被迫分享它。

賽奇和我跟我先前的公社同伴勞倫斯、莉亞和三個賽奇每周上表演課的同學,在洛杉磯的一家高級西班牙餐廳。女侍帶我們到一張大圓桌——柯瑞·費德曼放在飯店房間裡那種。我坐莉亞和勞倫斯旁邊,另一側是賽奇班上的兩個男生。

賽奇最後到場,開心地哼著歌。她穿著白短褲和無袖的緊身黑T恤。她不只是直接走到桌邊,而是大搖大擺。

她在我旁邊找空位,找不到似乎很失望。所以她改坐在我對面、第三個位置是她班上的同學。他超過六呎高,黑色捲髮和我見過最白淨的牙齒。他自我介紹叫唐納。

以前我沒遇過叫唐納的人,很可能是因為任何明智的人都會簡稱唐,除非他是個決心進軍好萊塢當明星的小鎮劇場小咖。我腦中浮現這個念頭,萌發敵意,我來不及阻止。這可能是因為他剛向我自我介紹完,唐納的手臂就放到賽奇的椅背上,他們開始聊了起來。

我努力看清我批判的本質——嫉妒、不安、羨慕——把它忘掉。我

們交往以來賽奇至少看過廿個不同女人跟我喇舌，所以我至少該讓她享受唐納的誠懇關心。

「你們怎麼會決定建立開放性關係的？」我問勞倫斯和莉亞，希望問點情報順便分心。

「我經歷過一夫一妻的婚姻，不太適合我，」勞倫斯回答，「我們在一起那段期間，我很忠實。但我因為生活中缺乏調劑、刺激和連結，身體感到實際疼痛。當離婚之後，我決定我不再玩了。」

「我記得你從脫離一夫一妻的第一天就很坦率，」莉亞說，「我從來沒想過，或許我能說服他跟我一夫一妻。你說得很清楚：不這樣我們就不能交往。而我很喜歡你所以決定試試看。」

我從眼角瞄到唐納的手臂。已經不在賽奇的椅背上。放在她肩上了。

「你為勞倫斯感覺過嫉妒嗎？」我問莉亞。

「我不會形容為嫉妒，但肯定有些不安全感和偏執。」一名侍者伸手過來放下我們的餐點，同時偷瞄賽奇。或許他晚點會問她的電話號碼。突然間大家都變成我的對手了。「但在某個時間我內心有個領悟，我開始把勞倫斯看成以我最大利益為優先的老實人，我發現大多數不安全感源自我自己被拋棄的童年恐懼。」

所以或許我覺得嫉妒，是因為目前我在關係中沒有安全感。我擔心賽奇太開放，是因為我不夠開放，因為我一向喜歡的事令她無聊，或者更糟，因為她很受唐納吸引。

那個決定之後已經過了一周，我們都沒跟別人上床。我們只是針對開放討論我們的價值觀。我告訴她誠實對我很重要，我們必須永遠互相分享我們的實況。她告訴我尊重對她很重要，必須永遠把它擺第一位。

所以我們決定在誠實、自由和尊重的基礎上建立我們的開放性關係。這正是我一直想要的。我最喜歡的一點是，如同胡椒忠告，沒有規則，只有意圖。

不過，我看著她和唐納，痛苦地發覺規則的好處：提供清楚、固定的界線，讓我們感覺安全。

「妳喜歡涼薯包鱷梨沙拉嗎？」我隔著桌子問賽奇，想要強行連結。但她沒聽見。或許因為她表演課的另兩個朋友正在大聲玩愚蠢的即興遊戲。所以我重問一遍，但沒有回應。這下我覺得被冷落了。我的自尊發生了我無法控制的變化。

我努力專注在勞倫斯說什麼：「如果她出門說她認識了一個男的想要探索一下，我會說，『妳是成人了。不需要我的允許。』我們的前提是，我們都是成人，我們相信對方的判斷，否則我們不會在一起。」

我猜我只好相信賽奇的判斷了。但萬一她判定他比我跟她更相容怎麼辦？我該相信嗎？我猜只能接受了。

「OK，」我問勞倫斯，「那如果我現在覺得嫉妒，我該怎麼辦？」

在想像中，只要我知情，我從未想過如果賽奇想跟別的男人過夜我會生氣。但現實中，是完全不同的體驗。只不過是男人手臂摟著她罷了。

突然，我對公社裡想殺我那些傢伙比較能感同身受了。

「如果你覺得不安全或嫉妒，你得自己想辦法。」勞倫斯回答，「她沒義務處理你的不適——除非她做了什麼不敬或傷害性的事。我用過的工具之一是去了解即使莉亞深愛別人，只會為我們的關係加分。」

「怎麼說？」

「這麼想吧：你有愛情的肌肉，如果你常鍛鍊，就能增加你愛的容量。你可以把那些能量和特質帶回你的關係。它的替代品就是我的婚姻，當時我關閉了對愛和感受的容量，為了維持一夫一妻制而做愛。」

或許我必須消除我對愛的稀缺性心態，它告訴我，現在賽奇只有固定可給的量而且可能耗盡。勞倫斯的觀點合理多了。或許在某個程度上，對獨占愛情的需求，是個不成熟的要求，是渴望成為父母唯一關注、情感與照顧對象的黏人小孩的慾望。

「所以，」我和勞倫斯確認，「如果她快樂，並不表示因為她的快樂用光了，她回家就會不快樂？」

「對。同樣情況遇上五十次或一百次之後，很快你就不會這麼害怕或震撼了。你會把這種感覺視為會過去的東西。在最糟的時刻，我想過把我自己綁在桅杆上免得我被嫉妒的海妖吸進去撞上礁石。嫉妒不會有什麼好結果。如果別人要離開你，無論你是否嫉妒他們都會。其實，如果你嫉妒，他們更可能離開你。」

很有道理，所以我努力把自己綁在桅杆上，專注在勞倫斯和莉亞。但是甜點送來時，我再也忍不住了。我看著賽奇尖聲問，「妳喜歡水果餡餅嗎？」她又完全不理我，好像我隱形或講得不夠大聲。唐納湊得好近，他們的臉幾乎碰到了。

「如果莉亞跟你認為是人渣的人上床你怎麼辦？」我問勞倫斯。

「如果他是人渣，要不是她看上他別的優點就是她必須自己去發現。我又不必上他，所以不是我的問題。」

我想像明天早上獨自走在沙灘上，同時賽奇在床上跟唐納，和她帶回家分享的兩個女人一起。我的胸膛、膝蓋、手指、腳趾、眼球一陣暈眩作嘔。我以為我早已學會也經歷夠多能夠控制自己了。但這其實是我

第一次被迫走上夏瑪・海倫娜所說──還有舊金山家裡那些女人跟我經歷過不舒服的嫉妒之路。

我們終於起身離開時，我衝向賽奇問她，「妳對晚餐滿意嗎？」

「是啊，很棒。」她微笑說。

「我只是想確認妳跟唐納一起沒問題。」

我希望她會告訴我，她不自在只是表現禮貌而已。但她沒有。「是啊，我很喜歡跟他聊天。我們從來沒有機會在班上連結。」

「OK，好。」才怪。

我們到門口時，她停步單膝向前彎，雙腿之間形成一個迷人的三角形。我走出去看她會不會跟上，但她沒有。她在門口附近等唐納，擺出噴泉精靈的姿勢。我的肚子好像被球棒打中。感覺像她選了他而不是我。

我暫停在餐廳和迎客侍者之間的階梯上，看她走出來時是否會跟我會合。結果如同人們每次對他們在乎的人作的祕密測試，她沒過關。賽奇和唐納離開時，她直接穿過我面前一起走向侍者。我敢發誓他臉上露出一抹笑意。

我和英格麗分手正是因為我很相信浪漫自由，因為我信奉人不應該控制別人身體的原則，因為我堅信占有慾是腐化關係的黴菌。我卻期盼賽奇仁慈的坐進車子前座然後回樹屋。那為什麼我現在終於來到了理想中自由關係的應許之地，卻覺得心如刀割？

45

三天後，賽奇告訴我她要跟唐納帶一個同樣沒簡稱名字的朋友強納生去墨西哥過周末。

我沒什麼辦法反對。我已經給她許可了。在恐懼和偏執的時刻，我懷疑她開放關係之前是否就打好主意了。

但與其鑽牛角尖，我專注在機會上。這是我真正放掉占有慾和嫉妒，即使不包括我也要讓伴侶開心的機會。同樣地，這正是我要求並且已經超出我預期的事。顯然，應該是我跟兩個女明星去墨西哥才對。

我交往過的某個女人總是說她想要嫁有錢人。結果她嫁了個窮翻的音樂人。他的名字叫里奇（Rich）。宇宙會傾聽——但不會給你想要的，而是你應得的。這是採集者的因果法則。

「什麼時候去？」我問賽奇。我們在廚房裡，她不只在做早餐，也是在表演，每次她伸手到高處櫥櫃拿杯子或打蛋都像在表演。她戴著黑框眼鏡，洗到極軟的藍色兜帽上衣沒拉拉鍊露出她的鎖骨。我尊重、色慾、感激又畏懼地看著她。她太了解我了，深入到我的文化、遺傳和發展程式所在的地方，把她自己植入。

「明天。」她迅速補充，「只有三天。」

我擔心，現在她要解除安裝了。我心中感到一聲巨響。太快了。我來不及作心理準備。

「他們有替妳買機票嗎？」我的語氣像一層噴漆充滿嫉妒。我得閉嘴。

「有，但我跟他們說我不會跟他們上床。」

這些話意在安撫。效果完全相反。

我提醒自己這是我想要的。她隨興、冒險的天性向來是我喜歡她的特徵之一。這是賽奇的一部分。

很多人的問題在於伴侶最初吸引他們的特質，一旦開始認真交往就變成了威脅。畢竟，這種特質是浪漫開始的門戶，現在他們想關上這道門，鎖上，丟掉鑰匙免得別人想跟著進來。

所以與其企圖破壞賽奇的隨興，我必須欣賞它。況且，我喜歡固定有新女人，那她為何不能享受新鮮男性的關注？對此我必須效法勞倫斯。

我問清她的班機和飯店資料，以防萬一。

她告訴我，航空公司是聯航。飯店叫做誘惑（Temptation）。

「誘惑？這是哪門子飯店名稱？」

「那是只限成人的飯店，」她豪爽地解釋，「他們不接受小孩。」

我努力產生共榮感。我也在心裡暗記要上網調查這飯店。或許只是想要安寧平靜、不希望到處有小孩鬼叫的度假客專用。

很不幸，誘惑飯店網站跟我希望的完全相反。上面的橫幅宣稱：「可選擇上空。好玩。誘人。性感。」

聽起來像永久性的換妻派對。

我猜即使她在湯姆熊的渡假村，我還是會充滿焦慮。

隔天早上我在機場放下賽奇之後，內心立刻覺得不安。是把她綁在我身上的安全索斷了。我對自己的反應既失望又震驚。但我無法克制。我焦慮地查看手機上的時鐘，等待她預定在坎昆降落的時刻。然後，降落時間七分鐘後，我發簡訊去確認她沒事。

一分一秒慢慢過去沒有回音。或許她的飛機誤點了。又或許她的手機連不上國際漫遊。也可能她只是沒想到我。

為了殺時間，*或許*也防止無底深淵吞噬我，我去郵局收我的信。郵件堆裡，有一封我媽標註的私人信件。我們上次對話不太愉快：她說她在家裡搜索威而鋼和犀利士，因為她堅信我爸有外遇而且「他不可能自己翹得起來」。我想結束談話時，她發怒掛我電話。所以我只能想像她一定是寫來嗆聲的。

　　接著我回家等待。直到終於，我發簡訊給賽奇兩小時廿三分鐘之後，她回覆：「謝謝，我平安無事抵達了。」

　　至少她「沒事」。沒事總比被殺死丟進垃圾箱好。也比從來沒這麼爽過好。但這簡訊好含糊。我再看一遍。一個字也沒提到情感或情緒。連情緒也沒有。也沒提到她的旅伴。我感覺蒙在鼓裡。很……斷線。

　　在我準備在樹屋展開團體關係而去拜訪的拉法葉莫豪斯公社（Lafayette Morehouse），我學到兩個有用的詞彙。一個是*陌生屁股*（*Strange ass*）的概念，意思是有時候新的性經驗可能把激情帶回比較例行性的關係中。另一個是*新關係能量*（*New relationship energy*），是指通常伴隨新戀情而來的迷戀和幻想──與經常覺得被別人的主要伴侶威脅。

　　所以我告訴自己她只是去弄些陌生屁股，任何新關係能量終究都會消退，長期而言這會讓我們的連結更熱情。

　　沒有用。

　　於是我又找上勞倫斯請他出來晚餐，希望保持專注，得到更多支援，吸收一點勞倫斯的智慧。

　　「我一直想著煩人的事情，」我告訴他，「倒不是我不相信賽奇。是我不知道唐納有什麼企圖。他以朋友立場帶她去或是因為他想要上她？」我發問時，答案似乎很明顯。「我是說，如果你認為他不尊重你

或認為他在搶你的女朋友卻又比你強，你怎麼辦？」

「如果有人認為他比我強，那是他太蠢。」他停頓，可能想對我這種情感倒退的人強調，然後同情地補充，「你肯定有個過渡期必須克服很多情緒。所以你對另一個男人是否比你適合她、或他是否利用你去連結她可能會產生很可怕的不安全感。要知道這是調整過程的一部分。」

我猜這很合理：熟悉新關係的技巧要花時間。這次肯定是。這幾乎與我童年以來讀過、聽過、想過和觀察過的所有經驗相反。男人不該分享女人的。他們應該要為了女人競爭打鬥。梅涅勞斯（Menelaus）的老婆海倫（Helen）跟帕里斯（Paris）私奔之後發動特洛伊戰爭（Trojan）；蘭斯洛特（Lancelot）爵士跟亞瑟王（Arthur）的老婆外遇導致兩人開戰；在無數傳說中，從奧德賽到印度史詩羅摩衍那（Ramayana），男人都參與競爭以求娶公主或女王。勝利者只能有一個，不能兩三個。這些既定觀念很難改變。

但顯然勞倫斯不會。「莉亞很棒，我要其他人也得到我跟她在一起的愉快體驗，」他說明，「我太愛她了，我要她做讓她快樂的事情。」

真是個美麗又怪異的浪漫情懷。他說話時，我費力地改變觀點，找出柯瑞・費德曼談過的情感痛苦之中的愉悅，讓我的愛不只為我自己也為賽奇引導我的感受。

這時我發現，其實我不想要開放性關係。我只想要半開放性關係。這完全不合理：我想要隨心所欲跟任何人在一起，同時我的伴侶只能跟著我。我顯然不像勞倫斯那麼進化，不像胡椒那麼情緒穩定，不像詹姆士那麼尋求認同，也不像柯瑞・費德曼那麼被虐狂。或許我尋求的不是另類關係，只是對她的情感很困難但對我很容易的自私父權關係。

我什麼也沒學會。

46

在墨西哥的第二晚，賽奇從夜店短暫地打來說她醉了而且她愛我。我貪婪地吸收愛這個字，像止痛的嗎啡。

「妳還好嗎？」我緊張地問。

最重要的，我希望賽奇會說她過得不開心等不及要回家了。但她當然沒有。「我很驚訝自己這麼開心，」她對電話大喊，「大家把我當公主一樣捧。基本上是我們關係的相反。我是唯一的女生，有兩個男人隨時在身邊照顧我。他們給我取了個綽號。」音樂聲中很難聽清楚。聽起來她的綽號好像叫……

「亂躺？」我問。

「軟糖。」

我努力想像其中有任何性暗示但想不出來。總比亂躺好，可想而知那可能是涉及兩男的某種體位。

我們又談了幾分鐘，然後她說她要掛斷了。「這家店真棒，」她大喊，「他們帶我到一個布幕後面，我在八百個人面前跳舞。還有個侏儒假裝在上我。」

「聽起來很棒。」我努力正面一點，「好希望我在場。」我沒說完下半句：「……我要把那個侏儒扔出該死的夜店。」

原來擁有開放性關係就是這樣：穿內衣褲躺在沙發上吃花生醬三明治，同時你的女朋友在墨西哥的上空渡假村被男奴寵壞又被侏儒意淫。我真是大錯特錯。

我想邀個玩伴來過夜，但那就是標準定義的成癮行為：把性愛當作止痛藥以逃避不舒服的情緒。況且，我很激動，我不認為能夠專注在任

何人身上。

　　我把三明治放下。我沒胃口了。胸中一陣疼痛，我痛苦地轉身。彷彿心裡發癢但是我搔不到。我想起我們在至福派對的對話，她說如果她交往的男人允許她跟別人上床她會認為「不像男人」。因為給她自由，我失去了她的尊重嗎？

　　我本來很確定這是我的人生想要的關係。但自由的滋味少了安全感不太甜美。或許這是逃避愛情的反面：我需要感覺被需要，即使我不太喜歡。

　　我看看時鐘。才晚上八點。我有洛琳的手機號碼。我從未突然打給她求助。連想一想都似乎無用。她處理生命有危險的成癮者。我只是個讓女朋友跟兩個猛男演員跑去坎昆的白痴。

　　「你是怎麼對待（治療）自己的？」洛琳接電話之後問。這是典型的治療師招呼語：話中有話。重點不是發生什麼事或有什麼新鮮的或我的生活怎麼樣。那都是未必操之在我的事情。你能控制的只有你的反應，你如何對待自己。

　　「不太好，」我告訴她，然後說明狀況。

　　她毫不批判地傾聽。我講完後，她只回答，「我會建議當你自己低潮的科學家。」

　　「什麼意思？」

　　「如果你心裡痛苦，進入痛苦中試著找出來源，而不要讓痛苦驅使你，或試著逃避或克服。」

　　「好吧。」她語氣中的同情和話中的邏輯安慰了我。我覺得好多了。「我想只是暫時的恐慌。謝謝。我不耽擱妳了。」

　　「記住在糾結的恐懼之下，避愛者內心很怕被拋棄。」

有道理：在情感層面上，任何糾結的母親也是拋棄者。

「別忘了，」她安慰地補充，「唯一能被拋棄的只有小孩和依賴的老人。如果你是成人，除了你自己沒人能拋棄你。」

「謝謝。我不會再麻煩妳了。」

「我很樂意幫忙。下個月我會去洛杉磯。準備再找你朋友瑞克吃晚餐吧。」

「我很期待。我道謝過沒有？」

「嗯，你有。」

「謝謝。」

「晚安。」

我掛斷，躺回沙發上，設法潛入我體驗到的情感。很容易認出來，因為都是同一種情緒的變形：恐懼。

浮現的第一個恐懼是不足——認為賽奇沒有我比較快樂，那些男人比較會照顧她，她跟他們共通點比較多，他們穿泳裝看起來比較健康，他們比較欣賞她，他們床上功夫比我好。即使只有一半是真的，我的第二個恐懼就幾乎確定了：拋棄。或許她發現了不在我身邊比較快樂，或者更糟，她沒怎麼想到我，打電話只是避愛者出於愧疚的義務。第三種恐懼是我不適合非一夫一妻制，我是想要搞其他女人卻不允許伴侶擁有自由的偽善者。

除了不是偽善者。其實我同意這說法。這比我想像的困難多了。

三種恐懼背後是最深的一種：蓋兒在復健所說得沒錯，我有親密關係障礙症，這些追尋都是症狀。

我想像賽奇喝醉回到飯店房間，仆倒在豪華大床上同時兩個男僕脫掉他們的上衣開始按摩她。她慢慢興奮起來，抬起屁股形成拱狀同時兩

個男人擺出姿勢……

「愛與放手，」我告訴自己，這個片語浮現在我腦中，老教師給我的老教訓的陰魂。我深呼吸幾次冷靜下來。「愛與放手。」

我一向抱怨一夫一妻關係中不合理的一切確實是不合理。這我沒說錯。但我沒考慮到的是那屬於情感。我的大腦知道無論賽奇做什麼不會影響我們的關係──即使有影響，那就表示我們不適合。但我的心聽不進去。突然間，我懂在舊金山的女士們為何理論上同意團體關係，但體驗過後又似乎想要獨占我了。

睡覺之前，我決定打開我媽寄的信。裡面只有一張筆記簿的紙。我認得是我自己的數字筆跡。顯然是我小時候受過的懲罰，但是我沒印象了。我驚訝地拿在手上看著它，懷疑哪有人會要自己兒子這麼想：

我是個蠢蛋。

沒什麼幫助。但是解釋了很多。

隔天早上我發簡訊給賽奇，她沒回覆。稍後，我跟幫我編輯墨西哥毒品戰爭書完稿的同僚去午餐，我緊張到幾乎無法注意他說什麼。我只是等待——聆聽、緊繃、祈禱賽奇傳來簡訊是令人安心的訊號聲。

飯一吃完，我查看手機訊息，以防遺漏。什麼也沒有。感覺像標槍射穿我的胸膛。她一定真的很開心。我干犯大罪又發了簡訊給她。

終於，坎昆時間將近午夜，賽奇傳訊說她要睡覺了，明天會從機場打給我。

真是漫長的一夜。

翌日下午，她中途休息時依約打電話來。可能為了可疑理由，那兩男搭乘隔天另一班飛機。「我想你，」她馬上說。安慰的話達到了意圖的效果，我的壓力逐漸消解——意思是，直到她說出下一句。「別擔心，我沒跟任何人上床或口交。」

她的話太明確了。我立刻假設她為每個人打過手槍。

「我玩得很開心，」她繼續說，「他們都喜歡服侍我。我想那是他們的戀物癖。他們喜歡伺候我、聽我的使喚，例如，吸我的腳趾。」

我立刻毛骨悚然。但我告訴自己，重要的不是我的感受而是她的感受。「妳喜歡嗎？」

「被溺愛很好玩，他們也很吸引我。」

雖然吸引這個字令我皺眉，她講話時，我真的替她感到很高興。她在我之前的男朋友極度跋扈愛控制，所以或許被順從的男人吹捧對她是種療癒。她常討人歡心，偶爾也該有些人專心討好她。

但是，緊接這個念頭之後，負面的冷鋒來襲：如果她喜歡被人渣唐

納和狐群狗黨在坎昆的廉價渡假村溺愛，跳舞讓八百個人加一個侏儒欣賞，被順從的男人吸腳趾——那或許她不是適合我的人選。

共榮感真是難搞。它違反我身上每一根神經纖維。我不知道我的抗拒是文化性或演化性，或兩者皆是，但我努力克服情緒障礙。這幾個月來我做了很多極端和實驗性的事，當然我也可能會像她去渡假村享受被兩個女人溺愛。至少她很誠實。

我的前女友麗莎說過每個女人在交往中想要的都一樣：被寵愛。所以賽奇過了個被寵愛的美好周末，或許這會幫我記住絕不要當她是理所當然或停止表示我對的欣賞。

但她又說，「我從來沒發現我們互傳了這麼多簡訊。」

「什麼意思？」

「每當我掏出電話他們都有話說。」

這時水壩崩潰了，共榮感的成人變成受傷的小孩。我來不及阻止自己，我槌牆大叫。我根本不懂她的話為何這麼傷人，直到幾秒鐘後，情緒退去恥辱感浮現。這整個周末，我痛苦是因為她沒回簡訊，我假設她只是忙著玩。但那不是她沒回覆的原因：是因為跟她在一起的傢伙不認同。所以我聽到的意思是他們的感覺比我更重要，不被他們批評比主動跟我連結更重要。這讓我很火大。

「你沒事吧？」她問。

「是。妳知道嗎，妳隨時可以溜走傳簡訊給我的。」

「我知道，但我玩得太開心了活在幻想泡沫裡。我擔心跟你講話不知怎地會毀掉它或發生變化。」

另一下重鎚。所以她是*故意*失聯的。這下我成了她享樂的敵人，怎麼可能還有共榮感呢？我是泡沫剋星。

我想回答的是，「如果打給我那麼掃興，那咱們就乾脆別見面了吧。」但我說出口的是，「我很高興妳開心。但我們必須加強溝通。不應該讓別人告訴妳我們的關係中什麼是對或錯，我也不懂妳為什麼聽他們的。」

電話彼端一陣沉默，接著是斷續的喉音和快速喘息。幹，她哭了。她在坎昆玩得很開心，我卻把她逼哭了。我做的正是她擔心的事：戳破泡沫。難怪她不打給我。也難怪我的恥辱感發作。

罪惡在於虧待別人。恥辱感在於沒對她好。

「你為什麼不懂呢？」她終於懇求，「我必須為自己這麼做。」

「我*能*了解，」我回答，「*如果妳溝通的話。*」

話一出口，我發現我重複了讓她哭的批評。需要溝通的是我，不是她。她需要自由。我相信莉亞在別人家過夜時不會每幾分鐘就發簡訊給勞倫斯：「我剛拉開了他的拉鍊，（笑）」「我在舔他的屁股，味道像紅茶菌，」「現在我們在嘿咻，想你喔！」

賽奇一點也沒錯：我會戳破泡沫。如果我們講話，我會想要對所有事提出意見，嘲笑那些男人，設法控制體驗或確保她有想到我——像湯米在我跟他未婚妻嘿咻時不斷評論。不行，我已經不用規則控制別人。我只是假裝給她們自由，然後改用罪惡感和被動主動來控制她們。

身為一個不想被控制的男人，我從未發現我事實上多麼控制狂。我表現得就像長年受苦的我媽。真是令人難過的領悟。瑞克可能會喜歡聽。

健康的非一夫一妻關係顯然需要高EQ——情緒智商——更別提非常穩固的依附感。很不幸，我還差得遠。但不表示我不能更有意識地練習，成功從半開放轉變到開放——從自私到無私。這只是痛苦期，沒人

說會很輕鬆。

如果我真正想跟賽奇共榮而非全然偽善，我必須誠心接受勞倫斯的忠告並了解她是能照顧自己的大人了。但是，事後我立刻心想，我真的相信她能照顧自己嗎？我能被信任照顧我自己嗎？

「妳還有什麼想分享的嗎？」在響亮的登機廣播完畢之後我問。

「嗯哼，」她羞怯地開口，「你想我嗎？」

「有，」我告訴她，「我想。」

47

去機場接賽奇之前，我到亞當的辦公室附近找他一起游泳。我告訴他跟賽奇交往期間的轉折起伏。

「至少這是誠實的交往，」他告訴我，「那是好事。但我想問你的是：這真實嗎？」

問得好。我一直迴避這個問題。

「我真的不敢說長期而言這能否行得通。但這是我從英格麗以後最真實的交往了。也是我在復健所說我想要的一切。但快把我逼瘋了。」

在更衣室更衣時，我問亞當他是否曾經忍不住想要連絡外遇對象。

「我跟你說，尼爾，我天天都想到她。我不能說我希望從未發生，因為那是我人生最快樂的時候。真糟糕。在某個程度上，我老婆也知道。」

亞當，和大多數人，似乎認為如果關係無法維持到死，就是失敗。但唯一真正失敗的關係就是苟延殘喘。男女關係的成功應該用深度，而

非長久來衡量。

我們洗澡，然後進泳池。途中，我們經過一個穿連身泳裝、高大勻稱的女人。「我跟你說，如果她投懷送抱，會很難抗拒，」他說，「當你在婚姻中不快樂，你就脆弱。所以我忙於工作，她也忙著顧小孩。」

他說他最近看過一本威拉德F.哈雷（Willard F. Harley）寫的叫做《他／她的需求》（*His Needs, Her Needs*）的書，這位臨床心理醫師寫說男人從老婆需求五個基本的東西：性滿足（sexual fulfillment）、休閒陪伴（recreational companionship）、肉體吸引力（physical attractiveness）、家庭支持（domestic support），還有仰慕（admiration）。

「我不認為她滿足了任何一項，」亞當說。

「那他說女人的需求是什麼？」

亞當解釋女人的五個基本需求是感情（affection,）、對話（conversation）、誠實開放（honesty and openness）、財務支援（financial support），和家庭承諾（family commitment）。寫出女人需要男人的錢而非他的性愛，男人需要女人的家庭支持而非對話似乎很過時；然而，亞當似乎很有共鳴。我不禁覺得有時候他在關係中並不想要吸引人，只想要有人打掃家裡。

「我把書拿給我老婆，指出其中三頁解釋我為什麼會外遇，讓她了解我們的婚姻中缺少的東西，」他哀嘆，「但她根本懶得看。」

我們滑進相鄰的水道時，亞當告訴我最近他失眠，右手還起紅疹發癢。「皮膚科醫師說她可以給我現有的藥物，但那跟壓力有關，除非解除壓力才可能治好。」

這時我發現：他不是性癮者。「你還記得他們教我們上癮會傷害你

的人生和精神，而且越來越糟，即使明知對你不好也戒不掉？」

「是啊，」他說。

「我剛發現你是個婚姻癮者。」

「我想是吧。我不知何故就是無法放手。」

「或許你得去復健所矯正一下。」

「跟一大堆其他已婚者，」他回答，然後搶先我游走。

去接賽奇途中，我又打給幾個復健所同伴，只有查爾斯顯然結束婚姻治好了性癮所以狀況不錯。

「我已經不去聚會了，」他用對他而言算是開朗的語氣說，「我好快樂，像個小孩子。我走路抬頭挺胸。我敢看別人。好像有人打開燈，趕走我逃不掉也無法做任何事那種受限、哀傷的感覺。」他暫停一下之後透露，「我終於看完《把妹達人》了。」

「你認同嗎？」

「不認同，但我前幾天用來在洗車場認識了一個女人。我們明天要去約會。」

48

俗話說小別勝新婚，但根據科學理論，你和心儀對象之間的廣大距離永遠比不過她和別人之間的小距離。研究精子競爭發現，伴侶和對手在一起之後，會讓男人射精更多更猛。心理學家艾瑟·佩洛（Esther Perel）在《俘虜中的交配》（*Mating in Captivity*）書中建議，交往中保持浪漫與性愛熱度的唯一辦法是透過分離、不可預測性與得失心。

所以理論上，賽奇回家應該會帶來最終極的先天熱情和補償性愛。

很不幸，那不是一開始降溫的原因。

賽奇走出海關時，在跟一個膚色黝黑、長相憔悴風霜的男人交談。我渴望的熱情重逢並未發生，因為他站在我們旁邊，尷尬地看著。

「這是麥克，」賽奇敷衍地擁抱我之後說，「我們在飛機上認識的。他是導演。」

我盡量往好處想。這不容易，因為我亟需安慰即使麥克不是陌生屁股也是陌生的腳，不會傷害我們。但現在有個活像殺人魔的路人甲像保鑣般跟著我們。「太好了，」我跟他說，「賽奇會表演。你們有交換電話號碼嗎？」

「有啊，」他說。

「呃，幸會。」

我們走向停車場時，賽奇解釋，「他提議在電影裡讓我軋一角。」

「那很好啊。看看他是否說到做到。」然後，再扭一下刀子：「男人為達目的什麼話都敢說。」

她臉色一沉。「或許他看出了我有什麼特質。」她斟酌著最後一個字望著我，彷彿指控我只把她當成洩慾物而非藝人。

她說得對。我講話態度不夠開放。我講話是為了打發，製造懷疑，揭穿他可能是騙子，毒化她的心反抗我潛在的對手。

如果我希望開放奏效，我必須對其他男人自然一點。我向來討厭她批評我認識的女人。如勞倫斯所說，她可以自己發現真相。我又不必跟他睡。這類暗中企圖控制今天就要停止。

交往關係就像找出每個人缺陷和弱點的占卜杖。

我們尷尬沉默地開車回家時，我擔心這些男人有幾個會介入我們的

生活——寄生在懷抱夢想來到好萊塢的每個新鮮女人身上的假演員、可疑導演和不良製作人。我朋友曾經認識一個頂尖好萊塢製作人聲稱他可以幫她的事業「走捷徑」。他解釋說只要晚上多花點時間陪他，然後去陪他的一些「有影響力的」朋友。

我們回家之後，我吻賽奇，她也回吻我。我帶她到床上，她跟著我。我脫她的衣服，她默許我。我為她口交，她張開腿。我插入她，她為我呻吟。

前往墨西哥那個女人跟從墨西哥回來的她判若兩人。她不是跟我做愛；她只是同意性交。

不過，就在我要失望地撤退時，她爬到我身上，閉上眼睛，熱情地騎著我。對旁觀者而言（例如湯米），看起來好像熱情的做愛。但我太了解她了。她緊閉著眼睛而且心不在焉。她在幻想騎在別人身上。我很確定。或許是旅伴之一或飛機上那個殺人魔。

原來當我在性愛上連結，但情感上斷線時，這就是英格麗的長久感受。

「妳還好吧？」事後我們躺在一起時我問，感覺好貼近又好遙遠。

「我沒事。」

「妳知道沒事是什麼意思嗎？」

「不知。」

「算了。」

在這些體驗之後，她應該更有愛意才對。她的性慾應該要更活躍、更激烈、更自由。但卻少了愛，少了性慾，不像賽奇。

感覺好像我失去她了。我根本不知道我輸給了什麼東西。

49

當晚，我們走到海灘上去天堂灣餐廳吃飯。海浪溫和地拍打沙灘，天上有星光、飛機和行星閃爍。舉目所及沒有別人，只有賽奇和我，還有我們默默前進時被路燈光束照出的長影子。

我感覺好像押解囚犯上絞刑台，只是我不曉得犯了什麼罪或我們何者有罪。

復健所的副作用之一就是我不健康地執迷別人的童年，就像我執迷他們的交往價值觀。所以，我照洛琳教我們的，研究賽奇和異性父母的關係尋找我們兩人關係的線索。模式很明顯：當她屈服於父親對她不合理的期待，她是爹地的乖女兒——直到她主張獨立性，父親對她大發脾氣，經常用暴力。她青少女時期他威脅要殺她之後，她還找過殺手想要永遠除掉他。所以她把自己塑造成完美女友並照顧我的需求，但開始失去自我，變得怨恨又叛逆是合理的。

如果這是真的，那麼開放關係不是為了自由，是為了逃避。看來她正是這麼做了。所以我其實不是押解囚犯上絞台。我是押解逃亡的罪犯回監獄。

希望殺人魔不是她雇來殺我的殺手。

三不五時，她的電話鈴聲打破寂靜，她輸入回應。直到我終於忍不住了。「我可以問妳一件事嗎？」

「當然。」

我不知該怎麼措辭才不會顯得嫉妒。或許不可能。所以，明知我聽起來像以往想要逃離的每個女人，我繼續說：「妳跟飛機上那個男的有什麼事嗎？」

「什麼意思？」

「我不曉得——例如，跟他發生過什麼或你們做了什麼？」我努力淡化我想像的嚴厲語氣。

「不，沒事。我們只有聊天。」

「他是妳有興趣交往的人嗎？」我痛恨自己問這種問題。我不確定我是想找出她在我們之間蓋的牆以便拆掉或讓我利用它當撤退的藉口。很可能兩者皆是。這是兩個避愛者的舞蹈：讓我拆掉你的牆，我才能在原處蓋我自己的牆。

「呃，我想他對我可能是好人脈。而且他說過會幫我找工作，那就太好了。」

「那會是一大突破，」我咕噥，小心維持誓言忘掉控制。同時，我腦中播出想像得到的每個可怕情境。逐漸惡化到從她向我哭訴因為她給他吹簫之後被踢下車，到我獨自在家看著奧斯卡頒獎中她身穿名牌禮服挽著他的手出場。

突然，賽奇的電話響了。她立刻查看。

「是他嗎？」 我問。我喪失了正常成人的淡定。我是受傷的小孩，害怕失去愛。

「不是。」

「不然是誰？」我忍不住問，無力克制。大家常說相信你的情感，但是情緒可能比思考更愚蠢。

「我姊，」她說。

我不相信。我的情緒和思考一致同意。

於是我說了從來沒對人說過的話，能摧毀任何關係的神奇句，我們分手前不久英格麗跟我說過的話：「電話給我看。」

「不要，」她說。

「這下我確定妳在說謊。快給我看。」

她把電話舉到胸口，手指瘋狂按鍵。

「別想刪除任何簡訊，否則我們就吹了！」

我作了最後通牒。我沉淪到底了。

賽奇轉身開始走回家。換成我也會這麼做──逃避而非為自己的行為面對責任。這是英格麗逮到我偷腥時我的本能反應：我告訴她我晚點再回電。

我跟著賽奇跑，保證不生氣，極力哄騙安慰她──直到嘴最後，像被逮到在背後藏餅乾的小孩，她把電話塞給我。

「我是擔心你會討厭我永遠不想跟我說話，」她說。

我準備迎接最壞的情況。

我心臟大聲狂跳，我感覺像要炸開了。這種情況不可能有好結果。如果他沒傳簡訊，那就是我瘋了。要是他有，那我是對的。無論我瘋了、還是猜對了，我們的關係還是有問題，才會搞到現在這種情況。

她的電話上，我看到他傳的幾十則簡訊，都是今天。吸引我注意的第一則比我準備好面對的更糟糕：「我從來沒在飛機上做過那種事。」

痛苦、厭惡和驚恐像嘔吐物在我體內湧現。有另一則簡訊說，他們怎樣有種他無法否認的磁力連結。

他們在飛機上聊了幾小時，她說。他們有強烈的化學作用，她說。他的臉貼近她然後他們開始接吻，她說。突如其來，她說。不知不覺間他們已經在廁所裡胡搞瞎搞了，她說。他們沒有嘿咻或脫衣服，她說。她因為尊重我才阻止他，她說。接著在最後，她告訴我她想等一下再跟我討論但不知該如何開口。

她的話和淚水傾瀉而出時，幾波強烈情緒和念頭衝撞著我。有憤怒，因為她騙我。有嫉妒，因為她和他有感覺。有厭惡，因為顯得好廉價。有了解，因為很像我跟妮可做的時候詹姆士的反應。甚至有解脫，因為我認為她另有隱情並沒有發瘋。還有恐懼，為了許多理由。

　　「我告訴過他有你和我們的關係。所以他在機場想見你，」她總結說。

　　但這些情緒中最主要的，完全的手足無措。

　　「妳怎麼會這樣？我不懂。」

　　她的下唇開始發抖。我又要逼哭她了。我不在乎。我也在乎。

　　「我們這是開放性關係，」我繼續說。

　　沉默。她忍住淚水瞪著我。

　　「妳想幹什麼都可以。」

　　她抗拒地雙手抱胸。

　　「我唯一要求的是誠實。」

　　她痛恨地皺起額頭。

　　「妳在沒有規則的開放性關係中騙我又偷腥。」

　　這時眼淚來了，燃燒著怨恨。

　　我是她父親。我是樂趣殺手。我是自由之敵。我是泡沫剋星。

　　至少對她來說我是。但我們是自由開放的關係。偷偷摸摸騙我完全沒必要。這才是一切的重點。如果她乾脆說實話，那麼處理我的反應就是我的責任。但是顯然，從我和妮可與她的法國朋友卡蜜兒的體驗早該知道，開放性關係並無法避免爭執和偷腥。賽奇的確說過她瞞著上一個男朋友偷腥。

　　我經歷這一切時，賽奇呆站著，雙手仍不悅地抱胸。我擁抱她重新

連結，但她固執地僵著。我懷疑她是否有我跟英格麗的感受：糾結、無力、受困，好像跳進水裡把自己淹死。

我第一個念頭是我必須放棄這段關係。但連英格麗都給過我第二次機會，為了偷腥跟她分手似乎很偽善。而且這是我迄今最無拘束又冒險的關係。除了說謊以外，她表現得比我好。我想要帶兩個崇拜我的美女演員去坎昆的自由。我想要跟我在飛機上碰巧認識的陌生女人亂搞的自由。其實，我從復健所飛回家時，我幻想的就是這回事。

況且，我又沒有創造出賽奇可以安全說實話的情境。我們一獨處，我就焦躁、批判又愛操弄。

我退開後，她的暴力引爆。她像個小孩用拳頭捶我胸膛同時跺腳。「我想要隨時都在你懷裡，」她大喊，「那是我最需要的。我感覺我屬於那裡」──她往空中踢起一道弧形沙子──「但我也想要兩面兼得。」

我努力解讀她的話：她要我但她也不要我。她需要交往的安全感，但她不想要負責任。她要我的承諾，但她也要自由。

我慢慢領悟到真相。我是自作自受：我找了個像我的人。

50

那晚，賽奇和我談了很久，直到我們似乎突破了我們的牆，終於可以看到彼此的本質：優點與缺點，天賦與創傷，希望與恐懼，母親問題和父親問題。然後，我們深度連結做愛，既是親密關係也是解脫。我不確定這是不是愛情──或許我們太受傷根本無法相愛──但那肯定是熱

情。精子競爭理論學者終究是對的。

我看著她睡覺，溫暖地臉頰泛紅，細微的雀斑不再被化妝掩蓋，臉孔沐浴在睡眠者專屬的純真中，我感到一陣強大的同情心。我了解我必須把她當我自己擁抱，期待她在身心兩方面表現得跟我一樣。我人生中的每個限制都是叛逆的種子。應該完整地承認自由與先天風險了：給賽奇自由也享受我的自由。

三天後，賽奇去赴第一次約會：跟飛機上的麥克。我盡力不再把他想成連續殺人魔。那是以前沒有共榮感的我。當晚，我沒問她要去哪裡或什麼時候回家。她不在時我沒發簡訊給她。只有狗和性虐待族需要狗繩。

同時，我邀了一個玩伴來過夜。這時我發現了擁有開放性關係的下一個挑戰：如同胡椒預言，我有愧疚感因為我早已被制約認為女朋友不在時跟別人睡覺是錯的。即使我女朋友可能在跟別人嘿咻。

出乎我意料，賽奇午夜前就回家，在客廳陪我們，告訴我她對麥克沒感覺了。我問為什麼，她說，「我想是因為上次談過後我覺得被你填滿了。」

據我在拉法葉莫豪斯公社一起讀書的同伴柯林說，「得到陌生屁股的最佳辦法是確定跟你在一起的主要女人完全滿足並得到她的同意。她必須覺得你超出她的需求。」

接下來的幾周，賽奇和我嘗試遵守這個格言。我們努力讓彼此滿足。我們努力忘掉占有慾。我們努力克服無可避免的不適、恐懼和嫉妒溝通。我們也盡量不跟不尊重我們關係或想成為主要伴侶的他人交往。

努力在此很重要，因為管理情感就像馴服獅子。無論你自認多麼成功，它們終究還是有控制權。某晚在四人行之中，賽奇咬我臉頰，然後

躲進浴室裡往牆上丟水瓶。另一晚，我們造訪一家綑綁夜店，有個長得像龐克搖滾歌手的人打屁股兼懲罰了賽奇半小時。看著她享受被高明地宰制令我感覺好無力，回家途中我無緣無故跟她吵了起來。最糟糕的，有天晚上賽奇和她的刺青朋友溫特出門，整整兩天沒回來。

交往期間有時候我不喜歡我自己。有時候我不喜歡她。也有時候我們完美和諧，分享我們的陌生屁股經歷，然後一對一做愛覺得更滿足。

經過高峰與低潮，冒險與災難，我告訴自己這只是適應期，我處理愧疚和恐懼等強大情緒好多了，是先前所有失敗的非一夫一妻關係導致的結果，安慰就在眼前了。

後來有一晚，我們一起躺在床上，賽奇轉向我，眼神發亮地說，「我要生你的小孩。」

雖然她的話比較像一時激情而非審慎預想的結果，我欣喜地猜想我是否找到了：完全符合我開始尋找時設定的四個條件的關係。要非性愛獨占性，誠實（現在），有感情，還要能夠發展成家庭。雖然我懷疑當我們的小孩走進房間看到床上躺了一堆張腿女人我們該說什麼：「兒子，當一男四女非常相愛的時候……？」

但是幾分鐘後，我想起完整的最終條件：這段關係必須能夠發展成有健康、調適良好的小孩的家庭。不僅這段關係能否長久言之過早，我們的生活方式也太刺激又不穩定，不適合有小孩在身邊。少了玩樂部分，這真的算交往關係嗎？

當我打給瑞克討論跟賽奇更認真交往的可行性，他神祕兮兮地回答，「狄巴克・喬布拉（Deepak Chopra，作家）說過如果你想要戒菸，必須改變你抽菸的方式。換句話說，如果你配咖啡或在性愛後抽菸，就

停止這麼做。然後,當你在別的時候抽菸,真正在體內感受所有感官。你就會看清它的本質:把毒藥放進你肺裡。」

「那跟我的情況有什麼關係?」

「或許你必須試著排除別人只跟賽奇做愛一陣子,真正感受跟她在一起是什麼樣子。看看這段關係的真相是什麼——你和她是真正的朋友或只是性癮者朋友。」

「好主意。下周我要出國,我一回來馬上開始實驗。」那是我不太期待的悲喜交集之旅:去馬丘比丘,原本跟英格麗一起預定的。

「為何要等到回來?」

「因為我出發前賽奇要帶一對雙胞胎來給我當生日禮物。」

「願上帝保佑我們。」

51

她們名叫喬絲和珍。她們胸部小、鼻子小,腦子也小。幾周前,我們在飯店套房派對上曾經跟她們在浴室胡搞瞎搞。

但是她們上門後,有個問題立刻浮現:其中一個的上唇有疱疹。我不想冒險染上疱疹——即使為了雙胞胎。

幸好,她的姊妹嘴唇很乾淨。

「我們玩些你們從來沒做過的事吧,」沒病的喬絲說,坐到沙發上一面炒熱氣氛。

我絞盡腦汁回想我沒做過的。一時想不出來。什麼性花招都試過了——至少,我真心想試的部分。已經將近一整年試遍換妻派對、後宮、

公社和多P了。除此之外，賽奇和我在探索中去過SM地牢，雜交派對，高潮冥想課程和綑綁課程。某天晚上她突然發email給我之後，我還跟這對雙胞胎的媽媽睡過。我的老二因為長年操勞已經名符其實磨得發紅潰爛了。

賽奇似乎也想不出來。

突然，她靈感來了。「我從來沒尿在別人身上，」她大叫。

喬絲興趣缺缺，但她也沒拒絕。但是過了幾秒鐘，賽奇發現，「啊，我有。」

我們拚想可以一起做的新花樣，喬絲跳下沙發。她坐的位置，有一小灘漫延中的亮紅色污漬。她的月經來了。

「我們還是可以吸點古柯鹼，」她走向浴室時歉疚地提議。

賽奇接受了邀請。我拒絕。

「我已經沒有鼻軟骨了。看！」有疱疹的珍從皮包拿出一個小袋子說。她按著鼻樑，讓它平貼在臉上。「好像麥可·傑克遜，」她笑道，「只差我是因為吸太多古柯鹼了。」

「那會融掉妳的鼻軟骨嗎？」我驚訝地問。

「差不多。」

「我可以摸摸看嗎？」

「請便。」

她驕傲地把鼻子湊過來，我按下柔軟的大按鈕。

古柯鹼最危險的副作用之一就是導致人們滔滔不絕講自己的事。不久雙胞胎就聊起她們睡過的名人和利用過的富人，賽奇聽著她們的每一個字。她們教她，如果男人的手段是哄上床，女人的手段就是盡量保留。如果她們想要什麼東西——例如情感控制或財務支援——她們就用

性愛當餌，製造出似乎每次見面都逼近但永遠差一步的終點線。

賽奇用鼻子吸掉咖啡桌上最後一行白粉時，珍竊笑說，「那不是一行，是最後的部分了。」她轉向我。「你介意讓我們的藥頭再送一些過來嗎？」

我按她的鼻子，希望能關掉她的電源。

史上最糟的生日，我走下樓獨自去睡時心想。床頭櫃上，有一管Neosporin抗生素藥膏，賽奇推薦用來治我磨損痠痛的老二。我抹上，感覺惱怒又被冷落。這就是跟雙胞胎約會的結果：她忙著填補自己內心的空虛，沒時間填補我的空虛。

為了鼓舞自己，我決定稍微自慰一下幫助入睡。這是我給自己的生日禮物。

我閉上眼睛，呼吸幾下，放鬆躺在枕頭上，找個避開敏感區的舒適位置，準備陷入幻想。

我試著想像吸引我又還沒睡過的女人，但是想不出任何人。

我試著構築我還沒體驗過的性幻想，但是一個也想不出來。

我試著想起能讓我興奮的事物，但腦中一片空白。

我沒題材可以自慰。我根本不認為有可能。生平第一次，我的性幻想耗盡了。

我回想將近兩年前瑞克最早提出的挑戰：我有更快樂嗎？

我有很多刺激，甚至很多愉悅。但我不認為我真正感受任何快樂。

普林斯頓大學的研究人員做過金錢和快樂之相互關係的研究。當人們的收入提升到年收七萬五千美元，他們的快樂增加。但超過此額的收入，人們平均不會變得更快樂。

或許性伴侶也是這個道理。

追逐更多奶子不會讓我更快樂。

我似乎把失控誤認成自由了。

當我問洛琳如何知道這場追尋符合我的真實自我，她警告：舊傷帶來衝突與創傷，而非安慰。

不必想太久就能判斷這一年帶來了什麼。

「放蕩不是什麼狂亂，與一般想法相反，」艾伯特·卡繆寫過（Albert Camus），「那只是一場長眠。」（There is nothing frenzied about debauchery, contrary to what is thought, it is but a long sleep.）

該是醒來的時候了。

52

「明顯的臨床事實顯示，畢生追求無限的性滿足的男人——和女人——並無法得到幸福，通常苦於嚴重精神衝突或各種症狀。完全滿足所有本能需求非但不是幸福的基礎，甚至無法保證清醒。」

"The obvious clinical facts demonstrate that men -- and women -- who devote their lives to unrestricted sexual satisfaction do not attain happiness, and very often suffer from severe neurotic conflicts or symptoms. The complete satisfaction of all instinctual needs is not only not a basis for happiness, it does not even guarantee sanity."

——艾瑞克·佛洛姆，《愛的藝術》（Erich Fromm, *The Art of Loving*）

53

我在《紐約時報》工作期間在海地認識的一位外國特派員，他曾經跟我說過某個同僚的故事，雖然我從來無法獨力證實，我一直記得：

他到中美洲出任務時，被叛軍綁架。政府軍發現了他們的位置策劃了救援行動。叛軍寧可放棄人質，決定殺了他們。

一名槍手推著記者跪下，用手槍抵著他的頭。

千鈞一髮之際，記者想的不是家裡的老婆，而是高中時的情人。十幾年來他毫無連絡也很少想起的女人。

突然間，一聲爆炸震撼了小屋。後來，政府軍衝進來救了他。

事後，該記者回想那個意料之外的關鍵時刻。他獲得了人生的第二次機會，他該怎麼做無庸置疑。他一回家就打電話給高中情人。她告訴他她離婚了。於是記者離開老婆娶了她。

少了英格麗的我走過印加古道前往馬丘比丘時，我忍不住想著那個記者的故事。它或許不是童話式的美滿結局，而是真實人生的美滿結局。人生是個考驗，如果你能忠於自己就過關。為了問對第一個問題，你只需要了解自己。人生（life）距離謊言（lie）只差一個字母。

我原本邀亞當來陪我，但他老婆說如果他要度假，應該要帶著全家。然後我找上卡文，他說好，訂了後續計畫去巴西看他兒子。賽奇也想去，但是健行許可證已經完售了。

「我要請你幫個忙，」卡文在行前乞求，「別讓我在祕魯Mongering。」

「我保證，」我告訴他。然後我上網搜尋「*Mongering*」直到我發現他對這個字的特殊定義：嫖妓，尤其是在外國。

前兩天，走路不太舒適。不只因為路途遙遠上坡路又陡，也因為我出門前跟賽奇嘿咻，老二皮膚因為使用過度起疹發紅，稍碰一下就刺痛。每當我換衣服，必須像骨折般溫柔地護著它。我的急救箱裡有藥膏，所以每幾小時我休息到矮樹叢裡尿尿時，就偷偷塗一點。

卡文和我有請登山嚮導恩尼斯托陪伴，他是矮胖的南美人，雙腿形狀看得出一輩子跋涉在這些山脈間。

我們沉重地爬坡，穿過豪雨和熱浪，嚼著古柯葉以舒緩高山症，我們頭腦清醒地分享我們的夢想、恐懼和野心。

然而，我們之間的空隙少了什麼。大概足以塞進英格麗。隨著每座山峰穿破雲層，空地上出現的每處遺跡，朝露發出的每個香味，我真希望她在場分享。

我沒想到賽奇也在這裡，隨機瞞騙女性登山客一起露營三人行。我能想像她詢問嚮導怎麼把古柯葉做成古柯鹼。意外的是，自從生日之夜脫離我的墮落茫然之後，我根本不擔心她在家裡跟誰在一起做什麼。

「你戒嫖妓的情況怎麼樣了？」我們抵達一座小高原後我問卡文。

「有一陣子了。我已經大概六個月沒召妓。」

「或許是因為你家已經有一個了。」

「我想那是我掃興的原因。我生日時，瑪莉安娜打扮成我們認識那天，以為會讓我興奮，但是我很反感。我不想再有任何瓜葛。」他抓一把古柯葉塞進嘴裡繼續說，「怪的是從我戒掉之後，有喝一點酒——對不守規則的人生氣，例如變換車道時不打方向燈。」

我們默默走了一會兒，被森林生物的叫聲圍繞，兩人可能都在想自己的行為如何支持了應該已推翻的成癮理論。

「昨晚我作了個怪夢，」恩尼斯托低聲說。

「是什麼？」

「或許我不該說。」

為了安撫他，我先講我的。「最近我一直作我在踢足球的夢。我在準備即將決定勝負的罰球。但到了該踢的時候，我差點沒碰到球，球在我面前滾了幾吋。每一次，我都踢著被單嚇醒。」

「惡夢，」恩尼斯托回答，「你的理智知道該怎麼做；但是你的身體不聽使喚。或許我說說我的吧。」他壓低音量，即使我們周圍沒人。「呃……我夢到有個亞馬遜流域來的女人在庫斯科找我，我很擔心被我老婆發現她在那裡。」

「擔心是因為你跟她睡過嗎？」

「對，外遇。」

「這個女的是你現實生活中的對象嗎？」

他猶豫，然後簡短回答，「是。」

我們討論他的外遇和他的其他朋友離家當嚮導或挑夫時的外遇。「我想要一本書，」他說，「內容是對這些女人的策略。很有幫助。」

「是《把妹達人》嗎？」卡文問。

「不是。」我們暫停下來倚著突出的大石塊，喝水擦汗，同時他努力回想那本書的名字。

突然間，他想到了。「我想是叫作《如何偷腥》（*How to Cheat*）。」

任何地方的男人似乎都一樣。

過了幾小時，我生平對慢跑與非必要走路的痛恨開始發作，我疲倦落隊，汗水刺痛了我被曬傷的脖子。卡文和恩尼斯托走過一道山脊，十分鐘後我抵達時，看不到他們。

我奮力前進，但很快開始頭暈。我感覺飄飄然，像剛嗑快樂丸的時候，但是加上頭痛。或許是脫水或高山症或疲倦，或三者皆是。我從袋子拿出水瓶喝光剩下的一丁點。我減速前進，擔心會從山徑失足掉落到旁邊的山谷。

我猜想：如果我現在崩潰，需要有人在我死於脫水、中暑或肺水腫之前去求救，我能仰賴哪個現任或前任女友？

我的前女友凱蒂可能會生氣我崩潰了放棄她。我前女友凱西會開始氣喘，我還必須救她。賽奇……我猜她會留在我身邊。但她要多久才會不安，開始擔心她留下來錯過了什麼，然後跑掉自救呢？

只有英格麗會守著我，設法求救直到我斷氣。

英格麗。

在那一刻，暈眩短暫紓緩。我肺裡充滿沒有霧霾的新鮮空氣，視野遼闊沒有廣告阻攔，雙耳暢通沒有雜音堵塞，神智清晰不受瑣事遮蔽，我一直想埋葬的念頭乘著一波情緒漲潮衝向心智的表面：我搞砸了。

性愛很容易找到──無論透過手腕、金錢、機會、社交認證或魅力。外遇、狂歡會、冒險和短期關係也是──只要你知道怎麼找也願意參與。但愛情很罕見。

我好盲目。我真的以為我跟英格麗分手，是為了想要自由。雖然學了一大堆，我完全沒看清楚，重點是不想被愛這麼深。我做了洛琳警告過我不要的事：我讓被禁足的青少年主導我的人生。

無論我和賽奇關係如何，那不是愛。她為我改造自己成為完美伴侶，因為她想要回報──情感、關注、當作家的女友帶來的少許社會地位。而我改造自己成為完美男友，因為我想要性冒險。或許我沒接受瑞克的忠告是因為如果我接受，就會看清這段關係的本質：不是像抽菸的

毒素，而是像發現第一根白髮之後跟老婆分手、去買跑車一樣不成熟。

除非已婚男人有中年危機，覺得他們從來無法承認有人生無趣的危機。如果他們能看清一下子就好，他們開始發現他們停滯在風景優美的成長之路上的每一天，失去的總比收穫多。

我終於爬上山隘之後，看到兩個人影坐在另一邊：是卡文和恩尼斯托。我把背包丟在地上，癱倒在樹蔭下，猛灌恩尼斯托的水和卡文的阿斯匹靈。然後等待我的身體恢復平靜。

雖然只是稍微不適與焦慮而非瀕死，有件事我在關鍵時刻沒想過：跟賽奇、莉亞和溫特的狂野四人行。沒有，我想的是英格麗。

我想到退還跑車，回家，乞求原諒。

我們最後一夜在露營地，恩尼斯托、卡文和我在油燈的搖曳光線下邊喝茶邊吃南美天竺鼠，我掏出一副紙牌提議玩遊戲，希望讓我自己分心。

「真希望英格麗在這裡，」我向卡文嘆道，「現在她一定會想跟我們玩Skittykitts。」

卡文含糊地咕噥了一句。他可能聽煩了我談她的事。

「她很好笑。這時候，我們一定有幾十個私密笑話。你看過她來復健所時怎麼炒熱氣氛的！真希望我沒搞砸。」

「你會跟她復合，」卡文篤定地說，「我確定。」

「希望如此。」我閉上眼睛感到一陣深沉的絕望。如果無法跟我愛的人分享，遊覽馬丘比丘，走過千百年前打造的山路，醒來看到山頂上的太陽和底下的雲海，在帳篷裡就著微弱燈光吃南美美食玩紙牌又有什麼樂趣？

那是自由的代價。

隔天早上我們開始下坡走向失落古城馬丘比丘時，我手機上的接收訊號復活，只有一格。

我發簡訊給英格麗：「我自由了！」

54

我發簡訊後又發了一則，讓她知道馬丘比丘少了她就沒有魔力，一陣熟悉的恐懼感撲向我。當晚，我夢到跟偶遇的兩個觀光客玩三P。

我的性慾為什麼不肯放過我呢？

查看電話有無英格麗的回覆之前，我盡力平緩情緒。好多比我更有智慧的人——查爾斯王子（Prince Charles）、柯林頓總統（Bill Clinton）、佩卓斯將軍（General Petraeus）——都背著老婆偷腥過。我真的能指望在世界領袖們失敗的領域成功嗎？

我不曉得。但我能做而他們沒做的就是誠實地選擇，與英格麗溝通我的弱點，如果有困難就尋求支援。我的懷疑心去死吧。我做得到。

我查看電話。沒回音。但我心裡知道她會遵守似乎好久以前的承諾。

我們抵達沿著山勢展開的傳說之城後，英格麗還是沒回應。太陽下山時也沒有。或許她不懂。或許我把*自由*拼錯了沒用對e的數量。或許她跟新男友很快樂。或許她已經忘了我。或許我錯了。

我肯定犯錯了。

55

隔天，英格麗還是沒回應。

56

再隔天，什麼也沒有。

57

接下來那天，我發現她永遠不會回應了。

在太空船室那晚，我告訴英格麗我需要時間探索、學習、作選擇
——我終於決定了。但愛情不像輪盤。不能分散下注。

我在祕魯最後一夜打包準備回家時，收到了不是來自英格麗，而是
前女友凱西的簡訊，說她急需建議。如同英格麗，凱西也被父親拋棄，
她父親被逮到偷偷跟別的女人同居還生了小孩。

我打過去，凱西哭哭啼啼解釋她的前男友維多最近被診斷出肝癌。
他是個惡名昭彰的邁阿密玩家，因為想要上其他女人而跟她分手。但
他在醫院裡用藥神智不清時，他的家人說他一直喊她的名字。維多清醒
之後，醫師告訴他癌症已經病入膏肓，他才四十二歲，只剩三個月壽命
了。

維多對此噩耗沒有反應，決定在世上最後的日子裡繼續大搞特搞。

他沒有找一堆女人在一起讓他體驗史上最狂野的四人行。他只告訴家人，「那是我遊戲人間的報應。我要找凱西。我得向她道歉。」

「所以昨晚他打給我，要我跟他去加勒比海，」凱西繼續說，「他說他要跟我在哪邊度過餘生。」

「妳怎麼回答？」

「我說我需要時間考慮。他想要玩樂時拋棄我的愛，現在他快死了，卻要我回去？我很怕再度接近他然後失去他會太痛苦。」

「妳說得對。有妳在身邊對他很好，但是對妳不健康。」

這時我才了解為何英格麗沒回覆。

這不難預料，甚至很典型，像我這種避愛者會淪落到主動連絡愛情癮者，只為了重新展開循環再浪費一年我們的生命。或者避愛者一聽到新女友說她想要一起建立家庭，就開始渴望溜走的舊人。

至於我在馬丘比丘的大頓悟，渴望英格麗或許是真的，但其餘一切都很可憐。愛情不是想要某人拯救我的人生、或陪我看風景、或逗我笑、或我為了愛英格麗提出的任何自私理由。那都只是她能為我做的事或她給我的感受。愛情是……

其實，我不知道愛情是什麼。

英格麗是對的。她做了健康的事；我沒有。

我只有治癒的老二和一顆殘破的心。

58

我回家之後，郵件裡收到了婚禮請帖。我查看信封背面的筆跡。寫

著De La O。是英格麗的姓。

我瞬間肌肉無力，卡片掉到了地上。

我真是個蠢蛋。

Door 4

失樂症
ANHEDONIA

Stage I

清空 Emptying Out

威廉·夏儂：你一定很寂寞。你知道你在尋找什麼嗎？

凱歐瑪：我猜，我自己吧。我不確定。我必須弄清楚我是誰，給我的任何行為一個理由。我知道我活在這世上有點意義，但我怕當我查明之後，已經太遲了。同時，我也是流浪者。

我不斷旅行。即使地球睡著了，

我也在旅行，追逐影子。

William: You must be very lonely. Do you know what it is you're searching for?

Keoma: Myself, I guess. I don't know. I need to find out who I am, to give the simplest of my actions a reason. I know my being in this world has some significance, but I'm afraid when I find out what it is, it'll be too late. In the meantime, I'm a vagabond.

I keep traveling. Even when the earth sleeps,

I keep traveling, chasing shadows.

——《凱歐瑪》恩佐 G. 卡斯特拉里導演（*Keoma*, Enzo G. Castellari）

1

「你開始做某件事而且成功了。你完成了想要的每件事。你經歷過夢想中的每種性冒險與男女關係。你還是不快樂也不滿足。」

語氣很明智。也很殘酷。他說得對。這是瑞克，身穿慣例的白T恤、黑短褲和破舊的懶人鞋坐在Giorgio Baldi義大利餐廳裡。

「那是因為他沒經歷過有真正親密關係的交往。他高人一等，她們差得遠了。她們都是玩具。他玩玩具不會受傷。但這些女人，她們會。」

這話也很明智，也既殘酷又正確。是洛琳說的，她進城來主持實習課程。我第一次注意到她嘴邊的皺紋好深，彷彿因為散發這麼多智慧而緊繃著。

我掙扎著理解。最難吸收的真相是一個之後接著一大堆你以為正確但原來相反的東西。

「你不懂嗎？」瑞克轉頭直接向我說，「你那些關係都注定失敗！你試哪一種，跟一個人或一百人都不重要。」他的眼神燃燒著信念，替殘酷真相之神代言。「因為殘缺的不是關係模式。是你！」

這時我開始懂了：戰役打輸了。我感到一顆破壞鐵球揮過我腦中，砸爛所有開放性關係、換妻狂歡會、自由戀愛公社和三P冒險。如果瑞克早點告訴我，我不會聽得進去。我會爭執、抗拒，試圖證明他錯了。但這是第一次，我已經沒有假設論點和情境可以跟他辯論。

剩下的只有我，跟我選擇的家人坐在一起，因為失去英格麗而心碎，腦中因為離開復健所後的每個餿主意充滿悔恨。

至於賽奇，我從馬丘比丘回來，準備斷絕關係……她已經走了。她

發了封長篇email歉疚地解釋她在我們交往中覺得失去了自我認同，必須找到自己。所以她決定跟她朋友溫特搬回布魯克林，現在他們也在交往。

雖然我也打算對賽奇做同樣的事，事出突然又是在失去英格麗之後，我情緒崩潰了。我猜當覆蓋傷口的繃帶被剝開，一定會流點血吧。

「那我該怎麼辦？」我問瑞克和洛琳。整個晚上，他們一直在摧毀我殘餘的自尊，揭穿我每個念頭的虛假和每個情緒的幼稚。從我去復健所已經過了將近兩年。我試過性癮復健，對我無效。我試過一夫一妻制，不適合我。我試過非一夫一妻制，也不適合我。那還剩什麼？

「你必須試你還沒體驗過的唯一一項，」洛琳提議。

「是什麼？」

「失樂症（Anhedonia）。」

我笨拙地覆誦這個字。我讀過許多用字艱澀的大書，但從未看過這個字。無論那是什麼，我不喜歡聽起來的感覺。

「那是個沒有感受的黑暗狀態，」她說明，「人們在失樂症會感覺死了。他們無法感受到喜悅。」

我回想亨利的第九情緒。原來就是這個——不是死亡情緒，而是失樂症。「我幹嘛要體驗這個？」

「因為要回到穩定狀態並認清你是誰、需要什麼，你必須從這些優越從屬關係的刺激中排毒。你經歷過長期的刺激循環，從你與令堂的關係一路延續到你與賽奇的關係。」她暫停下來點了杯葡萄酒，不知何故我很驚訝，彷彿喝酒對成癮治療師是禁忌。「你會發現投入你的真實人生可以取代刺激。」

我默默坐著，吸收這些話。在心裡，我知道她說得對。我花了一年

認為如果我能夠找到適合的關係模式，我的問題就會神奇消失。但我沒試的唯一關係是跟我自己。以避愛者而言，我這八年來做得很好，不斷有某種女朋友。或許那是因為沒有比交往中更適合躲避親密關係的地方了。

上次我跟瑞克和洛琳同桌時，感覺好像世界上每一道門都為我開啟。現在它們都關上，鎖住，用水泥封死了——包括最痛苦的，我唯一想通過的，讓我回到起點那道門。

「但我該怎麼處理英格麗？」

「暫時別擔心英格麗，」酒送來時洛琳說，她的話燒灼著我混亂的心。「讓你自己清空，處理過程中發生的事情。我會幫你。然後我們可以用你需要的東西填補你——到時你就能看清對英格麗的真正感受。」

有人會喝檸檬汁吃辣椒粉去淨化體內，那為何不能淨化心靈呢？然後我可以開始消費健康的思想和經驗。意思是，只要洛琳不用蓋兒推銷的性恥辱填補我。我知道我無法自力治療——我已經不太相信自己了——但我忍不住覺得復健所雖然強大也同樣有害。

「你要用什麼東西填補我？」我問，確認一下。

「用自由。」

我完全沒料到她會說出這個字。「什麼意思？」

洛琳把杯子放在桌上，握著我的手，看著我的眼睛。然後她緩緩回答，確保每個字傳達了意義，「人生中，我們天生純潔無辜，美好又誠實，在與每個時刻合一的狀態。但是隨著我們發展，監護人和其他人給我們加上了負擔。我們有些人累積了越來越多包袱，直到我們不堪重負，困在讓我們無法前進的觀念和行為中。但人生的真正目標是擺脫那些負擔，重新變回輕盈與純粹。你一直在尋找自由。那才是真正的自

由。」

　　我以為我在復健所和性癮治療期間至少治好了什麼，但顯然我只是認出我的問題，然後有意識地過著無意識的人生。改變不只要靠忠告、書籍、聚會、療法和復健所。甚至不只需要強烈、堅定、完整的慾望去改變，還需要謙卑。發現我把所有事搞得一團糟，要是我繼續一意孤行，可能永遠無法感受真正的幸福、愛與家庭，沒有比這一年更讓人謙卑的事了。

　　大多數不滿足人生的根源只是我們太接近自己，無法看清楚脫離我們自己的方式。

　　「你何不回醫院來繼續復健呢？」洛琳提議。

　　我想像回復健所遇上蓋兒，我的熱情立刻消退。我寧可搬回去跟貝兒、安妮和薇洛妮卡同居。

　　洛琳看穿我的心思。「但是私下，只跟著我。」

　　「真的，妳願意？」

　　「這或許是你最後的機會了。」她舉起酒杯讓最後幾滴掉進她喉嚨裡。「過幾個星期我會跟你朋友亞當合作。如果你想要，可以加入。但要警惕：目前你有很大風險會跳進另一段關係。這整個過程如果你無法克制遠離異性和性接觸，那我會建議你回復健所去。」

　　瑞克臉上閃過得意的微笑。我內心的適應中青少年，一年來把我人生搞得亂七八糟的禁足青少年，最後一次企圖自救：「所以基本上，」他問，「你們是要我關了自己？」

　　「對，」瑞克冷酷地回答，「就是這樣。」

2

接下來的幾周裡，我整頓我的生活等著洛琳協助時，自慰救了我。

你想約最近認識的人出去嗎？先自慰，看看你是否還想花六小時吃飯喝酒，取悅她，只為了不僅沒達到會令你失望，即使得手還是可能失望的目標。

你想打電話召妓嗎？先自慰，看看你是否真的想要找個完全不像十年前修圖舊照的毒蟲來懶洋洋地為你打手槍。

你想打給以前的砲友嗎？先自慰，看看你是否還想要邀她過來，差強人意地打一砲，再花整晚時間構想怎麼禮貌地趕走她而不傷對方感情。

想要違反交往規則或禁慾協議時就自慰——你會很快發現一旦在想像中滿足了你的慾望，在現實生活實現的必要突然似乎沒那麼緊急了。一旦大腦的回饋中樞得到了一次多巴胺，就不需要再一次——至少短期內不必。

聽說看A片和憂鬱症有關。我不確定這是原因還是症狀，但現在我懂為何這麼吸引人了：那不只是個性愛很容易的世界，也不用在事前、事中和事後應付別人的情緒。

如果你不忠實開始看別的影片，她不會罵你。她不會羞辱你對女人的品味，你的戀物癖，你的表現或你的身材、收入和缺點——除非你碰巧被羞辱會興奮，若是如此她很樂意重複一整晚。她不介意你是否早洩，然後翻過身睡覺不再跟她說話。只有立即的性滿足而不必等待，不會被拒，沒有情緒，不用承諾，沒有任何責任——加上無窮的多樣性。

嚴格的性愛狂和性癮治療師肯定不會同意自慰對策，而且這拖延了

我進入失樂症的無快感世界，但是達到了急救貼的作用讓我忠於自己和下次見面前我對洛琳的承諾。

唯一的問題是高潮過後，我還是只有我自己──和我的錯誤。我想起大門外英格麗響亮的腳步聲，她嘲弄自由的喊叫，我想走進房間時她擋我去路的傻笑，還有她的體溫、心跳和性靈。她只是想把喜悅和歡笑帶進我的人生。我的回報卻是給她我最擅長的：怨恨。

有個寂寞的夜晚，看完A片發洩之後，我拿著一疊未拆郵件和帳單上床。這時我又看到了英格麗的婚禮請帖。

或許該坦然接受她的婚姻，前進到哀傷的下個階段接納了。我緊張地把信封翻來覆去老半天，猜想著她是否嫁給了那個吃類固醇的詹姆士・狄恩。我的手沿著信封口蓋底下，心臟大聲狂跳，全身準備好接受震撼。

我瀏覽卡片看到*漢斯 De La O*字樣。她要嫁給她弟弟？

不是啦，白痴，她弟要結婚了。而且不知何故──或許是意外，或許是怨恨──你被邀請了。

我如釋重負，趕走了黑暗。英格麗和我交往時，她的害羞弟弟告訴我他從來沒交過女朋友。一定有什麼改變了。現在我獲得了見到英格麗的最後機會。

只有一個問題：雖然這幾周我迴避性交和交往表現出少許自制，我還是一樣的我。如果我真正想改變，不只必須戒掉A片──那對我的心智當然沒什麼幫助──我也需要洛琳的協助。遠超過世界上所有的性愛和另類關係。

隔天早上，洛琳突然打給我。「我要你為我做一件事，」她說。

「什麼都行，」我回答。我是認真的。

3

　　赫塞・瓦倫（Hasse Walum）博士看起來不像寫得出八十頁研究論文、讓沒有生物博士學位的人看不懂的那種科學家。他雜亂的長髮像科特・柯本（Kurt Cobain，美國歌手），雕像般的娃娃臉像雷恩・葛斯林（Ryan Gosling，加拿大男星），輕鬆的儀態像年輕時的馬龍・白蘭度（Marlon Brando）。

　　晚餐時我猛灌他雞尾酒，直到最後，我問他我來這裡幹嘛。洛琳打電話來提議，既然我這麼喜歡跟專家談話，我應該來見見瓦倫。「他是有名的遺傳學家，」她解釋，「我要你問他一個問題。」

　　不意外，鑑於她的敏銳，果然是兩年來不斷縈繞在我腦中的問題。即使現在我祈禱著在她弟的婚禮上見到英格麗時發生奇蹟，它一直潛伏在我心智的陰影中：採行一夫一妻制是遺傳決定的或是我可以選擇？

　　我問瓦倫的聯絡資料時，洛琳回答，「喔，我不認識他。只是看過他的報導。」

　　我一面研究瓦倫，猜想洛琳想幹什麼。他代表的一切似乎都與她告訴我的相反。他的實驗，加上在艾莫瑞大學的同僚進行的類似研究，發現了造成一夫一妻制的生物學因素。顯然，如果你大腦回饋中樞（the brain's reward center）中，接收血管升壓素的神經受器比較多（the hormone vasopressin）的觸鬚夠長，就比較可能傾向一夫一妻制。若沒有，那你就是天生玩家。

　　有位科學作家概述這些發現：「盡責的父親和忠實的伴侶是天生的，不是靠父親的榜樣培養或塑造的。」

　　若是如此，那麼再去找洛琳或參加漢斯的婚禮就沒有意義了。我傾

向非一夫一妻制就像我的性別一樣明確，無論我喜不喜歡都無法改變。我懷疑這是不是洛琳用來試探我誠意的計策，看我是否願意只憑信念改變而不在乎證據、演化、基因和經驗。

跟瓦倫喝了幾杯之後，我丟出洛琳的問題：「你認為一夫一妻制是先天決定的嗎？」

根據我對瓦倫迄今的了解，答案似乎很明顯。

但他的反應出乎意料。「不盡然，」他說。我發現我聽到這幾個字鬆了口氣。「有些實驗中科學家把幼小齧齒類和父母隔離，結果，牠們的神經受器減少很多。」

「那麼人類呢？」

「他們用人類做過類似研究，但不是觀察腦中神經受器的數量，因為那在人類身上其實很難，而是測量葉催產素（oxytocin，腦下垂體後葉荷爾蒙的一種）和血管升壓素的濃度。和血管升壓素的原生質程度。孤兒院裡的小孩程度較低。所以大致上，好父母照顧會促進長期的後葉催產素和血管升壓素增生，這跟愛情關係中各人的感情親疏有關。這些觀察還沒被發表出來，但這就是我們目前的研究。」

這很合理：如果你和父母有健康的感情，成年後就會和別人有健康的配對感情——從我的成長過程看來，恐怕不太妙。「那麼容我請問：如果你是成人，先天沒有血管升壓素的神經受器而且父母照顧得也不好，還有希望嗎？」

「我想有，」他說，我產生了更大的希望。「不幸福的童年會比較難，年紀大了會更複雜，但不是牢不可破。我們沒發現完全遺傳決定的東西。連自閉症和精神分裂症等嚴重傷害性疾病，或智能之類的東西也不是。還是涉及某種環境因素。所以你可以改變情況。」

我似乎終究還是能控制我的愛情命運。現在我懂洛琳為何要我找瓦倫談了：摧毀我最後的抗拒和懷疑——認為一夫一妻和忠誠在演化上不自然、文化上太落伍或不是適合我的生活方式。她可能不想再聽我花腦筋在治療中辯論這些論點。

　　瓦倫又點了杯酒，然後伸手摸過基因賜給他的濃密頭髮。「我可以問你為什麼提出這些問題嗎？」他問道。

　　我告訴他這幾年來偷腥，進復健所，一夫一妻失敗，非一夫一妻也失敗的事。

　　「這對女人真是不幸，」他聽完搖搖頭說，「沒有人能完美到讓男人不想要偷腥。」

　　真是意外的犬儒評論，似乎來自經驗多過研究結果，於是我問他：「你的感情狀況如何？」

　　他嘆口氣老實說，「我想我體驗過比其他人更艱難的關係。」

　　他躺回包廂裡，我湊過去，察覺他可能經歷過像我一樣的危機。「那如果你能為自己設計完美的關係模式，考慮到我們談過的遺傳、演化和行為等因素，會是什麼？」我問。

　　「我現在還無法回答。」

　　「你一定有祕密計畫。每個人都有。我想過幾個，直到我在真實人生體驗過。」

　　瓦倫思索片刻，然後回答：「當個孤狼。那是個對策。」他擠出微笑。

　　「你還是生物學家呢，那可不是好的進化策略。」

　　「是啊，」他承認，「所以不太好。」他又嘆口氣說，「我不太清楚。其實，這就是我的答案。或許這是我研究生物學的理由之一——去

了解我為何有這些感受。」

突然間，瓦倫不再是自負的科學研究者，而是像我一樣的凡人，想要搞清楚為何像愛別人這麼簡單的事在現實人生中這麼複雜。

「那麼你很難維持忠誠嗎？」我追問。

「未必。我絕對不會不忠誠。但在交往中我覺得受限，因為我錯過了其他東西。這有點悲哀。你可能跟你非常非常喜歡的人在一起，仍然覺得有點難過無法擁有其他的東西。」

「所以你鬱卒是因為你覺得受困？」

「多多少少。」

「我可以問個私事嗎？你成長過程中是否必須照顧令堂？」

「我很小很小時不用，但後來肯定要。」

「情感上還是肢體上？」

「主要是情感上。」

「有意思。」

所以本周結束時我正如洛琳的期望。我認清了我可以在腦中有很多反對一夫一妻的論點。而且可能是正確的：一夫一妻或許不自然。但這些想法不會讓我快樂或更接近英格麗——如果她不要我，也無法建立任何有意義的連結。

太聰明無法愛人的人才是真正的白痴。

我最後的知識分子抗拒之柱摧毀後，我去找洛琳求診，讓我配得上英格麗，也對得起自己，跳脫不斷轉動的慾望、操弄和主宰我一生的合理化輪迴，認識我自己。

4

「你該找回自己的人生了，」洛琳宣布，在我們面前舉起一件綠褐色好像地球本身的洋裝。「你的童年是個恐怖分子，把你挾持當人質。」

亞當和我坐在復健醫院外的行政大樓裡並排的塑膠椅上。我徵求洛琳許可又邀了卡文，他也在。只是這次，我們不是性癮者，胸前也沒掛著塑膠標籤。洛琳決定嘗試新形態的實習課，設計對象不是針對成癮者而是像我們一樣，一輩子宛如綁在木樁上的狗轉圈圈的所有男女。那根木樁就是創傷。

「你們都有個共同點，」洛琳繼續說，「每個人都有個不快樂但是無能為力的母親。那是你們逃離親密關係和連結的不同旅程的起點。」

她說話時，我們所有困惑和錯亂似乎都很簡單清楚。我們的人生就像小孩的積木遊戲，依序一塊疊著一塊。你可能蓋塔到某個高度沒有問題，但繼續增高時，基礎的不穩定性終究會造成全體崩塌。

但是我懷疑，你已經在上面疊了這麼多要怎麼修理底座？就像瓦倫說的，你年紀越大，會變得越複雜。

「本周的目標是，」洛琳總結，「幫你們三個脫困。」

她從亞當開始，拿出他的家系圖和創傷一覽表，是他帶來給她重新檢視的。「你的婚姻快樂嗎？」她問他。

「不，其實不快樂。我跟另一個女人才發覺我錯過的快樂。」

「你老婆在婚姻中快樂嗎？」

「我……我想不會。」亞當嘟著嘴唇搖頭。這段對話我跟他重複過很多次了。如果有人能搞定亞當，非洛琳莫屬。

「在你外遇之前，曾經快樂也對你的老婆滿意嗎？」

「應該沒有。我太年輕就結婚。我想我這麼迷足球的理由之一只是要在她之外做點別的事。」

「那你不認為」——此時洛琳把亞當的家系圖舉到他面前——「偶爾你的家族也該有人堅持立場照顧他們自己的需求嗎？看看你父母：令堂不快樂，沉溺在浪漫小說和藥丸中，令尊疏離假裝忙碌。這是世世代代遺傳下來的行為。只需有個勇敢的人就能阻止這個默默受苦與犧牲的循環。」

「但是怎麼做？」他似乎真的很為難。

「忠於你自己。人們總是問天性善良的德國人民怎麼會參與納粹政權的暴行。一部分答案是：家族體系。當時的小孩被教導要服從父親，父親永遠是對的，他們必須為生養他們的父母犧牲。」她暫停一下確認我們聽懂。「然後怎樣呢？政府要求忠誠、服從和犧牲，直到整個國家的人民為了祖國違反他們內在的價值觀。」

我們默默坐著吸收她的話，其中明顯的道理，還有創傷塑造歷史的深刻方式。「我對我的工作很有熱情，」她繼續說，「因為我認為正常的父母教養是世界和平的祕訣。產生正常父母的唯一方法，是用治療肉體傷害的緊急度治療心理創傷。你們懂我的意思嗎？」

她說話時的樣子簡直像天使。「我懂，」亞當熱心地回應。

「那麼，告訴我，即使代價是犧牲自己與傷害你的小孩，你願意留在婚姻裡嗎？」

他閉上眼睛用鼻子緩緩嘆了口氣。然後他咬著下唇搖頭。「我百分之百同意妳說的，但我不能離開。就是不行。孩子還沒獨立的時候不行。」

洛琳瞪著亞當的靈魂深處。「那我要你跟著我唸：『我會留在這段關係裡⋯⋯即使代價是犧牲我自己和所有需要⋯⋯並且傷害我的小孩。』」

被逼到角落的亞當臉色蒼白。我眼眶含淚看著他跟真相搏鬥。這正是我父母做的──對他們自己、對我弟、對我。

終於，亞當雙手抱胸、張嘴，接著出乎現場所有人意料，覆誦洛琳的每個字。卡文和我目瞪口呆看著他。這一刻我終於了解我復健之後為何很難向英格麗承諾：即使我們看清真相，創傷仍然阻止我們前進，就像山崩擋住通往未來之路。

洛琳轉向我們說，沒有我們預料的怒意，而是對亞當的接納與同理心，「現在你懂它有多強大了嗎？創傷如何摧毀個人、國家和世代？」

不只我們的人際關係受威脅，我心想。未來也受威脅。

洛琳打開門放我們去吃午餐時，我們被看到的景象嚇得心臟凍結：是蓋兒。

5

蓋兒專注地看著我們每個人，用眼中的炭火燒灼我們，然後臭著臉說，「各位，歡迎回來。」

她轉向洛琳，親切地告訴她：「明天早上到我辦公室來。」

這是史上最快的團體閹割。連洛琳也似乎很狼狽。她的頭肩一陣短暫的顫抖，像甩脫壓力的狗。然後她交代我們，「一小時後回來。」

我們回來時，她開始治療卡文。「你的問題是你想要女人無條件的

贊同和仰慕，」她直率地說，「當你跟花錢買的或年輕無助的依賴者在一起，可以得到。但在雙方內在權力平等的健康關係中，有時候你的伴侶不同意你或支持你的行為。真正的連結這才開始。」

「所以我應該要跟不喜歡我的人交往？」卡文問，真的搞糊塗了。

「不，你應該在情感上長大，當你喜歡的人不是永遠崇拜你或照你的希望做，才不會造成你的整個自我感崩潰。」

卡文吸收時，他眼睛發紅伸手拿面紙。等洛琳把注意力轉向我時，太陽已經下山了。我答應自己我會敞開心胸聽她的話，我對她要用來考驗我的任何真相不會像亞當那麼固執。

「就像亞當必須離開妻子以照顧自己，你們也必須戒掉一些東西，」她告訴我。

「除了性愛和交往以外？」

「絕對要，不過當然要看我們上次談過之後你決定要什麼。」

「我聽妳的話找赫塞‧瓦倫談過。我只想克服我的過去，讓我有份關愛的關係，過我真實的人生。」更具體地說，我想跟英格麗一起過，但現在似乎不是提起的好時機。

「跟你發生性關係的女人有多少仍跟你保持聯絡？」

「很多，但我已經不跟她們見面了。」

「那麼我問你」——來了，用我的話推翻我觀念的口頭合氣道——「如果你身邊有不真實的人，可能過真實的人生嗎？」

她把我逼到牆角，正如她對付亞當和卡文。或更精確地說，我們已經把自己逼到牆角，她只是幫我們看到牆。

「可能不會，」我告訴她，然後糾正自己。「不，絕對不會。」

「沒錯。為了完全清空，你們必須放棄小時候接收到關於自己的所

有負面訊息。你們也必須脫離你們回應負面訊息而創造的生活方式。所以如果你想要奪回你的人生，和你發生過性關係的每個女性斷絕連絡的效果最好。」

「天啊，」我開口，聲音沙啞。我內心的病理調節器很怕拒絕這麼多人；青少年想起了被禁足；玩家很怕死。難怪這幾周來我遵守對洛琳的承諾相對容易：這只是進入失樂症的前幾步。

至少現在我知道先前積木問題的答案了：修正基礎不良高塔的唯一辦法就是拆掉重建在更堅固的基礎上。「那麼最體恤的辦法是什麼？」我問。

「你何不回想女人連絡你的所有不同方式和你找她們的方式，永遠關上那些門？」

我如鯁在喉。洛琳在黑板上寫出她排毒計畫的第二階段。我只需要做四件事：

1. 換掉電話號碼
2. 更改我的email信箱
3. 封鎖我電腦上的所有社交網路
4. 別把我的新連絡資料給任何女人

這時換我伸手拿面紙了。

6

有些我睡過的女人；我攪和過，但沒睡過的女人；不想跟我睡，但希望有一天會改變心意的女人；想跟我睡，但我不想要的女人，不過或許在寂寞的夜晚我會重新考慮；想跟我睡，我也想跟她睡，但有距離或男朋友等阻礙的女人；我想睡，但我跟她們朋友睡過所以現在有點尷尬的女人；加上我還沒睡過，但如果遇上想要睡的女人。

就這些，有很多女人。幾乎是畢生心血：在酒吧和餐廳砸了成千上萬美元，花了幾千個小時打電話傳簡訊寄email，說了幾千次「妳星期五可以嗎？」和「我前女友和我和平分手了」和「我要給妳看我電腦上的一段影片」和「我也沒想到會發生這種事」之類的話。

每當我沒在工作，每當我沒在研究，每當我沒在看電影讀書或打電動，這些就是我醒著的生活——和部分夢中生活。

我就這麼呆坐在飯店房間裡，我的電腦前，像不願意跟過去的碎片道別的收集者。在有限時間內保持禁慾是個合理的挑戰，但永遠跟我的每個選項分開，在沒交往對象的時候實在很可怕。但我如果想要見面時跟英格麗幸福的最後機會——假設她還沒完全忘掉我——那我必須在出門前，而非出門後作好準備。

「我來幫你吧，」亞當提議。我站起來讓他坐下，下載限制存取特定網站的軟體，然後在輸入密碼時遮住鍵盤不讓我看。

「我封鎖了你電腦上的所有色情，社交網站和約會網站，」他告訴我，「我的小孩就是用這個程式。如果你想幫你朋友貼什麼東西到這些網站，可以寄給我，我會替你貼——只要適當的話。」

短短幾分鐘，我的多樣性管道被堵死了。

「現在是email，」亞當喜悅地說，顯然很習慣照顧別人的需要。

「我們可以分階段來嗎？」我坐到床上。我頭暈，頭重腳輕，作嘔。

「你必須撕掉OK繃。」

「那你會讓我替你們夫婦提出離婚文件嗎？」

他不覺得好笑。

亞當替我設定一個新email位址。我列出不到二十個人——家人、密友、同事——提供新位址。然後他更換舊帳號的密碼封鎖我，我們寫了封自動回信，告訴所有舊識我不再使用這個信箱了。

「老兄，這真詭異，」我告訴亞當，「摸摸我的手。我在發抖。」

我好像經歷震顫性譫妄的酒鬼。

「算你走運，現在我沒辦法處理你的電話。但你不只要換個號碼，也得換個不能上網的舊式手機。」

「我回家後會辦，」我回答，慶幸還有小小緩刑。

「想像你自己是泰山，」他建議，覆誦洛琳給我的勸告。「你不能永遠抓著你前面和後面的藤蔓。遲早，你必須放掉過去才能前進。」

突然間，我的世界小多了。初步的恐懼和放棄的恐慌退散後，我發現世界也變得容易管理多了。

7

隔天我們到會議室報到時，我從來沒看過洛琳這麼垂頭喪氣。

「這裡的大多數治療師跟病患一樣糟糕，」療程開始前她抱怨說。

今天早上跟蓋兒一定發生了什麼事，很可能跟我們有關。「他們認為他們的學位和證照允許他們高人一等，永遠停留在適應的青少年。上周，蓋兒羞辱一個男性團體告訴他們女侍是性別歧視字眼。我跟她商量，我想她的反制方式就是告發我。」我先前沒注意到她語氣中的疲倦。「這裡有好多規則和政治鬥爭讓我無法全力幫助別人。」

我們感謝她的奉獻和勇氣。我們沒說的是，她像亞當一樣，似乎困在一段不符合她需要的關係裡面了。

而且她是讓我們糾結的治療師。

接下來的三天，洛琳忍耐，很快她的權力恢復了——直到我既害怕又希望的時刻到來。她讓我們進入輕微恍惚狀態進行比較激烈版的椅子戲法，她稱作「情緒根管治療」。我向我媽、我爸和騷擾我的惡霸大罵。如同上次，我腦中的厚重黑幕張開現出了真相。

我發現我一直把性愛當作交往中最重要的標準而犧牲了我自己的快樂。一年來我完全沒有尋求更深入的情感連結或更好的愛情。全都是探索男女關係的單一層面：性慾。即使在這方面，我也失敗了。

在普迦儀式和擁護性愛的社群中，我發現無數女人已經性解放又開放，只需要一個東西——給她們權力控制情境，因為那是她們感覺夠安全可以真正放鬆的方法。而我對此很不自在。我真的認識了卡瑪拉・戴維或只是看到了我媽？如果我不是這麼固執要照我的意思來，討厭任何干擾的人，舊金山後宮可能成功嗎？為何跟賽奇關係融洽，直到她想要自由而我失去絕對控制？還有在這麼多關係中，我為何不能在女人、更別提其他男人身邊感覺脆弱時放鬆？

答案：我從未真正追求性自由。我追求的是控制，權力和自我價值。我不是表現得像我媽就是讓別人變成我媽。但我很少真正做自己。

因為，如同我嗑藥所見，我真面目無法讓人接受的感覺竟強大到讓我害怕放鬆，在別人面前當我自己。

我不僅是別人的，也是我自己的慈愛獨裁者。

這最後的領悟太強烈，我融化成一灘淚水。洛琳等我用手背擤鼻涕，然後緩慢溫和地說：「你一直想從這些關係中得到的所有東西——自由、了解、公平、接納——正是你從令堂無法得到的。所以每當你把缺憾加到伴侶身上，就注定會再度失望。因為身為成人，唯一能給你這些的人是你自己。你懂嗎？」

「是，」我回答，「我懂。」

我真的懂了。

她下一個邀亞當坐到椅子上，給他震撼教育。事後當他睜開眼睛，顯得炯炯有神。他用異於平常低落畏縮的無憂無慮語氣大喊，「我要吃冰淇淋！」

他內心的小孩，一輩子需求被壓抑的人，終於說話了。這可能是幾十年來他第一次允許自己享受一點甜頭。

這個療程是我見過最接近奇蹟的東西。

一小時後，我們在吃冰淇淋。

「我想念我自己，」亞當狂吃洛琳出去買給他的餅乾聖代一面說。卡文靜靜坐在附近，被自己的頓悟震撼，如果你成年後成為糾結家庭中的英雄，接受此角色會占據你心裡容納男女關係的空間。所以洛琳堅持他要和父母畫出明確界線，即使他覺得他們現在需要他。

同時，我鼓起勇氣告訴洛琳，英格麗的弟弟寄婚禮請帖來的事。看她似乎不反對我參加，我請教她從馬丘比丘回來後一直擔心的問題：

「我怎麼知到這次我真的準備好了，而不是沒對象時想要交往、有對象時又想自由的避愛者？」

洛琳神祕地回答，「你聽過浪子回頭的故事嗎？」

亞當猛點頭，融化的冰淇淋從他臉上滴下來。他很熟悉聖經。但洛琳還是向我們說了她的版本：

「某位父親有兩個兒子。老大是個好兒子。他做了一切該做的，討好父親，留在田裡照顧作物。老二離家，花光他父親的錢，失去連絡，差點餓死，最後終於回家乞求允許跟著哥哥種田。

「當父親大肆慶祝歡迎老二回家，老大問，『那我呢？』你知道父親怎麼回答嗎？」

「他說基督徒應該永遠慈悲允許別人悔過？」亞當試答。

「或許吧。但我寧可相信他也說了別的：『你在田裡工作是因為覺得應該；你弟弟是選擇回來在田裡工作。那樣比較有意義。』」

她暫停一下讓我們吸收。「愛的重點在個人，跟他們的情感連結，讓你願意改變。」

亞當刮碗底吃乾淨時，我了解為何以前一夫一妻不適合我了。我一直覺得那是伴侶期待或強迫我遵守的事。如果這次我把它當成選擇而非要求，或許我可以浪子回頭。

洛琳看到我臉上希望的光芒趕緊警告，「我的朋友，現在是你愛別人的最後期限了。如果你想要跟英格麗復合的希望，你必須在婚禮之前用盡全部精神和傢伙攻擊你的創傷。你只有學會怎麼獨處不會寂寞，才能準備好開始交往。」

「還有什麼其他傢伙？」我問。

她替我列舉：一連串治療設計針對不同的感官的療法。全都很陌生

——是我沒聽過的字串。但我還是像處方一樣寫下來。

「我最大的擔憂是，」我告訴她，「上次我跟你做椅子戲法，事後我感覺就像這樣。我充滿清澈與希望。但我回到普通環境後，完全退回以前的想法和行為。」

她把手指舉到唇邊考慮這個兩難。「當你剝開虛假自我的表層，你會開始感到裡面原本被保護的痛苦。所以你會非常彆扭不自在之後才改善。我想上次你可能被困在這些情感之中，所以才離開英格麗。但如果這次你能用成人的健康方式處理這些舊痛苦，就不需要以前的牆壁和防衛了。」

要吸收的東西太多，我掙扎著去理解。然後我決定我不需要懂。只需要做就好。

只有一個問題：「萬一之後我去了婚禮，我的情感和靈魂也真正準備好去承諾，但英格麗跟別人在一起或不想要跟我復合呢？」

洛琳看著我微笑，眼皮上的化妝像乾土龜裂，同時毫不猶豫地回答：「如果她不要你回來又是促成改變的觸媒，那她就是你的天賜貴人。」

8

寇帝斯‧盧安佐恩在我眼前來回揮動細金屬棒，讓我回想關於母親的記憶。接著他把耳機放到我耳朵上播放右耳跳左耳的音樂，我繼續回想與感受痛苦，回想與感受痛苦——直到我只有回想。

琳賽‧喬伊‧葛林在我全力往空中擊球時閃躲，釋放出好像困在我

手腕上幾十年的怒氣。我用雙手反覆練習，直到我不再需要。

奧嘉‧史提夫科花了八小時催眠我。我在她的辦公室漫遊，進入我父母的腦中尋找他們沒從父母得到的東西。我想像這些特質回溯七代再向下流動在我家族每個人身上直到我受孕的那一刻，直到我感覺好像真的跟他們一起長大。

格雷‧卡森給我家庭作業。一大堆。思想記錄、計畫表、手寫標語、感恩日記、行為實驗——以消除我的恐懼和病態習性直到我能看清那些謬誤。

芭芭拉‧麥納利叫我閉上眼睛；想像我自己和母親在一個房間裡，我發出白光，她身上有個X；然後想像大喊，「把該死的鑰匙給我！」同時我反覆揮拳擊她的臉。

我在打仗。真是場討厭的奇怪戰爭。但我會贏。

「以十分為滿分，我們一直在矯正的記憶的附帶情緒有多強烈？」某天寇帝斯‧盧安佐恩問。我跟他在進行的程序叫做EMDR，就是動眼減敏與歷程更新（eye movement desensitization and reprocessing），檢查創傷儲存在腦中的方式並企圖適當地處理。

「以前有十分，現在是八分，」我告訴他。

琳賽‧喬伊‧葛林受訓的是稱作SE的療法，意為身體經驗創傷療法（somatic experiencing），她在尋找不是困在我腦中，而是在體內的創傷，釋出儲存的能量。有一天她問，「以十分為滿分，你回想我們討論過的記憶時感覺怒氣有多少？」

「以前是八分，現在是七分，」我回答。

奧嘉‧史提夫科執業她自己的NLP衍生版，亦即神經語言編排（neuro-linguistic programming）。跟洛琳的體驗重點是把我的作業系統

除錯，她的程序則是重寫原始碼。例如，她告訴我在我媽的話中，「長大後不要像你爸對我這樣讓人悲慘，」是個隱藏命令：永遠別長大。她幫助我長大時，把我的創傷值減到六。

格雷·卡森專長是認知行為療法，減到了五分。以及我不知道該怎麼稱呼芭芭拉·麥納利的方法和她深不可測的技巧，但是有效，有原創性，而且把關於那些記憶的情緒減到四分。我也做了很多：我用球棒打枕頭。我開發能量巔峰。我列舉我的黑暗面地圖。我嘗試心理劇。不是全部有效，但肯定無害。

有天早上，我發現我抽屜裡的半數四角內褲是我媽給我的生日和節日禮物。大多數是含有性玩笑的新奇款，像雄性和雌性符號旁邊加上「要常換」字樣。雖然我撈出來丟進垃圾桶時覺得很愧疚，我記得芭芭拉·麥納利說過這種愧疚感是好事。這表示我終於做出隔離工作了。

一鼓作氣，我丟掉了所有舊車和住過的公寓鑰匙，我下意識地收集這些是想向我媽證明我絕對不會搞丟。

如同洛琳預料，我在這場震撼與威儷戰役中覺得脆弱，彷彿被剝了皮、露出所有神經。最輕微的壓力——無論是同僚的小小批評，我必須完成的計畫出現障礙，有人問我剛才說什麼，餐廳賣光了我愛吃的菜色——都讓我充滿不符比例的焦慮和憤怒。即使別人對我說好話，我也誤解為粗魯和不敬。每天晚上，我輾轉反側，執著於這幾年來的事件，無法入睡。

「這樣不會讓我快樂，」某個陰暗的早晨我向瑞克抱怨。

「目的不是感覺愉快或好玩，」瑞克提醒我，「是要強迫情感浮現以供檢視，找出你行為的深層原因。在這方面，效果意外地好。過程中你的感受如何一點也不重要。所以你可以欣慰你做這些工作了解你自己

而且願意面對浮現的情感。那才是該堅持的部分。」

於是我忍住痛苦更努力奮戰。我的存款元氣大傷，但長期而言我省下了可能花在不良對象、爭吵、短命婚姻、錯誤決定和因為創傷結交的損友上面幾千倍的金錢。

我被過去的錯誤，美好未來的希望，對英格麗的最後夢想，還有內心深處我尋找這麼久終於做對了的感覺所激勵。不只為了英格麗或我的男女關係，也為了我。不是找別人來完成我，我終於完成我自己了。

9

今天，我要做比治療更痛苦的事。我坐在性病診所裡，準備作幾乎一切篩檢。

我等著見護士時，想起我跟賽奇交往時在一起的所有女人：我開始舔陰不久就月經來潮的那個，我來不及戴上保險套就一屁股坐到我身上那個，保險套在她體內鬆脫那個，然後所有在我老二幾乎要潰爛時為我吹喇叭的女人。萬一那個潰爛不是因為磨損呢？

然後是賽奇：她說她沒染病，但誰曉得她上次篩檢是什麼時候？

我不認為要是我在這段期間染上什麼病，還能再去見英格麗。萬一這段追尋自由反而判了我死刑呢？萬一我沒有兩面兼得，反而兩頭落空呢？

我緊張了兩天之後打電話去問結果。護士查看我的結果時，我的心揪成一小球。我額頭發皺。連我的老二都緊繃，彷彿斷頭台的刀片即將落下。

終於，她回到電話上。「你的陰性包括愛滋、披衣菌、淋病和……」我默默慶幸，但她猶豫一下，彷彿要說什麼尷尬的話。歡喜結束。

「奇怪，」她繼續說。幹，我就知道不對勁。萬一無法治好呢？「你的皰疹也是陰性。」

「陰性？」

「幾乎人人都有皰疹，」她說，講得像青春痘似的。

在這一刻，我感激父母給我的免疫系統。「謝謝，」我告訴她，「我愛死你了。」

「我也愛你，親愛的，」她說完掛斷，幫我抽血的天使。

一夫一妻有個好處：不必擔心可怕的性病篩檢。

緩刑後鬆了口氣，我繼續跟過去奮戰。

當然，有些體驗我無法觸及：前意識，早期童年，遺忘的痕跡。關鍵的前幾年裡肯定有造成許多損傷。但我在洛杉磯郊外的The Refuge創傷治療中心主持的周末研討會問起時，他們安慰我，我記得的是窺探遺忘部分的窗口——模式可能還是一樣，自戀的父母永遠會自戀。

從研討會回家途中，我去了朋友梅蘭妮在西好萊塢某酒吧的生日派對。自從展開失樂症這段旅程，這是我唯一參加的社交活動。我穿著牛仔褲和兜帽衫，感覺非常宅，打算把禮物交給梅蘭妮就閃人。

但我一進門，看到了麻煩：伊莉莎白，幾年前梅蘭妮介紹給我的科技商人——說我同意娶她才肯跟我嘿咻的。

「我一直在找你呢，」她打招呼說。她穿著低胸綠洋裝和名牌黑色高跟鞋。

「我換電話號碼了，」我禮貌但簡潔地告訴她。

她毫不退縮，又說：「我喝了點酒，才敢跟你說這些。你是我跟男朋友分手的理由之一。我列出了我在男人身上尋找的特質。然後我列出人生中有潛力的男人。我把全部資料畫成圖表，你是各方面分數最高的人，只差一項。」

我不禁懷疑她是預謀準備埋伏我的。「我猜猜看，」我冷淡地回答，「穩定性。」

「完全正確。」她保持眼神接觸，「我跟他分手後想到的第一件事是，現在我可以上尼爾・史特勞斯了。」

我從來沒被這麼積極地倒貼過。要不是她放寬了婚姻條件，就是她訂閱了雙胞胎的用性愛吊胃口之誘惑理論。以前的我會有興趣搞清楚是什麼狀況；新的我只想找機會逃走，但幸好他作的決定比較好。「真不巧，妳來晚了，因為我下市了。」

我轉身要走，但她在我背後問：「你不會還愛那個金髮妹吧？」她嘲弄金髮妹這個字，彷彿在說農奴。

我停步告訴她，「其實我愛她。」這句話比我想像的容易說出口。

「我不認為她是你的等級。」伊莉莎白毫不退縮，「我在網路上看過你們的合照。她的指甲油有破損。」

現在我並不把伊莉莎白——或任何女人——看成性交的目標，我很驚訝我曾經對她有興趣。如果我在馬丘比丘因高山症垂死，她要是看到有富人搭直升機降落在附近一定會離開。「那正是英格麗的優點，」我告訴她，「她不用外表定義她自己。有一天，她寄給我輸入一些App的照片，顯示出她老了胖了會是什麼樣子。」

這時伊莉莎白說了一件事，換成以前會像超人的氪元素一樣影響

我每一點決心。「我們談過之後，我決定我想要比較開放的關係。我不想阻止男人探索他的性慾或跟其他女人體驗。我想男人想要多樣性很自然。」

「呃，希望妳找到人。」我很慶幸發現自己對她的話不為所動。不是我治好了，就是我因為猛揭舊瘡疤變得很焦躁。「很高興再看到妳。」

她沒說再見，卻跪在我腳邊，像屈服的姿勢。然後她慢慢替我的鞋綁好鬆開的鞋帶，一直抬頭看著我，湊近我雙腿之間的空間然後停留片刻不動，給我的心眼想像今晚可能怎樣所需的畫面。

這就是同伴們和我常談到的時刻，懷疑我們能否抗拒輕易跟美女嘿咻的誘惑。

伊莉莎白慢慢站起來，讓剛塗油的指甲停留在我膝蓋上，宣示她對英格麗的優越性。察覺可能獲勝，她嗲聲說，「我媽總是說，『如果你想過，你就已經偷腥了。』」

「呃，那我只好忍耐了。」我向她最後道別，走開去跟梅蘭妮打招呼。幸好，原來我能夠抗拒。

稍後我回家時，感覺像個玩物而非玩家，我出乎意料地得意。這是我第一次對肉體上吸引我的潛在伴侶拒絕性愛，還有非一夫一妻的關係。我沒有遺憾。如果英格麗跪在地上綁我的鞋帶，一定是因為她想要綁我的鞋帶，而不是她想引誘我認為她是個完美老婆。

我回想英格麗傳給我那些照片，臉孔變形很不好看。那則簡訊是這樣寫的：

「我們一起變老變胖吧。」

我在祕魯懷疑過愛是什麼。這就是愛。當兩個人（或更多人）的心

建立安全的情感、心理和精神家園，無論內部或外部任何人怎麼改變都會屹立不搖。它只要求一件事也期待一件事：每個人都當真正的自己。我們附加在愛情上面的其他一切都只是個人策略，想要管理我們對接近這麼強大東西的焦慮，不管有沒有效。

我回到已經不再混亂嘈雜的樹屋，回到沒有煙霧、保險套包裝袋和打翻飲料等液體潮濕污漬的床上。我發現我把多樣性視同為自由大錯特錯了。

我脫離了所有社交或約會App和網站。那是自由。

不到二十個人知道我的email。那是自由。

我的電話不再響個不停。那是自由。

我找回了我的人生。那是自由。

我沒抓著任何通訊工具。那是該死的解脫。

我真正獨處了，從青春期以來第一次失去選擇。而且真奇怪，我一點也不介意。原來保持所有選項開放讓我忙著應付它們無法真正生活。關於選擇的研究也證實擁有太多選項導致較少快樂與滿足。

我回想我的童年——那些不理性的規則、床邊對話和不斷的批評——我沒有感覺。以十分為滿分，現在只有一分。

10

接下來的一周，出事了。

事情從我和我媽講電話時開始。我們一陣子沒連絡了，因為我在迴避任何可能干擾我治療的東西。但她提起今年是她結婚四十九周年，我

掉進了她的陷阱問道，「妳的五十周年想要什麼特殊禮物嗎？」

「不要，」她輕蔑地回答，「我幹嘛要紀念那個？」她頓一下，然後決定，「呃，你可以為我結婚五十周年做件事：幹掉你老爸。」她笑了，彷彿這很好笑，接著又說，「其實，如果你想幹掉他紀念我的四十九周年，那也無妨。」

她的意見我不會困擾或覺得像被窒息，也不會讓我為她或為老爸難過。我聽聽就算了，就像小孩想要召募陌生人參加私人復仇。

這時我們的關係彷彿一部電影浮現眼前──遙遠、疏離又清晰。這部黑色喜劇描述一個自認被丈夫害慘的母親，但她太軟弱不敢做任何事，所以她人生中的幾乎所有事物，包括自己的兒子，都變成武器或盟友用來對這個茫然的男人進行她私密、孤獨的戰爭。

我跟她講完之後，我不只放棄了她會像個慈愛母親的殘餘期待，但我也毫無愧疚或責任感放棄她是我媽。就是這個放手的時刻──把她在我人生中的角色從我媽變成適應的青少女──終於讓我自由。

打破原始創傷的連結後，在後續的幾天，我充滿了一種前所未有的感覺。其實，很難稱之為感覺。因為是沒有感覺。

有時候我會坐在沙發上聽著外面的聲音，環顧室內看看窗外，什麼也不想。或者我會異常緩慢地在家走動，脫離我平常的急迫感，進行刷牙之類日常行為，彷彿那是我這輩子唯一必須做的事。很像恍神，只差心思無處可去。彷彿我腦中什麼也沒有。我根本不知道我感覺好或不好。我超脫了好壞。我只是存在。

我晚上想睡覺時，呼吸似乎很淺，好像沒有填滿我肺部所需的氧氣。我的心跳顯得微弱，好像隨時可能停止。我的心思似乎變慢，彷彿神經末梢在衰弱，我漂進了無痛的死亡。

我終於清空了。我把自己變成了阿甘。我真正進入了失樂症——或是超越它的虛無。

　　只有一個問題：洛琳沒告訴過我事後該用什麼填補。所以我寫email問她。

　　她沒有回應。

　　幾天後，我又問了她一次。

　　還是沒回應。

　　我想起英格麗的致命沉默，但是感覺不像被拋棄。

　　我空虛得連痛苦都感受不到。我像洛琳預料的深度孤單，但沒有一絲寂寞的痕跡。

　　整周過去了洛琳還是沒回應，我開始相當冷淡地猜想她是否把我變成僵屍，注定要腦死度過我的餘生了。

　　我打給她留言，用緩慢困惑的語氣問下一步是什麼，怎麼填補。但她還是沒回應。

　　她永遠不會回應了。

Stage II

填補 Filling Up

有時候當你獨自一人，

當你來到可能遭遇的所有事的盡頭。

那是世界末日。連哀傷，你自己的哀傷，

也不再回答你，你必須循著你的足跡，回到人群之中。

A TIME COMES WHEN YOU'RE ALL ALONE, WHEN YOU'VE COME TO
THE END OF EVERYTHING THAT CAN HAPPEN TO YOU.

IT'S THE END OF THE WORLD. EVEN GRIEF, YOUR OWN GRIEF,
DOESN'T ANSWER YOU ANYMORE, AND YOU HAVE TO RETRACE YOUR
STEPS, TO GO BACK AMONG PEOPLE.

——路易-費迪南‧塞利納《長夜行》

（Louis- Ferdinand Céline，*Journey to the End of the Night*）

11

我看著他的臉。我注意到的第一點是笑容，牙齦和歪扭的牙齒。然後是黑眼鏡，太大也不適合他的臉。最悲劇的是頭髮，剪得太短，瀏海歪曲還有不規則的波浪鬈鬈。但即使如此，他還是有些令人愉快的地方。不只是他的純真質樸，還有急著討好、學習和成長。

這時候發生了：我內心終於有東西動了。似乎是種感覺。很難分辨是愛或是哀傷。很可能兩者皆是。但很純粹。愛與哀傷——為了他，為我自己。

我看著我自己八歲時小學的班級合照，我從埋在檔案櫃裡的一個信封挖出來的。我已經記不得上次我看自己的童年照片了。

我在填補，而且只靠自己。

今天稍早亞當和卡文都驚慌地打過電話來，因為他們發生了自己的危機，也沒收到洛琳的回音。幸好，卡文給了我需要的線索。他看了洛琳寄給他的上一封email，結尾是一個忠告：「你有你自己的內在治療師，遠比你找得到的任何外界治療師更明智。你只需要找到那個聲音聽從它。」

這似乎是她道別的方式，只是我們不懂為什麼。或許我們占據了她太多時間；或許這是嚴格的愛；也可能蓋兒因為跟違反醫學建議離開復健所的病患合作把她停職了。無論她的理由是什麼，最後這段話值得認真看待。

於是我坐在我的沙發上恍神，回想我怎麼變成現在這樣子。第一步是製作時間線和家系圖，讓我能認出我的舊傷。第二步是密集治療過程，清空與淨化舊傷。所以第三步一定是填補留下的破洞。

但是用什麼填補呢？

我想起我們第一次做椅子戲法時洛琳說過的話。她要我保護與照顧我內心的小孩。

於是我從沙發起身到檔案櫃翻找，找到我的舊照片。當我第一次真正看到我一直努力治療的受傷小孩，此時感覺開始回來了。

以前我認為內在小孩這個詞是發明來提醒肩負責任的成人偶爾放輕鬆享樂一下的荒謬隱喻。但原來內心的小孩非常真實。那是我們的過去。唯一逃離過去的辦法就是擁抱它。

所以那晚就寢之前，我把照片放進相框裡放在床邊。我發誓從今以後，要保護這個小孩。他會有人愛。他會被接納。他會被信任。這一切都會無條件給予。他不會被教導仇恨和恐懼。他不會因為無法符合不切實際的期待被批評。他不會因為別人感覺寂寞、恐懼、憂鬱或焦慮被當作面紙或阿斯匹靈利用。

隔天早上，我開始用我需要但小時候從未獲得的東西填補他——和我。當我對自己有負面想法，我溫和地把它換成正面事實。當我犯錯，我原諒自己。當我太敏感易怒或遲鈍，我引導自己回到中性的現實。當我退縮，我默默安慰自己彷彿教小孩子不要怕黑暗。

如同我叫安妮當個對自己更好的母親，我重新扮演自己的父母。有點可悲，我在這個年紀必須好好學習怎麼當個成人。但如果我在男女關係中的問題是發展不成熟，然後滋養自己這些阻礙部分變成成長爆發的結果，或許我終於可以得到誤導我迴避一切的快樂和穩定性。

然後，這一小絲光線照進了我的麻木，我開始創造新生活。

每天，我努力照顧洛琳告訴我的六大核心需求：*肉體*，靠衝浪和健康飲食；*情感*，允許自己體驗與表達情感而不會過度控制或情緒失控；

社交，和亞當、卡文、瑞克和其他好朋友相處；*智識*，讀文學作品，聽演講，創立電影討論群組，還有最重要的，多傾聽；然後對我最陌生的，*心靈*，藉著瑞克的朋友教我的超脫冥想。

但最大的挑戰是第六核心需求：*性愛*，尤其目前我在禁慾不看色情。所以一面繼續其餘的自我照顧養生法，我決定跳過這一項。我滿足的性需求足夠撐好幾輩子了。或許洛琳沒回應是最好的，因為現在真的是我在重建我的生活。我洗淨了童年創傷並且填補內心破洞。我這一輩子都在嘗試填補錯誤的破洞。

12

漢斯婚禮的六天前——我剛進入新自我照護養生法兩周——我醒來時最後殘餘的麻痺、死氣和冷漠像烏雲一樣消散了。取而代之，我看到我忘了存在的藍天。

我終於被治好了。失樂症期間那麼多夜晚我躺在床上感覺好像心跳與呼吸都漸弱到虛無，我不是快死了。只是我的轉換速度減慢了，少了不斷的緊張、焦慮和刺激，感覺好陌生。

突然我發現這麼多復健業者談論的假自我和真自我的二分法沒有意義。那是不可能確定的價值判斷。比較好的想法是破壞性自我與創造性自我：傷害自己和別人生活的你，以及發揮出自己最好一面，和人有連結，與周圍的世界關係和諧的你。

整個早上我不斷有頓悟。彷彿只是清空然後照顧我自己，真相就同時毫不費力地湧進來了，我不須諮詢專家才找得到。

「你比上次見面時似乎變快樂也比較平靜了，」幾天後我找他在 Coogie's 餐廳吃午餐時瑞克說，「而且你還有些別的改變，但我說不上來。」他慢慢打量我，點頭，彷彿在作心靈斷層掃瞄。「或許你治好了內心的什麼東西。」

他不是第一個這麼說的人。幾乎我最近碰到的每個人都注意到改變——不是我的外表，而是個性。我從來不認為我能改變的事——例如被不理性的規則限制時容易動怒——完全蒸發了。以前我焦躁、激動又緊張，現在我比較專心、沉著、接納。我不是什麼佛教僧人，但我和世界與我自己的關係和諧多了。

「我知道。我感覺不一樣了。我以為這只是為了改變我對性愛的觀念，但是一切都改變了。」

「你怎麼做一件事就是你怎麼做每件事，」瑞克回答，這次我難得跟他一樣冷靜。「你現在懂得你選擇生活的方式會影響一切吧？偷腥一次就不只會偷腥一次。那是你在世界上人格完整性的破綻。」

「我懂了。我想我現在很了解我為什麼偷腥了。」

「是為什麼呢？」口氣聽起來有點質疑，像在考驗以確認我真的改變了。

「其實是很多件事。」

我掏出手機給他看我在失樂症期間某晚在床上寫的筆記：

我為什麼偷腥

1. 我和英格麗沒有溝通或遵守界線，所以我因為怕被吞沒而行動。

2. 我沒有溝通我的性癖好或給她空間溝通她的，所以我因為性慾不滿足而行動。

3. 我怪她「不允許我」上別人，所以我因為否定我行為的個人責任而行動。

4. 我自覺無價值和低自尊，所以我因為承諾和證明而行動。

5. 我沒有心靈，又缺乏知性典範，所以我因為認為我們和其他動物沒有不同、這是動物天性，後果對宇宙也不重要而行動。

難得，瑞克啞口無言。他臉上慢慢浮現微笑。經過像永恆那麼久，他告訴我，「我告訴你忠實的祕訣之後，我想你會了解我現在的意思。」

「什麼祕訣？」

「別用長期的幸福交換短期的愉悅。」

我把這句話加入我的筆記。這句好格言值得記住。

「把親密關係想成火焰，」他繼續說，「你添越多柴火，就燒得越旺。它燒得越旺，你越不想把它澆熄。」

「以前我的問題是火燒得越旺，我越想把它澆熄。我很怕它會燒掉我。」

瑞克觀察我的臉色。說說容易，但我能夠遵守嗎？他心中浮現另一個考驗。他不只是音樂，也是人生的製作人。「如果跟英格麗不順利，為了給你下段關係一個機會，我會建議培養親密關係並有深度情感承諾再開始性關係。我想那會是你的新挑戰：等三個月再跟你的下任女朋友上床。」

他等著我反應。幾個月前他們建議失樂症之後，我指控瑞克和洛琳想閹割我，反而讓他們證實了我對性愛有不健康的執著。不過這次，我沒有反應過度。如果我想要有情感基礎的關係，他的挑戰很合理。放棄

我們的自我投射和不滿足的發展需求讓我們看清伴侶們的真面目，也讓他們看清我們，這需要時間。

「你知道的，三個月聽起來很久，」我告訴瑞克，「但如果我一開始就這麼做，我可能不會在錯誤的關係中浪費這麼多年的人生。」

不過我說這些話時，我對這個觀念感到小小不安的動搖，內心深處浮限令我驚訝的恐懼：少了性愛和高潮的後葉催產素，有人會想要對我承諾嗎？這就表示她必須喜歡真正的我。

我內心某處有個強大的聲音浮現，把恐懼像小孩子抱住，只告訴它，「對，她會的。」

13

那晚跟我的電影團體看完約翰·法蘭肯海默的《情場浪子》（John Frankenheimer，All Fall Down）之後，我有了一連串惱人的念頭：我從失樂症出來時沒什麼決心，只知道我準備好跟英格麗建立成人的關係了。但萬一我改變太多，我的舊傷和她的舊傷不再互補，我們也不再互相吸引了呢？或萬一她生我的氣而放棄呢？或萬一她瘋狂愛著那個詹姆士·狄恩？即使她單身也沒痛恨我，她怎麼會相信我改變了？我以前這麼說過，只會讓她傷心而已。

所以我決定帶著證據去婚禮。我在接下來幾天收集了需要的材料。在標示「#1」的盒子裡，我放了生存者的裱框照片。「謝謝妳的盆栽，」我在背面寫了，「它教了我可以照顧東西。接下來的包裹不是禮物，而是表達我對妳的承諾。我很努力找回自己變成更好的人。我也學

會了只要有愛，任何東西都能開花。但有矛盾心理和恐懼，生物也會死。所以真正愛人與被愛的人就不會被囚禁。」

在二號盒子裡，我放了我的舊手機，加上紙條說明新號碼，誰知道號碼，而且我在世界上最在乎的人現在也知道了。三號盒子裡是封鎖我所有社交網路的軟體收據和舊email帳號的退信訊息。四號盒子裡花了半天才準備好：我布置了一個類似她在我們舊家做的太空船室，替她拍了張照片。五號盒子裡是我最重視的物品，通往我衝浪的私人海灘的唯一鑰匙——等同她給我表示信任的檔案櫃鑰匙。六號盒子裡面是一面有我童年照、另一面有她童年照的小盒子，裡面寫著：「小尼爾很害怕。成人尼爾不怕。他唯一的恐懼是失去妳。我們一起當我們內在小孩的好父母吧。」

我包裝每個盒子，全部放在一個大盒子裡。我這是不帶降落傘跳飛機，光以信心為基礎向她承諾，愛她而不求回報——這要不是我做過最浪漫的事就是最變態的事。可能兩者皆是。

有些依附理論學派持續評估人們在交往中的表現，而非像復健所那樣清楚地分類。他們把人放在分成四個象限的圖表上，X軸從低焦慮到高焦慮，Y軸從高迴避到低迴避。每個象限屬於一個不同的依附方式：高迴避和高焦慮就是*恐懼迴避的依附*（*fearful- avoidant attachment*），類似避愛；高焦慮和低迴避就是*過度投入型依附*（*preoccupied attachment*），類似愛情癮；高迴避和低焦慮就是*漠然忽視型依附*（*dismissing attachment*），避愛的比較極端形式，因為不認為任何伴侶夠格而幾乎拒絕一切關係。所以為了好玩，我作測驗判定我是哪個方式，盡量誠實回答每個問題。我很慶幸我落在第四類：低迴避和低焦慮。

「綜合你的焦慮和迴避分數，你落在空間的安全區，」我的分析寫道。雖然只是個線上測驗，我好久沒有正面的心理評估結果了。

然後我看完這幾年來的筆記。我回顧經歷過的每段對話、集會、書籍、看診、強烈的內在頓悟。我開始寫下我學到的所有教訓的摘要。

這是我的中心，給不完整男人的不完整愛情指南，不只我的男女關係還有安全應付可能構成威脅的所有內外力量的成功地圖。提醒我要照顧自己，溝通我的需求，遠離黑暗面，避免被吸回我的童年現實。內容還不僅這樣：有應付偷腥衝動，避免把伴侶變成父母，避免過度反應，化解衝突，確保我逐漸親近伴侶而非變成陌生人的方法。

但是，我閱讀的進度被大門的輕敲聲打斷。

「哪位？」我謹慎地問，懷抱希望。

「是我，」女人的聲音害羞地說。

「英格麗嗎？」

「不，」聲音回答，「是賽奇。」

14

摘自「不完整男人的不完整愛情指南」

1.無論情況如何，正確的行動方向永遠是同情與愛心。

「我特地飛過來跟你談。可以開門嗎？」

我想躲藏。我想逃走。我不能讓這件事干擾我的計畫。但計畫跟人

生往往不同步。每次人生都會毀掉計畫。

「妳怎麼跑來了？」我盡量體諒地問。

2.只要至少一方隨時處在正常成人狀態，大多數──即使不是全部──爭吵可以避免。

「這太誇張，我知道。我一直想連絡你道歉。我犯錯了。我愛你。」暫停。沉默。「我很害怕，所以我跑掉，但我已經不怕了。我想跟你在一起。我希望你夠在乎我至少給我五分鐘時間。」

我猶豫了一下，拉開我感到的情緒和行動之間的空間。我感到的情緒是恐懼。我擔心她會做什麼事影響我剛獲得的清晰或跟英格麗復合的機會。所以我召集所有的成年腦細胞在新皮質開會，提醒它們沒人可以不經我同意而傷害我。

3.認清你何時倒退回幼稚或青少年行為。然後分辨什麼舊經歷被觸發了，告訴自己這個情況的真相。放棄謊言。

但是，從我大腦的遙遠側翼，一支曾經強大的罪惡感大軍的虛弱殘黨企圖入侵。她大老遠飛過來，所以我不能讓她失望或傷害她。我立刻壓抑這個病態遷就的聲音──因為我媽愛我，我永遠不能做任何讓她痛苦的事的舊觀念。幾乎什麼事都會讓她痛苦。

只有當你覺得有虧欠、被限制、對主人有責任，愛情才是牢籠。

4.接受現況。

　　一支軍隊被擊潰，另一支又進攻：自我懷疑的驚恐。萬一我見到英格麗時是這種語氣怎麼辦？萬一英格麗想的就是我現在想的怎麼辦？萬一她是對的呢？

　　萬一⋯⋯今天我會從我的字彙刪掉這兩字，換成我會接受。

　　如果我見到英格麗時是這個語氣，我會接受。如果英格麗想的正是我現在想的，我會接受。如果她是對的，我會接受。

5.不要說「我永遠不會再偷腥，」改說，「今天，我不會再做讓我覺得自己軟弱可恥的事。」

　　接著最後也最危險的方陣向我進軍：慾望。它告訴我以前跟賽奇的性愛有多棒，三人行有多好玩。我用最好的武器攻擊它：經驗。我提醒它除了跟雙胞胎在一起的那個寂寞之夜，還有之前鄰居帶她的哈士奇大狗過來，賽奇和她做愛同時那隻狗想要上我的那次冒險。

　　或許瑞克的祕訣的必然結果是，別人的性幻想幾乎總是比現實好。

　　我開門守在門檻。賽奇化了夜店妝穿著黑洋裝站在我面前，頭髮剛染，雙腿曬成完美膚色。顯然她花了很多時間打理自己。最令人擔心的是，她腳邊有個行李箱。

　　她伸手想擁抱親吻我，我退後。我不會替她難過。我不會被她挑動。

6.你不能跟人交往又希望他們會改變。你必須願意向他們的現狀

承諾，不帶期望。如果他們未來碰巧選擇改變，那只是個加分。

她開始滔滔不絕講話，結論是她想搬進來跟我共組家庭。我背脊一陣發涼，因為如果我和英格麗復合順利，這正是我想要的。

「妳想要搬進來，永遠跟我住，一起建立家庭？」

「對，」她說，誠懇又哀求地睜大眼睛。

我想像跟賽奇的未來會是怎樣：我想像我們結婚養小孩──直到某天她又覺得受困，她無預警跑去斐濟，丟下我向小孩子解釋媽咪離開去尋找自我，我不知道她什麼時候回來。矛盾心理的風會持續把她吹回我身邊又吹走，來來回回，永無休止。

俗話說愛情是盲目的，但盲目的是創傷。愛情看得清清楚楚。

7.溝通與維持健康的界線。這表示找出過濾和保護你的自我、思想、情感、時間和行為的適當平衡，不必封鎖在牆後，或變得過度強勢或弱勢。

她看起來淒涼又充滿期待，偶爾眼中落下淚水同時告訴我她花光了積蓄飛來這裡。直到最近，這都是我的惡夢：必須符合別人的期待──尤其是做對我正確的事傷害到別人的感情時。但選擇過來的是她，所以沒什麼好歉疚的。這是我貫徹學習到的界線，被侵入時維護它以免我覺得糾結，打破舊習採行新法的機會。

「這不行，」我告訴她，「妳不能不通知我就跑來。」

「但是你的電話號碼不通。你怎麼能這麼冷酷？你說過你愛我。這種事不會輕易遺忘。」

她說得有理。我回想洛琳的話：你玩玩具不會受傷，但她們會。「我很愛妳，」我告訴她，「但我們的關係」——我不知道該怎麼說——「已經結束了。結束在該結束的時候。」

8.整天早晚問自己，「這時候我該做什麼來照顧我自己？」如果你能察覺有什麼正當需求和慾望你沒照顧好，然後採取行動自己搞定——如果做不到請伴侶幫忙——那就是通往幸福之路。

「你有了別人嗎？」她問。

「有。但她不肯跟我講話。」

「這是玩笑吧？你瘋了。」

「以前我才瘋，」我告訴她，「我想我終於清醒了。」

「我至少可以在這裡過夜吧？」她上前一步，我聞到她混合著髮油、體液和保濕液的特殊氣味。

9.沒人可以逼你有任何感受，你也不能逼人有特定感受。所以不要為伴侶的感受扛責任也不要責怪伴侶影響你。他們不高興時，最關愛的行為只要問他們是否要你傾聽，給建議，給他們空間，或給他們關愛的觸摸。

「什麼？」真神奇：即使你設定了界線，別人還是會想要跨過。

她說，「我沒地方待。我可以至少住客房，等你準備好我們再談嗎？」

我提醒自己……

她說，「我從機場搭計程車來的。」

……賽奇不是我媽而且……

她說，「我保證我們談完我就走。」

……她的幸福不是我的責任。

所以我更堅定地畫出界線。「不能住這裡。很抱歉，但我答應過自己我必須遵守。」

10.疼愛、榮譽和認同你自己。無論你一整天的決定、行動、情感和想法是什麼，導致什麼結果，如果你健康，這些終究都是健康的。

她聽了臉色一變想要抗議。以前的我會想要擁抱她，說我們可以晚點再談，讓她借宿，保證我們還是朋友，犯下數不清的錯誤。但現在我腦中只有一個問題：這符合我最大的益處嗎？

這些都不符合我的利益。所以我像石頭般保持堅定，她哭了起來。

淚水和她的睫毛膏混在一起，一道黑線流下她的臉。那不是我的問題。是她的問題。她會克服的。也可能不會。

但我最有同情心的做法是讓她根據真相自己作決定。真相就是我愛英格麗。

我只希望英格麗愛我。

11.最重要的，永遠記得呼吸和活在當下。

但如果她不愛，我會接受。

15

　　我站在當年英格麗的弟弟和繼弟睡的溫暖房間的溫暖床上時、繼父讓她住的無暖氣、只有一張拆下來的汽車座椅當家具的車庫外面。我確認我的外套穩穩穿在肩上，紫色襯衫袖扣稍微露出袖子外，搭配的領帶只稍微歪了一點，褲腳整齊地蓋在鞋子上。我就是賽奇。我是來乞求的。

　　我走過英格麗的繼父要她每天做飯刷洗好幾小時，如果敢坐下就處罰她的廚房。她只有其他家人吃完飯之後才准吃飯。在廚房末端，有扇通往後院的門，英格麗的繼父會強迫她剁雞頭，在她嚇得嘔吐時大笑。她是我的灰姑娘。

　　希望在她的童話裡，我是被她吻過變成王子的青蛙。

　　我到處找她，雙手捧著昨晚我包裝好的盒子。有兩張裝飾著鮮花的長桌，圍坐著紅衣女人和黑西裝男人。其中四人是她的繼兄弟。我希望英格麗向他們說過我的好話。但我挺懷疑的。

　　我繞行後院尋找英格麗，希望別看見詹姆士‧狄恩，也小心迴避跟她繼兄弟的眼神接觸。但她不見蹤影。我不屬於這裡。我最好離開。

　　「嘿，老兄，」我聽到一個聲音說。

　　我轉身看到吧台附近正在等婚禮開始的漢斯。我恭喜他也謝謝他邀請我。我想問他為何寄請帖給我，但我怕他會說那是意外。

　　他伸手按著後腰伸展彷彿很痛。我問他沒事嗎？他偷偷摸摸看看四周，確認沒別人聽見。然後他告訴我昨晚他跟一群朋友去了脫衣舞店開驚喜單身派對。他醉得在鋼管上跳舞，扛兩個舞孃走過舞台。但他跌倒，舞者掉落，扭傷了他的背。

「別告訴新娘，」他提醒。

「她不知道嗎？」

他神祕地向我微笑。「我告訴她我工作時受傷了。」

又一樁婚姻在謊言中誕生。這是個大謊——丈夫和妻子除了彼此對任何人都沒性趣。我內心知道我還沒征服對其他女人的慾望——我不認為沒有赫塞・瓦倫幫我降低睪酮素就做得到——但我去除了心理因素：愛人的恐懼、被愛的驚恐、偷腥的衝動、說謊的怯懦、自尊的軟弱、病態的遷就，維護這個系統，但我視而不見的所有防禦機制。

我想問漢斯英格麗在哪裡，她是否知道我要來，是興奮或生氣或緊張或不在乎。但今天是他大喜之日，進入新生活的起點，所以我讓他去準備。

這時我看到他們的母親，放棄在墨西哥的電視工作、來美國當順從的家庭主婦。她犧牲一切以逃離偷腥又想殺她的第一任丈夫。但是新丈夫很少讓她離家、交朋友、做非短期工作，甚至扮演好英格麗和漢斯的母親。她不只困在過去，也害怕未來會取代她的過去。到頭來，或許她的前夫真的殺了她。她住在席爾馬鎮（Sylmar）的棺材裡。墓碑上面刻著：安全。

但即使她也偷腥，只是她不這麼認為。有時候她告訴丈夫她要去找鄰居，但卻溜出去看她和前夫的小孩英格麗和漢斯。嫉妒是個毫不原諒的對手，在戰勝之後多年仍然控制著邊界。

我回到了男女關係的現實，伴侶們「扭曲規則」並且「說善意的小謊」以滿足自己的需求。我所追求的理想不是人們在真實世界建立關係的方式。或許，如同我答應復健所的同伴們，我真的跳出來設計了一個新型的關係。但沒有一種能讓我如願上遍我想要的所有女人，但有一種

我能活在真相中沒有恐懼或愧疚。

我想起很久以前我如何瞞著英格麗溜出去，在我們去芝加哥的前一晚，她生日的前一晚說我要去瑪莉蓮‧曼森家。我為自己做過這件事感到不齒。以前我認為我是個好人，但好人怎麼可能做這麼可恥的事？

答案：區隔化。把可恥的行為放在我們腦中的密閉盒子裡，安全地藏匿，連我們自己的智慧和良心都碰不到。

我希望她媽看到我不會生氣。「恭喜，」我緩緩向她說。她不會講英語——現任丈夫一直不讓她去上課——不過她懂幾個簡單的字。「妳一定很以漢斯為榮。」

她虛弱地微笑讓我想起英格麗，然後低聲說，「她需要你。」

這是我唯一聽她說過的英文字。我愚蠢地在她面前愣了一會兒，壓抑洶湧的情緒。「我們互相需要，」我激動地說。

她向我明智又慈祥地點頭，只有母親會這樣，能看出缺乏經驗的小孩看不出的事情。

這時我發現她了，從後門廊走出來，全身白衣一頭金髮——婚禮上沒有別人是這種配色。她蒼白得像鬼魂但是像女神發亮。她不只比我印象中漂亮，也變得更優雅、迷人，像仙女。

她走進後門階梯和派對之間的黑暗時距離太遠看不清她的表情。赫丘里斯戴著一個紅領結乖巧地跟著。我咧嘴大笑希望她也是這個表情。她走近時，我沒感應到憤怒、或恐懼、或失望、或厭惡、或我怕她出現的任何情緒。她也在微笑。

我真是個笨蛋。

就是她了，我告訴自己。這是我要娶的女人。

我只希望我真的改變了。

16

摘自「英格麗的心思」

他從墨西哥式慶典的人群中走出來。我認得他的襯衫和領帶。自從我們認識以來幾乎每場簽書會他都穿這套。貼身的紫襯衫和紫領帶。

我迅速跑進屋裡經過我姨媽,她在等廁所。門一打開,我衝進去,一路擠開每個人,讓我在見到他之前最後一次整理儀容。

我檢查我的頭髮,理好我的接髮,調整我的塑形胸罩,掙扎要用粉紅唇膏還是保持紅色。紅色是大喊,「占有我,你這呆子,熱情地吻我。」而粉紅色是說,「這個嘴唇細緻柔軟,請小心處理。」

所以我選了紅色。我離開浴室走過廚房。但我在不鏽鋼冰箱門上看到自己倒影時,趕緊抓張紙巾擦掉紅唇膏。我塗上粉紅色,結果一團亂,我的嘴唇像在說,「占有呆子吻細緻處理。」

我去年很不好過。尼爾和我分手後,我感覺擁有的一切都被奪走了。我生氣又失望,因為我給了又給,然後我什麼都不剩。我覺得和世界脫節。胸中一股空虛感。我一直想弄清楚我有什麼問題讓他這麼做。

我跟很多人交往想忘掉那個感覺。我找了個酒保/內衣模特兒補償。但我們上床之後一天,他假裝成大猩猩,因為長時間裸體的不自在而張鼻孔捶胸。我收拾我的衣服,禮貌地離開,從此再也沒見過他。

之後,我認識一個幫總統寫演講稿的貼心男人。我只想要玩樂不要痛苦,但他想要的比我準備好付出得多。所以我和他分手,開始跟在魔術城堡飯店認識的魔術師交往。我跟他分手後,發現或許我必須建立的是跟我自己的關係。

尼爾從馬丘比丘發簡訊給我之後，我想跑回他懷裡。但我怕又會被背叛。我還沒準備好。我剛跟一堆人分手，感覺太脆弱了。

獨處是我為自己做過最好的事。我總是不斷換對象，希望對方會幫我弄清楚我的本質或填補我讓我覺得完整。但從來沒成功過。當對方無法讓我感覺完整，我內心只有更大的空虛。去年的痛苦之後，我才發現必須停止嘗試找到我的另一半，而是要自己當個完整體。我必須學習如何愛自己。我必須學習珍惜自己。我也必須學習我很重要。

我不確定我完整了沒有，但我比較完整了。所以當漢斯要我幫忙考慮婚禮來賓時，我提議尼爾。我告訴過尼爾如果他發簡訊給我說「我自由了」，我會連絡他。我沒說什麼時候。我也必須準備好。於是我做了請帖寄給他。我想再見他一面，確定我沒犯錯，離開了我的畢生最愛。

離開廚房之前，我站在窗邊想要看尼爾最後一眼再跟他見面。我雙手冒汗，感到強烈的焦慮。我還有時間叫計程車離開。或跑出大門爬上我最愛的樹，我小時候躲避繼父的地方。

我擔心這是個錯誤。就像我外婆常說的：除非穿尿布的小孩，你無法改變一個人。

不過她常說的另一句諺語是：只要有耐心，青草也可以變牛奶。

跟尼爾在一起感覺像擁有亞馬遜叢林裡最美麗的鳥兒，充滿色彩與活力但關在太小無法伸展翅膀的籠子裡。我會每天早上坐在籠子邊跟他唱歌，但他總是看著窗戶。我們分手時我告訴他是打開籠子釋放鳥兒的時候了。但之後每個早上，我會看著窗外希望看見他飛過。

現在我在這裡，看著廚房窗外的後院，我看到尼爾在外面飛。我看到他溫柔的眼睛和甜蜜的笑容。他用食指和中指摸左眼下方，來回搓揉。我微笑著想起他的緊張訊號，我打開紗門走出去跟他一起飛翔。

我只希望他改變了。

Door 5

自由
FREEDOM

我會至死吻你瘋狂冰冷的嘴，

撫摸你身上失落的果蕾，

尋找你閉眼時的光明。

最後當大地受到我們的擁抱

我們會融合成為單一的死亡，

永遠活在永恆之吻中。

I will die kissing your crazy cold mouth,

caressing the lost fruit buds of your body,

looking for the light of your closed eyes.

And so when the earth receives our embrace

we will go blended in a single death, forever

living the eternity of a kiss.

──帕布羅・聶魯達《一百首愛的十四行詩》

（Pablo Neruda，*Cien sonetos de amor*）

∞

生存者坐在我的窗台上，翠綠又蓬勃。

底下，英格麗和我並坐在清理過，除掉所有公社、三人行和開放性關係的DNA痕跡的沙發上。赫丘里斯躺在地上，旁邊是英格麗救回家的一隻漂亮白色馬爾濟斯。

桌上，有個用銀紙包裹的盒子。我打開，用筆畫開封箱膠帶，翻開厚紙板蓋子。

裡面有五個包裝的小禮物，各自標示不同的號碼。上面放著一捲焦黃的羊皮紙。

「繼續，看完，」英格麗催促。

各位女士先生：

誠摯邀請您參加我們的最棒最大的房間裝飾，加州馬里布的雅各「大象」高夫，享年兩歲的葬禮。

今天晚上九點將在他居住的社區舉行儀式紀念他的畢生奉獻。大象高夫先生將與他最愛的一些物品合葬。

祝安！
自由與信任・葬儀先生

起先，我不懂。我們幹嘛要埋葬一隻大象？

她把溫暖的手放在我手上。「你很努力贏回我的信任，所以我也很

努力原諒。」

是房間裡的大象（譯注：Elephant in the room，比喻難以處理而拖延的大問題）——我以前的偷腥、鬼祟和說謊。如同我在她弟弟婚禮上給英格麗禮物證明我改變了，三個月後，我面前這五個分別包裝的盒子是她說她也改變了的方式。

雖然迪士尼動畫和浪漫電影在愛人重逢時就結束，讓觀眾去假設他們從此過著幸福美滿的生活，但在現實生活中，這一刻故事才真正開始。

當睡美人問菲利浦王子，「在我睡覺時你吻過多少個公主？」

當小美人魚向艾瑞克王子大吼，「魔咒？那是我聽過最爛的藉口。你想要娶另一個女人！」

當親吻青蛙的公主問復原的王子，「老實說：你當青蛙時，有沒有跟母青蛙交配過？」

少了讓他們忙碌的驚險刺激，團結他們的共同敵人，或強化他們渴望的障礙，這些傳奇情侶要面對最大的挑戰：應付彼此——和無論大小，在價值觀、教養、意見、個性、期待、習慣和缺陷各方面的差異。尤其是每次這類冒險的後果就是創傷。

所以，你也猜得到，我們復合後英格麗並非平白給我信任。我們復合的第一天，她威脅如果我不把社交網路的狀態改成穩定交往中就要走人——即使我已經不用那個帳號了。第二天，她看到我電腦上賽奇的照片又威脅要走人。第三天，她威脅如果我不讓她檢查我的手機就走人。到了第四天，她說過去的記憶太痛苦所以不想再跟我交往。

這時我發現身為避愛者，我把英格麗放太高了，認為因為她這麼依附而我沒有，她一定比我懂愛情。但現實中她只是坐在同一座失調蹺蹺

板的另一端。畢竟，她至少有個我們都同意的致命缺點：她選擇了當初的我。

「以前我從來沒看出，但我肯定也有個模式，」我們討論時她發現，「我在你之前的男朋友都深受母親糾結。她會不斷打電話來，要他幫她辦事，他會丟下一切去照顧她。即使他從來不讓我用男朋友稱呼、或說我們在交往、或每周見面超過兩次，我仍跟了他五年。」

於是我找了個洛琳的老同事名叫文斯的，穿上我的潛水裝，看著他讓英格麗坐到椅子上展開治療導致她愛情癮的父親拋棄創傷的流程。

她坐著向她父親怒吼時，眼淚從她臉上流下，我發現我們有同樣的父母：糾結的母親和拋棄人的父親。只差我母親希望我爸去死，她父親真的試過殺她母親。

男女關係這樣運作真奇怪：愛情不是意外。那是兩個不同製造廠無意中創造出的兩塊複雜互補的拼圖碎片的精密組合。

我聽說，「一見鍾情的時候，快往反方向跑。」我試過了。但我又跑回她面前。現在我們並肩坐著，一起走上新的道路，我拆開標示一號的禮物。裡面有個襯著白絲緞的小棺材。英格麗的手寫字條說讓它開著。

第二禮物是隻灰色的塑膠小象。附帶紙條寫著：「這是房間裡的大象。他不會再跟我們在房間裡了，因為他會在棺材裡安息。他製造的恐懼、懷疑和憤怒不會再傷害我們或阻撓我們對彼此的愛。我愛你。」

我臉紅地把象偶放進旁邊的棺材裡。尺寸恰好，腳和軀體都接近邊緣。

下一個包裹裡是兩個金屬小鳥籠，裡面各有隻金屬小鳥。「鳥籠象徵被限制、無法實話實說、誤解和異化，」英格麗的字條解釋，「放在

籠裡這兩隻漂亮小鳥無處可去，孤單寂寞，象徵我們小時候、青春期和成年後。我們埋葬這些因為我們不再孤單寂寞了。我們有自由可以飛去想要的任何地方。」

我佩服她的智慧、周到和創意，把兩個鳥籠放進棺材裡：一個在大象前，另一個在屁股後。

在這麼短時間內花這麼少力氣，英格麗已經跟我走上這個旅途了。我們一起學到，照兩性作家哈維爾‧漢垂克斯（Harville Hendrix）的意思，長期關係的無意識目的就是完成童年。或者照精神醫師艾瑞克‧伯恩更加簡明的說法，「愛情是大自然的心理療法。」

下一個禮物是十幾隻金屬小手。「手象徵批判、缺乏界線和控制。這是我們小時候和成年後偶爾的感受。今天我們埋葬這個，忘掉批判我們的人、想控制我們的人、自己的缺乏界線，和我們控制彼此的企圖。」

我把小手灑到大象、籠子和棺材底上。

第五個包裹裝了兩支金屬鑰匙，上面有刻字：祕密與記憶。「這些都是壞鑰匙，」她的羊皮紙解釋，「祕密鑰匙表示我們不再必須為了曾經傷害我們的人保密。當這支鑰匙埋葬，我們會忘掉傷害我們內心的祕密，不再為別人的問題負責。記憶鑰匙代表我們的壞回憶。我們要放棄我們對它的依附。我們不再把這些記憶鎖在心裡、允許它指使我們。」

我把鑰匙滑到大象身邊時，終於懂了蓋兒在復健所說的真正的親密關係是什麼：這時伴侶們不再活在過去——在他們的創傷史裡——開始彼此建立在當下的關係。原來愛情不是學習而來的東西。是我們已經擁有，我們必須遺忘才能使用的東西。

她的指示寫著：「等一會兒再蓋上棺材。一旦關上你永遠不能打

開，所以接下來幾分鐘或幾小時想拍照或做什麼都行。但在今天結束之前關上它。」

我望著棺材和裡面精心構思的漂亮物品。我看著小象、籠中鳥、許多小手，還有最後的鑰匙，直到棺材裡得一個字充滿我的視野：祕密。

我心想如果我真的要埋葬過去，現在就是釋出最後祕密的機會。時機太完美了，但就像任何完美的東西，也很脆弱。

我緊張、尷尬、緩慢地告訴她：「我要妳知道過去除了茱麗葉還有其他的壞事」——我偷腥的女人。「當時我不知道我不能一面愛妳一面瞞著妳偷偷摸摸。我不懂。但現在我懂了。」

她聽完，臉色凍結背脊僵硬，像貓對突發怪聲的反應。我看著祕密鑰匙想起我隱瞞的其他事。「我知道我們分開期間你跟一些人交往，我只想讓妳知道除了我們已經討論過的以外，我有很多其他的經驗。」

「哪種經驗？」她謹慎地問。

儀式的美好莊嚴粉碎了。但這是說實話的意義：給別人自由，即使導致對你不利的後果也允許她作反應，給她被謊言奪走的發言權。

在過去，我有傑出的天賦把父母最微小的恐懼或不贊同跡象變成個人災難。但現在，我用四項調整把羞恥變成安慰。

羞恥在於對待別人不好；安慰在於對你自己好。

用同情取代批評回應不只比較合理，也對涉及的每個人比較輕鬆。這可能是幸福長壽人生的關鍵。

我告訴英格麗那些多元伴侶信徒的事，學習四項調整和基於意圖的交往概念。我告訴她換妻者，學習如果把伴侶納入而非想要藏住她，我的性幻想可以為關係加分。我告訴她後宮大屋，學習愛情不是對我的人生作不合理要求的嚇人怪獸，而是美好的朋友，偶爾要求我有接受或否

決的選擇。我也告訴她開放性關係，學習不只忘掉嫉妒和控制，還要探索我的痛苦情緒而非像成癮者迴避它。

英格麗聆聽時，她擺盪在各種不同的情緒中：憤怒，恐懼，哀傷，直到最後，她落在愛情上。「我沒想到我會這麼說，」她嘆道，靠近我撫摸我的頭。「但或許你做的那些事不算是倒退而是治療的一部分。」

「我寧可這麼想。」

如同洛琳說過，復健重點不是一直活在喜悅和和諧中，而是在你無可避免搞砸時縮短回到原狀的時間。因此，我很感激英格麗和我的每次衝突都提供了練習機會。

「現在你變了這麼多真是不可思議，」我分享完這點之後英格麗說，「你冷靜、成熟、耐心又體諒多了。有時候我在等你生氣或不悅，卻沒等到。真神奇。你像蝴蝶似的。你織出小繭然後蛻變。連你的眼神都不一樣。我透過它看得出你的心。」

大多數愛情故事都是講兩個人注定在一起，但被某障礙分隔而受阻：他們的文化、社會地位、家庭、情敵、操弄的壞人、意外的悲劇。但在現實人生中，愛情故事比較複雜。人們想要愛情，但他們得到之後，他們害怕或無聊或懷疑或怨恨。當他們得到痛苦而非愛情，他們不會離開。他們比爭取愉悅更用力抓緊。所以在人生中，分隔兩人的真實障礙不是外在的。要打的是內心戰。

所以，我聽完英格麗的話之後心想，到頭來，愛情的重點不是找到正確的人。而是變成正確的人。

我把手放在棺材蓋上。「就這樣了，」我告訴她，「我們向過去道別。妳還有什麼事想知道的嗎？」

「蓋上吧，」她說。

首先，我拍照：

然後我闔上蓋子。

房間裡的大象消失了。

「還有最後一件禮物，」英格麗說。

她交給我一個手掌大小跟其他禮物分開放的盒子。裡面是一張字條和四支不同形狀大小的鑰匙，上面各自寫了不同的字。「這些是你要保留的好鑰匙，」字條寫道，「愛情鑰匙是提醒你，你值得被愛而且我永遠愛你。心形鑰匙是通往世界上最大顆的心：你的心。生命鑰匙是我們為彼此打開人生的鑰匙。旅程鑰匙是通往我們幸福的道路。」

閱讀這些美麗的字彙時，我注意到我的舊感覺完全沒了：被她的愛窒息，懷疑我的心地好不好，恐懼向對方開放我們的人生，焦慮她對我的期待。反而每個字都像真理一樣響亮。不被過去糾纏也不擔心未來，我終於慶幸有現在了。

原來男女關係不需要犧牲。只需要長大──和不再頑固地緊抓著不成熟需求，害成熟需求無法滿足的能力。

我在廚房找到一些傘繩，拿了一段穿過鑰匙圈，掛在我脖子上讓它靠近我的心臟。

「我把這些鑰匙託付給你了，」她說。

「這次我會配得上保管。」

紙捲上有最後一個指示：埋葬棺材。我在車庫裡找不到鏟子，改從廚房抽屜抓了兩根大湯匙。

在後院裡，小得像腫瘤的土丘上，有一塊廢棄石板碎片圍繞的軟土壤。我們跪在旁邊開始挖掘。泥土很軟很容易挖開。我們一直挖到十吋深，以免被樹屋的下一任房客發現。在古代，這可能會像印地安人的墓地。

我們把一匙土壤丟在棺材上，她說了幾個字。「親愛的朋友們，今天我們聚集在此要送走『大象』高夫。他是個非常忠誠的同伴。他從不離開我們身邊。我們想要趕走他，但原來他是我們的貴人。沒有這隻象，我們不會擁有彼此。願上帝憐憫他的靈魂。」

我們假哭同時挖起身邊的土壤填滿坑洞，直到大象消失埋葬，地面上不留一絲痕跡。

然後我們分享寂靜的片刻，沐浴在放手的安慰中。

英格麗先開口：「哎呀，我不小心把車鑰匙也埋了。」

我大笑，抱緊她，親吻她明亮頑皮、我好懷念的的雙眼之間。

「我喜歡逗你笑，」她笑道，「你的笑容很好看，臉頰會鼓起來。我腦中有我們變老人的畫面，我還是在逗你笑。」

「我也想像得到。」如果我能選擇發笑或下半輩子有不同的四P體

驗，我一定會選擇發笑。

「我有點想打給茱麗葉告訴她『多謝照顧』，」我們走回屋裡時英格麗說。

當我牽著她的手，發現在治療創傷之前，我總是想要更多——更多女人，更多成功，更多錢，更多空間，更多經驗，更多財物。我一次也沒有停下來像現在這樣說，「我擁有的夠了。」

外卡打出來之後，

它還是外卡嗎？

我們默默開車。我爸和我。這是我單身的最後一天。

我等待他給我忠告，對我即將到來的婚禮說些什麼，提供從五十年婚姻學到的任何事。但他不說話。我猜我不該期待有什麼不同：他從不給我性教育，直到我二十二歲，他的忠告是，「多花時間。慢慢來。不要急。」

為了打破沉默，我問他的父親是什麼樣子。

「他非常寡言沒什麼話。通常總是在工作。」

「你對他最好的回憶是什麼？」

「我想是有一天我們一起釣魚，完全沉默。」

我想著那會有多麼寂寞，我猜想，對照之下，我有多寂寞。「你媽呢？你對她最好的回憶是什麼？」

他掙扎著回想他母親，她是忙碌的芝加哥社會名流。「我想我對她沒什麼強烈記憶，無論正面或負面。」

照我以前的糾結對話，我們會討論一個理論，因為爸的母親只顧自己，他姊妹是全家的最愛，他的自尊偏低也很怕女人，他覺得彷彿他的權力唯一勝過的是無助的人——殘障者。顯然在某個程度上，我侵入把妹的世界——得到我認為對女人的心理優勢——是我仿效的企圖。

「不過我有個住在家裡的保姆，」他又說，「我想我們很親近。」

我很驚訝地聽到我們童年這麼類似——有個疏離的父親，自戀的母親，被偏愛的手足和撫養我們長大的保姆。我又想起我們的成年人生有多麼類似。

親戚們經常提起我在幼稚園畫的家庭畫像的故事。用蠟筆畫在圖畫紙上，有代表我自己、我弟弟、我們的保姆和我父母的火柴人。然後有從我父親雙腿之間開始的大紅線，直畫到地上，再延伸成一個大圓圈包

住全家。那是我爸的陰莖。即使當年，不知何故我就知道我們全家都受它的影響，活在它的巨大陰影下。

所以我內心深藏著一個疑問。我鼓起勇氣問我爸想在廿多年後對此事作個了斷。

「那你是怎麼變得迷戀肢體殘障的人？」

我想這樣問，但我沒有。無論他的答案是什麼，該跟他討論的是他老婆，不是我。跟我有關的部分——在被腐化的婚姻下長大——已經結束了。

我回想我跪在考艾島的無人沙灘上向她求婚那天，英格麗告訴我的事。「你不是出身於關愛的家庭。我也不是。但現在我們有機會一起建立一個。」

家父和我退回沉默中。我們沒什麼情感連結。我不知道可不可能做到。我想不出他對情感的親密關係或肢體親近很自在的時候。試圖用我的頭去撞他的牆只會造成腦震盪。但至少我第一次敲了他的門，看他是否要讓人進去。

最近，我開始想到我父母做得不完美的事，可能讓我成為個人而非創傷讓我成為病患的變數。一輩子自認是受害者而別人是壞蛋並不健康。

「你媽有話跟你說，」我們回到英格麗跟我租來辦婚禮的海灘屋後，我爸說。

她坐在扶手椅上，收起雙腳拐杖放旁邊。「婚禮上會有攝影師嗎？」她問。

「當然。」

她臉色不以為然。「你有叫他別拍我嗎？」

「有。」這是我唯一遵從她的要求。自從她發現我爸的戀物癖，她就不准任何人拍她的照片。

「我曾經認為我很漂亮，」她嘆道，「但現在只感覺像個怪物。」

在復健所，我告訴過組員以前我試過說服她別這樣，說如果她金髮而老爸有金髮戀物癖，她完全不會在意。但這次，我對這句話聽而不聞，這是她的意願。我接受她太老無法改變的事實。再過不久，她就不在了。

我在失樂症期間累積的愛情筆記中，最重要的一則是不要跟人交往又希望她會改變。所以或許我也可以應用這個教訓在我跟她的關係上，接納她的現狀，而非我希望她變成的人，並且感謝她已經盡力愛我。

「非常感謝，」瑞克在婚禮日早上來訪時我說，「都是你的功勞。」

「我可不想擔責任！」

「責任都在我身上。」

「我們這麼說定了。」

我們走到外面空地坐在面海的躺椅上。「曾經，我準備放棄不再跟你討論這些，」他說，眺望著海平線。「真悲哀。人類的創傷強烈到他們好像在童年設定程式的機器人一樣。即使他們靠治療和復健所學到自我的真相，他們仍會死抱錯誤觀念作出不利的選擇——反覆重演。」他對這種宇宙級的荒謬搖搖頭。「要辛苦、有意識、勤勉的努力才能真正改變。」

我有個預感這是瑞克能給我最接近結婚賀詞的東西，所以我就這麼想。英格麗和我說好，賓客應該精簡，讓我們有時間和體力注意彼此。

我只邀了過程中有幫助的人：我最親近的家人瑞克，復健所同伴，梅蘭妮之類密友，幾個戀愛教練和男女關係治療師。前者給我工具認識了英格麗，後者讓我給她承諾。

然而，比任何人都該感謝的洛琳一直沒回覆請帖。我打了幾通電話詢問她怎麼了。據我所知，她因為跟病患有所謂雙重關係（社交與治療上）被懲處了。現在她在醫院改作比較行政性的角色，而且不像亞當——她很怕離開單飛。但我希望有一天我能再跟她聊天，謝謝她拯救了我的人生——就像她拯救過無數人的人生。

我除了洗澡、刮鬍子和穿西裝，準備婚禮該做的事不多。所以在下午，亞當、卡文和特洛伊上門，我們換上泳裝。

「你對一夫一妻制適應得怎麼樣了？」我們走下山坡一起去海灘時特洛伊問。

「你知道嗎，我想我太高估它了。我討厭這麼說，但蓋兒是對的：我只是用我的方式丟出知識障礙以避免脆弱和承諾。」在廣大互連的世界裡，很容易找到夠多有同樣創傷背景的人來附和你，然後打折扣、忽視或攻擊反面的所有證據。

「但是男性的兩難怎麼辦——『性愛和女人都會變老』那回事？」特洛伊問。我很羞愧曾經想過這麼膚淺又誤導的事情。

「如果兩人彼此看成物品或員工才說得通。如果他們是情感健康的成人，那他們就沒有無法一起解決的兩難。他們根本不會發現對方老了，只會更快樂。」我暫停一下回想。我以前認為的老化不盡然是怕肉體衰敗而是怕像我父母變得不快樂。我肯定已經不擔心了。「和英格麗變老變快樂是我目前人生最期待的事。」

怪事發生了：我處理糾結問題時，變得不太在乎想要交往之外的性愛。當英格麗處理她的拋棄問題，也不太在乎萬一我被別的女人吸引會失去我。其實，只要她看到我完全快樂又滿足於跟她一對一，什麼都有可能了。

結果，我們發展出我一直在期待的關係，只是我不曉得那是什麼：沒有恐懼的男女關係。不怕親密關係，不怕窒息，不怕失去，不怕說真話，不怕被傷害，不怕無聊，不怕改變，不怕未來，不怕衝突，甚至不怕別人。

恐懼的反面不是喜悅，是接納，我們就用它取代了恐懼。所以我們今天承諾的不是一夫一妻也不是非一夫一妻制。那是別人的價值觀和二分法。我們的承諾只是照顧、支持和維護我們生活中的三個重要實體：我，她，和雙方關係。不計代價，不管我們如何變化。

稱之為非二元論關係吧。

「你怎麼應付那麼多誘惑？」卡文問。我循著他的目光看到一個黑色長髮、戴粉紅耳機、穿斑馬紋比基尼的女人慢跑經過。

「我還是會被誘惑，但我決定等一會兒再開門或做任何傻事。不久誘惑就會走開，我發現我和英格麗的互信——還有結果——比短暫的愉悅帶來一生的恥辱強大多了。」

我逐漸發現男女交往沒有所謂自然的方式。認為我們可以研究過去或其他文化來判斷今天什麼才正確的想法很荒謬。因為幾乎每個靈長類社會交配和性慾的狀況都不同——每個觀點都可能有來自其他部落或物種的證據支持。不只有一種正確又適當的方式去愛、認同、連結、接觸。任何關係模式都是對的，只要那是完整的個人而非人的缺陷作決定。

矛盾心理的道路沒有出路。

「那如果世界第一美女現在勾引你，你怎麼辦？」特洛伊問。

「還有A片呢？」卡文補充。

「或萬一英格麗完全失去性慾呢？」亞當問。

真有趣：在復健所裡這些重要又令人困惑的問題其實已經不重要了。通用答案是，那都是錯誤的疑問。「我是這麼做的，」我解釋，「我和她都對一切事情誠實。沒有祕密。所以我們會討論這些事，一開始我們就該這麼做。其實，以前我最怕談到的一旦過了初期的尷尬卻讓我們更緊密一起。她最生氣的就是不知情。終究她會覺得夠安全可以分享她最深的幻想，原來其中某些跟我的並沒有太大差異。」

海灘末端的懸崖是杜馬角的北端，繞過懸崖有座寬敞空曠的海灘，我問同伴們想不想游到另一邊去。

「我不希望你死在婚禮當天，」亞當回答，似乎是認真的。

我們脫掉上衣涉水到一個安全的位置。波浪拍打著離岸十碼處，我們戲謔地讓海水沖上岸幾次。

「你老婆的情況怎麼樣？」事後我們坐在沙灘上讓陽光曬乾，我問亞當。

「她終於又願意跟我嘿咻了，」他說。

「不會吧。那麼等待值得嗎？」

「我跟你說，尼爾，其實不值。以十分為滿分，頂多是三分。」特洛伊殘酷地大笑。很多亞當這種人抱怨他們的老婆不肯跟他們嘿咻，但如果老婆願意又很少人會滿意。因為問題其實不在性愛，在雙方之間的關係。

「你們應該一起看指導影片，」卡文提議，「或把她灌醉。」

「沒關係。我真的無法改變我老婆。她就是這樣子，我必須開始想

下一步。」

「哇，真的嗎？」我驚呼。

「你知道的，」他說，把雙腳埋進沙裡，「有審判日。到了那一天，你會根據你是否待人誠實善良被審判。堅持守著給我這樣感覺的人真的好嗎？讓她知道我的感受肯定沒好處。」

「那你有什麼計畫？」

「我排練過要跟孩子們的對話，但我想等到兩年後最小的離家再說。現在沒事了。我這樣子也湊和。」

「呃，至少你有些進步了。」

「兩年？」卡文插嘴，「你不年輕了。兩年會好像十年──或永恆！」

「那你呢，卡文？」特洛伊挺身幫亞當辯護，「你一對某人產生感覺，根本無法跟她們嘿咻。你怎麼辦？」

「比你處理婚外情好多了。」

我聽著卡文說他想要找到靈魂伴侶，亞當說他愛另一個女人，特洛伊說現代人類不適合終生一夫一妻制。他們的聲音混雜著海浪，模糊、融合，像音樂般悅耳。

我們走回家準備換上西裝時，我有預感這是紅魔鬼同伴們最後一次聚會了。改變需要承諾。唯有承諾才有自由。終於，是承諾的時候了。

回報：八大情緒表上，我唯一沒在復健所回報過的──愛。

給英格麗的特別附註

　　我希望妳別管本書一開頭的留言，只管把書看完。那是很多年前我剛開始寫這本書的時候說的，當初我不太懂愛情、性、男女交往和親密關係。但是我還是希望妳能夠了解真正的我。

　　畢竟，妳也跟我在一起好久了。

　　不管海倫・費雪說什麼。

致謝

有時候當我跟英格麗在浴室裡準備展開新的一天,我開心得感覺到所謂的ROL——強烈的愛(Rush of love)。在那些時刻,我想到瑞克怎麼試圖說服我,我錯過了更大的快樂,我太犬儒了。我無法了解他的意思,直到我親身體驗過。現在,我每一天都充滿感激。

所以我打從心底想要感謝(現在我知道我也是有心肝的)每個幫助過我的人。對那些想要利用這個經驗當作自己探索起點的人,以下是你尋找獨特道路時可以採取的第一步。注意我並不完全同意這些專家的建議,所以別怕篩選出對你最有用的部分。

許多概念出現在皮雅‧美樂蒂(Pia Mellody)、詹姆士‧霍里斯(James Hollis)、維吉尼亞‧沙提爾(Virginia Satir)、約翰‧布萊蕭(John Bradshaw)、肯尼斯‧亞當斯(John Bradshaw)、馬歇爾‧羅森堡(Marshall Rosenberg)、瑪麗安‧所羅門(Marion Solomon)、哈維爾‧漢垂克斯(Harville Hendrix)、薩爾瓦多‧米努金(Salvador Minuchin)、彼得‧列文(Peter Levine)、Bessel van der Kolk、Robert Firestone等人的作品中。我也推薦採用網路上派崔克‧卡恩斯(Patrick Carnes)的創傷後壓力指標測驗(Carnes's Post-Traumatic Stress Index test online)以了解你的過去如何影響今天你的行為。(用原版的PTSI測驗,不是修改的PTSI-R。)你可能想要email給芭芭拉‧麥納利(Barbara McNally,聖塔莫妮卡那個)請她出版自己的書,因為她的教導和智慧也是很大的影響。

如果你想要深入，請慎選你的導師。很多所謂的治療是昂貴、沒完沒了的每周會談，目標不在治療而是治療師確保收入或滿足自尊。如果幸運，你會找到洛琳這種人當 主要照護治療師，她會研發用來治療特定核心問題的治療計畫——納入其他治療師與方法。記住一旦開始治療，心理維護、自我糾正工具和持續的自我照護都有必要，以免退步。

　　要注意或許沒有治療師會看完這本書同意裡面的每件事。我花了很多工夫挑選與傳達了各種想法，心中只有一個目標：分享它們跟我說話影響我的方式。我對這些概念的適應、調整和解讀未必跟它們的原始文字或意圖有關。那只是我必須相信以矯正我自己的東西。

　　雖然有無數互相競爭的理論、分類系統和思想學派致力於了解與治療人類心智——許多宣稱它們比較新，比較好或比較科學——最重要的終究只是什麼對你有效。所以要開放心胸自己嘗試一切而非接受意見，包括我的意見。

　　目前我保留了開放與擴大中的推薦網站、研討會和從業者名單，請參閱www.neilstrauss.com/thetruth。

　　我在網站上也有詳細的書單，還有提供獎學金給沒有預付稿費可花的人的創傷治療研討會資訊。雖然我努力模糊掉大多數復健中心、聚會和治療師的細節以保護病患、成癮者和我認識的特定從業者隱私，如果你寫信到neil@neilstrauss.com，有人會很樂意幫你指點正確方向。（我慢慢解除了失樂症期間設定的電話和網路限制，但我仍努力減少上網。）

　　如果你有興趣找出你自己的關係模式，想避免我在書中犯過的錯誤，先治好你自己再探索不同的模式，你應該會順利得多。如果你健

康，無論你選擇哪種關係也會健康。但是要知道，地下社團變化很快——例如，我去的那家巴黎夜店現在似乎成了普通夜店，至福派對也不是以前那樣了——所以做些獨立研究再跳進去。在本書的草稿中，我以為會往另一個方向走，我寫了個已知所有不同關係模式的附錄，你可以在www.neilstrauss.com/goodtimes看到。

撰寫本書的幾年間有許多人幫忙過閱讀、評論、查資料或給意見。以下只是其中一部分：Rico Rivera、Joel Stein、Tim Ferriss、Ryan Soave、Michelle Piper、Christopher Ryan、Chris Collins、Jaiya、Rodrigo Umpierrez、Molly Lindley、Suzanne Noguere、Andrea Dinsmore、Nola Singer、Jackie Singer、Brian Fishbach、Sy Rhys Kaye、Jared Leto、Paul Hughes、Judith Regan、Michael Wharton、Steven Kotler、Jim Galyan、Chelsey Goodan、John Mills、Alexander Hoyt- Heydon、Jack Sadanowicz、Chris Hurn、Brad Rentfrow、Billy O'Donnell、Aaron Werth、Victor Cheng、Kira Coplin、Elizabeth Hill、Lucy Brown、Thann Clark、Anthony Miller、Mary Ellen Junkins，和已故的好人Eleanor Starlin。

特別表揚Ben Smolen和銳利如剃刀的Phoebe Parros幫忙研究。還有，新任協力設計師，明察秋毫的Laurie Griffin，舊任神奇如魔法師的Bernard Chang。最後，當然要大大感謝我在Harper Collins公司的家人們，尤其跟我長期配合、超有耐心的編輯Calvert Morgan和我的新發行人Lynn Grady。

我想要感謝的其他人都已經寫在書裡了。我尤其要感謝他們，在我成長過程中把他們逼瘋時忍受我。

最後，我要歡迎譚‧史特勞斯（Tenn Strauss）來到這個世界。我寫到這裡時，他再過三周就要出生了。昨晚，我寫了封信給他，讓他知道無論他的人生發生什麼事，我們以純粹的愛和無比喜悅歡迎他受孕來到這世界。

　　我希望他長大以後讓某人幸福，就像他媽對我一樣。

對我們與他人關係能做的最大好事……

是更有意識地改善我們與自己的關係。

這不是自戀行為。其實，

這是我們能為他人所做最關愛的事。

給他人的最佳禮物是我們最好的自己。

所以，說來矛盾，如果我們要處理好人際關係，

必須先肯定我們自己的人生。

The best thing we can do for our relationships with others . . .

is to render our relationship to ourselves more conscious.

This is not a narcissistic activity. In fact,

it will prove to be the most loving thing we can do for the Other.

The greatest gift to others is our own best selves.

Thus, paradoxically, if we are to serve relationship well,

we are obliged to affirm our individual journey.

———

——詹姆士‧霍里斯《伊甸計畫》

（James Hollis，*The Eden Project*）

作者

尼爾‧史特勞斯出生。目前他還活著。總有一天他會死。他的網站
www.neilstrauss.com在他死後仍會存在。他敢這麼說是因為這
個網域他租了九十九年。這是千載難逢的好交易。

說到這個,作為看到最後一頁的獎賞,你可以在網站看到被刪除的
章節與在戀愛公社差點發生謀殺案的殘酷細節:**www.neilstrauss.
com/goodtimes**。

治療性上癮，
就要愛不怕

文｜曾寶瑩（性愛心理學博士）

2007年《把妹達人》一出版，我立刻徹夜未眠讀完全書，記得看完最後一頁闔上書的時候，心裡竄出的第一個念頭其實是看衰的：尼爾先生，我真想看看你要怎麼談戀愛！最好到處睡（fuck around）能讓男人圓滿幸福，「小鳥狂喜」的巔峰經驗怎麼可能用進出女人陰道來集點獲得。到處睡真的很爽，但睡很開心之後，你能躲掉「肉體飽滿、心靈空虛」的苦難折磨？我很懷疑。在我心底，作者尼爾被我狠狠酸了一頓，這種把妞神技，八成會變成夜店的「撿屍部隊」，睡得到、愛不到。

但就算我如此看衰尼爾・史特勞斯，《把妹達人》還是穩坐在「女人無緣體質男子」的必讀書單上，那是一份我開給帥帥阿宅們的戀愛指南。對於很想談戀愛卻不懂如何勾引女人的男人來說，尼爾的招數，既吸引人又實際好用。

好多看過的朋友都跟我說，實踐尼爾把妹術，讓他們調整好自己和女人對頻的天線，展開人生中的第一段戀情。我知道大部分走這條路的男人，都不會繼續鍛鍊把妹絕技，他們更傾向要好好珍惜，身邊那個從夢裡走來的牽手女友，很少人想要冒著手被剁掉的危險，繼續打開把妹外掛、四處偷腥。

要像尼爾先生這樣，將自己鍛鍊成把妹魔獸的人實在不多。那樣的境界，需要很強的慾望、很閒的生活，和一股怎樣都不甘願的鬥志。但，出來搞的都要還，睡多了總會睡到鬼，喔喔喔，不是，是睡多了總會睡出鬼，到處睡的，難免得付出一點代價。那些鬼可能是「心靈空虛寂寞鬼」、「女友也亂睡吃醋忌妒鬼」，或是最可怕的「性上癮廢掉整組人生鬼」。在這本書裡，尼爾後來果然遇到了鬼，而且是所有的鬼。那些鬼是他狂玩性愛派對、實驗性愛組合所搞出來。鬼的狂歡打開了尼爾先生的眼界，也讓他跌入深深的羞恥感中，直到他被懊悔與空虛吞噬。

尼爾的經歷讓我想起，曾經來找我做性治療的B先生。他也是個把妹達人，只要他想，一天睡三個女人並不困難。但他後來卻遇上了尷尬的性功能障礙：要硬不硬、該射不射。他說自己什麼都玩過了，就跟尼爾一樣，約砲、一夜情、開放關係、多P、性派對、換妻……

當然B先生也走過一對一的戀情，但就是受不了被約束的感覺，所以才會放棄「無聊又會窒息的乖乖愛」，這是他對我描述戀愛經驗時所說的話。為了不要被女友的愛窒息，他在每段乖乖愛裡不斷外遇，然後重複「戀愛、窒息、外遇、吵架、冷漠、分手」的老套循環，他說：「我覺得那種日子好累。男人的天性不可能被綁住，一對一、結婚，只會讓我們更想外遇。」

B先生和尼爾一樣，對著性治療師（也就是我。在書裡，則是冷酷的蓋兒和溫暖的洛琳）控訴浪漫戀愛和婚姻是多麼違反人性的錯誤設計。但會尋求「愛情治療」和「性治療」的男人，當然不是來炫耀他們的優越和快樂。相反的，他們是因為陷在不對勁卻又無力逃脫的泥淖裡動彈不得，才會努力伸手想抓住樹枝。

B先生說：「我決定痛痛快快得玩，管他什麼忠貞、背叛，除了會讓人窒息的乖乖愛，只要能做愛，我什麼都玩。」這段話在我十來年的性愛治療經驗裡並不陌生。

許許多多的B先生、B小姐都曾對我說過類似的話，所以想要到處睡（fuck around）的人，才能真正的睡下去，畢竟得有人「攻」也得有人「受」，這是「攻與受」的簡單數學題。對乖乖愛厭煩的男女並不是稀少的獨角獸，他們的數量遠遠超出我狹隘的想像力。但B先生搞了兩年後，他發現GG竟然出現一種莫名的症狀：不論怎麼弄，就是「沒辦法爽到」。挑逗、撩撥，這些過去能讓他輕易硬挺、爽快噴射的刺激，

竟然只會讓他尷尬的喘著氣、硬不起來，或是硬了之後變成一台壞掉的撞牆機，咚咚咚咚、咚咚咚咚，嚕一兩個小時也嚕不出來。他只好演出懶得搞，或是要假高潮射精，才能避開尷尬的性交時刻。

B先生說：「GG壞掉了。」他急了，跑了幾間泌尿科，醫生的診斷都是：「陰莖生理功能、身體裡雄性激素都很正常，GG沒病，是你心理有病。」就這樣，B先生來到了我面前，和我一起，展開了他專屬的療育計畫，把GG和心牆通通打掉重練。

和尼爾遇到的治療師一樣，我也運用了很多不同的身心改變技術來協助B先生。從性治療鼻祖美國性治療師馬斯特（Wiham H. Masters）醫師開創的「性感覺集中鍛鍊」、結合心理分析和行為改變技術的「卡普蘭新性治療」（Kaplan），衝擊性態度和性習慣的「認知行為療法」。也使用了「呼吸治療」、「身體經驗重塑」以及一些「家族治療」。

就像尼爾在書裡面強調的，別去想哪種方法是最好的，好好體驗然後吸收有幫助的那些部分就可以了，在療育過程中，我鼓勵B先生像洋蔥一樣一層層剝開自我，要求他重新探索自己的身體和心靈，直到他感受到陰莖早已疲累不堪，神經麻痺就像長期只吃麻辣鍋的舌頭一樣，再也品嘗不到新鮮食材的味道；接著我們才透過暫停性交和自慰、自我復甦按摩，協助他的GG慢慢找回感覺，又能在女人的觸摸下正常勃起、順利射精。但這一切只要一插入就完全破功了。進入女人陰道，他GG就會像被快速冷凍冰封一樣，快感立刻消失，不是很快疲軟就是又變成壞掉的撞牆機，嚕……不出來。為了要解決B先生的難題，我得走進他過去的性愛經驗和生命經驗裡開挖，才能找出他「沒辦法爽到」的根源。

就像尼爾一樣，他不懂自己為什麼對性上癮，總是無法控制的做出傷害愛人的偷腥行為。重點是，他這麼做卻一點也不快樂，就算身邊已經有四、五個女人圍繞著他，願意和他做愛、也給能他關愛，他還是不快樂。他被自己深深的罪惡感、和羞恥感團團包圍，覺得卑劣、不值得被愛卻又渴望被愛……

要搞懂尼爾到底為什麼不斷自我毀滅，治療師必須使出渾身解數，往尼爾心靈深處開挖。在治療師的協助下，尼爾走了一段漫長、痛苦不堪的治療歷程，歷經波折，他才頓悟原來自己不斷找女人做愛，竟然是因為從小被母親長期情感控制、情感勒索，媽媽在他靈魂深處埋下了「愛會讓人窒息」的種子，卻又讓他的靈魂缺少關愛而渴望與別人連結，最後就扭曲成了他後來「求愛又避愛」的性上癮模式。

揭開這個心理謎團之後，尼爾積極投入治療，這才是他做過最嚴苛的性愛實驗，讓自己赤裸裸毫無遮掩的去面對，被性慾掩蓋的真實自我。幸運吧，尼爾先生向來幸運，他的堅持和勇於接受各種治療方式的挑戰，終於讓他能平靜自在的擁抱愛情，和那個在他玩遍性愛遊戲，卻在心底深處越來越清晰明亮的女人英格麗，一起享受兩人依戀間緊密連結卻又無限自由的幸福快樂。他明白，再多的誘惑都抵不過英格麗和他之間美妙的親密關係。

而我的個案B先生，他的沉重心結不是對他向來慈愛的媽媽，而是外遇被B先生抓姦在床的初戀女友。當年目睹女友跨騎男人的B先生沒等女友解釋，就斷了彼此連絡，單方面果決分手。他萬萬沒想到，以為已經是過往雲煙的不愉快記憶，竟然在他的心底深處漫成了一片暗黑，讓他不想對女人投入感情，怕自己「太深入、太脆弱」就會被傷害。這股

被壓下的憤怒和哀怨，蓄積成他四處開搞的動力，也積累成壓垮他性能力的暴風圈：抗拒著不讓自己去感覺女人，最後成了GG的盔甲，隔開了所有的感覺。

解開這個心結，B先生學著讓自己真正的「勇敢」起來，那是一種即使害怕也要繼續前行的勇氣，他告訴我，「我得學會不怕痛，才能體驗到和女人真正結合的痛、快。」後來，B先生認真的以戀愛為前提，和幾個不同的女生約會、做愛，敞開心扉的他，接受所有感受到的情緒，不逃不閃，走了一段疲累的道路之後，我終於收到他報平安的訊息，他找到了能和他一起愛不怕的勇敢陰道，一個願意接納B先生脆弱和不安卻不會隨之起舞的好女孩。

「打砲誠好玩，愛情價更高。」這本書的結局很老套，但尼爾先生嚇死人的實驗精神、老實說的勇氣以及自我反省的能力，讓我們有機會看到一個「女人無緣體質男子」，如何一路從意氣風發的把妹達人，變成對性愛關係困惑又力求突破的生命勇士，再淪落到在性成癮戒治路上苦苦掙扎的落魄渣男，最後蛻變成認清自我擁抱愛情的自由人。他淋漓盡致的幹砲、情真意切的實驗、老老實實的治療、自由自在的相愛，透過他犀利如風的筆，我就像親臨現場一樣，目睹了一個男人為了追求性、愛所走過的心路歷程。

如果你是親密治療師、性治療師，這本書根本是一齣性愛生命寫實劇，由心思細膩男主角尼爾・史特勞斯所主演，他能讓你貼在個案的心邊上，聽見他們每個微小的心聲。如果你是性成癮、愛成癮的男男女女，這本書則能讓你了解，在釋放自己的過程中，你將經歷怎樣的旅程，有點像性愛世界的《寂寞星球》，是絕佳的旅遊導覽手冊。

如果你只是像尼爾剛開始一樣，想奮力改變自己的「女人無緣體質」，那麼我建議你，可以把尼爾的三本把妹系列一口氣看完，尼爾將會是你的戀愛教練、性愛前輩，以及你可以在心裡聊聊的好朋友。他的經驗可以幫助你避免惹上性愛癮頭，如果真的不小心走了什麼岔路，他的治療經驗，也可以幫助你走出泥淖。

最後我要說，這本書真的很好看，祝福每個讀者，都能開心做愛、自由戀愛。

Profile

曾寶瑩

資深性治療師、心理學博士。

目前是「心向性健康管理中心」的負責人和性健康療育師。

著有多本性愛專書，也透過專欄和社群媒體，持續和關心性愛議題的人交流討論。

---

not only passion

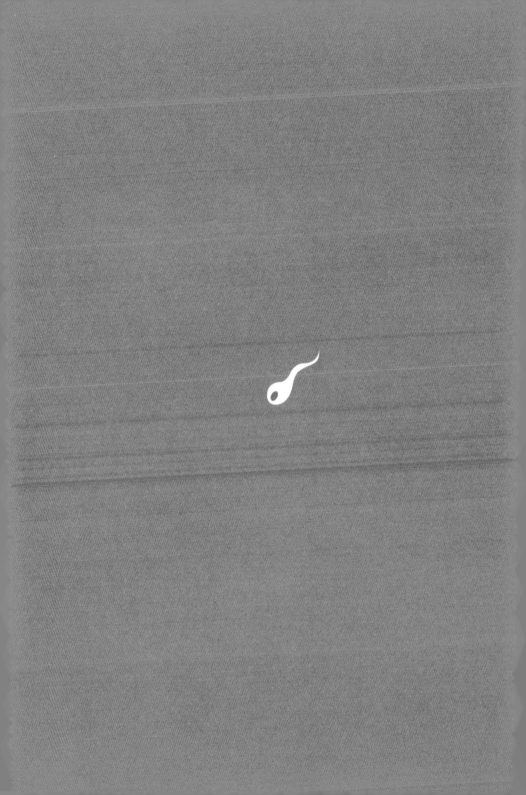

not only passion

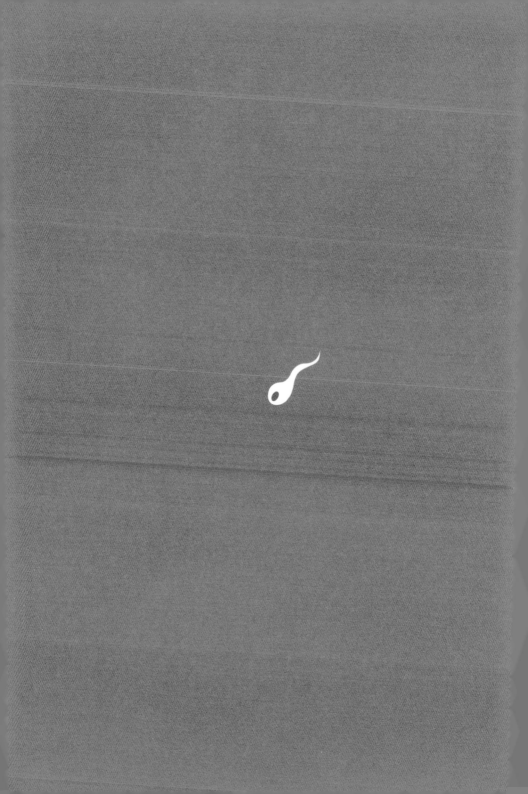